LAB STANDARD
기준을 연구하는 사람들

2025년 국가공무원 5급 공채·국립 외교원·7급 지역인재 등 PSAT 대비

JN395881

| 언어논리영역 |

1 교시

문제책형
역

응시번호

성명

응시자 주의사항

1. **시험시작 전에 시험문제를 열람하는 행위나 시험종료 후에 답안을 작성하는 행위를 한 사람**은 「공무원임용시험령」 제51조에 의거 **부정행위자**로 처리됩니다.
2. **답안지 책형 표기**는 **시험시작 전** 감독관의 지시에 따라 **문제책 앞면에 인쇄된 문제책형을 확인**한 후, **답안지 책형란에 해당 책형(1개)**을 '●'로 **표기**하여야 합니다.
3. 시험이 시작되면 문제를 주의 깊게 읽은 후, **문항의 취지에 가장 적합한 하나의 정답만을 고르며,** 문제내용에 관한 질문은 할 수 없습니다.
4. **답안을 잘못 표기하였을 경우**에는 **답안지를 교체하여 작성**하거나 **수정할 수 있으며,** 표기한 답안을 수정할 때는 **응시자 본인이 가져온 수정테이프만을 사용**하여 해당 부분을 완전히 지우고 부착된 수정테이프가 떨어지지 않도록 손으로 눌러주어야 합니다. **(수정액 또는 수정스티커 등은 사용 불가)**
   ■ **불량한 수정테이프의 사용과 불완전한 수정처리**로 발생하는 **모든 문제는 응시자 본인에게 책임**이 있습니다.
5. **시험시간 관리의 책임은 응시자 본인에게 있습니다.**
   ※ 시험지는 시험종료 후 가지고 갈 수 있습니다.

성적분석 및 이의제기 안내

1. **빠른 채점** 및 **성적분석** 서비스 (나의 위치 확인 및 통계 분석 결과 확인)
   ■ **시험지 뒷면** 및 **해설지**의 **QR코드** 확인 : https://labstandard.kr/eas
2. **답안지(OMR 카드) & 정오표** 다운로드, 문항 관련 문의
   ■ 랩스탠다드 홈페이지(https://labstandard.kr) "학습지원센터 - 자료실 & 정오표" 게시판 확인
   ■ 문항 관련 문의 : "학습지원센터 - 1:1 문의" 게시판 또는 이메일(labstandard@naver.com)

1. 다음 글에서 알 수 있는 것은?

창극(唱劇)은 배우가 대사와 행동을 통해 인물을 표현하는 연극이지만, 그 대사의 상당 부분이 판소리에 기반한 창(唱)으로 이루어진 음악극 양식이다. 1900년대 초의 형성 당시에는 새로움이 강조되면서 신연극이라 불렸고, 신파극이 인기를 끈 1910년대에는 신파극과의 상대적 차이를 드러내기 위해 구연극 혹은 구파극이라 불렸으며, 1930년대에는 창극이라 불렸다. 해방기와 1950년대에는 국극이라 불리기도 했지만, 지금은 창극으로 일반화되었다.

창극은 판소리와 같은 뿌리를 가졌으나 엄연히 서로 다른 예술 양식을 갖는다. 판소리가 창자의 1인극 혹은 창자와 고수의 2인극이라면, 창극은 배역에 따라 여러 배우가 등장하는 다인극이다. 그래서 판소리에서는 창자 혼자 이야기를 엮어가며 여러 인물의 역할을 하고 설명과 묘사도 자유롭게 활용할 수 있지만, 창극에서는 여러 창자들이 각자 맡은 인물의 역할을 개별적으로 표현하며, 설명과 묘사는 도창자라는 별도의 배역이 맡아 한다. 도창자는 인물의 배경과 상황을 설명하고, 사건의 경과를 축약시켜 보고하고, 다음 장면을 예고하는 역할을 한다. 하지만 모든 작품에 도창자가 설정되는 건 아니다.

1902년 우리나라 최초의 실내 극장이자 영리 극장인 협률사 설립 이후 단성사, 연흥사 등의 극장이 경성에서 영업했다. 또한 수표교 남쪽 청인 거주 지역에는 청인 전용 극장이 설립되었고, 진고개 일대 일본인 거주 지역에서는 일본의 전통극과 신파극 등이 공연되었으며, 잡지와 신문을 통해 서양 연극에 대한 소개가 이뤄졌다. 이런 외국 연극과의 접촉 및 실내극장의 설립은 새로운 공연물에 대한 수요로 이어졌고, 연극성과 대중성을 지닌 전문가 예술로 부상한 판소리의 개량을 통해 새로운 공연 예술로서의 창극이 형성되었다.

창극이 국극이라 불리던 시기에는 국극사, 국극협회, 조선창극단, 김연수창극단 등이 단체 활동을 했으며, 특히 1950년대에는 셀 수 없이 많은 여성 국극단이 번성했다. 여성 국극은, 전후의 피폐한 사회의 혼란 속에서, 여성이 남장하는 데서 오는 매력과 멜로드라마적 시대물의 개발 등을 기반으로 연극계를 석권했다. 그러나 국극 단체의 난립과 함께 레퍼토리의 빈곤이 가중되고 전통 연희에 숙련된 배우들의 절대 부족 현상이 되풀이 되면서 여성 국극단도 쇠퇴했다.

① 여성 국극은 전쟁 이후의 혼란 속에서 일시적으로 쇠퇴했으나 국극 단체의 번성과 함께 연극계를 다시 석권했다.
② 진고개 일대 일본인 전용 극장에서는 일본의 전통극과 신파극 등이 공연되었다.
③ 신파극이 인기를 끌던 시기에 창극은 구파극으로 불리는 경우가 있었을 것이다.
④ 어느 공연에 인물의 상황을 설명하고, 사건을 축약하여 보고하고, 다음 장면을 예고하는 배역이 별도로 등장하지 않는다면, 해당 공연은 판소리일 것이다.
⑤ 어느 공연의 무대에 두 명의 사람이 등장한다면, 해당 공연은 창극일 것이다.

2. 다음 글에서 알 수 있는 것은?

'비단길'이라고 일컫는 실크로드는 고대 중국과 서역 각국 간에 비단을 비롯한 여러 가지 무역품이 오가며 정치·경제·문화를 이어준 교통로의 총칭이다. 실크로드라는 용어는 독일인 지리학자 리히트호펜이 처음 사용했으며, 실크로드는 중국 중원 지방에서 시작하여 타클라마칸 사막의 남북 가장자리를 따라 파미르 고원, 중앙아시아 초원, 이란 고원을 지나 지중해 동안과 북안에 이른다.

실크로드가 처음 열린 것은 전한(前漢) 때로, 당시 한 무제는 대월지, 오손과 같은 나라와 연합하여 중국 북방 변경 지대를 위협하고 있던 흉노를 제압하고 서아시아로 통하는 교통로를 확보하길 원했다. BC 139년 장건은 100여 명의 수행원을 데리고 타클라마칸 사막 북쪽 길을 이용하여 서역으로 향했다. 그러나 얼마 가지 못해 흉노에게 붙잡히고 만다. 그러던 어느 날 장건은 통역인 깐후와 탈출하여 파미르고원 너머에 있는 페르가나국을 거쳐 당초 목적지인 대월지국에 도착하였다. 하지만 당시의 대월지국은 동맹을 원치 않았고, 그는 대월지국에 머무는 1년 동안 자료를 수집한 후 본국으로 돌아가기로 마음먹었다. 장건은 타클라마칸 사막의 남쪽 길을 통해 장안으로 돌아오는 도중 티베트족에게 붙잡혔으나 결국 BC 126년에 본국으로 돌아왔다.

한 무제는 장건의 귀국 보고를 통해 서역에는 명마가 있고, 한의 특산품인 칠기와 비단을 사고 싶어 하는 나라도 있다는 것을 알게 되었다. 한 무제는 이러한 정보를 바탕으로 대월지, 강거, 오손 등 군사력이 강한 유목 민족들을 흡수해서 한나라를 세계의 강국으로 만들고 싶어 했다. 그에 따라 장건은 흉노가 다스리는 간쑤성을 피해 쓰촨성, 윈난성을 거쳐 서역으로 가는 길을 개척하고자 했다. 그래서 부하들을 여러 차례 보냈지만, 모두가 실패하고 말았다. 그 후 장건은 흉노족을 몰아내고 그 자리에 오손을 이주시키고자 직접 부하들을 이끌고 오손으로 갔으나 뜻을 이루지 못하였다. 한나라로 돌아온 장건은 이듬해인 BC 114년에 죽고 말았다.

한 무제는 BC 104년부터 101년까지 페르가나국에 군사를 보내어 왕의 목을 치고, 남북 실크로드의 중요한 길목에 자리한 누란 지역도 정복하였다. 마침내 BC 60년에는 흉노마저 굴복시키며 서역을 완전히 손에 넣게 되었다. 이때부터 중국의 비단은 본격적으로 로마까지 팔려 나갔다. 실크로드를 통해 중국에 기린, 사자와 같은 진귀한 동물과 말, 호두, 후추, 깨 등이 전해졌고, 유리 만드는 기술도 전해졌다. 이후 둔황 지역을 비롯한 네 군데에 요새를 세워 장사 길을 보호했는데, 이때부터 서역으로 통하는 실크로드가 훤히 뚫렸으며 1년에 5~10번씩 장사꾼들이 오갔다.

① 한 무제는 서아시아로 통하는 교통로를 확보하기 위해 중국 북방 변경 지대를 위협하는 대월지, 오손과 같은 나라와 연합을 꾀하였다.
② 장건은 BC 139년에 부하들과 함께 타클라마칸 사막의 남쪽 길을 이용하여 서역으로 향했다.
③ 장건은 흉노에게서 탈출하여 대월지국과 동맹을 맺고 돌아왔다.
④ 비단 외에도 기린, 사자와 같은 동물들이 BC 60년 이후 실크로드에서 교역의 대상이 되었다.
⑤ 한 무제는 장건의 귀국 보고를 통해 서역에는 중국의 명마를 원하는 나라가 있다는 사실을 알게 되었다.

3. 다음 글에 대한 분석으로 적절한 것을 <보기>에서 모두 고르면?

메타버스(metaverse)는 '초월'이라는 의미의 '메타(meta)'와 '세계'를 뜻하는 '유니버스(universe)'의 합성어에 해당한다. 감각 전달 장치는 메타버스 속에서 사용자를 대신하는 아바타가 보고 만지는 것으로 설정된 감각을 사용자에게 전달하는 장치이다. 사용자는 이를 통하여 가상 공간을 현실감 있게 체험하면서 메타버스에 몰입하게 된다.

시각을 전달하는 장치인 HMD는 사용자의 양쪽 눈에 가상 공간을 표현하는, 시차가 있는 영상을 전달한다. 전달된 영상을 뇌에서 조합하는 과정에서 사용자는 공간과 물체의 입체감을 느낄 수 있다. 가상 공간에서 물체를 접촉하는 것처럼 사용자의 손에 감각 반응을 직접 전달하는 장치로는 가상 현실 장갑이 있다. 가상 현실 장갑은 가상 공간에서 아바타가 만지는 가상 물체의 크기, 형태, 온도 등을 사용자가 느낄 수 있도록 설계되어 있다.

한편 사용자의 움직임을 아바타에게 전달하는 공간 이동 장치를 통해, 사용자는 몰입도 높은 메타버스 체험을 할 수 있다. 공간 이동 장치인 가상 현실 트레드밀은 360도 방향으로 사용자의 이동이 가능하도록 바닥의 움직임을 지원한다. 모션 트래킹 시스템은 사용자의 동작에 따라 아바타가 움직일 수 있도록 동기화하는 시스템으로, 동작 추적 센서, 관성 측정 센서, 압력 센서 등으로 구성된다. 동작 추적 센서는 사용자의 동작을 파악하며, 관성 측정 센서는 사용자의 이동 속도 변화율 및 회전 속도를 측정한다. 압력 센서는 서로 다른 물체 간에 작용하는 압력을 측정한다. 만약 바닥에 압력 센서가 부착된 신발을 사용자가 신고 뛰면, 압력 센서는 지면과 발바닥 사이의 압력을 감지하여 사용자가 뛰는 힘을 파악할 수 있다. 모션 트래킹 시스템이 사용자의 동작정보를 컴퓨터에 전달하면, 컴퓨터는 사용자가 움직이는 방향과 속도에 맞춰 트레드밀의 바닥을 제어한다.

이와 같이 모션 트래킹 시스템이 사용자의 동작에 따라 트레드밀의 움직임을 변경하기도 하지만, 아바타가 존재하는 가상 공간의 환경 변화에 따라 트레드밀 바닥의 진행 속도 및 방향, 기울기 등이 변경되기도 한다. 또한 사용자의 움직임이나 트레드밀의 작동 변화에 따라 HMD에 표시되는 가상 공간이 변경되어 사용자는 더욱 현실감 높은 체험을 할 수 있다.

<보 기>

ㄱ. 사용자는 HMD를 통해 가상 공간의 시각적 정보를 획득 가능하며, 가상 현실 장갑을 활용해 가상 공간을 조작할 수 있다.
ㄴ. 사용자와 아바타 간 상호 작용이 가능할 때, 일방적 체험보다 더 실감 나는 메타버스 체험이 가능하다.
ㄷ. 모션트래킹 시스템은 사용자의 움직임, 가상 공간의 변화에 따라 트레드밀을 제어하여 더욱 현실감 높은 체험을 가능하게 한다.

① ㄱ
② ㄴ
③ ㄱ, ㄴ
④ ㄴ, ㄷ
⑤ ㄱ, ㄴ, ㄷ

4. 다음 글에서 알 수 없는 것은?

개인과 공동체의 관계에 관한 기존 연구에서 대표적인 분석틀로 사용하는 것은 개인주의와 집단주의, 그리고 자유주의와 공동체주의의 대립 구도이다. 먼저 개인주의와 집단주의를 대립축으로 하는 분석틀은 대체로 심리학이나 비교문화 연구에서 활용되는 경향이 있다. 개인주의는 집단으로부터 자율적인 자기 개념을 지니고 있고 집단의 이익보다는 개인의 이익을 우선시하는 태도이다. 반면에 집단주의는 집단 안팎의 구분이 분명하고 집단에 대한 충성심으로 인해 개인에 앞서 집단의 목표를 추구하는 것으로 규정된다.

개인의 정체성을 결정하는 데도 개인주의는 집단과는 분리된 독립적인 자아정체성이 있는 것으로, 집단주의에서는 개인의 정체성이 집단의 소속에 의해 결정되는 것으로 이해한다. 따라서 개인주의의 지표에는 집단과는 독립된 자아개념의 발달 및 표현 정도가 포함되고, 집단주의에서는 집단에 대한 개인의 동조와 순응의 정도가 측정 대상이 된다.

개인과 공동체의 관계를 개인의 심리상태가 아닌 사회적 현상으로 접근하는 경우에는 흔히 자유주의와 공동체주의를 대립시키는 분석틀을 사용하고 있다. 자유주의의 기본 전제는 개인이 사적 이익을 추구하는 존재이며 이를 기반으로 공동체가 형성된다는 것이다. 고전 경제학자들은 개인의 사적 이익 추구가 곧 개인들 사이의 협력과 행복을 가져온다는 것을 설득력 있게 제시했다.

개인으로부터 출발하여 공동체의 형성을 설명하는 자유주의와 달리 공동체주의는 논리적으로 공동체가 개인에 우선하는 존재로 설정한다. 공동체주의는 공동체가 개인을 넘어서는 도덕성을 지니고 있으며 개인이 공동체에 완전히 통합됨으로써 공동체의 도덕성을 공유하게 된다고 주장한다. 고대 그리스 시대 이후 이러한 공동체의 도덕성을 실현하는 주체는 국가 혹은 정치사회로 여겨졌다. 국가는 공공성의 주체인 만큼 개인의 이익이 아니라 사회 전체의 보편적 이익을 추구하며 이것이 곧 국가의 정의로 제시되었다.

일반적으로 개인주의와 집단주의는 개인의 정체성을 결정하는데 개인이나 집단 가운데 어느 것이 우선하는지, 그리고 개인과 집단의 이익 가운데 어느 것이 추구되는가에 의해 결정되는 경향이 있다. 반면에 자유주의와 공동체주의는 개인과 집단의 관계를 철학적 가치에 따라 특정화시킬 때 나타난다.

① 개인주의는 개인의 이익을 우선시하는 태도이며 개인의 정체성이 집단과는 분리되어 존재한다고 설명한다.
② 개인보다 집단의 목표를 추구하는 개념은 집단에 대한 개인의 동조와 순응의 정도를 측정 대상으로 삼는다.
③ 개인과 공동체의 관계를 철학적 가치에 따라 특정화시킬 때 나타나는 개념들 가운데는, 개인을 사적 이익을 추구하는 존재임을 전제하는 개념이 포함된다.
④ 공동체의 형성을 개인으로부터 출발하여 설명하는 개념은 심리학이나 비교문화 연구에서 자주 활용되는 분석틀에 포함된다.
⑤ 개인이 공동체에 완전히 통합됨으로써 공동체의 도덕성을 공유한다고 설명하는 개념은 개인과 공동체의 관계를 사회적 현상으로 접근하는 분석틀에 포함된다.

5. 다음 글에서 추론할 수 있는 것만을 <보기>에서 모두 고르면?

인간을 비롯한 동물의 행동은 상황에 대한 평가의 산물이다. 유기체는 끊임없이 환경과 상호작용한다. 초기 수준에서의 상호작용은 단순하다. 특정한 신호가 감지되면 그에 걸맞은 행동을 산출하는 것이다. 가령 고양이의 배설물이 있는 곳에는 항상 고양이가 있다고 해 보자. 쥐는 고양이의 배설물 냄새를 감지하면 곧바로 도망 가는 행동을 취한다. 이때 냄새는 신호, 고양이의 배설물이 정보원(情報源)이 된다. 이를 '단서에 기반을 둔 탐지 체계'라고 한다. 이는 수많은 세대를 거치며 형성된 가장 효율적인 상호작용 방식이지만 환경에 따라서는 불리해질 가능성도 있다. 바로 '정보적 투명성'이 낮은 경우이다.

'정보적 투명성'이란 신호의 의미가 실제 외부세계를 얼마나 잘 반영하는가의 정도이다. 정보적으로 반투명 또는 불투명할수록 단서에 기반을 둔 탐지 체계가 지니는 오류의 확률은 커진다. 이러한 오류에는 '긍정 오류'와 '부정 오류'가 있다. 긍정 오류는 신호를 긍정적으로 해석했으나 사실은 그 신호가 의미하는 사실이 없는 상황이다. 반대로 부정 오류는 신호를 부정적으로 해석했지만 실제로는 신호를 발송하는 정보원이 존재하는 경우이다. 부정 오류는 저지르는 즉시 큰 위험에 노출되므로 되도록 피하는 것이 좋은데, 이를 위해 탐지 체계의 민감도를 높게 유지하면 긍정 오류를 지나치게 많이 범하게 된다. 이는 결국 에너지의 낭비를 가져오므로 진화의 관점에서 열등하다. 이러한 상황에서 단일한 단서에 기반을 둔 탐지 체계에서는 두 오류 간에 트레이드오프(trade-off) 관계가 성립하여 동시에 해결할 수 없다.

이를 극복하기 위해 동물의 행동은 '강건한 추적 체계'에 기반하도록 진화한다. 다중의 단서를 이용해 오류의 확률을 줄이는 방향으로 진화하는 것이다. 이제 행위자는 기존의 탐지 체계와는 달리 특정 행동을 곧바로 유발하지는 않지만 세상의 면면을 추적하는 내적 상태, 즉 표상을 바탕으로 최적의 행동을 산출해낸다. 고려하는 단서가 많은 만큼 표상도 많아지며, 더 많은 표상을 보다 엄밀하게 고려할수록 오류는 감소한다.

강건한 추적 체계로의 진화에 영향을 끼칠 수 있는 조건으로 사회적 환경의 복잡성을 들 수 있다. 대표적인 예가 영장류이다. 영장류는 일종의 사회생활을 하는데, 개체수가 n인 사회에서 한 개체만 추가되더라도 n 가지의 관계가 더 증가한다. 최적의 행동을 도출하기 위해 고려해야 할 변수가 증가하는 것이다. 복잡한 환경은 정보적으로 반투명한 사회이며 따라서 다양한 표상을 통해 오류를 줄이도록 진화하기 알맞은 조건이다.

<보 기>

ㄱ. 위의 고양이와 쥐의 사례에서, 고양이의 배설물이 있음에도 쥐가 고양이 것이 아닌 것으로 판단해 고양이에게 잡혔다면 쥐는 부정 오류를 범한 것이다.

ㄴ. 영장류의 일종인 인간은 강건한 추적 체계의 활용이 가능하기 때문에 사회생활을 할 수 있다.

ㄷ. 정보적 투명성이 낮은 환경에서는 긍정 오류와 부정 오류 사이에 트레이드오프 관계가 성립하지 않는다.

① ㄱ　② ㄴ
③ ㄱ, ㄷ　④ ㄴ, ㄷ
⑤ ㄱ, ㄴ, ㄷ

6. 다음 글에서 알 수 있는 것은?

유엔해양법협약에 따르면 해양을 둘러싸고 해당 협약에 대한 해석이나 적용에 관해 국가 간 분쟁이 발생하였을 때, 분쟁 당사국들은 우선 의무적으로 분쟁 해결에 관하여 신속히 의견을 교환해야 하고 교섭이나 조정 절차 등 국가 간 합의에 의한 평화적 수단을 통해 분쟁 해결을 위해 노력해야 한다. 이러한 평화적 분쟁 해결 수단을 거쳐야 할 의무를 당사국에 부과하는 이유는 국제법의 특성상, 분쟁 해결의 원리가 기본적으로 각 국가의 동의를 바탕으로 적용되기 때문이다. 그런데 만약 이러한 방법으로도 분쟁이 해결되지 못할 경우에는 구속력 있는 결정을 수반하는 절차에 들어가게 되는데 이를 강제절차라고 한다.

강제절차란 분쟁 당사국들이 국제적인 분쟁 해결 기구를 통해 분쟁을 해결하는 절차이다. 이때 당사국들은 자국의 이익이나 분쟁 내용 등을 고려해 분쟁 해결 기구를 선택할 수 있는데, 선택 가능한 기구에는 중재재판소, 국제해양법재판소 등 유엔해양법협약에 의해 설립된 분쟁 해결 기구들이 있다. 이 중 중재재판소는 필요할 때마다 분쟁 당사국 간의 합의를 통해 구성되고, 국제해양법재판소는 상설 기구로 재판관 임명이나 재판소 조직 등이 사전에 결정되어 있다. 만약 분쟁 당사국들이 분쟁해결기구를 선택하지 않았거나 양국이 동일한 선택을 하지 않은 경우에는 별도의 합의를 하지 않는 한, 사건이 중재재판소에 회부된다.

본안 소송을 담당하는 재판소가 분쟁에 대한 최종 판결을 하기 위해서는 먼저 본안 소송 관할권의 존재 여부를 판단한 뒤 분쟁의 내용을 확정하는 심리 절차를 거쳐야 한다. 여기서 관할권이란 회부된 사건을 재판소가 다룰 수 있는 권한을 의미하는데, 이후 본안 소송의 관할권이 확정된 사안에 대해 해당 재판소는 재판 과정을 거쳐 분쟁에 대한 최종 판결을 내리게 된다.

그런데 재판의 최종 판결이 내려지기까지 일정 시간이 소요되기 때문에, 해당 재판소는 분쟁 당사국의 요청이 있으면 필요한 경우 잠정조치를 명령할 수 있다. 이때 잠정조치란 긴급한 상황에서 분쟁 당사국의 이익을 보호하거나 해양 환경의 중대한 피해를 방지할 목적으로 내려지는 구속력 있는 임시 조치이다. 잠정조치는 효력이 임시적이므로 본안 소송의 최종 판결이 내려지면 효력이 종료된다.

① 유엔해양법협약의 내륙지역에의 적용에 관하여 분쟁이 발생한 경우, 분쟁 당사국은 평화적 수단을 통해 분쟁을 해결하려 노력하여야 한다.
② 평화적 수단으로 분쟁이 해결된 경우, 최종적으로 분쟁해결기구에 의한 구속력 있는 확인 절차를 거쳐야 한다.
③ 분쟁 당사국들이 상이한 분쟁해결기구를 선택하는 경우, 분쟁은 해결의 실효성을 위해 상설 분쟁 해결기구에 회부된다.
④ 분쟁해결기구는 관할권이 없는 사건에 대해서는 심리 절차를 속행할 수 없으며, 최종 판결 또한 할 수 없다.
⑤ 분쟁 당사국에 요청에 의한 잠정조치는 효력이 임시적이나, 해양 환경의 중대한 피해 방지를 위해서는 계속적 효력을 지닐 수 있다.

7. 다음 글에서 알 수 있는 것은?

'블루투스'는 1994년에 스웨덴의 에릭슨사(社)가 최초로 개발한 디지털 통신 기기를 위한 개인 근거리 무선 통신 산업 표준이다. ISM 대역에 포함되는 2.4 ~ 2.485GHz의 단파 UHF 전파를 이용하여 전자 장비 간의 짧은 거리의 데이터 통신 방식을 규정하는 블루투스는 개인용 컴퓨터에 이용되는 마우스, 키보드를 비롯해, 휴대전화 및 스마트폰, 태블릿, 스피커 등에서 문자 정보 및 음성 정보를 비교적 낮은 속도로 디지털 정보를 무선 통신을 통해 주고받는 용도로 사용되고 있다.

블루투스라는 이름은 10세기경 처음으로 노르웨이와 덴마크를 통합한 하랄드 블라톤 국왕의 별칭이 '파란 이빨의 왕'으로 불렸다는 것에서 유래되었다. 블라톤을 영어식으로 번역한 단어가 바로 블루투스(Bluetooth)이다. 블루투스 이름의 아이디어는 1997년 인텔 출신의 짐 카다크라는 시스템 엔지니어가 제안하였다. 제안했을 당시에, 그는 스웨덴의 작가 프란스 G. 벵트손의 역사 소설 '붉은 뱀'을 읽고 있었다고 한다. 이 책에는 바이킹과 하랄드 블라톤 국왕의 이야기가 적혀 있었다. 하랄드 블라톤 왕이 스칸디나비아를 통일했던 것처럼, '난립하는 여러 무선 통신 규격을 통합하자'라는 염원이 담겼다고 한다.

당초에는 에릭슨을 필두로, 인텔, IBM, 노키아, 도시바의 5개 회사가 프로모터로서 블루투스 규격의 책정에 참가했으며, 그 후 마이크로소프트, 모토로라, 3COM, 루센트 테크놀로지 등의 4개 회사가 추가로 참여했다. 현재는 3COM과 루센트 테크놀로지 대신, 애플, 노르딕 세미컨덕터가 추가되어, 총 9개 회사가 프로모터 기업으로 참가했다.

전기전자공학자협회(IEEE)에서는 규격명 IEEE 802.15.1로 등재되어 있으나, 현재 블루투스는 블루투스 SIG를 통해 관리되고 있다. 이 그룹에는 전기통신, 컴퓨터, 네트워크, 가전 등의 분야의 30,000사 이상의 기업들이 멤버로 가입되어 있다. 블루투스 SIG는 규격의 개발을 감시, 규격의 인증 프로그램의 관리 및 트레이드마크의 보호를 관장하고 있다. 장비 제조사가 블루투스 장비로 인증을 받기 위해서는 SIG에서 제정한 표준 규격을 만족해야 한다.

① 블루투스는 디지털 정보를 근거리에서의 무선 통신을 통해 비교적 높은 속도로 주고받는 용도로 사용되고 있다.
② 블루투스 이름의 유래는 개발 당시 짐 카다크가 읽고 있던 책과 관련이 있다.
③ 당초에 프로모터로서 블루투스 규격의 책정에 참가한 회사들은 현재도 프로모터 기업으로 참가 중이다.
④ 장비 제조사가 블루투스 장비로 인증을 받기 위해서는 IEEE에서 제정한 표준 규격을 만족해야 한다.
⑤ 블루투스는 하랄드 블라톤 왕이 스칸디나비아를 통일하였던 것처럼, 난립하는 무선 통신 규격을 통일하였다.

8. 다음 글의 빈칸에 들어갈 말로 적절한 것은?

찬 공기가 따뜻한 공기 쪽으로 이동하면 상대적으로 밀도가 낮은 따뜻한 공기는 찬 공기 위로 상승하게 된다. 이때 상승하는 공기가 충분한 수분을 포함하고 있다면 공기 중의 수증기가 냉각되어 작은 물방울이나 얼음 알갱이로 응결되면서 구름이 형성된다. 이 과정에서 열이 외부로 방출된다. 이때 방출된 열이 상승하는 공기에 공급되어, 공기가 더 높은 고도로 상승할 수 있게 한다. 그런데 공기에 포함된 수증기의 양이 [㉠] 상승하던 공기는 더 이상 열을 공급받지 못하게 되면서 주변의 대기보다 차가워지게 되고, 그렇게 되면 공기가 더 이상 상승하지 못하고 구름도 발달하기 어렵게 된다.

만일 상승하는 공기가 일반적인 공기에 비해 매우 따뜻하고 습한 공기일 경우에는 상승 과정에서 수증기가 냉각, 응결하며 방출하는 열이 그 공기에 지속적으로 공급되면서 일반적인 공기보다 더 높은 고도에서도 계속 새로운 구름들을 만들어 낼 수 있다. 그렇기 때문에 따뜻하고 습한 공기는 상승하는 과정에서 구름을 생성하고 그 구름들이 [㉡] 차곡차곡 쌓이게 되어 두터운 구름층을 형성하게 된다. 이렇게 형성된 구름을 '적란운'이라고 한다. 적란운은 형성되는 높이에 따라 소나기를 내릴 수도 있고 집중 호우를 내릴 수도 있다.

일반적으로 적란운은 지표로부터 2~3km 이내에서 형성된다. 적란운에서 비가 내리면 적란운 아래에 있는 공기는 온도가 내려가 밀도가 높아지면서 밀도가 낮은 주위로 넓게 퍼져 나가게 된다. 이때 주위에 퍼진 차가운 공기가 원래의 적란운으로부터 떨어진 장소에서 다시 따뜻하고 습한 공기와 만나는 경우가 있다. 그렇게 되면 이 따뜻하고 습한 공기가 [㉢]하면서 새로운 적란운을 만들게 된다. 이때 새로 만들어진 적란운은 기존 적란운과 떨어져 있기 때문에 각각의 적란운 바로 아래 지역에만 30분에 30mm에 못 미치는 비가 내린 후 그치게 된다. 이때 내리는 비가 바로 소나기이다.

그런데 만일 기존의 적란운에서 가까운 곳에 새로운 적란운이 생기면 어떻게 될까? 이때는 두 개 이상의 적란운이 겹치면서 한 지역에 동시에 많은 양의 비를 쏟아붓는 집중 호우가 발생하게 된다. 집중 호우를 발생시키는 적란운을 형성하는 공기는 일반적인 적란운을 형성하는 공기보다 그 온도와 습도가 훨씬 더 [㉣]. 그래서 일반적인 적란운보다 고도가 더 낮은 곳에서부터 구름이 형성될 수 있기 때문에, 지표에서 수백 미터에 불과한 높이에 적란운이 형성된다. 이런 상황에서 매우 따뜻하고 습한 공기가 유입되면 이 공기가 상승하면서 기존의 적란운 바로 가까이에 새로운 적란운을 형성하게 된다. 이러한 과정이 반복되면서 특정한 지역에 엄청난 양의 비가 일시에 집중적으로 쏟아지게 된다. 이것이 집중 호우의 메커니즘이다.

	㉠	㉡	㉢	㉣
①	충분하지 않으면	수직으로	상승	낮다
②	충분하면	수직으로	하락	높다
③	충분하지 않으면	수직으로	상승	높다
④	충분하면	수평으로	상승	낮다
⑤	충분하지 않으면	수평으로	상승	높다

9. 다음 글에서 빈칸에 들어갈 말로 적절한 것은?

> 오페라는 이른바 수준 있는 사람들이 즐기는 고상한 예술이라고 생각하는 사람들이 많다. 그런데 오페라 앞에 '거지'나 '서 푼짜리' 같은 단어를 붙인 '거지 오페라', '서 푼짜리 오페라'라는 것이 있다. 이렇게 어울리지 않는 단어들로 제목을 억지로 조합해 놓은 의도는 무엇일까?
>
> 영국 극작가 존 게이는 당시 런던 오페라 무대를 점령했던 이탈리아 오페라에 반기를 들고, 1782년 이와는 완전히 대조적인 성격의 거지 오페라를 만들었다. 그는 이탈리아 오페라가 일반인의 삶과 거리가 먼 신화나 왕, 귀족들의 이야기를 소재로 한데다가 영국 관객들이 이해하지 못하는 이탈리아어로 불린다는 점에 불만을 품었다. 그는 등장인물의 신분을 과감히 낮추고 음악 형식도 당시의 민요와 유행가를 곁들여 사회의 부패상을 통렬하게 풍자하였다. 이렇게 만들어진 거지 오페라는 이탈리아 오페라에 대항하는 서민 오페라로 런던에서 선풍적인 인기를 끌었다.
>
> 1928년에 독일의 극작가 브레히트는 작곡가 쿠르트 바일과 손잡고 거지 오페라를 번안한 서 푼짜리 오페라를 만들었다. 그는 형식과 내용 면에서 훨씬 적극적이고 노골적으로 당시 사회를 비판했다. 이 극은 밑바닥 사람들의 삶을 통해 위정자들의 부패와 위선을 그려 계급적 갈등과 사회적 모순을 드러내고 있다. 브레히트는 감정이입과 동일시에 근거를 둔 종래의 연극에 반기를 들고 낯선 기법의 서사극을 만들었다. 등장인물이 극에서 빠져나와 갑자기 해설자의 역할을 하게 함으로써 관객들이 극에 몰입하지 않고 지금 연극을 보고 있다는 사실을 자각하도록 한 것이다. 이러한 장치는 관객들로 하여금 연극의 의미를 현실에 대응하여 해석할 수 있도록 하는 동시에, 주체적인 비판의식을 가지도록 돕는다.
>
> 이처럼 존 게이와 브레히트는 종전의 극과는 다른 형식과 내용의 극을 지향했다. 제목을 서로 어울리지 않는 단어들로 조합하고 새로운 형식을 도입한 이유는 기존의 관점을 뒤집어 보게 하려는 의도였다. 그 이면에는 [   ].

① 이탈리아 중심의 오페라 문화에 대한 반골 정신이 담겨있었다.
② 서민들에게 친숙한 문화로 오페라를 전환 하려는 의도가 포함되어 있었다.
③ 정치인들에 대한 비판과 저항 정신이 내재되어 있었다.
④ 사회의 부조리를 고발하고자 하는 의도가 깔려 있었다.
⑤ 관객들이 오페라의 내용에 과몰입 하는 것을 방지하려는 의도가 내재되어 있었다.

10. 다음 글에서 알 수 있는 것은?

> '패시브 하우스(Passive House)'는 단열을 강화하여 에너지 손실을 최대한 줄인 건축물이다. 이 건축물은 실내의 에너지 손실을 최소화하면서도 햇빛과 신선한 공기를 공급받을 수 있고, 습도 조절을 잘할 수 있도록 설계되었다. 패시브 하우스는 특히 겨울철에 건물 안으로 들어온 에너지와 안에서 발생한 에너지가 오랫동안 건물 안에 머물러 있도록 만들어졌다.
>
> 건물의 실내에는 신선한 공기가 공급되어야 한다. 일반적인 건물은 창문을 열거나 환풍기를 돌려서 신선한 공기를 공급받지만, 패시브 하우스에서는 그렇게 할 수 없다. 왜냐하면 외부 공기가 공급되면 실내 에너지가 빠져나가기 때문이다. 이러한 문제는 나가는 공기가 품고 있는 에너지를 들어오는 공기가 회수해 올 수만 있으면 해결할 수 있다. 패시브 하우스에서 이 일을 가능하게 해 주는 것이 '열 교환 환기 장치'이다. 이 장치는 주로 실내 바닥이나 벽면에 설치하는데, 실내의 각 방과 실외로 연결되는 배관을 따로 시공하여 실내외 공기를 교환한다. 구성 요소는 팬, 열 교환 소자, 공기 정화 필터, 외부 후드 등이다.
>
> 그 중 핵심 요소인 '열 교환 소자'는 열과 수분의 투과율을 높이기 위해 열전도율이 뛰어나도록 만든다. 실내외의 공기가 나가고 들어올 때 이 열 교환 소자를 통과하는데, 그 과정에서 실내 공기의 주 오염원인 CO2는 통과시켜 배출한다. 하지만 열 교환 소자는 나가는 공기가 지니고 있던 80% 내외의 열과 수분을 배출하지 않고 투과시켜 들어오는 공기와 함께 실내로 되돌아오게 한다. 이러한 장치 덕분에 창을 열지 않아도 환기가 가능하다. 실외의 황사나 꽃가루 등은 공기 정화 필터로 걸러지므로 외부로부터 신선한 공기를 공급받을 수 있다.
>
> 햇빛을 통한 에너지 공급도 건물에서는 중요하다. 햇빛은 창호(窓戶)를 통해 들어오는데, 여기서 에너지의 손실 방지와 햇빛의 공급 사이에 모순이 생긴다. 일반적으로 실내에 햇빛을 많이 공급하기 위해서는 두께가 얇은 유리나 창호지를 사용해야 한다. 그러나 두께가 얇을수록 에너지의 손실이 더 커질 수밖에 없다. 패시브 하우스에서는 이 문제를 해결하기 위해서 3중 로이유리(Low-E Glass)를 사용한다. 이것에는 두께가 얇고 투명한 유리 세 장에 에너지 흐름을 줄이는 금속 막이 씌워져 있고, 이들 유리 사이에는 무거운 기체가 채워져 있다. 투명한 유리는 햇빛을 많이 통과시키고, 금속 막과 무거운 기체는 실내 에너지가 빠져 나가는 것을 막는다.

① 패시브 하우스는 겨울철에 건물 내부로 들어온 에너지가 새로운 에너지를 재생산 하도록 단열을 강화한 건물이다.
② 패시브 하우스의 열 교환 환기 장치는 창문을 통해 공기가 들어올 때 에너지가 빠져 나가는 것을 방지한다.
③ 열 교환 소자는 실내외 공기가 교환될 때 발생할 수 있는 열과 수분의 배출을 막는 역할을 한다.
④ 열 교환 소자는 실내의 CO2를 투과시켜 배출하는 한편 실외의 황사는 투과하지 못해 신선한 공기의 유입을 가능하게 한다.
⑤ 3중 로이유리는 두께가 얇은 투명한 유리를 겹쳐 유리의 두께를 두껍게 만들어 햇빛 공급과 에너지 손실 방지 사이의 모순을 해결한다.

11. 다음 글에서 추론할 수 없는 것은?

1960년대에 스탠리 밀그램은 권위에 대한 인간의 복종 성향을 연구하기 위해 일련의 실험을 수행했다. 이 실험에서 참가자들은 학습자 역할을 맡은 사람에게 전기 충격을 가해야 하는 과제를 부여받았다. 실험자는 참가자에게 학습자가 잘못된 답변을 할 때마다 전기 충격의 강도를 높이도록 지시했다. 이때 참가자들은 충격의 강도를 15볼트에서 최대 450볼트까지 점점 높여야 했다. 중요한 점은 학습자가 실제로는 배우였으며, 전기 충격도 실제로 가해지지 않았다는 것이다. 학습자의 비명과 고통스러운 반응은 모두 연기된 것이었지만, 실험 참가자들은 이 사실을 알지 못했다.

실험이 진행되면서, 학습자의 고통스러운 반응에도 불구하고 대부분의 참가자들은 실험자의 지시에 따라 전기 충격의 강도를 계속해서 높여갔다. 많은 참가자들은 중간에 실험을 멈추고 싶어 했지만, 실험자의 권위와 강압적인 태도 앞에서 결국 지시에 따랐다. 일부 참가자들은 도덕적 갈등을 느끼며 거부 의사를 밝혔지만, 실험자의 설득과 압박 끝에 지시를 따르는 경우가 많았다.

밀그램의 실험은 권위자가 직접적인 물리적 강제력 없이 어떻게 사람들의 행동을 통제할 수 있는지를 보여준다. 참가자들은 자율적으로 판단하고 행동할 수 있는 환경에 놓여 있었지만, 실험자의 권위가 그들의 행동을 사실상 지배했다. 왜냐하면 실험자가 설정한 상황적 요인과 강압적 지시가 그들의 선택을 사실상 제한하고 있었기 때문이다. 결국 이 실험은 권위와 자율성 사이의 관계가 단순하지 않음을 시사한다. 표면적으로는 자율적으로 보이는 선택이 실은 권위에 의해 미묘하게 통제된 결과일지도 모른다.

결국 복종 실험은 권위가 인간의 도덕적 판단에 미치는 영향을 탐구하면서, 동시에 인간의 자율성이 어떻게 권위에 의해 잠식될 수 있는지를 드러낸다. 이 실험은 단순한 명령이 아닌, 사회적 맥락 속에서 권위가 사람들의 선택과 행동을 형성하는 방식을 이해하는 데 중요한 단서를 제공한다.

① 권위는 사람들이 자율적으로 판단할 수 있는 상황에서도 그들의 판단을 지배할 수 있다.
② 타인을 통제하기 위해서 반드시 직접적인 명령이 필요한 것은 아니다.
③ 권위는 특정 사회적 맥락 속에서 개인의 도덕적 판단을 왜곡하거나 약화할 수 있다.
④ 권위의 도덕적 타당성이 부족할 경우, 사람들은 이를 인식하고 복종을 거부한다.
⑤ 권위자로부터 영향을 받고 있는 상황에서는 자율성에 대한 개인의 믿음과 실제가 다를 수 있다.

12. 다음 글에서 빈칸에 들어갈 말로 적절한 것은?

자연 현상과 인간사를 인과 관계로 설명하는 동아시아의 대표적 논의는 재이론(災異論)이다. 한대(漢代)의 동중서는 하늘이 덕을 잃은 군주에게 재이를 내려 견책한다는 '천견설'과, 인간과 하늘에 공통된 음양의 기(氣)를 통해 하늘과 인간이 서로 감응한다는 '천인감응론'을 결합하여 재이론을 체계화하였다. 그에 따르면, 군주가 실정(失政)을 저지르면 그로 말미암아 변화된 음양의 기를 통해 감응한 하늘이 가뭄과 홍수, 일식과 월식 등 재이를 통해 경고를 내린다. 이때 재이는 군주권이 하늘로부터 비롯된 것임을 입증하는 것이자 군주의 실정에 대한 경고였다.

양면적 성격의 재이론은 신하가 정치적 논의에 참여할 수 있는 명분을 제공하였고, 재이가 발생하면 군주가 직언을 구하고 신하가 이에 응하는 전통으로 구체화되었다. 하지만 동중서 이후, 원인으로서의 인간사와 결과로서의 재이를 일대일로 대응시켜 설명하는 개별적 대응 방식은 억지가 심하다는 평가를 받았다. 이 방식은 오히려 예언화 경향으로 이어져 재이를 인간사의 징조로, 인간사를 재이의 결과로 대응시키는 풍조를 낳기도 하였고, 요망한 말로 백성을 미혹시켰다는 이유로 군주가 직언을 하는 신하를 탄압하는 빌미가 되기도 하였다.

이후 재이에 대한 예언적 해석은 비판의 대상이 되었고, 천인감응론 또한 부정되기도 하였다. 하지만 ________. 송대(宋代)에 이르러, 주희는 천문학의 발달로 예측 가능하게 된 일월식을 재이로 간주하지 않는 경향을 수용하였고, 재이를 근본적으로 이치에 의해 설명되기 어려운 자연 현상으로 간주하였다. 하지만 당시까지도 재이에 대해 군주의 적극적인 대응을 유도하며 안전한 언론 활동의 기회를 제공했던 재이론이 폐기되는 것은, 신하의 입장에서 유용한 정치적 기제를 잃는 것이었다. 이 때문에 그는 군주를 경계하는 적절한 방법을 찾고자 재이론을 고수하였다. 그는 재이에 대한 개별적 대응 대신 군주에게 허물과 잘못이 쌓이면 이에 하늘이 감응하여 변칙적인 자연 현상이 일어날 것이라는 전반적 대응설을 제시하고, 재이를 군주의 심성 수양 문제로 귀결시키기도 하였다.

① 천견설은 시간이 지남에 따라 강화되었다.
② 정치 현장에서 재이론의 수명은 계속해서 연장되었다.
③ 재이론의 정치적 수명은 소멸하였으나 민간 영역으로의 침투는 지속되었다.
④ 재이에 대한 예언적 믿음은 민간에 확고하게 자리잡게 되었다.
⑤ 재이론은 소멸하고 합리적 천문관에 기반한 관측과 예측이 자리잡게 되었다.

13. 다음의 내용이 참일 때 반드시 참인 것은?

> A 축구팀에서는 다섯 명의 선수를 선발하려고 한다. 선발되는 포지션은 공격수 1명, 미드필더 2명, 수비수 2명이며 선발되는 선수는 가, 나, 다, 라, 마라고 한다. 단, 한 명의 선수는 하나의 포지션만을 담당한다.
>
> ○ 다는 공격수가 아니다.
> ○ 다가 미드필더라면, 가와 나는 공격수이다.
> ○ 가, 나, 다는 모두 다른 포지션이다.
> ○ 가 또는 라가 수비수라면 다는 수비수가 아니다.

① 가가 미드필더라면, 나가 공격수이다.
② 가가 공격수이고, 나는 미드필더이다.
③ 나와 라는 모두 미드필더이다.
④ 라가 공격수이거나, 마가 공격수이다.
⑤ 마는 미드필더이고, 라는 수비수이다.

14. 다음 글의 내용이 참일 때, 반드시 참인 것은?

> ○ A 회사의 모든 직원은 본사 근무, 지사 근무, 원격 근무 중 하나의 근무 형태를 가지고, 정규직과 계약직 중 하나의 고용 형태를 지닌다.
> ○ A 회사의 본사 근무자는 모두 정규직이며, 정규직 중 일부는 지사 근무를 한다.
> ○ A 회사의 원격 근무를 하는 직원은 모두 계약직이다.
> ○ A 회사의 직원 중 계약직이 아닌 직원은 모두 2년 이상 근무한 경력이 있다.
> ○ A 회사의 직원 중 원격 근무를 하지 않는 사람은 회사 내에서 승진한 경험이 있다.
> ○ A 회사의 신입 직원은 승진한 경험이 없다.

① 본사 근무자는 모두 회사 내에서 승진한 경험이 있다.
② 모든 지사 근무자는 2년 이상 근무한 경력이 있다.
③ 원격 근무를 하지 않는 신입 직원이 있다.
④ 승진한 경험이 없으면, 계약직이고 신입 직원이다.
⑤ 2년 미만 근무한 직원은 모두 원격 근무를 한다.

15. 다음 글의 핵심 논지로 가장 적절한 것은?

광합성 과정에서 일어나는 화학적 합성 반응이 가능하기 위해서는 먼저 빛으로부터 흡수된 에너지가 특정 영역에 집중되어야 하는데, 이는 매우 짧은 시간 내에 발생하는 매우 특별한 과정이다. 이와 같은 현상은 일상적이지 않으며, 이를 정확히 설명하기 위해서는 양자역학적 중첩과 비국소성을 받아들여야만 한다. 여기서 놀라운 점은, 박테리아, 해조류, 그리고 식물들은 진화를 바탕으로 양자역학적 중첩과 비국소성을 받아들이고 있다는 점이다.

정확한 계산과 실험적 검증을 통해, 몇 가지 양자 현상들이 광합성에서 중요한 역할을 한다는 것이 밝혀졌다. 비록 광합성 과정에 양자역학이 기여한다는 사실이 예상치 못한 발견일 수 있겠지만, 분자 수준에서는 생명체 또한 양자역학의 법칙에 지배된다는 점을 떠올리면 당연한 결과이기도 하다. 더욱 놀라운 점은 단순해 보이는 박테리아조차도 인간이 현재 기술 수준으로는 구현할 수 없는 정교한 양자 현상의 균형을 자신들의 생존 도구로 활용하고 있다는 점이다. 이는 생명체가 진화 과정을 통해 양자역학의 특성을 극도로 효율적으로 적용해 왔다는 것을 보여준다. 특히 광합성의 초기 단계는 생명체가 복잡한 환경 속에서 빛을 어떻게 효율적으로 활용할 수 있는지를 양자역학적 관점을 통해 설명하는 중요한 사례가 된다.

① 양자역학은 물질세계의 모든 현상을 설명할 수 있는 완벽한 이론이다.
② 일부 생명체들은 진화를 거치면서 복잡하고 정교한 양자역학적 원리를 활용해 왔다.
③ 광합성은 생명체의 진화 과정에서 매우 중요한 역할을 했다.
④ 인류는 광합성의 원리마저도 정교하게 구현할 수 있다.
⑤ 광합성 과정에서 일어나는 모든 화학반응은 양자역학적으로 설명될 수 있다.

16. 다음 중 적정기술을 활용한 사례로 가장 적절한 것은?

1970년대 이후부터 세계적으로 '적정기술'에 대한 활발한 논의가 있어 왔다. 넓은 의미로 적정기술은 인간 사회의 환경, 윤리, 도덕, 문화, 사회, 정치, 경제적인 측면들을 두루 고려하여 사회의 문제를 해결할 수 있는 기술을 의미한다. 좁은 의미로는 가난한 자들의 삶의 질을 향상시키는 기술을 의미한다.

적정기술이 사용된 대표적 사례는 아바(Abba, M. B.)가 고안한 '항아리 냉장고'이다. 아프리카 나이지리아의 시골 농장에는 전기, 교통, 물이 부족하다. 이곳에서 가장 중요한 문제 중의 하나는 곡물을 저장할 시설이 없다는 것이다. 이를 해결하기 위해 그는 항아리 두 개와 모래흙 그리고 물만 있으면 채소나 과일을 장기간 보관할 수 있는 저온조를 만들었다. 이것은 물이 증발할 때 열을 빼앗아 가는 간단한 원리를 이용했다. 한여름에 우리가 몸에 물을 뿌리고 시간이 지나면 시원해지는 것을 느낄 수 있는데, 이는 물이 증발하면서 몸의 열을 빼앗아 가기 때문이다. 항아리의 물이 모두 증발하면 다시 보충해서 사용하면 된다. 토마토의 경우 항아리 냉장고 없이 2 ~ 3일 정도 저장이 가능하지만, 항아리 냉장고를 사용하면 21일 정도 저장이 가능하다. 이 덕분에 이 지역 사람들은 신선한 과일을 장기간 보관해서 시장에 판매해 많은 수익을 올릴 수 있었다.

적정기술은 새로운 기술이 아니다. 적정기술은 우리가 알고 있는 여러 기술 중의 하나로, 다만 어떤 지역이 직면한 문제를 해당 지역의 환경이라는 제약 속에서 해결할 수 있도록 고안된 기술일 뿐이다. 1970년 이후 적정기술을 기반으로 많은 제품이 개발되어 현지에 보급됐지만 그 성과에 대해서는 여전히 논란이 있다. 이는 기술의 보급만으로는 특정 지역의 빈곤 탈출과 경제적 자립을 이룰 수 없기 때문이다. 빈곤 지역의 문제 해결을 위해서는 기술 개발 이외에도 지역 문화에 대한 이해와 현지인의 교육까지도 필요하다.

① 새롭게 개발된 초흡습성 고분자 필름을 이용해 건조한 사막 지역 난민들의 식수 문제를 해결한 저수 기술
② 인공위성 및 위치 추적 기술을 활용해 목적지에 도달하는 경로를 안내하는 내비게이션
③ 새롭게 개발된 사물인터넷 기술을 활용해 외출 시 보일러 온도를 조정 가능하게 하는 원격 제어 시스템
④ 전기와 화석 원료를 함께 사용함으로써 매연 배출을 획기적으로 줄인 고가(高價)의 하이브리드 자동차
⑤ 저수지에 고무공을 띄워 수질 오염을 방지하고 식수 증발을 막아 저소득 농촌 계층의 물부족을 해결한 그늘공

17. 다음 글을 바탕으로 <보기>를 이해한 것으로 적절한 것은?

혈액은 세포에 필요한 물질을 공급하고 노폐물을 제거한다. 만약 혈관 벽이 손상되어 출혈이 생기면 손상 부위의 혈액이 응고되어 혈액 손실을 막아야 한다. 혈액 응고는 섬유소 단백질인 피브린이 모여 형성된 섬유소 그물이 혈소판이 응집된 혈소판 마개와 뭉쳐 혈병이라는 덩어리를 만드는 현상이다. 혈액 응고는 혈관 속에서도 일어나는데, 이때의 혈병을 혈전이라 한다.

과학자 A는 지방을 뺀 사료를 먹인 병아리의 경우, 지방에 녹는 어떤 물질이 결핍되어 혈액 응고가 지연되어 발생이 어렵다는 사실을 발견하고 그 물질을 X로 명명했다. 이러한 사실을 토대로 A는 단백질로 이루어진 다양한 인자들이 관여하는 혈액 응고의 과정을 추적하였다. A의 가설에 따를 때, 우선 여러 혈액 응고 인자들이 활성화된 이후 프로트롬빈이 활성화되어 트롬빈으로 전환되고, 트롬빈은 혈액에 녹아 있는 피브리노겐을 불용성인 피브린으로 바꾼다. X는 프로트롬빈을 비롯한 혈액 응고 인자들이 합성될 때 이들의 활성화에 관여한다. 활성화는 칼슘 이온과의 결합을 통해 이루어지는데, 이들 혈액 단백질이 칼슘 이온과 결합하려면 카르복실화(化) 되어 있어야 한다. 카르복실화는 단백질을 구성하는 아미노산 중 글루탐산이 감마-카르복시글루탐산으로 전환되는 것을 말한다. 이처럼 X에 의해 카르복실화 되어야 활성화가 가능한 표적 단백질을 A는 X-의존성 단백질이라고 하였다.

<보 기>

ㄱ. 피브리노겐이 피브린뿐만 아니라 피브리노로 전환될 수 있다는 사실이 밝혀진다면, A의 가설은 약화된다.

ㄴ. X가 혈액 응고 인자의 활성화뿐만 아니라 혈류 개선을 통한 혈액 순환 활성화에 영향을 미친다는 사실이 실험결과 밝혀진다면, A의 가설은 강화된다.

ㄷ. 혈전이 발생한 혈관 속에서 X의 농도가 높게 관측되었다면, A의 가설은 강화된다.

① ㄴ
② ㄷ
③ ㄱ, ㄷ
④ ㄴ, ㄷ
⑤ ㄱ, ㄴ, ㄷ

18. 다음 주장에 대한 평가로 적절한 것만을 <보 기>에서 모두 고르면?

‘실존적 불안’이란 자신의 실존(實存)에 대한 붕괴, 또는 자기 자신이 무(無)로 돌아가지 않을까에 대한 불안을 의미한다. 실존주의자들에 따를 때 실존적 불안은 존재론적으로 이해될 때 해소되는 것으로 갑, 을, 병은 이러한 불안을 해소, 해결하기 위한 다양한 방안을 제시하고 있다.

갑: 이성의 힘을 통해 절대적 존재를 규명함으로써 실존적 불안을 해결할 수 있다. 존재의 규명이란 곧 본질의 규명을 의미하는바, 절대적 존재의 본질에 해당하는 보편적 원리를 밝히면 이를 통해 개체들의 다름을 아우르는 보편적인 동일성을 찾을 수 있다. 이를 통해 모든 개체가 모순이 없는 체계 속의 정당한 구성 요소들로 규정됨으로써, 개체의 정체성 또한 확보할 수 있다.

을: 절대적 존재와의 관계를 규명하는 것은 불필요하며 다른 인간들과의 수평적 관계인 인아(人我) 관계를 통해 실존적 불안을 완전히 소멸시킬 수 있다. 인간은 개체보다 집단의 질서를 우선시하며 개체는 집단의 가치를 자신의 정체성으로 삼아 실존적 불안을 해소한다.

병: 실존적 불안의 해소는 개체에게 다가오는 수평적, 수직적 모순의 불가피성을 인정하는 데에서 출발한다. ‘수평적 모순’은 개체 간의 다름에서 비롯되는 갈등을 뜻하며, ‘수직적 모순’은 개체가 절대적 존재를 규명할 수 없는 상태로 남으므로 비롯되는 갈등을 뜻한다. 각 개체는 모두 절대적 존재에 종속될 수밖에 없는 운명에 처해 있으므로 개체들은 절대적 존재로부터 카리스마를 부여받은 대상에 자신을 맡기고 이에 전적으로 의존하며 살아간다. 따라서 실존적 불안이란 완벽히 소멸될 수 없으며, 개체는 카리스마를 부여받은 대상에 제각각 기생하는 것을 곧 자신의 정체성으로 삼아 실존적 불안을 완화시킬 뿐이다.

<보 기>

ㄱ. 절대적 존재를 규명하는 것이 불가능하다면, 갑의 견해는 약화되고 병의 견해는 강화된다.

ㄴ. 개체의 정체성은 존재하지 않는다는 것이 밝혀지면 갑, 을, 병의 견해는 약화된다.

ㄷ. 실존적 불안의 완전한 소멸이 불가능하다면, 을의 견해는 약화되고 병의 견해는 강화된다.

① ㄱ
② ㄱ, ㄴ
③ ㄱ, ㄷ
④ ㄴ, ㄷ
⑤ ㄱ, ㄴ, ㄷ

[19 ~ 20] 다음 글을 읽고 물음에 답하시오.

단일단계방식의 객체 탐지 모델은 이미지에서 탐지할 객체가 있을 확률이 높은 곳을 추정한 후, 그 영역의 대상이 어떤 객체인지 판별하는 과정이 하나의 인공신경망을 통해 동시에 이루어진다. 가장 대표적인 알고리즘 모델로 YOLO(You Only Look Once)가 있다.

YOLO는 이미지가 입력되면 먼저 이미지를 S × S개의 영역으로 나누고, 각각의 영역에 경계 상자를 N개 표시한다. 모든 영역마다 동일하게 N개의 경계 상자를 표시하면서 각각의 경계 상자에 특정 객체가 존재할 확률도 예측한다. 이때 경계 상자의 개수가 많을수록 탐지 속도가 느려지기 때문에 설정할 수 있는 경계 상자의 수가 제한적인데 일반적으로 N은 5 이하로 설정한다. 각 경계 상자의 데이터는 Bx, By, Bw, Bh, Pc와 C로 표시되는데, Bx, By는 경계 상자의 중심점 좌표이며 Bw, Bh는 폭과 높이이다. 그리고 Pc는 해당 경계 상자에 어떤 객체가 존재할 확률값이고, C는 그 객체가 특정 객체일 확률값이다. 이때 Bx, By는 항상 기준이 되는 하나의 영역 안에 속해 있지만, 경계 상자의 크기는 영역의 크기와 상관없이 다양하게 표시된다. C는 미리 학습된 m가지 종류의 객체 데이터와 비교하여 각 객체일 확률을 표시한 값으로, 미리 학습된 객체의 가짓수 m과 동일하게 C의 개수가 결정된다. 하나의 이미지가 입력되면 이러한 방식으로 모든 영역별로 이미지에 있는 대상들을 확인하고 그 대상이 특정 객체일 확률값을 계산해서 총 [㉠]개의 데이터를 출력하게 된다.

이후 경계 상자에 객체가 존재할 확률값과 그것이 특정 객체일 확률값을 곱하여 해당 경계 상자에 특정 객체가 존재할 확률값인 '신뢰도 점수'를 구한다. 신뢰도 점수는 경계 상자의 위치와 객체의 판별이 얼마나 정확한지를 나타낸다. 모든 경계 상자들은 미리 학습된 객체의 가짓수만큼 신뢰도 점수를 가지며, 이 중 가장 큰 값을 가지는 객체가 해당 경계 상자에서 탐지된 객체가 된다.

그런데 서로 다른 경계 상자에서 같은 종류의 객체가 탐지될 수 있다. 이때는 각 경계 상자가 하나의 대상에 중복되어 표시된 것인지, 서로 다른 대상에 표시된 것인지를 판단하여 이미지 속의 각 대상별로 가장 정확한 경계 상자 하나만 표시하는 과정을 거치는데, 이를 '비최댓값 억제(NMS)'라고 한다. NMS는 두 경계 상자의 교집합을 합집합으로 나눈 값인 IoU를 기준으로 이루어진다. IoU 값은 두 경계 상자의 위치가 일치할수록 1에 가까운 값이 나오며, 이 값이 설정된 임계값보다 크면 두 경계 상자가 동일한 대상에 표시된 것으로 판단하고 둘 중 신뢰도 점수가 낮은 상자를 삭제한다. 그리고 IoU 값이 설정된 임계값보다 작으면 경계 상자가 서로 다른 대상에 표시된 것으로 판단하여 두 경계 상자 모두 그대로 둔다.

이러한 방법으로 한 가지 종류의 객체에 대해 그려진 모든 경계 상자들 중 가장 높은 신뢰도 점수를 가진 경계 상자를 기준으로 다른 경계 상자들을 하나씩 삭제해 나간다. 이후 IoU 값이 설정된 임계값보다 작아서 지워지지 않고 남겨진 경계 상자 중에서 가장 높은 신뢰도 점수를 가진 경계 상자를 다음 기준으로 정하여 동일한 과정을 반복한다. 그리고 이러한 과정을 다른 모든 대상에 표시된 경계 상자들에 대해서도 순차적으로 반복한다. 이렇게 해서 결국 이미지 속의 각 대상별로 [㉡].

19. 위 글의 ㉠과 ㉡에 들어갈 말로 적절한 것은?

① ㉠: S×S×N×m
㉡: 가장 높은 신뢰도를 가진 경계 상자 하나씩만 남게 된다.

② ㉠: S×S×N×m
㉡: IoU 값이 가장 큰 경계 상자 하나씩만 남게 된다.

③ ㉠: S×S×N(5+m)
㉡: 가장 높은 신뢰도를 가진 경계 상자 하나씩만 남게 된다.

④ ㉠: S×S×N(5+m)
㉡: IoU 값이 가장 큰 경계 상자 하나씩만 남게 된다.

⑤ ㉠: S×S×N×5
㉡: IoU값이 임계값보다 작은 경계 상자만 남게 된다.

20. 위 글에 따를 때, <보기>에 대한 설명으로 적절하지 않은 것은?

<보 기>

다음은 경계 상자의 수를 2로 설정한 YOLO모델에 특정 이미지를 입력했을 때, 데이터가 출력되는 과정을 도식화하여 나타낸 것이다. 단, 입력된 이미지는 단일 객체에 대한 이미지이다.

(단, 가 = 고양이, 나 = 개, 다 = 사자, 라 = 표범, 마 = 호랑이)

	Bx	By	Bw	Bh	Pc	$C_{가}$	$C_{나}$	$C_{다}$	$C_{라}$	$C_{마}$
경계상자1	0.6	0.4	1.5	1.6	0.9	0.3	0.7	0.3	0.1	0.1
경계상자2	0.6	0.3	1.5	2	0.8	0.2	0.9	0.2	0.1	0.2

① 개별 영역당 출력되는 데이터는 20개이다.
② 입력된 이미지의 객체는 개일 가능성이 가장 높다.
③ 탐지된 객체에 관한 판별은 경계상자2에서보다 경계상자1에서 더 정확하다.
④ <보기>의 경우가 동일한 이미지에 대해 경계 상자의 수가 4일 때보다 탐지 속도가 빠를 것이다.
⑤ 경계상자의 개수는 총 2개이다.

21. 다음 글에서 알 수 있는 것은?

식물의 광합성은 이산화탄소와 물을 사용하여 빛 에너지를 화학 에너지로 전환하는 복잡한 생화학적 과정이다. 이 과정은 크게 빛 반응과 암(暗) 반응 두 가지로 나뉜다. 먼저 빛 반응은 엽록체의 틸라코이드 막에서 일어나며, 빛 에너지를 이용해 물 분자를 분해하여 산소를 방출하고, 동시에 에너지를 저장하는 화합물인 ATP와 NADPH를 생성한다. 이때 산소는 물이 분해될 때 발생하는 부산물로, 식물이 대기 중으로 방출한다. 이러한 빛 반응은 태양광을 필요로 하며, 그 강도에 따라 효율성이 달라질 수 있다.

빛 반응에서 생성된 ATP와 NADPH는 암 반응, 즉 캘빈 회로에서 중요한 역할을 한다. 캘빈 회로는 엽록체의 스트로마에서 발생하며, 빛 반응의 부산물인 ATP와 NADPH를 사용해 이산화탄소를 고정하고, 이를 통해 포도당과 같은 유기 화합물을 합성한다. 이 과정은 광합성의 핵심 단계 중 하나로, 식물이 성장하고 에너지를 저장하는 데 필수적이다.

광합성 속도는 외부 조건, 특히 빛의 강도에 크게 영향을 받는다. 일반적으로 빛의 강도가 증가하면 광합성 속도도 증가하지만, 이 관계는 무한정 지속되지 않는다. 특정 조건에서는 식물이 광포화 상태에 도달하게 되며, 이 상태에서는 더 이상의 빛 강도 증가가 광합성 속도에 큰 영향을 미치지 않는다. 이는 광합성 시스템의 효율성 한계로, 더 많은 빛이 공급되더라도 엽록체가 이를 활용할 수 있는 능력에 한계가 있기 때문이다. 또한, 온도, 이산화탄소 농도, 그리고 물의 가용성 또한 광합성의 효율성에 중요한 영향을 미친다. 예를 들어, 온도가 너무 낮거나 높으면 효소의 활성이 저하되어 광합성 속도가 감소할 수 있다. 마찬가지로, 이산화탄소 농도가 너무 낮으면 캘빈 회로에서의 탄소 고정 과정이 제한을 받아 포도당 합성 속도가 줄어든다.

결론적으로, 광합성은 식물의 생존과 성장에 필수적인 과정이며, 다양한 환경 요인에 의해 그 속도와 효율성이 조절된다. 빛 반응과 암반응은 각각의 특성과 요구 조건이 다르지만, 서로 밀접하게 연결되어 있어 전체 광합성 과정에서 조화롭게 기능한다.

① 빛 반응에서 생성된 ATP는 암 반응에서 이산화탄소를 고정하는 데 사용된다.
② 광합성 과정에서 이산화탄소의 고정은 빛의 강도와 관계없이 일정하게 유지된다.
③ 암 반응에서는 빛 에너지를 직접 사용하여 포도당을 합성한다.
④ 광합성 과정에서 방출되는 산소는 암반응의 부산물이다.
⑤ 광포화 상태에 도달하면 이산화탄소 농도도 광합성 속도에 더 이상 영향을 미치지 않는다.

22. 다음 글에서 알 수 있는 것은?

기업은 제품의 판매량을 늘리기 위해 소비자의 만족도가 높은 제품을 시장에 내놓으려고 한다. 이때 기업은 마케팅 전략을 선택하여 사용하는데, 마케팅 전략 자체의 이론적 결함이 없어 보임에도 불구하고 어느 시점부터 판매량이 늘지 않는 경우가 있다. 이러한 문제에 대한 해답을 ‘제품 확장’과 ‘역포지셔닝 브랜드’라는 마케팅 전략을 통해 찾을 수 있다.

‘제품 확장’은 기존 제품의 특성을 강화하거나 새로운 기능을 추가하여 판매량을 증가시키는 전략이다. 이렇게 출시된 제품은 기존의 제품과 차별화되기에 소비자의 만족도가 높아 판매량을 증가시킬 수 있다. 하지만 제품 확장 방법은 일시적이어서 어느 정도 판매량을 증가시킬 수 있지만 지속적이지 못하다. 예를 들어 경쟁 기업들과 모든 기능이 동일한 등산복 20만 벌을 판매하던 A 기업이 있다고 가정하자. 그런데 A 기업이 새롭게 땀을 원활하게 배출할 수 있는 기능을 가진 등산복을 만든다. 새로운 등산복에 대한 소비자들의 만족도는 판매량 증가로 이어져 A 기업은 그 해에 25만 벌을 판매한다. 하지만 얼마 가지 않아 경쟁 기업들도 동일한 기능을 가진 등산복을 만들어 낼 것이며, 길게 보면 이러한 과정이 반복되면서 결국 등산복 개발 비용이 상승하여 등산복 가격만 올라갈 뿐 판매량의 증가로는 이어지지 않을 것이다.

반면에 ‘역포지셔닝 브랜드’는 소비자들이 기본적이라고 여겨온 기능들을 과감히 삭제함과 동시에 매우 독창적인 기능을 추가하는 전략이다. 이 전략은 소비자들이 기대하지 못했던 기능을 추가했기에 만족도가 그만큼 높아 제품의 판매량도 상당히 증가시킬 수 있다. 2000년 당시 미국의 항공사들은 모두 무료 기내식, 비즈니스 클래스, 왕복 티켓 할인 등의 다양한 서비스를 시행하였고 소비자들 역시 이를 당연한 것으로 받아들이고 있었다. 그런데 ○○ 항공은 이러한 서비스를 모두 없애버림과 동시에 전 좌석 최고급 가죽 시트, 개인용 LCD 등의 서비스를 제공했다. 이러한 서비스는 당시로서는 매우 획기적이어서 소비자들의 만족도는 매우 높았고 이용 승객들을 이전보다 많이 늘릴 수 있었다.

하지만 역포지셔닝 브랜드를 사용하여 성공했다고 할지라도 다른 경쟁 기업이 따라 한다면, 결국 모든 기업이 동일한 기능을 가진 제품을 판매하는 상황이 되어 기대한 효과를 얻을 수 없다. 결국 마케팅 전략에서 가장 중요한 사항은 어느 한쪽의 전략만을 고집해서는 안 된다는 것이다. 소비자의 심리를 잘 파악하여 그때그때 바뀌는 소비자의 만족도를 높일 수 있는 전략을 선택적으로 사용하는 것이 필요하다.

① 제품 확장 전략이 기업의 판매량 증가에 한계를 드러내는 반면, 역포지셔닝 브랜드 전략은 지속적 판매량 증가가 가능하다.
② 특정 전략을 고집하기보다 상황에 따른 유동적 전략 사용을 통해 제품 판매량의 극대화를 지향하는 것이 가능하다.
③ 적극적인 SNS 홍보를 통해 제품의 판매량을 증진시키는 것은 제품 확장 전략에 해당한다.
④ 장거리 버스 전 좌석에 최고급 가죽 시트, 개인용 LCD등의 서비스를 제공하는 프리미엄 버스는 역포지셔닝 브랜드에 해당한다.
⑤ 역포지셔닝 브랜드를 통해 판매량을 증가시키는 데에 성공한 이후, 삭제된 기본적인 기능을 되살릴 때 판매량 유지가 가능하다.

23. 다음 글에서 알 수 없는 것은?

자전거를 한번 배우고 나면 오랫동안 쉬었다고 하더라도 쉽게 다시 탈 수 있다. 마치 몸 자체가 자전거 타기에 관한 지식을 내재한 듯 느껴진다. 이때 자전거 타기를 배운 것은 나의 의식일까? 아니면 몸일까? 전통 철학은 의식과 신체는 독립되어 있고 의식이 객관적 세계를 인식하고 반응한다고 보았는데, 철학자 A는 이를 비판하며 신체를 통해 세계를 지각할 수 있다고 말한다. 그에 의하면 신체, 즉 몸은 의식과 결합하여 있는 '신체화된 의식'이라고 규정한다.

A는 몸이 세상과 반응하는 것을 '지각'이라고 했는데, 그는 후설의 지향성 개념을 수용하여 몸이 지향성을 지니고 있어 세상을 지각할 수 있다고 보았다. 늘 집에 방치되어 있던 자전거도 우리 몸이 지향함으로써 지각되고 의미가 생긴다는 것이다. 그렇다면 몸에 의한 지각은 어떻게 이루어질까?

그는 몸이 '현실적 몸의 층'과 '습관적 몸의 층'으로 이루어져 있다고 규정하였다. 여기서 현실적 몸의 층이란 몸이 새로운 세상을 지각하는 경험이며, 이런 경험이 우리 몸에 배면 습관적 몸의 층을 형성하게 된다고 보았다. 이렇게 형성된 습관적 몸의 층은 몸에 내재되어 세상과 반응할 때 다시 영향을 미치며, 우리를 다양한 상황에 적응할 수 있게 한다. 이러한 몸의 대응 능력을 '몸틀'이라 하며, 몸틀은 지각 경험들이 시간이 흐르면서 누적됨으로써 형성된다. 예를 들어 자전거 타기를 배우는 경우, 처음에는 자전거와 반응하며 현실적 몸의 층을 형성하게 되고, 자전거를 타는 연습이 반복되면 새로운 운동 습관을 익히며 몸틀을 재편하게 된다. 이와 같이 A는 몸틀을 통해 몸의 지각 원리를 설명한다.

한편 A는 몸이 '애매성'을 지니고 있다고 말한다. 예를 들어 나의 오른손과 왼손이 맞잡고 있을 때, 내 몸은 잡고 잡히는 이중적이며 모호한 상황을 경험한다. 이 경우 어떤 것이 지각의 주체인지 혹은 지각의 대상인지 분명하게 말하기 어렵다. 또 내가 언짢은 표정을 한 상태에서 밝은 미소를 띤 상대방의 얼굴을 봤을 때, 나는 상대방의 밝은 모습에 동화되면서 동시에 상대방은 나의 언짢은 모습에 얼굴이 경직되는 듯한 변화를 보이게 된다. 이처럼 구체적 삶에서 우리가 경험하는 몸의 지각은 대부분 주체와 대상이 서로 얽혀 있고 명확하게 구분되지 않는다는 것이다. 즉 A는 몸을 지각의 주체로만 보지 않고 지각의 대상이 될 수도 있다고 보았다.

① 전통 철학은 자전거 타기를 배우는 것은 신체와 독립된 의식에 의한 것으로 간주할 것이다.
② A의 견해에 따를 때 마주보고 있는 연인의 몸은 각각 지각의 주체이자 대상인 이중적 지위를 지니게 된다.
③ A의 견해에 따를 때 반복 연습으로 기술을 체득한 체조선수가 실시하는 퍼포먼스는 '습관적 몸의 층'과 세상이 반응하는 것이다.
④ A는 몸이 새로운 세계를 반복해서 지각하는 과정에서 경험의 누적으로 '몸틀'이 형성된다고 말한다.
⑤ A는 몸이 단순한 지각의 주체가 아니라 의식에 의한 지각의 대상이 될 수 있다고 주장한다.

24. 다음 글에서 알 수 있는 것은?

오늘날에는 뇌에서 의식이 발생한다고 보는 것이 일반적이지만, 고대인들은 뇌에 대해 달리 생각했다. 기원전 350년경, 아리스토텔레스마저도 심장이 우리의 사고를 관장하는 곳이며 사고는 우리의 온몸에서 일어난다고 생각했다. 중세에 와서도 뇌와 정신의 관계에 대해 전혀 알지 못했고 근대를 지나 현대에 와서야 뇌에 관한 연구가 활발해졌다.

현대 뇌 과학의 발달로 밝혀진 바에 따르면, 뇌는 크게 대뇌, 소뇌, 간뇌, 중뇌, 연수 등 5개의 영역으로 나눌 수 있다. 또 뇌는 크게 좌뇌와 우뇌로 갈라져 있고, 좌뇌와 우뇌는 뇌량으로 이어져 있다. 이때 대뇌의 표면을 '대뇌피질'이라 하고 피질 안쪽을 '백질'이라 한다. 대뇌피질 또는 대뇌겉질은 대뇌의 표면에 위치하는 신경세포들의 집합으로, 신경섬유가 층상(layer) 구조를 이루고 있다.

인간의 대뇌피질은 다시 큰 신피질과 작은 이종겉질로 나뉘는데, 신피질은 대뇌피질의 약 90%를 차지한다. 신피질은 인지, 공간적 추론, 언어와 같은 고차원적 뇌 기능에 관여하며 동종피질이라 불리기도 한다. 이종겉질은 대뇌피질의 나머지 부분을 구성하고 있으며, 부등피질이라고 불린다. 이 가운데 신피질은 근본적으로 계산에 바탕을 둔 처리 과정을 통해 복잡한 지능적 활동을 낳고 이끌어 간다. 뇌를 이루는 복잡한 계산 기계는 미리 작성해 둔 프로그램을 실행하게 되어있지 않다. 대신 경험을 통해 스스로 학습하고 거기서 얻은 교훈은 하드웨어 자체를 재구성하여 새겨 둔다.

우리의 뇌 안에는 뇌의 주역인 신경세포가 약 1,000억 개 정도 있다고 추정되고, 이들 신경세포는 서로 신호를 주고받는 회로를 형성하고 있다. 이 회로에서 이루어지는 신호의 주고받기가 뇌 활동의 기초이며, 결국 의식을 만드는 근원인 셈이다. 신경세포는 세포체, 축삭돌기, 수상돌기로 구성되어 있는데 전기신호는 세포체에서 축삭돌기를 지나 다음 신경세포의 수상돌기로 전달된다. 축삭돌기의 말단과 다음 신경세포의 수상돌기는 접촉한 상태가 아니고 약간의 틈새가 있으며, 이 틈새를 이어주는 전달 체계가 바로 화학신호이다. 축삭돌기 말단에 전기신호가 도달하면, 신경전달물질이라는 화학물질이 축삭돌기 말단에서 방출되고, 수상돌기 쪽에서 그 물질을 받아들여 신호 전달이 이루어진다. 신경세포의 신호전달 활동은 결국 전기신호와 화학신호라는 물리적 현상으로 이뤄지기 때문에, 우리의 의식도 과학의 범주 안에서 설명할 여지를 남겨 놓았다고 볼 수 있을 것이다.

① 대뇌겉질의 신경세포는 층상 구조를 이루며 백질과 뇌량으로 연결되어 있다.
② 대뇌피질은 90%의 부등피질과 10%의 동종피질로 구성되며, 부등피질은 언어 등 복잡한 지능적 활동에 관여한다.
③ 신피질은 미리 작성된 프로그램을 실행하는 계산과정을 통해 지능적 활동을 이끌어간다.
④ 신경세포에서 전기신호는 세포체에서 수상돌기를 지나 축삭돌기로 전달된다.
⑤ 축삭돌기와 수상돌기는 직접 접촉되어 있지 않아 화학신호를 통해 전기신호를 주고받는다.

25. 다음 글에서 알 수 있는 것은?

> X 기술은 Y 광선을 활용하여 다양한 종류의 시료에 대해 정밀하고 광범위한 분석을 동시에 수행할 수 있는 기술이다. 이 기술은 크게 회절, 분광법, 시각화의 세 가지로 분류된다.
>
> 첫 번째로, 회절은 가장 오래된 분석 기술 중 하나로, 결정 구조 분석에 널리 사용되고 있다. Y 광선이 결정을 통과할 때, 결정 내부의 규칙적으로 배열된 원자 평면이 Y 광선을 산란시킨다. 이 산란된 Y 광선은 특정 위치에서 보강 간섭을 일으켜 밝은 점 또는 선을 형성하며, 이러한 일정한 패턴을 분석함으로써 결정 내 원자 구조를 역추적할 수 있다. 회절은 광물, 세라믹, 바이오 재료, 전자 및 자기 재료 등 다양한 화합물 및 복합 재료의 구조를 분석하는 데 매우 유용하다.
>
> 두 번째로, 분광법은 Y 광선의 에너지에 대한 시료의 흡수율, 반사율 또는 형광을 측정하여 분석하는 방법이다. 일반적으로 Y 광선은 원자번호가 높은 일부 금속원자를 제외하고 대부분의 물질에서 투과율이 높다고 알려져 있으나, 대부분의 원자는 Y 광선 중 특정 에너지를 가진 Y 광선을 흡수하기도 한다. 이렇게 원자가 흡수하는 특정 에너지를 흡수 파장이라고 하는데 원자의 흡수 파장은 고유하기 때문에 분광법을 통해 시료를 구성하는 원소와 그 전자 구조를 확인할 수 있다.
>
> 세 번째로, 시각화는 시료에 Y 광선을 조사하여 흡수된 Y 광선과, 흡수되지 않고 투과된 Y 광선의 차이를 영상으로 표현하는 기술이다. 만약 시료의 투과율이 높아 Y 광선이 시료를 더 많이 통과하는 경우 영상에서 밝은 부분은 더 많아지게 되고 영상 대비는 낮아진다. 투과된 영상은 시료 내부와 외부의 모든 흡수 물질에 대한 정보를 포함한다. 다양한 각도에서 투과된 영상을 획득한 후, 푸리에 변환을 이용하면 시료의 3차원 구조를 시각화할 수 있다.

① 원자번호가 높은 일부 금속 원자의 경우, 원자가 흡수하는 흡수 파장이 동일하다.
② Y 광선을 많이 흡수하는 시료를 사용할수록 영상의 어두운 부분이 더 많이 나타난다.
③ 하나의 원자로 구성된 시료 A와 서로 다른 두 종류의 원자로 구성된 시료 B를 통해 각각 시각화한다면, 시료 A를 사용한 영상이 시료 B를 사용한 영상에 비해 영상 대비가 더 낮을 것이다.
④ 회절은 시료 외부의 원자 배열을 분석하는 데 사용된다.
⑤ 시각화는 시료 외부의 영상만을 다양한 각도에서 획득하여 3차원 구조로 재구성한다.

26. 다음 글의 ㉠ ~ ㉤에 대한 분석으로 적절하지 않은 것은?

> ㉠ 아인슈타인은 우주는 정적인 상태로 존재해야 한다는 믿음을 가지고 있었다. 그러나 수학적 지식을 바탕으로 연구한 후, 그는 우주는 정적인 것이 아니라 팽창하거나 수축하는 동적인 것이라는 결과를 얻었다. 이런 결과를 아인슈타인은 받아들일 수 없었다. 그래서 우주가 정적인 상태로 존재 하도록 만드는 요소를 의도적으로 그의 이론에 삽입했다.
>
> 그러나 ㉡ 허블이 관측을 통해 우주가 팽창하고 있다는 사실을 발견하고 난 후, 아인슈타인이 의도적으로 삽입한 요소는 이론적 의미가 없어졌다. 허블의 연구를 토대로 우주의 팽창을 전제로 하는 우주론들이 등장했다. 가장 폭넓은 지지를 받은 이론은 ㉢ 가모프와 앨퍼가 제안한 '대폭발 이론'이다. 그들은 150억 년 전과 200억 년 전 사이의 어느 시점에 한 점에 모여 있던 질량과 에너지가 폭발하면서 우주가 시작되었다고 주장했다. 그러나 그들의 주장은 많은 논쟁을 불러일으켰다. 대폭발 이론이 정말로 옳다면 '우주배경복사'가 관찰되어야 하는데 그것을 찾을 수 없었기 때문이다. 우주배경복사는 1960년대 ㉣ 펜지어스와 윌슨의 관측에 의해 비로소 발견되었고 이로 인해 대폭발 이론은 널리 받아들여지게 되었다.
>
> 대폭발 이론이 입증되면서 과학자들은 우주가 과거에 어떤 속도로 팽창했고 앞으로 어떻게 팽창해 종말을 맞게 될 것인지에 관심을 갖게 되었다. 우주의 팽창에 영향을 주는 힘은 중력이다. 중력이란 물질 사이에 서로 끌어당기는 힘이기 때문에 우주의 팽창을 방해한다. 만약 우주에 존재하는 물질의 질량이 우주의 팽창에 영향을 줄 정도로 충분히 크다면 어떻게 될까? 큰 중력에 의해 팽창 속도는 급격히 줄어들고 언젠가는 멈추었다가 다시 수축할 것이다. 과학자들은 우주의 팽창을 멈추게 하는 데 필요한 질량이 얼마인지 계산해 보았다. 그 결과 우주의 질량은 우주의 팽창을 저지할 만큼 충분하지 않다는 사실이 밝혀졌다. 그러나 최근 눈에 보이지는 않지만 우주의 질량을 증가시키는 물질이 있다는 것이 밝혀졌다. 과학자들은 이 물질을 암흑 물질이라고 불렀다. 암흑 물질이 많으면 우주 전체의 질량이 늘어나 팽창이 멈추게 될 수도 있다.
>
> 대다수의 과학자들은 암흑 물질의 발견으로 우주의 팽창이 느려질 것이라고 추측했다. 이런 추측을 바탕으로 ㉤ 슈미트와 크리슈너는 초신성을 관측해 우주의 팽창 속도 변화를 연구했다. 연구 결과 놀랍게도 우주의 팽창 속도는 느려지는 것이 아니라 빨라지고 있었다. 그것은 질량에 작용하는 중력보다 더 큰 힘이 우주를 팽창시키고 있음을 뜻한다. 이것은 우주 공간이 에너지를 가지고 있다는 것을 의미한다. 과학자들은 이 에너지를 '암흑 에너지'라 부르기 시작했다.

① ㉠은 수학적 지식을 바탕으로 한 연구를 통해 우주가 정적인 상태로 존재한다는 결과를 도출하였다.
② ㉡은 경험적 관측을 통해 ㉠의 이론은 반박되었다.
③ ㉢은 ㉡의 연구를 토대로 새로운 이론을 주장하였으나, 주장 당시에 그 이론에 대한 반대가 존재하였다.
④ ㉣의 발견은 ㉢의 이론을 뒷받침하였다.
⑤ ㉤의 연구는 과학계의 다수 의견에 부합되지 않는 결과를 도출하였다.

27. 다음 글에서 알 수 없는 것을 <보기>에서 모두 고르면?

19세기 초에 등장한 사진은 2차원 평면 위에 현실을 재현한다는 점에서 회화와 비슷하지만 광학과 화학 등 기술적 특성을 지니기에 예술과 기술의 모호한 경계선상에 위치하였다. 처음의 사진은 회화의 보조적 역할을 하는 정도로 인식되었으나, 19세기 후반에 '픽토리얼리즘'이 등장하면서 사진으로서 독자적 예술성을 추구하려는 경향을 보이게 된다.

픽토리얼리즘은 사진도 회화와 같은 예술적 표현이 가능하다는 점에서 출발하였다. 픽토리얼리즘을 추구하는 작가들은 사진의 복제성을 포기하고 회화의 속성인 수공적 방법을 끌어들여 예술적 가치를 높이려고 노력했다. 회화적 구현의 방식으로 사진의 초점을 흐리게 하거나 인화 방식을 다양하게 하는 등의 방식을 사용했던 것이다.

20세기 초, 사진이 갖는 기술적 특성인 기록성에 더 중점을 두고자 했던 '스트레이트 포토'가 등장한다. 직접적인 사진 또는 순수 사진으로 불리는 스트레이트 포토를 추구하는 작가는 앵글이나 셔터, 프레임 등의 사진이 갖는 고유한 기능에 치중하려 했다. 즉, 사진에 어떠한 조작도 가하지 않고 작가의 의도를 표현하려 했다. 미국의 폴 스트랜드는 그의 작품 「월 스트리트, 뉴욕」에서 프레임의 설정만으로 자본주의의 부정적 속성을 드러내고자 하였다. 대형의 직사각형 창이 있는 육중한 석조 건물과 출근하는 왜소한 사람들의 모습의 대비단을 프레임에 넣어 거대한 자본의 논리에 작아지는 사람들을 표현한 것이다.

20세기 후반에 들어오면서 디지털 기술을 통해 보다 다양한 표현이 가능해짐으로써 '디지털 픽토리얼리즘'이 등장하게 된다. 디지털 기술은 이미지의 합성 및 변조와 실재하지 않는 대상의 구현 등 다양한 표현을 가능하게 했고, 이러한 가능성으로 인해 작가들은 자신들의 주제 의식을 효과적으로 표현할 수 있게 되었다. 이는 단순히 보자면 픽토리얼리즘과 차이가 없어 보이나, 작가의 주제 의식을 보다 자유롭게 표현할 수 있게 되었다는 점에서 새로운 예술적 가능성을 발견했다고도 할 수 있다.

<보 기>

ㄱ. 픽토리얼리즘을 추구하는 작가들은 사진을 회화보다 열등한 것으로 여겨, 회화의 수공적 방법을 적용해 사진의 예술성을 높이려고 하였다.
ㄴ. 카메라의 셔터 속도를 조작해 자연의 경이로움을 드러내고자 한 A작가의 사진은 스트레이트 포토에 해당하지 않는다.
ㄷ. 디지털 기술의 접목은 사진을 통한 다양한 표현을 가능하게 함으로, 사진 영역의 새로운 예술적 지평을 열었다.

① ㄱ
② ㄷ
③ ㄱ, ㄴ
④ ㄱ, ㄷ
⑤ ㄴ, ㄷ

28. 다음 글을 읽고 추론한 내용으로 적절한 것만을 <보기>에서 모두 고르면?

연구실에서 정확한 측정값을 얻기 위해 동일한 측정을 여러 번 반복하였다고 하자. 하지만 귀납의 오류를 고려한다면, 매 측정값 사이에 편차가 없다는 사실만을 바탕으로 측정값이 참값과 같다고 결론지을 수는 없다. 이 문제를 극복하기 위해, 유효숫자의 개수를 늘리면 참값에 더욱 근접할 수 있다고 가정하고, 측정의 눈금을 더 촘촘히 하는 방법을 떠올릴 수 있겠지만 아무리 최첨단의 측정 도구를 사용하더라도 유효숫자를 무한히 늘리는 것은 불가능하다. 또한 유효숫자를 무한히 늘린다고 해서 측정값이 참값에 도달할 수 있는 것도 아니다. 이는 측정 잡음 때문이다. 따라서 좋은 측정을 위해서는 측정 잡음을 최대한 줄여 측정의 유효숫자를 한 자리씩 더 확보해 나가야 한다.

어떤 측정 과정 X에서 측정 잡음의 원인을 파악하는 한 가지 방식은 주파수를 분석하는 것이다. 측정 잡음 중에서 핑크 잡음은 주파수에 반비례하는 특성 때문에 낮은 주파수에서는 그 영향이 크지만, 주파수가 높아질수록 그 영향은 적어진다. 반면 백색 잡음은 주파수와 관계없이 일정한 영향을 미친다. 핑크 잡음과 백색 잡음이 합쳐진 잡음의 주파수 스펙트럼을 보면, 두 잡음의 영향이 교차하는 모서리 주파수가 존재한다. 이 주파수를 A라고 하자. 이 주파수를 기준으로 특정한 측정 주파수에서 핑크 잡음과 백색 잡음 중 어느 것이 더 큰 영향을 미치는지 판단할 수 있다.

<보 기>

ㄱ. 측정 주파수가 모서리 주파수인 경우, 핑크 잡음과 백색 잡음의 영향은 동일하다.
ㄴ. 측정 주파수가 A보다 작을 때, 백색 잡음의 영향이 핑크 잡음의 영향보다 크다.
ㄷ. 주파수를 높이는 데 한계가 있다는 사실이 밝혀지면, 핑크 잡음의 영향을 최소화하는 것은 불가능하다.

① ㄱ
② ㄴ
③ ㄷ
④ ㄱ, ㄷ
⑤ ㄱ, ㄴ, ㄷ

29. 다음 글에서 알 수 있는 것은?

셰일 가스(Shale Gas)는 지하 2천~3천 미터 아래 혈암(Shale)이라는 암석에 분포된 천연가스이다. 셰일 가스는 오래전부터 엄청난 매장량이 확인되었지만 사람들의 관심 밖에 있었다. 셰일 가스보다 지표면에 가까운 특정 공간에 집중적으로 매장되어 있어 손쉽게 채굴해서 쓸 수 있는 다른 천연가스가 있었기 때문이었다. 그런데 이제 그것의 고갈이 예견되면서 셰일 가스를 채굴할 방법을 강구하게 되었다.

혈암은 입자와 입자 사이가 조밀해서 유체(流體)가 투과되기가 어려우며, 점토질 성분이라 균열되기는 쉽지만 균열이 잘 유지되지 않는 특성이 있다. 이런 두 가지 이유로 수직으로 시추공을 뚫어 가스를 회수하는 방법으로는 경제적인 채굴이 어려웠다. 이를 해결하기 위한 방법으로 기존의 '수평정 시추법'과 '수압 파쇄법'을 개선하여 결합한 최신의 채굴법이 등장했다.

수평정 시추법은 ㄴ자형의 시추공을 만드는 방법이다. 시추용 드릴이 수직으로 뚫고 내려간 뒤 특정 지점에서 진행 방향을 조금씩 바꿔 나중에 진입점이라는 곳에서 지층과 수평하게 파고 들어감으로써 시추공을 만드는 기술이다. 드릴 끝에는 한 개의 큰 분사구와 두 개의 작은 분사구가 삼각형을 이루며 위치한다. 그 분사구들로 특정 지점에서 진입점에 이를 때까지 진흙을 고압으로 분출시킨다. 그러면 상대적으로 큰 힘이 작용하는 큰 분사구 쪽으로 구멍이 깊게 파이고 그쪽으로 드릴의 진행 방향이 휘게 된다.

시추공을 뚫은 뒤에는 혈암에 균열을 만드는 작업을 한다. 이때 높은 수압을 이용하는 수압 파쇄법이 동원된다. 균열은 시추공의 맨 끝부분에서 시작하여 진입점 쪽까지 단계적으로 나눠 같은 과정을 반복하며 만든다. 균열을 만드는 과정은 시추공에 작은 구멍이 여러 개 뚫린 파이프를 삽입하는 것으로 시작된다. 파이프를 우선 시추공의 끝부분까지 삽입한 후 모래와 특수 화학 약품이 혼합된 물을 분사한다. 그러면 수압으로 인해 혈암에 균열이 생기고 그 사이에 모래와 특수 화학 약품이 들어가 일정 시간 균열을 유지한다. 이렇게 균열을 만들고 나면 파이프를 뒤로 끌어당기고 이미 균열이 만들어진 시추공과 새로 균열을 만들 시추공 사이를 코르크 마개로 병을 막듯이 마개로 막는다. 이것은 새로운 균열을 만드는 데 필요한 수압을 유지하기 위한 것이다. 이후에 앞의 과정을 반복하여 수평의 시추공 전체에 균열을 만든 다음에 마개를 없애면 균열로 인해 흐름이 원활해진 셰일 가스가 시추공을 통해 회수된다.

① 셰일 가스는 엄청난 매장량에도 불구하고 그 존재가 알려지지 않아 채굴되지 않고 사람들의 관심 밖에 있었다.
② 수평정 시추법은 모래와 특수 화학 약품이 혼합된 물을 세 개의 분사구로 분사해 구멍을 파는 방법이다.
③ 혈암은 유체가 투과하기 어렵기 때문에 균열이 생기더라도 균열 유지가 어려우며, 이는 수직의 시추공을 통한 채굴을 어렵게 하였다.
④ 수압 파쇄법은 진입점에서 시작해 시추공 끝부분 순서로, 시추공 전체에 균열을 만들어 셰일 가스를 추출한다.
⑤ 수압 파쇄법에서 수압으로 만들어진 균열은 추가적 균열 생성을 위해 일시적으로 마개로 막히며, 이후 셰일 가스를 추출할 때 마개는 제거된다.

30. 다음 글에서 알 수 없는 것은?

아동의 언어발달은 역사적으로 매우 오랜 관심사이며, 시간이 지남에 따라 아동언어에 관한 다양한 연구가 이루어졌다. 고전적인 연구들은 아동언어의 특성을 통해서 사고나 다른 지적인 심리적 특성을 밝히는 데에 그 주목적을 두었고, 언어습득 과정에서 다른 심리적 특성들과 독립하여 아동언어 그 자체에 관심을 갖기 시작한 것은 비교적 근래의 일이다.

이러한 새로운 경향은 무엇보다 촘스키가 제안한 언어습득 모형에서 비롯된 것이다. 이 모형은 어린이가 '언어습득장치'를 가지고 태어나는 것으로 가정하며, 이 장치는 일차적인 언어 재료를 '수용'하고 문법적인 능력을 '산출'하는 것으로 도식화된다. 어린이가 타고나는 언어습득 장치의 내적 구조는 '언어 보편성'에 의해 주어진다는 것이 그의 가설이다. 촘스키는 언어 보편성을 '실체적'인 것과 '형식적'인 것으로 나눈다. 형식적 보편성은 자연언어에 대한 성공적인 언어학적 기술 속에 나타나는 규칙 형태를 명세하고, 실체적 보편성은 특정한 언어학적 기술의 규칙을 형식화하는 데에 개입되는 이론적인 용어이다. 그리고 이러한 언어보편성들은 어린이가 노출되고 있는 말들의 표집과 조화를 이룬다. 따라서 언어보편성은 심리학적인 실체를 갖는다.

한편, 브라운은 어린이가 어머니의 말을 모방할 때 그 문자의 길이는 2 내지 4 형태소에 국한되는데, 이것은 어휘의 한계도 기억의 한계도 아니라고 하였다. 그들은 마치 성인이 전보를 치기 위하여 문장을 축소시키는 것처럼 어머니의 문장을 축소하여 모방한다. 이때의 단어 선택은 무작위로 이뤄지지 않으며 지극히 체계적이다. 대체로 보유되기 쉬운 형태는 세 가지의 커다란 개방 부분인 명사, 동사, 형용사이며, 이 유목에 속하는 단어는 의미상의 내용을 지니기 때문에 '내용어'라고 불리기도 한다. 이와 달리 생략되기 쉬운 형태는 폐쇄된 유목에 속하는 접미사, 조동사, 관사, 전치사,접속사로 '기능어'라고 불리는 것들이다.

브래인은 '문맥상의 일반화 이론'을 제시하였다. 문맥상의 일반화란 문장의 형태소, 단어, 구절 등 단위가 일정한 위치나 문맥 속에서 발생하는 것을 체험한 어린이는 다른 문맥에서도 그 단위들을 반드시 같은 위치에 놓는 경향이 있다는 것이다. 이때 그 단위들의 문맥은 일반화되었으며, 그 어린이는 문맥상의 일반화를 일으켰다고 일컬어진다. 브래인에 의하면 학습된 것은 단위들의 위치이며 형태소들 짝 사이의 현상이다.

① 촘스키는 어린이가 선천적으로 언어습득장치를 지닌다고 생각하였다.
② 촘스키는 언어의 실체적, 형식적 보편성에 의해 언어습득장치의 내적 구조가 결정된다고 보았다.
③ 브라운은 어린이가 어머니의 말을 모방하는 과정에서 문자의 길이가 짧은 원인을 어휘의 한계에서 찾고 있다.
④ 브라운은 어린이의 단어선택에 있어 기능어보다는 내용어가 보유되기 쉽다고 보았다.
⑤ 브래인은 어린이가 단위들의 위치를 학습하면 다른 문맥에서도 같은 위치에 두는 경향이 있다고 보고 있다.

31. 다음 글에서 추론할 수 없는 것은?

존재의 근원과 그 이유에 대한 탐구는 인류 역사에서 가장 심오하고 지속적인 철학적 과제 중 하나로 여겨져 왔다. 우리는 모든 존재하는 것에는 그것을 가능하게 하는 근거나 이유가 있다고 가정하며, 이러한 전제는 우리가 세상을 이해하는 출발점이 된다. 하지만 그 존재 이유가 반드시 인간적인 관점에서 이해되거나 설명될 수 있는 것은 아니다. 많은 경우 우리는 그 이유를 알지 못한 채 살아가며, 이는 곧 인간의 이성과 인지 능력이 무한하지 않다는 사실을 인정하게 만든다. 즉, 인간이 인식할 수 없는 영역이 존재할 수 있으며, 그 영역이 우리의 이해 밖에 있을 수 있음을 받아들여야 한다는 것이다. 이러한 한계는 인간에게 있어 피할 수 없는 본질적 제약이지만, 그 한계를 인정하면서도 이를 극복하고자 하는 끊임없는 노력이 바로 인류의 철학적 탐구의 시작이 된다.

이러한 한계를 인식한 인류는 존재와 현상을 이해하려는 노력을 멈추지 않았다. 그 과정에서 우리는 기존의 지식과 개념을 재검토하고, 새로운 방법론과 관점을 수용함으로써 끊임없이 지식의 지평을 넓혀왔다. 단순한 정보의 축적에 그치지 않고, 인간의 사고 체계와 이해 방식이 근본적으로 변화하는 과정이 지속되었다. 이는 우리가 세상을 더 복잡하고 정교한 방식으로 이해하려는 경향을 가지게 되었음을 의미한다. 특히, 인과관계와 논리관계의 복잡성을 인정하고 그것을 탐구하는 것이 우리의 철학적 깊이를 한층 더 깊게 만들었다. 이러한 과정은 인류가 단순한 설명에 만족하지 않고, 보다 복잡하고 정교한 지식 체계를 추구하게 만든 원동력이었다.

결국, 인간은 한계를 극복하고 진리에 가까워지기 위한 끊임없는 노력을 통해 스스로를 이해하고, 세계와 상호작용하는 방식을 더욱 풍부하게 만들어왔다. 이러한 탐구가 없었다면 인류는 지적 성장과 진리에 대한 발전을 경험하지 못했을 것이다. 이해할 수 없는 것을 이해하려는 노력 자체가 인류의 지적 발전을 이끌어 왔으며, 이는 진리를 추구하는 인간의 불변의 의지로 나타난다. 더 나아가, 이러한 노력은 단순한 호기심을 넘어서 인간이 자신을 둘러싼 세계와 그 안에서 자신의 위치를 명확히 인식하려는 근본적인 욕구에서 비롯된다. 인간의 진리 탐구는 그저 지식 축적이 아닌, 자신과 세상의 본질을 이해하려는 깊은 욕망의 발로인 것이다.

① 인류의 지적 발전은 단순한 정보 축적이 아니라 사고 체계의 근본적인 변화를 통해 이루어졌다.
② 철학적 탐구는 단순한 호기심에서 비롯된 것이 아니라, 인간이 자신의 한계를 인식하고 이를 극복하려는 본질적인 의지에서 출발한다.
③ 인류는 끊임없이 새로운 지식 체계를 도입하며, 기존의 틀을 과감히 수정하거나 버릴 수 있는 유연성을 발휘하였다.
④ 인류가 진리에 가까워지기 위해서는 기존의 이론을 모두 포기하고 새로운 개념과 방법론을 도입해야 한다.
⑤ 인과관계와 논리관계의 복잡성을 수용함으로써 철학적 탐구가 더욱 깊어졌다.

32. 다음 글의 논지를 강화하는 것만을 <보기>에서 모두 고르면?

몇십 년 전까지만 해도 일반인뿐만 아니라 동물행동학자들조차 인간을 제외한 대부분의 동물들이 본능에 따라서만 행동한다고 생각했다. 우리는 둘 이상의 개체 사이에서 이뤄지는 사회적 학습으로 인한 전통, 즉 문화를 향유하는 동물은 인간밖에 없다고 생각했으며, 인간을 제외한 동물들은 기존의 환경이 크게 바뀌지 않는 한 유전자에 각인된 행동만으로도 생존에 필요한 문제를 별 어려움 없이 해결한다고 보았다. 하지만 지난 몇십 년 동안 몇 가지 발견에 의해서 이러한 편견이 무너져 내리고 있다.

고래와 같은 두뇌가 큰 동물뿐만 아니라 어류, 심지어는 초파리까지 다양한 동물군에서 사회적 학습이 관찰되었다. 그뿐만 아니라 동물 사회의 한 집단이 보유한 고유의 문화 목록이 20개를 상회하는 경우도 있는 것으로 드러났다. 집단마다 고유한 문화 목록이 많은 경우 한 개체가 지니고 있는 행동 목록을 관찰하여 개체가 속한 집단을 추측하는 것도 가능하다. 사회적 학습으로 전달되는 지식 및 생존 방법의 레퍼토리 또한 생각 이상으로 다양하다.

또한 사회적 학습이 이루어지는 기제도 우리가 생각하는 것 이상으로 다양한 것으로 드러났다. 인간에게 가장 발달한 감각이 시각이기에 우리는 시연자가 하는 행동을 보고 모방하는 것이 동물계에서도 가장 흔한 기제일 것이라고 짐작하는 경향이 있다. 하지만 후각을 이용하여 학습이 이루어지는 경우도 많으며, 시연자와 모방자가 같은 시간 및 장소에 있지 않은 경우에도 모방이 이루어지는 경우가 있다.

<보 기>

ㄱ. 찰스 다윈은 동물의 행동이 완전히 본능에 의해 지배받는 것이 아니라 사회적으로 전달되는 지혜에도 영향을 받는다고 믿었다.
ㄴ. 침팬지는 아프리카에서 여러 집단으로 나뉘어 살고 있으며, 이들 집단 간은 지리적 장벽으로 인해 교류가 쉽지 않은데, 만약 견과류를 깨서 먹을 수 있고 서로 깍지를 끼고 털고르기를 하면 타이(Tai) 숲 출신이라고 추측할 수 있다.
ㄷ. 시궁쥐는 어미의 자궁에 있는 동안 맡은 냄새를 기억하거나, 섭식 장소를 떠날 때 배설물로 냄새의 흔적을 남겨놓음으로써 다음에 같은 장소를 방문한 개체가 냄새의 흔적을 바탕으로 음식에 대한 선호도를 획득한다.

① ㄱ
② ㄴ
③ ㄱ, ㄴ
④ ㄴ, ㄷ
⑤ ㄱ, ㄴ, ㄷ

33. 다음 글의 내용이 참일 때 자신의 지역에 대한 예측을 틀린 탐험가는?

> 다섯 명의 탐험가(갑, 을, 병, 정, 무)가 동, 서, 남, 북부 지역 가운데 한 곳에서 보물을 탐사하려고 한다. 탐험가들은 자신들이 탐사를 하게 될 지역에 대해 아래와 같은 예측을 내놓았다. 단, 한 명의 탐험가만 오직 자신의 지역에 대한 예측만을 틀렸고 나머지 네 명의 예측은 모두 옳다. 또한, 모든 지역은 반드시 1명 이상의 탐험가가 탐사한다는 사실과 함께 병은 자신의 지역에 대한 올바른 예측을 내놓았다는 사실이 알려졌다.
>
> ○ 갑: 정이 북부 지역에 가면, 나는 병와 같은 지역에 간다.
> ○ 을: 나와 무는 서로 다른 지역에 간다.
> ○ 병: 무가 서부 지역에 가지 않으면, 나는 동부 지역에 간다.
> ○ 정: 내가 북부 지역에 가지 않으면, 병은 동부 지역에 가지 않는다.
> ○ 무: 을이 서부 지역에 가고, 나는 동부 지역에 간다.

① 갑
② 을
③ 병
④ 정
⑤ 무

34. 다음 글의 내용이 참일 때 반드시 참인 것은?

> 세계에서 코끼리를 수출하는 나라는 오직 A국과 B국뿐이고, 그 밖의 국가들은 코끼리를 수입한다. A국은 과거에 전쟁을 주도했던 전쟁범죄국가로 알려져 있으며, 이는 국제사회의 많은 국가들로 하여금 A국을 잠재적인 위험으로 간주하게 만드는 원인이다. 반면, B국은 전쟁을 주도한 적이 없을 뿐만 아니라, 한 번도 다른 국가와 전쟁하지 않았던 유일한 국가이다.
>
> 한편, 국가 간의 관계는 상호 신뢰에 기반을 둔다. 만약 어떤 국가가 다른 국가를 잠재적인 위험이 아니라고 생각하기 위해서는 과거에 두 국가 간의 전쟁이 없었어야 한다. 모든 국가는 자국과 전쟁이 없었던 국가에 대해서만 자국 방문을 허용하며, 전쟁이 없었던 경우라면 반드시 방문을 허용한다. 세계평화기구의 의장국은 다른 모든 국가에서 방문을 허용하는 국가만 맡을 수 있다.

<보 기>

ㄱ. 세계평화기구의 의장국이 방문하는 것을 허용하지 않는 국가는 없다.
ㄴ. C국에서 D국을 방문할 수 있다면, 이는 D국이 C국을 잠재적인 위험이 아니라고 생각한다는 뜻이다.
ㄷ. 코끼리를 수입하는 모든 국가는 과거에 적어도 1개 이상의 국가와 전쟁이 있었다.

① ㄱ
② ㄴ
③ ㄱ, ㄷ
④ ㄴ, ㄷ
⑤ ㄱ, ㄴ, ㄷ

35. 다음 글의 주장에 대한 평가로 적절한 것만을 <보기>에서 모두 고르면?

최근 몇 년간 전기차 배터리의 지속 가능성에 대한 논쟁이 활발히 이루어지고 있다. 전기차는 내연기관 차량에 비해 운행 중 배출가스가 거의 없다는 점에서 환경적으로 우수하다는 평가를 받는다. 하지만 배터리 생산과 폐배터리 처리 과정에서 발생하는 부정적인 환경적 영향을 고려할 때, 전기차가 내연기관 자동차보다 진정으로 더 친환경적인지에 대한 논란이 계속되고 있다.

이에 전문가 A는 전기차 배터리 생산 과정에서 사용되는 자원 채굴, 특히 리튬과 같은 희귀 금속의 추출이 생태계를 파괴하고 많은 양의 탄소를 배출한다고 지적한다. 하지만 전문가 B는 배터리 재활용 기술의 발전과 전기차의 긴 수명을 고려한다면 생산 단계의 탄소 배출에도 불구하고 전기차가 여전히 환경적으로 더 나은 선택이 될 수 있다고 주장한다. 특히 B는 기술 발전으로 점차 배터리 재활용률이 향상되면 장기적으로 내연기관 차량보다 훨씬 더 적은 환경적 영향을 미칠 수 있다고 보고 있다.

<보 기>

ㄱ. 전기차 배터리 재활용 기술이 아직 초기 단계임에도 불구하고 실제로 재활용된 배터리의 품질이 새 배터리와 크게 차이가 없다는 연구 결과가 발표된다면, 전문가 B의 주장은 강화된다.

ㄴ. 배터리 생산 과정에서 발생하는 탄소 배출량이 예상보다 훨씬 크다는 연구 결과가 발표된다면, 전문가 A의 주장은 강화되고 전문가 B의 주장은 약화된다.

ㄷ. 전기차 안전성과 관련하여 전기차 제조 회사들이 재활용된 배터리를 활용하기 꺼리고 새 배터리만을 선호한다면, 전문가 B의 주장은 약화된다.

① ㄱ

② ㄴ

③ ㄱ, ㄷ

④ ㄴ, ㄷ

⑤ ㄱ, ㄴ, ㄷ

36. 다음 중 A와 B에 대한 평가로 가장 적절한 것은?

과학자 A와 B는 특정 고분자 소재 X가 외부 자극으로 인해 발생한 미세한 균열을 스스로 복구할 수 있는 능력을 지니고 있는지와 관련하여 상반된 의견을 지니고 있다. A에 따르면, X는 외부 자극을 받는 경우, 소재에 내장된 마이크로캡슐이 파열되어 치유제를 방출하는데 이는 균열 부위를 메우며 소재의 구조적 완전성을 회복시킨다. A는 자신의 주장을 뒷받침하기 위해, X가 반복적인 균열 발생 후에도 원래의 강도와 탄성을 유지한다는 실험 결과를 제시하였다.

반면, 과학자 B는 X의 복구능력이 온도 변화에 크게 의존한다고 주장한다. B는 자가 치유 과정이 특정 온도 범위 내에서만 효과적으로 작동하며, 온도가 너무 낮거나 높을 경우 치유제의 방출 메커니즘이 제대로 작동하지 않아 균열 복구가 실패할 수 있다고 주장한다. B는 X가 극저온의 환경에서 마이크로캡슐이 단단하게 굳어버려서 제대로 파열되지 않는 실험 결과를 제시하였다.

<보 기>

ㄱ. 과학자 A가 제시한 실험에서, 균열 부위가 전혀 메워지지 않았음에도 X가 원래의 강도와 탄성을 유지했다는 사실이 밝혀진다면, A의 주장은 약화된다.

ㄴ. X가 극고온의 환경에 노출되는 경우, 외부 자극이 없는 상황에서 마이크로캡슐이 융해되어 치유제를 방출한다는 실험 결과는 B의 주장을 강화한다.

ㄷ. 적정한 온도 범위에서 X가 미세한 균열을 스스로 복구하는 능력이 있음을 증명하는 실험결과는 A의 주장을 강화하고 B의 주장을 약화한다.

① ㄱ

② ㄴ

③ ㄱ, ㄴ

④ ㄴ, ㄷ

⑤ ㄱ, ㄴ, ㄷ

37. 갑, 을의 견해에 대한 평가로 적절하지 않은 것을 <보기>에서 모두 고르면?

> 갑: 인간의 욕구는 감각적 욕구와 지적 욕구로 구별되는데, 이는 선을 추구한다는 점에서는 동일하지만 크게 두 가지 차이점이 있다. 첫째, 감각적 욕구에 의한 추구 행위는 대상에 의해 촉발되어 이에 수동적으로 반응하는 것이다. 반면 지적 욕구에 의한 추구 행위는 지성의 능동적인 활동과 주체의 선택에 의해 일어나는 보다 적극적인 것이다. 둘째, 감각적 욕구는 감각적 인식능력에 의해 선으로 인식된 것을 추구하는 반면, 지적 욕구는 지성에 의해 선으로 이해된 것을 추구한다. 왜냐하면 감각적 인식능력은 대상의 선악 판단에 개입할 수 없지만, 지성은 대상이 무엇이든 이해한 바에 따라 선악 판단을 다르게 할 수 있기 때문이다. 예를 들어 단맛이 나에게 기쁨을 준다면 감각적 욕구는 사탕을 추구하겠지만, 지적 욕구는 사탕이 충치를 유발할 수도 있으므로 선이 아니라고 판단한다면 추구하지 않을 수도 있다.
>
> 을: 인간은 도덕법칙을 실천하려고 하는 선의지를 지닌 존재이다. 여기서 '선의지'란 선을 지향하는 의지로 그 자체만으로 조건 없이 선한 것이다. 인간이 도덕적 존재가 될 수 있는 것은 이성이 인간에게 도덕법칙을 의무로 부여하기 때문이다. 의무란 도덕법칙에 대한 존경심 때문에 어떤 행위를 필연적으로 해야만 하는 것이다. 이때 보편적으로 적용할 수 있는 도덕법칙은 '너는 무엇을 해야 한다'라는 명령의 형식으로 나타나며, 선의지에 따라 의무로부터 비롯된 행위를 실천하는 것만이 도덕적 가치가 있다. 감성적 차원의 사랑은 욕구나 자연적 경향성에 이끌리는 감정이기 때문에, 의무로 강제하거나 명령을 통해 일으킬 수 있는 것이 아니다. 도덕법칙을 따르려는 의무로서의 사랑을 실천하는 것만이 참된 도덕적 가치를 지니며 실천적 차원의 사랑만이 보편적인 도덕법칙으로 명령될 수 있을 것이다.

<보 기>

ㄱ. 감각적 욕구가 추구하는 선과 지적 욕구가 추구하는 선이 일치한다면, 갑의 견해는 강화된다.
ㄴ. 이성이 부여한 도덕법칙에 위배되는 행위만을 일삼는 인간이 다수 존재한다면, 을의 견해는 약화된다.
ㄷ. 욕구에 의한 추구가 어떠한 행위의 동기로서 기능할 수 있다면, 갑의 견해는 강화되고 을의 견해는 약화된다.

① ㄱ
② ㄴ
③ ㄱ, ㄷ
④ ㄴ, ㄷ
⑤ ㄱ, ㄴ, ㄷ

38. 다음 중 갑의 견해에 대한 평가로 적절한 것만을 <보기>에서 모두 고르면?

> 조선 시대 대표적인 유학자 '갑'은 책 속에 담긴 이치를 밝혀 이를 실천하는 독서를 강조했다. 그리고 이러한 독서에서 벗어난 그릇된 독서법을 독서 병통이라 부르며, 그 유형과 해결 방안을 크게 네 가지로 나누어 제시했다.
>
> 독서 병통의 첫 번째 유형은 그저 책만 읽는 병통이다. 이는 깊은 생각 없이 글자와 글귀 자체의 표면적인 뜻만 밝혀, 글에 숨겨진 이치를 파악하지 못한 경우이다. 이를 극복하기 위해서는 글귀의 옳고 그름을 깊이 따져 보거나, 자신의 일상이 책 속의 이치에 합당한가를 깊이 반성하는 노력을 해야 한다. 두 번째 유형은 마음만 앞서는 병통으로, 많은 책을 한 번에 탐해서 읽는 경우이다. 일반적으로 다독은 책과 책을 연계하여 서로의 의미를 이해하고 책의 깊이를 측량할 수 있어 유용하나, 욕심이 지나치면 마음만 분주하여 책을 한 권씩 음미할 여유를 가지지 못하게 된다. 이러한 병통은 책 한 권을 깊이 읽어 그 의미를 모두 알게 된 후에 다른 책을 읽는 독서로 극복할 수 있다.
>
> 세 번째 유형은 책과 자신이 유리된 병통이다. 이는 독서로 성현의 뜻을 이해하고 앎을 확장했음에도, 이를 몸과 마음으로 받아들이지 못하여 실천에 이르지 못한 경우이다. 이러한 병통은 성현의 가르침과 자신의 삶이 일치되도록 수양할 때 극복할 수 있다.
>
> 마지막 유형은 책에 대한 선입관으로 발생하는 병통으로, 두 경우가 있다. 먼저 책에 대한 두려움으로 인한 병통이 있다. 이는 책이 조금만 어려워도 이치에 도달할 수 없을 것이라고 여겨 온 마음을 다해 읽으려고 하지 않고 독서를 포기하는 경우이다. 또한 기이한 것에 현혹되는 병통이 있다. 이는 책에 초월적 지식이 담겨 있다고 여기고 이를 얻는데 조바심을 내다가 정작 책에 담겨 있는 지식은 파악하지 못한 경우이다. 이러한 선입관에 의한 병통들은 한 단락씩 세심하게 읽어, 이치에 한 걸음씩 순차적으로 다가가는 독서로 극복할 수 있다.
>
> 한편 갑은 올바른 독서를 위해 기본적으로 갖추어야 할 독서 자세를 강조했다. 독서 전에는 몸가짐을 단정히 하고, 마음을 고요히 하며, 책을 경건하고 공경스런 마음으로 대해야 한다. 이는 책 속에 담긴 심오한 진리를 대할 때 마음가짐이 흩어지면 올바른 독서를 할 수 없기 때문이다. 또한 독서 중 의문이 많아진다고 독서를 포기해서는 안 된다. 독서에 온 마음을 다한다고 해도 늘 이치에 다다를 수는 없고, 때로는 이치를 파고들수록 의문이 꼬리를 물 수도 있다. 하지만 이러한 고비를 넘겨야 의문이 점점 풀려 글 속의 이치에 이를 수 있다

<보 기>

ㄱ. 책을 읽는 사람들이 모두 여유를 가지고 저자가 주장하는 이치를 발견한다면, 갑의 견해는 약화된다.
ㄴ. 앎이 실천을 위한 충분조건이라면, 갑의 견해는 약화된다.
ㄷ. 독서에 매진했음에도 불구하고 저자가 주장하고자 하는 이치를 발견하지 못하는 경우가 존재한다면, '갑'의 견해는 약화된다.

① ㄱ
② ㄱ, ㄴ
③ ㄴ
④ ㄴ. ㄷ
⑤ ㄱ, ㄴ. ㄷ

[39 ~ 40] 다음 글을 읽고 물음에 답하시오.

인간의 본성에 관한 서로 다른 두 관점이 있다. 종교적 인간관에 따르면, 인간에게는 물리적 실체인 몸 이외에 비물리적 실체인 영혼이 있다. 영혼은 물리적 몸과 완전히 구별되며 인간의 결정의 원천이다. 반면 유물론적 인간관에 따르면, 인간은 물리적 몸에 지나지 않는다. 물리적 몸 이외에 영혼은 존재하지 않는다. 따라서 인간의 결정은 단지 뇌에서 일어나는 신경 사건이다. 이러한 두 관점 중 유물론적 인간관을 가정할 때, 인간은 자유롭게 선택할 수 있을까? 즉 인간에게 자유의지가 있을까? 가령 갑이 냉장고 문을 여니 딸기 우유와 초코 우유만 있다고 해 보자. 갑은 이것들 중 하나를 자유의지로 선택할 수 있을까?

이러한 질문과 관련하여 '반자유의지 논증'은 갑에게 자유의지가 ㉠ 없다고 결론 내린다. 우선 임의의 선택은 이전 사건들에 의해 선결정되거나 무작위로 일어난다. 여기서 무작위로 일어난다는 것은 선결정되지 않는다는 것을 의미한다. 이러한 전제하에 반자유의지 논증은 '선결정 가정'과 '무작위 가정'을 모두 고려한다. 첫 번째로 임의의 선택이 그 이전 사건들에 의해 선결정 된다고 가정해 보자. 반자유의지 논증에서는 이 경우 우리에게 자유의지가 없다고 결론 내린다. 가령 갑의 딸기 우유 선택이 심지어 갑이 태어나기도 전에 선결정된 것이라면 갑이 자유의지로 그것을 선택한 것이라고 보기 어려울 것이다. 두 번째로 임의의 선택이 무작위로 일어난 것이라 가정해 보자. 반자유의지 논증에서는 이 경우에도 우리에게 자유의지가 없다고 결론 내린다. 가령 갑의 딸기 우유 선택이 단지 갑의 뇌에서 무작위로 일어난 신경 사건이라고 한다면, 그것은 자유의지의 산물이라고 보기 어려울 것이다.

그러나 이 논증에 관한 다양한 비판이 가능하다. 반자유의지 논증을 비판하는 한 입장에 따르면 반자유의지 논증의 선결정 가정을 고려할 때의 결론은 받아들여야 하지만, 무작위 가정을 고려할 때의 결론은 받아들일 필요가 없다. 따라서 ㉡ 반자유의지 논증의 결론도 받아들일 필요가 없다고 주장한다. 그 이유는 아래와 같다.

임의의 선택이 나의 자유의지의 산물이 되기 위해서는 다음 두 가지 조건을 모두 충족해야 한다. 첫째, 내가 그 선택의 주체여야 한다. 둘째, 나의 선택은 그 이전 사건들에 의해 선결정되지 않아야 한다. 그런데 어떤 선택이 그 이전 사건들에 의해 선결정되어 있다면, 이것은 자유의지를 위한 둘째 조건과 충돌한다. 따라서 ㉢ 반자유의지 논증의 선결정 가정을 고려할 때의 결론인 우리에게 자유의지가 없다는 점을 받아들여야 한다. 물론 이러한 자유의지와 다른 의미를 지닌 자유의지가 있을 수 있다. 만약 '내가 자유롭게 선택했다'라는 말이 단지 '내가 하고자 원했던 것을 했다'라는 욕구 충족적 자유의지를 의미한다면, 나의 선택이 그 이전 사건들에 의해 선결정되어 있든 그렇지 않든 그것은 내 자유의지의 산물일 수 있다. 그러나 이러한 자유의지는 여기서 염두에 두는 두 가지 조건을 모두 충족하는 자유의지와 다르다.

다음으로, 어떤 선택이 무작위로 일어난 것이라고 하더라도 그 선택의 주체는 나일 수 있다. ㉣ 유물론적 인간관에 따르면 '갑이 딸기 우유를 선택했다'는 것은 '선택 시점에 갑의 뇌에서 신경사건이 발생했다'는 것을 의미한다. 갑의 이러한 신경사건이 이전 사건들에 의해 선결정되지 않은 것으로 가정해 보자. 이러한 가정 아래에서도 갑은 그 ㉤ 선택의 주체일 수 없다. 왜냐하면 이 가정은 선택 시점에 발생한 뇌의 신경 사건으로서 '갑이 딸기 우유를 선택했다'는 사실을 바꾸지 않기 때문이다. 결국 반자유의지 논증의 무작위 가정을 고려할 때의 결론은 받아들일 필요가 없다.

39. 위 글에서 알 수 있는 것은?

① 유물론적 인간관과 달리, 종교적 인간관은 인간의 자유의지를 긍정한다.
② 모든 자유의지의 산물이 반드시 선결정 되지 않아야 하는 것은 아니다.
③ 반자유의지 논증은 뇌에서 일어나는 신경 사건을 자유의지의 산물로 보지 않으며, 비물리적 실체인 영혼에 따른 결정을 자유의지의 결과로 볼 것이다.
④ 반자유의지 논증에 따를 때, 선결정 된다는 것은 자유의지가 존재하기 위한 필요조건이다.
⑤ 반자유의지 논증을 비판하는 입장은, 무작위로 일어난 모든 임의의 선택을 자유의지에 따른 것으로 간주한다.

40. 위 글의 ㉠ ~ ㉤을 문맥에 맞게 수정한 것으로 가장 적절한 것은?

① ㉠을 "존재한다고 결론 내린다."로 수정한다.
② ㉡을 "반자유의지 논증의 결론을 취사선택해야한다."로 수정한다.
③ ㉢을 "반자유의지 논증의 결론을 전적으로 거부하여야 한다."로 수정한다.
④ ㉣을 "종교적 인간관"으로 수정한다.
⑤ ㉤을 "선택의 주체일 수 있다."로 수정한다.

현재 내 위치가 궁금하다면?

빠른 채점 및 성적 분석

https://labstandard.kr/eas

성적분석 서비스 + 통계표 확인

맞은 문제 수 / 푼 문제 수	맞은 문제 수 / 찍은 문제 수
(　　　)문제 / (　　　)문제	(　　　)문제 / (　　　)문제

총점: 점

✓ 전국에 있는 수험생들의 성적과 자신의 성적을 지금 바로 비교해 보세요!

| 언어논리영역 |

1 교시

문제책형
시

응시번호

성명

응시자 주의사항

1. **시험시작 전에 시험문제를 열람하는 행위나 시험종료 후에 답안을 작성하는 행위를 한 사람**은 「공무원임용시험령」 제51조에 의거 **부정행위자**로 처리됩니다.
2. **답안지 책형 표기**는 **시험시작 전** 감독관의 지시에 따라 **문제책 앞면에 인쇄된 문제책형을 확인**한 후, **답안지 책형란에 해당 책형(1개)**을 '●'로 **표기**하여야 합니다.
3. 시험이 시작되면 문제를 주의 깊게 읽은 후, **문항의 취지에 가장 적합한 하나의 정답만을 고르며,** 문제내용에 관한 질문은 할 수 없습니다.
4. **답안을 잘못 표기하였을 경우**에는 **답안지를 교체하여 작성**하거나 **수정할 수 있으며**, 표기한 답안을 수정할 때는 **응시자 본인이 가져온 수정테이프만을 사용**하여 해당 부분을 완전히 지우고 부착된 수정테이프가 떨어지지 않도록 손으로 눌러주어야 합니다. **(수정액 또는 수정스티커 등은 사용 불가)**
   ■ **불량한 수정테이프의 사용과 불완전한 수정처리**로 발생하는 **모든 문제는 응시자 본인에게 책임**이 있습니다.
5. **시험시간 관리의 책임은 응시자 본인에게 있습니다.**
   ※ 시험지는 시험종료 후 가지고 갈 수 있습니다.

성적분석 및 이의제기 안내

1. **빠른 채점** 및 **성적분석** 서비스 (나의 위치 확인 및 통계 분석 결과 확인)
   ■ **시험지 뒷면** 및 **해설지**의 **QR코드** 확인 : https://labstandard.kr/eas
2. **답안지(OMR 카드) & 정오표** 다운로드, 문항 관련 문의
   ■ 랩스탠다드 홈페이지(https://labstandard.kr) "학습지원센터 - 자료실 & 정오표" 게시판 확인
   ■ 문항 관련 문의 : "학습지원센터 - 1:1 문의" 게시판 또는 이메일(labstandard@naver.com)

1. 다음 글에서 알 수 있는 것은?

18세기에 청나라가 정치적 안정을 이루고 조선이 북벌을 통해 명나라를 회복하기 어렵게 되자, 조선의 유학자들 사이에서는 조선이 중화의 계승자라는 인식이 보편화되었다. 이때 청나라가 가진 발달된 문물을 도입하자는 북학파가 등장하였다. 그중 홍대용은 청나라의 발달된 문물은 오랑캐인 청나라가 만든 것이 아니라, 청나라가 중국 땅을 차지하며 가지게 된 한족의 문물로 보았다. 이런 생각은 청나라와 청나라의 문물을 구별한 것으로, 그가 저술한 「을병연행록」에서도 발견된다. 이를 통해 이때까지도 그는 조선이 중화의 계승자라는 인식과 중화사상에서 벗어나지 못했음을 알 수 있다. 하지만 청나라 여행을 계기로 그곳에서 만난 학자들과 교류를 이어 가며 선진 문물과 새로운 학문을 탐구한 결과, 사상적 전환을 이루었고 이를 바탕으로 「의산문답」을 저술하였다.

홍대용의 사상적 전환을 잘 보여 주는 것은 「의산문답」에 실려 있는 '지구설'과 '무한 우주설'이다. 그는 하늘이 둥글고 땅이 모나다는 전통적인 천지관을 비판하고, 땅이 둥글다는 지구설을 주장하면서 그 근거로 일식과 월식을 이야기하였다. 일식과 월식이 둥글게 나타나는 것은 달과 우리가 사는 땅이 둥글기 때문이라는 것이다. 우리가 사는 땅은 둥글기 때문에 상하(上下)나 동서남북은 정해져 있지 않고, 개개인이 서 있는 곳이 각각 기준이 될 수 있다고 주장하였다. 또한 그는 하늘은 무한하여 형체를 알 수 없고 지구와 같은 땅이 몇 개가 되는지 알 수 없다는 무한 우주설을 주장하였다.

지구설과 무한 우주설은 세상의 중심과 그 주변을 구별하는 중화사상과 다른 생각이다. 홍대용은 하늘에서 우리가 사는 세상을 본다면 이 땅이 무한한 우주에 비해 티끌만큼도 안 되며, 안과 밖을 구별하거나 중심과 주변을 나눌 수 없다고 보았다. 따라서 중국 안과 밖을 구별할 수 없고 중화와 오랑캐라는 구별도 상대적이라고 생각했다. 이에 따라 중화와 오랑캐로 여겨졌던 국가가 모두 동등하며, 사람들이 각자 제 나라와 제 문화를 기준으로 살아가는 것이 당연하다고 생각하였다. 이러한 그의 생각은 모든 사람들이 중심이 될 수 있고 존재 가치가 있다는 생각으로 이어졌고, 이를 바탕으로 그는 당시 유교적 명분을 내세우며 특권을 누리려 했던 양반들을 비판하였다. 또한 재주와 학식이 있는 자는 신분이 낮은 농부의 자식이라도 높은 관직에 오를 수 있어야 한다고 주장하였다.

① 청나라가 정치적 안정을 달성함에 따라 청나라의 문물을 도입하자는 주장이 조선에서 발생하였다.
② 홍대용은 청나라 여행을 계기로 조선이 중화의 계승자라는 사상에서 벗어나 청나라의 문물 수용을 주장하였다.
③ 홍대용은 「의산문답」에서 전통적인 천지관으로부터 벗어나 지구가 태양을 중심으로 돈다는 지구설을 주장하였다.
④ 홍대용은 지구설을 중심으로 지구와 같은 땅이 무한하다는 무한 우주설을 주장하였다.
⑤ 홍대용은 「을병연행록」을 저술하던 때의 사상으로부터 벗어나, 구별의 상대성과 모든 인간의 존재 가치를 인정하게 되었다.

2. 다음 글에서 알 수 있는 것은?

죄형 법정주의란 어떠한 행위가 범죄이고 그 범죄를 어떻게 처벌할 것인지 미리 성문의 법률로 규정하여야 한다는 원칙이다. 조선의 형법은 처벌의 기준을 명시한 성문화된 체계를 가지고 있었다. 이와 관련하여 조선시대 형법에서 죄형 법정주의를 발견할 수 있다는 입장과, 그럼에도 불구하고 조선시대 형법에서 죄형 법정주의를 발견하기 어렵다는 입장이 있다.

조선시대 형법은 범죄의 종류 및 범죄자나 피해자의 신분 등을 개별적으로 구분하고 이에 따라 형량이 결정되는 정형주의적 형식을 따랐다. 조선시대 형법의 일반법으로 적용되었던 대명률의 '단죄인율령조'에 따르면 죄명을 확정할 때는 반드시 율령을 따르고 이를 위반할 경우 벌을 준다고 하였다. 이러한 규정은 법관이 외부의 압력으로부터 영향을 받지 않도록 함과 동시에 법관이 임의로 판단해 범죄의 여부를 결정할 수 없도록 했다는 점에서 죄형 법정주의와 동일한 원리가 작동했다고 할 수 있다.

그런데 조선시대 형법은 구체적이고 개별적인 사안을 하나하나 열거하는 형식이었기 때문에 어떤 사안에 각 조항을 곧바로 적용하기에는 쉬웠지만 실제 발생하는 모든 사안을 열거할 수는 없었다. 그래서 어떤 사건을 적용할 때 이에 대응되는 규정이 없어서 법률의 흠결이 생길 경우도 있었다.

이를 보완하고자 단죄인율령조에는 다음과 같은 내용이 있었다. 율령에 기재된 것이 사리(事理)를 모두 규제할 수 없으므로 만약 죄를 결정하는 데 율조가 없으면 율문 중에 가장 가까운 것에 의거하여 더할 것을 더하고 뺄 것은 빼어 죄명을 결정하여 형조에 보고하고 형조는 임금께 아뢰어 처벌하도록 한다는 것이다. 이를 인율비부(引律比附) 라고 하는데, 죄명을 결정한 후 형조에 보고하고 임금에게 아뢰도록 한 것은 자의적인 판단을 방지하려는 노력이었다. 하지만 죄를 결정할 때 자의적인 유추가 개입할 수 있으므로 조선시대의 형법은 죄형 법정주의에 위배된다고 보는 입장의 근거가 되기도 한다.

하지만 어떤 이들은 인율비부가 정형주의를 따랐던 조선시대 형법상 어쩔 수 없는 선택이었다고 본다. 인율비부는 정형주의의 한계를 극복하기 위해 동원된 법 적용 방법으로서 구체적인 법률들을 추상화하는 특수한 해석 방법이라는 것이다. 따라서 조선시대 형법에서 죄형 법정주의를 발견하려는 이들은 인율비부가 조선시대 형법상 필연적이었음을 감안해야 한다고 본다.

① 조선시대 형법은 죄형법정주의를 따르기 위해 죄명을 확정할 때는 율령을 따르고 이를 위반할 경우 벌을 주었다.
② 조선시대의 처벌은 결정된 죄명이 형조에 보고된 이후, 형조가 임금에게 이를 아뢴 이후 이루어진다.
③ 조선시대에는 법률의 흠결이 발생하는 모든 경우에 인율비부에 따라 죄를 결정하였다.
④ 조선시대 법관은 외부의 압력으로부터 자유로웠기 때문에 형벌과 율령의 공정함을 확보할 수 있었다.
⑤ 인율비부는 조선시대 형법에서 죄형법정주의를 발견하는 데에 있어 상반된 주장들의 근거로서 각각 활용되기도 한다.

3. 다음 글에서 알 수 있는 것은?

> 정조는 역대 임금 가운데 가장 책을 좋아하는 군주로 평가받는다. 통치자의 시각에서 이루어진 정조의 독서는 실용이 중시되었으며, 정조에게 실용적인 책이란 세상을 다스리는 데 도움이 되는 책이었다. 그래서 정조는 역사서가 옛날을 바탕 삼아 오늘을 비춰 보는 거울이 될 수 있다고 보아 역사서에 경전 못지않은 의미를 부여하였다. 그러나 정조는 소설은 실용적이지 않으며 마음을 방탕하게 한다고 여겨 평생 단 한 권의 소설도 읽지 않았다. 또한, 정조는 책의 내용만이 아니라 책의 형태와 책을 읽는 자세까지도 중요하게 생각하여 소매에 넣고 다닐 수 있는 작은 책과 누워서 편히 보도록 설계된 책상을 금하였다.
>
> 학문이 도덕과 인륜을 다스리는 데 실제적인 도움을 줘야 한다고 생각했던 정조는 하나의 틀에 매이는 독서를 사법(死法)으로 규정하여 멀리하였다. 또, 그는 자신의 필요와 상황에 따라 유연하게 확장해 읽는 독서를 지향하였다. 그리하여 정조는 경전을 읽을 때 성인의 뜻을 잘 헤아리되, 무조건 따라 읽어서는 안 되며, 자신의 필요에 따라 새롭게 해석하여 의문을 제기하고 생활에 쓰일 수 있는 독서를 해야 한다고 강조했다.
>
> 또한 정조는 "정밀히 살피고 밝게 분변하여 심신으로 체득하지 않는다면 날마다 수레 다섯 대에 실을 분량의 책을 암송한다 한들 자신과 무슨 상관이 있겠는가."라고 하며 자잘하고 세세한 것에 얽매이지 말고 책에 담긴 뜻을 스스로 체득하여 이것을 실천하려고 노력하는 것이야말로 학문의 기본자세라 보았다.
>
> 정조는 독서 방법에 대해서도 여러 가지를 강조했다. 읽어야 할 책의 내용과 분량을 매일 정해 놓는 것이 좋으며, 많은 책을 읽으려 하기보다 한 권이라도 반복해서 살펴보고 치밀하게 읽어야 한다고 했다. 그리고 단번에 전체를 모두 알려 하기보다 대요(大要)를 먼저 파악하는 것이 중요하며, 책을 혼자서 읽으면 관념에만 머물 위험이 있으므로 토론을 통해 책에서 배운 지식이 타당한지를 돌아보고 생각을 바로잡아야 한다고 하였다. 정조는 책에 대한 이러한 생각을 삶에서도 실천하며 독서를 통해 자기 삶의 물음들에 대한 실질적인 해답을 얻어 나갔다.

① 정조는 독서가 실생활에 쓰일 수 있어야 한다고 말했으며, 책을 통해 배운 지식을 실제 삶에서 실천해야한다고 생각했다.
② 정조의 독서는 백성의 시각에서 이루어진 것으로 실용성을 강조한다.
③ 정조는 역사서가 세상을 다스리는 데에 도움 되는 것으로 간주하여, 경전 다음의 가치를 부여하였다.
④ 정조는 다독(多讀)을 사법으로 간주해 멀리할 것을 권고하였다.
⑤ 정조는 한 권의 책을 반복해서 살피면 대요를 파악할 수 있으며, 이를 통해 삶에 대한 해답을 찾을 수 있다고 말했다.

4. 다음 글에서 알 수 있는 것은?

> 우리나라는 식물 신품종에 대한 지식 재산권을 보호하고, 육성자의 식물 품종 개량을 촉진하며 종자 산업의 발전을 도모하기 위하여 '식물신품종보호법'을 실시하고 있다. 이 법에 따르면 열매의 수확을 목적으로 하는 과수 등 모든 식물이 품종보호의 대상이 된다.
>
> 만약 육성자가 식물의 품종보호권을 얻고 싶다면 먼저 해당 품종이 품종보호 요건을 충족하고 있는지를 검토하여야 한다. 그 요건에는 크게 신규성, 구별성, 안정성 등이 있다. '신규성'은 해당 품종이 품종보호 출원일 이전의 일정 기간 상업적 이용이 없을 때만 인정된다. 과수나 임목의 종자나 수확물은 국내에서 1년 이상일 경우에 인정되며, 그 이외의 식물의 종자나 수확물은 국내에서 1년 이상일 경우에 인정된다. '구별성'은 기존에 품종보호권이 설정된 품종이나 현재 시중에 유통 중인 품종과 확연하게 구별되는 점이 있을 경우에 인정된다. '안정성'은 반복적으로 증식된 후에도 품종의 특성이 변하지 아니할 경우에 인정된다.
>
> 해당 품종이 품종보호 요건을 충족한다고 판단하였다면, 육성자는 품종의 명칭, 품종의 종자 등을 포함한 출원 서류를 작성하여 담당 기관에 제출하여야 한다. 재외국민이 품종을 개량하고 자신이 거주하고 있는 나라와 우리나라 모두에서 품종보호권을 얻고 싶다면 두 나라에 각각 품종보호를 출원해야 한다. 재외국민인 육성자가 자신이 거주하는 나라에 최초로 품종보호를 출원한 다음 날부터 1년 이내에 우리나라에 품종보호를 출원하는 경우, 품종보호 출원일의 적용은 우리나라에 출원한 날이 아니라 최초의 출원일을 품종보호 출원일로 인정한다.
>
> 품종보호 출원이 접수되면 담당 기관은 접수된 출원 내용을 일반인이 볼 수 있도록 품종보호 공보로 홈페이지 등에 일정 기간 공개한다. 출원품종이 품종보호 요건을 위반하고 있음을 발견한 이라면 누구든지 이 기간에 이의신청을 할 수 있다. 이의신청이 없다면, 심사관이 출원품종의 품종보호 요건 충족 여부를 심사하게 된다. 이때 신규성의 충족 여부는 서류 심사로, 구별성과 안정성의 충족 여부는 재배 심사로 확인한다. 재배 심사는 출원 서류에 포함된 종자를 직접 재배하여 심사하므로 심사에 1년에서 2년의 기간이 소요된다. 심사관이 심사 과정에서 거절 이유를 발견할 수 없다면 품종보호를 결정하게 되고, 육성자가 담당 기관에 첫 품종보호료를 납부하면 품종보호권이 설정된다.

① 식물신품종보호법은 열매의 수확을 목적으로 하는 식물만을 보호 대상으로 하며, 종자 산업의 발전을 도모한다.
② 반복 증식에 따른 품종 변화 여부는 종자를 직접 재배하여 심사하며, 심사에 1년 이상의 기간이 필요할 수 있다.
③ 신규성은 해당 품종이 품종보호 출원일 이전 상업적 이용이 전혀 없을 때 인정된다.
④ A국에 사는 재외국민이 A국에 품종보호를 출원한 후 우리나라에 6개월 뒤에 품종보호를 출원했다면, 품종보호 출원일의 적용은 우리나라에 품종보호를 출원한 날이다.
⑤ 출원품종이 품종 보호 요건을 위반했다면 누구나 이의신청이 가능하며, 이의신청이 있는 경우 심사관이 위반 여부를 심사한다.

5. 다음 글에서 추론할 수 있는 것은?

농부들에게 과일의 수확시기는 매우 중요하다. 소비자가 구매할 때 과일이 너무 익어있어도 혹은 덜 익어있어도 안 되기 때문이다. 이런 과일의 숙성에 관여하는 것은 비교적 간단한 분자구조의 '에틸렌'이다.

에틸렌은 식물 호르몬의 일종으로 '메티오닌'이라는 아미노산으로부터 생합성 후, 구리(Cu)를 포함하는 단백질과 결합하여 과일의 숙성을 촉진한다고 알려져 있다. 이러한 에틸렌은 과일의 품질과 저장 및 유통 가능한 시간에 매우 민감하게 영향을 주기 때문에 농산물 분야에서 관리가 필요한 대표적인 화합물이다. 그러나 에틸렌 가스는 무취의 기체로서, 소비자와 판매자가 육안으로 판단할 수 없다는 문제가 있다.

'화학센서'는 이러한 문제점을 해결하는 대안이 될 수 있다. 과일에서 발생하는 향이나 에틸렌 가스와 반응해 변하는 센서의 색을 통해 현재 과일의 상태는 물론 과일이 현재까지 유통된 시간을 소비자와 판매자가 육안으로 쉽게 판별할 수 있기 때문이다. 다만 외국으로부터 수입되는 과일의 경우, 수입 과정 전반을 통제하기 어려워 화학센서 기술을 적용하기에는 어려움이 있다.

화학센서를 활용하면 분석하고자 하는 물질에 직접 접촉하지 않고 특정 화학물질을 측정할 수 있다. 화학센서 기술은 육안으로 판정이 쉽고, 제작비용이 저렴하며, 검출에 소요되는 시간이 짧다는 장점 때문에 다양한 산업, 환경 및 의료 분야에서 응용되고 판매되는 중이다. 국내의 경우, 농산물의 에틸렌 가스 및 과일 향과 반응하는 화학센서를 농촌진흥청에서 최초로 개발하였으나 현재 연구 개발 단계에 머물러 있다. 그러나 다양한 시스템적인 연구와 유통 분야와 긴밀한 협조를 통한 유통 분야의 개선이 이루어진다면 충분히 상업화가 가능할 것으로 전망된다.

이러한 화학센서의 적용은 향후 과일의 브랜드화를 통한 고부가 가치 창출 및 품질 균일화에 도움을 줄 것으로 기대된다. 이는 소비자에게 선택의 편의성을 제공함과 동시에 생산자에게는 자신이 생산한 과일이 고품질이라는 사실을 소비자에게 시각적으로 확실하게 보여 줄 기회가 생겨 생산자와 소비자 사이에 신뢰를 쌓을 수 있다. 또한 과일의 신선도 관리가 가능해짐에 따라 수출 시 빈번하게 발생하는 수입국의 신선도 관련된 불만을 최소화할 수 있다. 이는 우리나라의 수출 과일에 대한 차별성 확보로 이어져 우리나라 수출 과일의 수출경쟁력에 긍정적인 신호를 보낼 것이다.

① 에틸렌은 메티오닌과 결합하여 과일의 숙성을 촉진하는 식물 호르몬의 일종이다.
② 화학센서는 측정 대상에 직접 접촉하여 특정 화학물질을 검출하는 방법으로, 검출 시간이 짧다는 장점이 있다.
③ 농산물 분야에서 화학센서를 활용한 기술이 개발되어 현재 널리 응용되고 판매되는 중이다.
④ 화학센서를 통해 수입 과일의 상태나 유통된 시간을 알 수 있어, 수입국 생산자들과 국내 소비자들 간 신뢰를 쌓을 수 있을 것이다.
⑤ 화학센서 기술을 통해 과일의 신선도 관리가 가능해짐에 따라 수출과일 경쟁력을 높일 수 있을 것이다.

6. 다음 글에서 알 수 있는 것은?

'식욕'은 음식을 먹고 싶어 하는 욕망으로, 인간이 살아가는 데 필요한 영양분을 얻는 데 필요하다. 식욕은 기본적으로 뇌의 시상 하부에 있는 '식욕 중추'의 영향을 받는데, 이 중추에는 배가 고픈 느낌이 들게 하는 '섭식 중추'와 배가 부른 느낌이 들게 하는 '포만 중추'가 함께 있다. 우리 몸이 영양분을 필요로 하는 상태가 되면 섭식 중추는 뇌 안의 다양한 곳에 신호를 보낸다. 그러면 식욕이 느껴져 침의 분비와 같이 먹는 일과 관련된 무의식적인 행동이 촉진된다. 그러다 영양분 섭취가 늘어나면, 포만 중추가 작용해서 식욕이 억제된다.

그렇다면 뇌에 있는 섭식 중추나 포만 중추는 어떻게 몸속 영양분의 상태에 따라 식욕을 조절하는 것일까? 여기에서 중요한 역할을 하는 것이 바로 혈액 속을 흐르는 '영양소'인데, 특히 탄수화물에서 분해된 포도당과 지방에서 분해된 지방산이 중요하다. 먼저 탄수화물은 식사를 통해 섭취된 후 소장에서 분해되면, 포도당으로 변해 혈액 속으로 흡수된다. 그러면 혈중 포도당의 농도가 높아지고, 이를 줄이기 위해 췌장에서 '인슐린'이라는 호르몬이 분비된다. 이 포도당과 인슐린이 혈액을 타고 시상 하부로 이동하여 포만 중추의 작용은 촉진하고 섭식 중추의 작용은 억제한다.

반면에 지방은 피부 아래의 조직에 중성지방의 형태로 저장되어 있다가 공복 상태가 길어지면 혈액 속으로 흘러가 간으로 운반된다. 그러면 부족한 에너지를 보충하기 위해 간에서 중성지방이 분해되고, 이 과정에서 생긴 지방산이 혈액을 타고 시상 하부로 이동하여 섭식 중추의 작용은 촉진하고 포만 중추의 작용은 억제한다. 이와 같은 작용 원리에 따라 우리의 식욕은 자연스럽게 조절된다.

그런데 우리는 온전히 영양분 섭취만을 목적으로 식욕을 느끼는 것은 아니다. 예를 들어, "스트레스를 받으니까 매운 음식이 먹고 싶어."처럼 영양분의 섭취와 상관없이 취향이나 기분에 좌우되는 식욕도 있다. 이와 같은 식욕은 대뇌의 앞부분에 있는 '전두연합영역'에서 조절되는데, 본래 이 영역은 정신적이고 지적인 활동을 담당하는 곳이지만 식욕에도 큰 영향을 미친다. 이곳에서는 음식의 맛, 냄새 등 음식에 관한 다양한 감각 정보를 정리해 종합적으로 기억한다. 또한 맛이 없어도 건강을 위해 음식을 섭취하는 것과 같이, 먹는 행동을 이성적으로 조절하는 일도 이곳에서 담당하는데, 전두연합영역의 지령은 신경세포의 신호를 통해 섭식 중추와 포만 중추로 전해진다.

① 음식물 섭취에 따라 침의 분비와 같은 무의식적 행동이 촉진되면, 섭식 중추는 이를 의식적으로 조정한다.
② 인슐린과 지방산이 식욕에 미치는 영향은 상반된다.
③ 포도당은 탄수화물이 소장에서 분해되어 형성되며, 혈액을 타고 이동해 췌장에서 인슐린으로 변화한다.
④ 영양분 섭취를 위해 느끼는 식욕만이 진정한 식욕이며, 취향이나 기분에 좌우되는 식욕은 거짓 식욕에 해당한다.
⑤ 영양분 섭취를 위한 식욕과 스트레스에 의한 식욕은 식욕 중추의 작용 여부에서 차이를 나타낸다.

7. 다음 글에서 추론 가능한 것을 <보기>에서 모두 고르면?

불꽃 감지기는 화재 시 발생하는 불꽃을 초기에 발견하여 인명 및 재산 피해를 최소화하기 위해 설치하는 장치이다. 주로 가연성 액체를 취급하는 장소, 도로나 터널, 격납고 등에서 발생하는 화재를 초기에 발견하기 위해 불꽃 감지기를 사용한다. 그런데 불꽃 감지기는 화재로 발생한 불꽃을 자연광이나 인공 조명과 어떻게 구분하는 것일까?

불꽃 감지기는 연소하는 물질에서 나오는 에너지 파장을 분석하여 화재 여부를 판단한다. 고온의 물질이나 연소하는 물질은 특정 파장에서 최대치 에너지를 방사하는데, 불꽃 감지기는 바로 이러한 에너지를 감지하여 화재 여부를 판단하고 경보를 울린다.

대부분의 물질에서는 자외선, 적외선 등의 파장이 검출된다. 이에 따라 불꽃 감지기의 종류에는 '자외선 감지 방식'과 '적외선 감지 방식'이 있다. 자외선 감지 방식은 가격이 싼 대신에 형광등, 태양광, 용접 불꽃 등에서 나오는 자외선에 오작동을 하기 때문에 잘 쓰이지 않는다. 반면 적외선 감지 방식은 가격은 비싸지만 자외선 방식에 비해 오작동이 적어서 화재가 우려되는 곳에 많이 설치된다.

적외선 감지의 대표적 방식으로는 '플리커검출방식'과 '2파장검출방식'이 있다. 플리커검출방식은 불꽃에서 발생하는 적외선의 깜박거림인 플리커를 감지하는 방식이다. 일반적으로 태양광이나 인공조명에 비해 화재 시 발생하는 불꽃은 깜박거림이 매우 심하다. 따라서 불꽃 흔들림의 변화량을 검출하면 화재 여부를 판별할 수 있다. 이와 달리 2파장검출방식은 두 개 이상의 파장을 동시에 검출하는 방식이다. 예를 들어 화재 불꽃의 경우 2㎛, 4.4㎛ 부근에서 두 번의 방사를, 도시가스 불꽃의 경우 2㎛, 3㎛, 4.4㎛ 부근에서 세 번의 방사를 보이기 때문에 2파장검출방식에서는 이것을 모두 화재로 판단한다. 반면 햇빛은 0.44㎛에서, 전기난로와 같은 고온의 물체는 2㎛ 부근에서만 강한 에너지 방사를 보이기 때문에 2파장검출방식에서는 화재로 판단하지 않는다.

<보 기>

ㄱ. 용접을 전문으로 하는 철물점에 불꽃 감지기를 설치하는 경우, 자외선 감지 방식보다 적외선 감지 방식을 설치하는 것이 적합하다.

ㄴ. 자외선 감지 방식 중 플리커 검출 방식은 태양광을 화재로 판단하지 않을 것이다.

ㄷ. 2파장검출방식은 3㎛, 4.4㎛ 부근에서 두 번의 방사를 보이는 LPG 가스 불꽃을 화재로 판단할 것이다.

① ㄱ
② ㄷ
③ ㄱ, ㄴ
④ ㄱ, ㄷ
⑤ ㄱ, ㄴ, ㄷ

8. 다음 글의 ㉠과 ㉡에 들어갈 말로 적절한 것은?

제2차 대전 이후 전쟁으로 인한 불안, 인간 소외 등 예술적 정서나 의미를 과도하게 표현하려는 예술적 경향이 나타났다. 이에 비해 미니멀리즘(minimalism)은 간결하고 절제된 표현 기법으로 대상의 본질을 표현하려는 예술적 경향을 지닌다.

이 사조는 예술 표현이 단순할수록 오히려 현실 세계를 더 쉽게 표현할 수 있다는 '단순성의 원리'와 인간의 지각은 총체적으로 이해된다는 '확장성의 원리'에 바탕을 두고 있다. 이러한 예술 양상은 음악에서는 변함없는 강세 및 빠르기로, 건축에서는 단순한 색채 및 재료의 사용과 기하학적 구성으로 나타난다.

이러한 단순성과 확장성의 원리는 특히 조형물에서 잘 나타난다. 미니멀리즘에 의한 조형물의 특징은 다음과 같다. 첫째, 매개의 최소화를 통한 '단순성의 원리'를 지향한다. 매개의 최소화는 작품의 재료, 소재, 형태 등 작품 표현에 사용되는 매개 요소를 변형하거나 가공하지 않고 원재료에 가깝게 사용하는 것을 말한다. 이는 원재료를 그대로 사용하는 구상, 일상의 사물을 그대로 사용하는 구상, 단순한 기하학적 형태에 의한 구상 등으로 표현된다. 작품에서 매개 요소가 최소화되면 감상자의 마음속에 잠재하고 있는 이미지를 보편적인 형상으로 떠올리기가 더 쉬워진다. 작품에 사용되는 매개가 적고 단순할수록 감상자는 그것을 즉각적으로 인지할 수 있고, [㉠].

둘째, 미니멀리즘에 의한 조형은 기하 추상에 의한 '확장성의 원리'를 추구한다. 미니멀리즘 조형물이 놓인 공간은 작품의 배경으로만 존재하는 것이 아니다. 작품이 놓인 공간은 감상자로 하여금 작품을 그 작품이 놓인 공간의 관련성 속에서 감상하게 한다. 예를 들어 기하 추상에 의한 미니멀리즘 조형물을 감상할 때, 감상자는 그것을 인지함과 동시에 작품 주위의 배경으로까지 시선이 이동되어 감상이 확대된다. 미니멀리즘 조형물은 기존의 조형물이 설치된 방식과 달리 주로 바닥에 배치된다. 이로써 작품 자체가 놓인 공간과 감상자가 서 있는 장소는 관람만을 위한 전망대가 되는 것이 아니라 [㉡]. 즉, '확장성의 원리'는 조형물이 놓인 배경에까지 공간 체험을 확대하여 예술적 환경에 대한 새로운 경험을 하는 것을 말하는 것이다.

① ㉠: 매개 극대화를 통한 보편적 인식에 다가갈 수 있다는 것이다.
㉡: 예술적 감상을 위한 총체적 공간이 되는 것이다.
② ㉠: 매개 극대화를 통한 보편적 인식에 다가갈 수 있다는 것이다.
㉡: 작품과 공간의 위치가 역전된다.
③ ㉠: 감상자의 인식 속의 보편적 형상과 일치시키기가 더 쉽다는 것이다.
㉡: 예술적 감상을 위한 총체적 공간이 되는 것이다.
④ ㉠: 감상자의 인식 속의 보편적 형상과 일치시키기가 더 쉽다는 것이다.
㉡: 작품과 공간의 위치가 역전된다.
⑤ ㉠: 개별자와 보편자가 합일 된다는 것이다.
㉡: 관람을 위한 장소를 초월하여 공간의 의미가 소거된다.

9. 다음 글의 ㉠과 ㉡에 들어갈 말로 적절한 것은?

성리학의 주장에 의하면 만물에 부여된 순수한 원리는 이(理)이고, 이가 현실 세계에 구현되게 하는 매체는 기(氣)이다. 세상의 만물은 이와 기가 결합된 상태로 존재하는데, 이가 구현되는 정도는 기에 따라 달라진다. 여기에서의 이가 바로 세상 만물의 본성(本性), 즉 성(性)이다. 17, 18세기 조선의 성리학계에서는 사람의 본성과 동물의 본성, 즉 인성(人性)과 물성(物性)이 다른지를 놓고 논쟁이 벌어졌다. 인성과 물성이 다르다는 입장을 취했던 '호론'과 그렇지 않다는 입장을 취했던 '낙론' 사이에 벌어진 논쟁을 '호락논쟁'이라 하는데, 이 논쟁은 조선이 중국보다 심화된 성리학적 논의를 전개하는 장을 마련해 주었다.

호론 계열의 학자는 만물의 근원으로서의 이는 동일하지만 사람만이 정밀하고 빼어난 기를 가진 덕분에 완전한 이를 갖췄고, 동물은 거칠고 흐린 기를 가졌기 때문에 불완전한 이를 갖췄다고 보았다. 이것을 근거로 그들은 사람과 동물의 본성은 근본적으로 다르다는 입장을 취했다. 이것은 그들이 [㉠] 그들은 여기에서 더 나아가 만물에 부여된 기가 개체마다 다르므로 성은 사람과 동물이 다를 뿐만 아니라 사람과 사람 사이에도 차이가 난다고 보았다. 반면에 낙론 계열의 학자는 인간과 동물의 차이는 기에 의해 발생하고, 이는 기와 결합되기 이전이든 이후든 동일하다고 보았다. 그들은 기가 다르다고 해서 기와 결합한 이가 달라진다고 생각해서는 안 된다고 강조했다. 이런 논리를 바탕으로 그들은 사람과 동물을 포함한 만물의 본성은 동일하다고 주장하였다.

그렇다면 17, 18세기에 왜 이러한 논쟁이 벌어진 것일까? 당시 호론 계열의 학자들은 청나라 문물의 영향을 덜 받는 충청도 지역을 기반으로 하고 있었다. 그들은 청나라 사람을 오랑캐이자 동물과 다를 바 없는 존재로 보고 그들의 문물을 수용하지 말아야 한다는 입장을 취했다. 그 대신 우리가 가진 순수한 모습을 지켜내야 한다는 의식을 지니고 있었다. 하지만 같은 시기, 낙론 계열 학자들은 서울 지역에 기반을 두어 청나라 문물을 접할 기회가 많았다. 그들은 청나라 문물이 결코 야만적이 아니라는 사실을 깨닫고 이를 적극적으로 받아들이고자 하였다. 그들은 청나라 사람도 [㉡] 그들의 문물에 대해서도 마찬가지의 평가를 내렸던 것이다.

① ㉠: 기와 결합된 이후의 이를 성이라 여겼기 때문이다.
㉡: 조선 사람이나 명나라 사람과 같은 인간으로 보고
② ㉠: 기와 결합된 이후의 이를 성이라 여겼기 때문이다.
㉡: 이와 기를 보유한 존재로 보고
③ ㉠: 기와 결합되기 이전의 순수한 이를 성이라 여겼기 때문이다.
㉡: 조선 사람이나 명나라 사람과 같은 인간으로 보고
④ ㉠: 기와 결합되기 이전의 순수한 이를 성이라 여겼기 때문이다.
㉡: 이와 기를 보유한 존재로 보고
⑤ ㉠: 이와 성을 별개의 것으로 여겼기 때문이다.
㉡: 이를 통해 기를 통제하는 존재로 보고

10. 다음 글의 ㉠ ~ ㉤을 문맥에 맞게 수정한 것으로 가장 적절한 것은?

'노인을 공경해야 한다.'는 우리 사회가 공유하고 있는 윤리적 가치이다. 이러한 ㉠ <u>가치의 실천은 동기에서 비롯한다.</u> 이 지점에서 윤리학의 핵심 과제 두 가지가 도출된다. 하나는 도덕 원칙이나 규칙 혹은 윤리적 행위의 가치를 입증하는 '정당화 과제'이며, 다른 하나는 이러한 가치를 실천하도록 행위를 유인하는 '동기화 과제'이다. 정당화 과제는 무엇이 정당하며, 왜 정당한가를 따지는 일이며, 동기화 과제는 실천을 이끌어내기 위해 어떻게 인도하고 유인할 수 있는지를 다루는 일이다. 이 둘은 윤리학의 쌍두마차로, 시대에 따라 윤리학이 주력한 과제는 ㉡ <u>어느 한쪽에 치우치는 경향을 보였다.</u>

근대 이전의 윤리학은 동서양을 막론하고 그 정당화의 기반을 특정한 형이상학에 두고 있다. 또한 이 시대의 윤리학은 특정한 공동체를 현실적 기반으로 하고 있는 까닭에 그 공동체의 역사와 전통을 배경으로 하고 있었으며, 특정한 정치적, 법적인 관행에 의존하게 되었다. 그렇기 때문에 윤리학은 이 같은 전통과 관행의 권위를 인정하고, 그에 의거한 규범과 윤리를 전제로 한 ㉢ <u>동기화에 주력하였다.</u>

윤리학이 정당화 과제보다 동기화 과제에 전념하게 되면, 그와 관련된 윤리 체계는 관행이나 관습에 안주하면서 교조적인 모습을 띠게 되고, 현상 유지를 위한 보수화, 권위화의 길을 걷게 된다. 일반적으로 질서정연한 공동체가 안정적으로 지속될 경우에는 정당화에 대한 요구가 그다지 심각하지 않다. 하지만 안정된 공동체가 해체되어 새로운 공동체가 형성되었을 때에는 그 질서를 유지할 새로운 규범 체계에 대한 ㉣ <u>정당화 과제가 전면으로 부상하게 된다.</u>

중세에서 근대로 넘어오면서 개인들을 서로 묶어 주고 그들 간의 갈등을 완화해 주던 유대가 점차 약화되고, 상업적인 인간관계가 점차 늘어났다. 그에 따라 개인주의가 우세해짐으로써 정당화에 대한 요구가 급증하였다. 이러한 시대적 상황에서 근대 이후의 윤리학이 의무, 옳음, 책무 등에 대한 정당화 과제에 골몰해 온 결과, 윤리적 삶에서 행위의 동기를 제대로 다루지 못하게 되었다.

어떠한 도덕적 행위도 정당화 측면과 동기화 측면을 갖는 만큼 윤리학은 모든 도덕적 영역에서 ㉤ <u>정당화와 동기화 과제 중 하나를 택일하여 심도 깊게 다룰 필요가 있다.</u> 이때 모든 덕행은 언제나 정당화의 관점에서 반성되고 성찰할 필요가 있으며, 모든 의무는 현실성 있는 동기화의 관점에서 추구되어야 한다.

① ㉠을 "가치는 행위에 의해 증명된다."로 수정한다.
② ㉡을 "양자를 조화시키는 방향으로 발전해왔다."로 수정한다.
③ ㉢을 "정당화에 주력하였다."로 수정한다.
④ ㉣을 "동기화 과제가 전면으로 부상하게 된다."로 수정한다.
⑤ ㉤을 "정당화와 동기화 과제를 균형 있게 다룰 필요가 있다."로 수정한다.

11. 다음 글의 내용이 참일 때 반드시 참인 것은?

> 갑국에서는 다음과 같은 규칙에 따라 음식물 쓰레기의 처리가 이루어진다. A시를 비롯한 몇몇 도시들은 음식물 쓰레기를 처리할 수 있는 설비를 보유하고 있지만, B시를 비롯한 몇몇 도시는 음식물 쓰레기를 처리할 수 있는 설비가 없어서 음식물 쓰레기를 처리할 수 있는 도시에 쓰레기 처리를 위탁한다. 음식물 쓰레기 처리를 위탁하려면 반드시 해당 도시는 음식물 쓰레기를 처리하는 도시와 '음식물 쓰레기 처리에 관한 상호 협약'을 맺어야 한다. 상호 협약이 이루어지려면 두 도시 사이에 경제적 거래가 존재하거나 사전에 자매결연이 맺어져 있어야 한다. 한편, 음식물 쓰레기를 자체적으로 처리하는 도시 간에는 서로 '음식물 쓰레기 처리에 관한 상호 협약'을 맺지 않는다.

① A시와 C시가 사전에 자매결연이 맺어져 있었다면, C시는 A시에 음식물 쓰레기 처리를 위탁한다.
② 어떤 도시와도 자매결연이 맺어져 있지 않은 도시는 없다.
③ E시는 경제적 거래가 존재하는 A시와 자매결연이 맺어져 있는 B시 각각과 '음식물 쓰레기 처리에 관한 상호 협약'을 맺을 수 있다.
④ 음식물 쓰레기를 위탁하여 처리하는 모든 도시는 경제적 거래가 존재하거나 사전에 자매결연이 맺어진 도시가 존재한다.
⑤ A시와 F시가 '음식물 쓰레기 처리에 관한 상호 협약'을 맺었다면, A시와 F시 간에 경제적 거래가 존재한다.

12. 다음 글의 내용이 참일 때, 다음 회의가 열릴 수 있는 날짜와 장소로 가능한 조합은?

> A 부서의 직원인 가희, 나희, 다희는 지난 회의에서 정해진 내용에 대해 다음과 같이 기억을 달리 하고 있다.
>
> ○ 가희는 다음 회의가 12월 3일에 대강당에서 열릴 것이라고 기억한다.
> ○ 나희는 다음 회의가 1월 4일에 회의실에서 열릴 것이라고 기억한다.
> ○ 다희는 다음 회의가 지난 회의와 같은 장소에서 11월 3일에 열릴 것이라고 기억한다.
>
> 이와 관련하여 다음 사실이 추가로 알려졌다.
>
> ○ 다음 회의는 가희, 나희, 다희가 언급한 장소와 월, 일 중에 열릴 예정이다.
> ○ 지난 회의는 소강당에서 열렸다.
> ○ 세 사람의 기억 내용 가운데, 한 사람은 일자만 맞혔고, 한 사람은 모두 틀렸으며, 한 사람은 모두 맞혔다.

① 11월 3일, 회의실
② 11월 3일, 대강당
③ 12월 3일, 대강당
④ 12월 4일, 소강당
⑤ 1월 4일, 회의실

13. 다음 글에서 알 수 있는 것은?

도로에서 발생하는 소음을 줄이는 가장 일반적인 방법은 방음벽을 설치하는 것이다. 그런데 일반적으로 소리는 장애물의 가장자리를 지날 때 회절(回折)되기 때문에 기존의 방음벽만으로는 소음을 완벽하게 차단할 수 없다. 따라서 방음벽 상단의 끝부분에서 회절되는 소음까지 흡수 또는 감소시키기 위해서는 방음벽 상단에 별도의 '소음저감장치'를 설치해야 한다.

현재 소음저감장치는 대표적으로 '흡음형'과 '간섭형'으로 나뉜다. 흡음형은 방음벽 상단에 흡음재를 설치하여 소음을 감소시키는 방법이다. 보통 흡음재에 사용되는 섬유질 재료에는 스펀지의 내부와 같이 섬유소 사이에 미세한 공간들이 존재하는데 이는 소음과 섬유소의 접촉면을 늘리기 위한 것이다. 흡음재 내부로 유입된 소음은 미세한 공간을 지나가면서 주변의 섬유소와 접촉하게 되는데, 이때 소음이 지닌 진동에너지로 인해 섬유소가 진동하게 된다. 즉 소음의 진동에너지가 섬유소의 진동에너지로 전환되면서 소음이 흡음재로 흡수되는 것이다.

한편 간섭형은 소리가 지닌 파동의 간섭 현상을 이용하여 회절음의 크기를 감소시키는 방법이다. 모든 소리는 각각 고유한 파동을 지니고 있는데 두 개의 소리가 중첩되는 것을 파동의 '간섭 현상'이라고 한다. 간섭 현상이 일어나 진폭이 커질 경우 소리의 세기도 커지고, 진폭이 작아질 경우 소리의 세기도 작아진다. 예를 들어, A를 어떤 소리의 파동이라고 할 때 B는 A보다 진폭은 작고 위상이 반대인 소리의 파동이다. 만약 어느 지점에서 파동의 위상이 반대인 두 소리가 중첩될 때 진폭이 작아지면서 소리의 세기가 작아지는데 이를 '상쇄 간섭'이라고 한다. 반면 파동의 위상이 서로 같은 두 소리가 중첩되어 소리의 세기가 커지는 것을 '보강 간섭'이라고 한다.

간섭형 소음저감장치를 설치하기 위해서는 방음벽 상단에서 발생하는 회절음의 파동을 미리 파악해야 한다. 이후 방음벽 상단에 간섭 통로를 설치하는데 이는 회절음의 일부분이 간섭 통로를 거친 후, 이를 거치지 않은 또 다른 회절음과 시간차를 두고 다시 만나게 하기 위해서이다. 그리고 간섭 통로의 길이는, 미리 파악한 회절음의 파동과 간섭 통로를 거친 회절음의 파동이 간섭 통로가 끝나는 특정 지점에서 정반대되는 위상으로 중첩되게 조절한다. 따라서 이와 같은 소음저감장치는 회절음과 간섭 통로를 거친 소리의 상쇄 간섭 현상을 활용하여 소음의 크기를 감소시키는 방법이라고 할 수 있다. 실제로 소음저감장치 중에는 회절음의 감소 효과를 높이기 위해 흡음형과 간섭형을 혼합하는 경우도 있다.

① 소음저감장치는 방음벽 상단에서 발생하는 회절음의 발생을 막아 도로에서 발생하는 소음을 감소시킨다.
② 간섭형 소음저감장치는 파동의 위상이 반대인 두 소리가 중첩될 때 진폭이 작아지는 현상을 활용해 소음을 감소시킨다.
③ 방음벽 상단에 설치된 흡음재는 소음의 소리에너지를 진동에너지로 전환시켜 소음을 감소시킨다.
④ 소음을 효과적으로 감소하기 위해 흡음형과 간섭형을 동시에 활용한 소음저감장치가 존재하며, 이때 흡음형이 소음을 감소시키는 비중이 더 크다.
⑤ 흡음재를 통과한 소음은 위상이 반대로 변화하여, 간섭 통로를 거치지 않은 회절음을 상쇄시킨다.

14. 다음 논쟁에 대한 분석으로 적절한 것만을 <보기>에서 모두 고르면?

20세기 후반이 되자 사형제도 폐지 운동이 전 세계적으로 확산되었다. 지난 10년 동안 30여 개의 나라가 사형을 폐지했고, 현재는 사형제도를 철폐한 나라가 존속하고 있는 나라보다 더 많다. 이러한 맥락에서 K국은 사형제도를 폐지해야 하는지, 아니면 존속해야 하는지에 대한 논쟁이 활발하게 진행되고 있다.

갑: 사형제도는 응보적 정의(justice)를 만족하기 위해 반드시 필요한 조치이다. 인간 사회의 질서유지와 존속을 위해 정의는 수립되어야 하고, 이런 차원에서 인간을 고의로 죽인 사람은 마땅히 그에 상응하는 형벌을 받아야 한다. 칸트는 인과율에 따라서 각 행동의 결과는 취한 행동에 따라 마땅히 각자에게 돌아가야 한다고 주장한다. 이렇게 할 때 인간은 자기 행동에 책임을 지게 된다는 것이다.

을: 인간의 생명은 그 자체가 절대적 가치를 갖는 것이므로 결코 다른 가치를 위해 양보 되어서는 안 된다. 물론 사회의 질서유지를 위하여 자신이 저지른 범죄에 상응하는 형벌이 필요하다고 생각한다. 그러나 살인을 하면 사형을 해야 한다는 것과 같이, 인간 생명의 존엄성을 강조하면서 한편으로는 인간의 생명을 앗아가는 사형제도는 그 자체로 모순적인 행동이다. 그러므로 사형제도는 폐지되어야 한다.

병: 사형은 범죄를 억제하기 위해 필요하다. 형벌은 강하면 강할수록 범죄에 대한 억지력이 향상되기에 살인과 같은 흉악한 범죄를 억지하기 위해 사형은 꼭 필요하다는 것이다. 죽음에 대한 공포는 보편적인 현상이기 때문에 만약 사람들이 흉악한 죄를 자행할 경우 사형을 당하게 될 것이라는 생각을 하게 된다면 자연히 극악한 행동을 삼갈 것이다.

정: 인간의 재판은 오판(誤判)의 경우가 있을 수밖에 없는데, 오판으로 사형이 집행된 경우 그 사람의 피해는 절대적이며 회복될 수 없다. 또한 법원의 판결은 피고의 성, 경제력, 판결 당시의 사회 여론의 영향을 받아, 때로 사형선고에 있어서 불평등하게 적용될 수 있는 개연성이 있다. 그러므로 인간에 의해 법원의 판결이 내려지는 한, 사형제도는 폐지되어야 한다.

<보 기>

ㄱ. 병은 갑과 달리 범죄가 일어나기 이전의 범죄 예방효과를 강조하며 사형제도를 옹호하고 있다.
ㄴ. 갑과 을은 사회질서를 유지하기 위해서 자신의 행동과 동일한 형벌을 받아야 한다는 주장에 동의할 것이다.
ㄷ. 병은 사람들이 공포를 느끼는 대상을 피하고자 노력할 것이라는 주장에 동의할 것이다.

① ㄱ
② ㄱ, ㄴ
③ ㄱ, ㄷ
④ ㄴ, ㄷ
⑤ ㄱ, ㄴ, ㄷ

15. 다음 글에서 알 수 있는 것을 <보기>에서 모두 고르면?

일반적으로 물질이 물을 흡수하는 원리는 '모세관 현상'과 연관이 있다. 이는 물이 가는 관을 따라 올라오는 현상으로, 작은 구멍들이 많으면 많을수록 물을 잘 흡수할 수 있다. 펄프나 면은 작은 구멍이 많은 섬유질로 되어있어 흡수력이 뛰어나지만, 일정량 이상이 되면 물을 더 이상 흡수할 수도 없고 외부의 압력에 의해 물이 새기도 한다. 이러한 점을 개선하기 위해 만들어진 것이 바로 '고흡수성 수지'이다.

고흡수성 수지는 3차원 망상 구조, 즉 그물과 같은 물리적 형태를 갖추고 있다. 그물에 의해 형성된 구멍의 크기를 천연 펄프보다는 미세하게 만들 수 있어, 자기 무게보다 수십 배의 양을 저장하는 천연 펄프나 천과는 달리 수천 배의 물을 저장할 수 있는 것이다. 또한 구멍의 크기를 언제든지 조절할 수 있기 때문에 최적의 흡수 속도와 흡수력을 얻을 수 있는 것이다.

망상 구조는 '고분자 중합'이라는 화학반응을 이용해 만든다. 고분자 중합이란 먼저 분자들을 연결하여 긴 분자사슬을 만들고, 이 분자사슬의 중간에 다리 역할을 하는 분자사슬을 연결해 주면 그물 모양의 구조가 형성되는 것이다. 그물을 단단하게 설계한다면 어느 정도 압력이 있어도 물을 보유할 수 있다. 그런데 망상 구조만으로는 고흡수성 수지의 조건을 모두 만족시킬 수 없다. 물질은 크게 물과 친한 성질인 친수성과 물을 멀리하는 성질인 소수성으로 나눌 수 있는데, 망상 구조를 만드는 데 사용되는 분자들은 친수성 작용기를 가진 것들을 사용해야 한다. 그래서 주로 히드록시기나 카르복시기와 같이 이온화가 쉽거나 물과의 수소결합이 가능한 작용기를 갖춘 분자들을 중합하는 방법으로 망상 구조를 만든다. 그리고 친수성인 작용기들은 그물 결합 내에서 서로 전기적 반발력이 있는데, 이로 인해 결합 내의 공간이 확대되어 많은 양의 물을 흡수하게 된다. 이런 과정으로 고흡수성 수지는 자기 무게의 1,000배 이상을 흡수한다. 여기에 이온화 경향이 더 높은 작용기를 사용할 경우 물뿐만 아니라 염도가 있는 액체에도 우수한 흡수력을 나타내게 된다.

<보 기>

ㄱ. 고흡수성 수지는 그 구조의 특수성만으로 펄프나 면에 비해 많은 양의 물을 흡수할 수 있다.
ㄴ. 고흡수성 수지의 구멍의 크기는 천연 펄프의 그것보다 항상 작으며, 이는 분자사슬의 연결을 통해 만들어진다.
ㄷ. 히드록시기 분자보다 카르복시기 분자의 이온화 경향이 더 크다면, 바닷물의 빠른 흡수가 필요한 염전에서는 카르복시기 분자로 만든 고흡수성 수지가 더 유용할 것이다.

① ㄱ
② ㄷ
③ ㄱ, ㄷ
④ ㄴ, ㄷ
⑤ ㄱ, ㄴ, ㄷ

16. 다음 글에 대한 평가로 적절한 것은?

현대 사회에서 원격 근무는 점점 더 많은 기업과 직원들 사이에서 보편화되고 있다. 원격 근무의 도입은 직원들의 유연한 근무 환경을 제공하고, 통근 시간을 절약하며, 업무와 개인 생활의 균형을 맞출 수 있게 해준다. 이러한 유연성은 직원들의 만족도와 생산성을 향상시키는 긍정적인 영향을 미친다. 따라서 많은 전문가들은 원격 근무가 미래의 근무 형태로 자리 잡을 것으로 예측한다.

그러나 일부 경영자들은 원격 근무가 직원 간의 협업과 소통을 저해할 수 있으며, 팀워크의 결속력을 약화할 수 있다는 우려를 표명하고 있다. 또한, 원격 근무 환경에서는 직원들의 업무 집중도와 책임감을 유지하기 어려울 수 있으며, 이는 전체적인 업무 효율성에 부정적인 영향을 미칠 수 있다는 지적도 있다.

이와 관련하여 회사 A는 원격 근무를 지속적으로 운영하면서 정기적인 온라인 회의와 가상 팀 강화 활동을 도입한 결과, 직원들의 협업 능력이 향상되었고, 이직률이 20% 감소하는 등 긍정적인 변화를 경험하였다.

회사 B는 원격 근무 도입 초기 단계에서 직원들의 업무 집중도를 유지하기 위해 모니터링 소프트웨어를 도입하였다. 그러나 이는 직원들의 프라이버시 침해 우려를 낳았고, 일부 직원들은 업무 스트레스를 호소하며 사직을 선택하게 되었다.

회사 C는 원격 근무를 통해 거리 제약에 구애받지 않고 다양한 인재를 원활히 채용할 수 있게 되었고, 이는 회사의 혁신성과 유연성을 증진하는 데 기여하였다. 동시에, 직원들은 자신에게 맞는 근무 환경을 선택할 수 있어 업무 만족도가 높아졌다.

<사 례>

ㄱ. 회사 A의 사례는 원격 근무의 부정적 효과를 극복한 사례로 활용 가능하고, 회사 B의 사례는 그 극복의 어려움을 보여주는 사례로 활용 가능하다.
ㄴ. 회사 C의 사례와 달리 회사 A의 사례는 회사 차원에서의 긍정적 효과를 강조하는 사례로 활용할 수 있다.
ㄷ. 회사 A, C의 사례와 달리 회사 B의 사례는 원격 근무가 직원들의 업무 집중도와 책임감을 유지하기 어려운 점을 강조하는 사례로 활용할 수 있다.

① ㄱ
② ㄴ
③ ㄱ, ㄷ
④ ㄴ, ㄷ
⑤ ㄱ, ㄴ, ㄷ

17. 다음 논쟁에 대한 분석으로 적절한 것만을 <보기>에서 모두 고르면?

2016년에 우리 사회를 강타했던 여러 화두 중의 하나는 '4차 산업혁명'이었다. 2016년 3월에 있었던 이세돌과 알파고의 대국을 계기로 한국 사회에서는 4차 산업혁명에 관한 담론이 전개되었다. 이후 과학기술의 발달로 인간과 같은 수준의 인공지능(AI)이 등장하기 시작하였고, 이와 관련하여 AI가 인간의 일자리를 대체할 가능성에 대한 논의가 활발하게 진행되고 있다.

갑1: AI가 급속히 발전하면서 한국에서 AI가 대체할 수 있는 일자리가 전체 일자리의 13% 수준인 327만 개에 달할 것이라는 연구가 있다. 특히 AI가 대체할 수 있는 일자리의 60%가 전문직에 집중돼 있어 전문직들의 위험이 큰 것으로 나타났다. 이러한 AI의 노동 대체 양상은 과거 로봇이 생산직 일자리를 대체한 것과는 매우 다를 것으로 예측된다. AI는 이미 석·박사급 개발 인력을 중심으로 실질적인 노동수요 변화를 유발하고 있다.

을1: AI는 생산성을 높이고 경제 성장을 촉진하는 한편 기존 직업을 변경하고 새로운 직업을 창출할 수 있다. AI는 근로자들이 실시간 데이터에 접근할 수 있도록 함으로써 그들의 성과를 향상시키고 더 나은 결정을 내릴 수 있도록 할 것이다. 이를 통해 근로자의 효율성과 생산성을 높여 기존 일자리를 혁신시키고 새로운 일자리를 창출할 수 있다.

갑2: AI기술은 숙련된 근로자보다는 경력이 비교적 많이 필요하지 않은 일자리를 대체하는 효과가 크다. 실제로 2030년의 AI기술 수준을 감안하면 주방장 및 요리연구가, 패스트푸드 종업원, 음료 조리사 등은 전체 직무의 자동화가 가능할 것으로 예상된다. 반면 의회의원·고위공무원 및 공공단체 임원, 항공기 조종사, 작가 등은 직무 자동화 비율이 비교적 낮을 것으로 예측된다.

을2: AI의 발달로 전체 일자리의 수는 늘어날 것이다. 이는 AI가 가져올 일자리 대체효과보다 창출효과가 더 클 것이기 때문이다. 예컨대 AI를 활용한 새로운 표현 방식과 창의성의 육성을 통해 예술 산업에서 무한히 새로운 고용기회를 창출할 수 있다. 또한 사이버 보안분야에서도 AI를 활용한 새로운 일자리를 창출할 수 있다.

<보 기>

ㄱ. 갑1은 전문직의 대체가능성을, 갑2는 비숙련 근로자의 대체가능성을 강조하며 AI가 일자리에 미치는 부정적인 영향을 전망한다.
ㄴ. 을2는 갑1과 달리 AI로 인한 일자리 대체효과를 부정하고, AI의 발달이 일자리를 늘릴 것이라고 전망하고 있다.
ㄷ. 갑1은 과거 유사사례와의 대비를 통해 AI의 부정적 측면을, 을2는 예시를 통해 AI의 긍정적 측면을 강조하고 있다.

① ㄱ
② ㄱ, ㄴ
③ ㄱ, ㄷ
④ ㄴ, ㄷ
⑤ ㄱ, ㄴ, ㄷ

18. 다음 글의 A ~ C에 대한 평가로 적절한 것만을 <보기>에서 모두 고르면?

A: 언어가 사고를 주도하고, 우리의 사고방식과 세상을 지각하는 방식은 오직 우리가 사용하는 언어에 의해 결정된다. 따라서 언어가 없으면 사고도 없으며, 마찬가지로 언어가 없으면 감정도, 감정의 지각도 없다.

B: 분노, 공포, 슬픔, 기쁨, 놀람, 혐오와 같은 적어도 몇 가지 기본 감정은 생애 초기에 나타난다. 모든 감정은 기본 감정에서 파생되는 것이고, 감정들은 생리적 반응과 일대일로 연결되므로 얼굴 근육을 활용하여 만들어진 표정만 파악하더라도 이 감정들을 구분할 수 있다. 이러한 감정들을 잘 인식하고 표현하는 것은 생존에 유용한 도구가 될 수 있기 때문에 인간의 언어, 민족, 문화와 관계없이 보편성을 갖는다.

C: 감정 인식을 위한 객관적 실체나 단일한 요인이 있다기보다는 다양한 재료들이 상황에 맞게 뇌에서 구성된다. 당시의 사회적 상황, 몸의 자세, 목소리, 장면, 심지어 다른 사람들의 표정까지도 감정 지각의 재료가 된다. 그 중 특히 언어는 필수적인 역할 혹은 예측력을 가지며, 감정 단어 그리고 이와 연결된 개념 지식은 감정을 지각하고 경험하는 데 없어서는 안 될 재료이다.

<보 기>

ㄱ. 언어능력이 완전히 손상된 환자들이 그렇지 않은 집단보다 적은 수의 감정의 범주를 만들어 냈고, 이런 성향은 긍정 감정을 범주화할 때는 거의 나타나지 않았으나 부정 감정을 범주화할 때 두드러졌다면, A의 주장은 강화되지 않는다.
ㄴ. 특정 감정을 표현하기 위한 표정이 일관된 얼굴 근육의 활동 단위를 사용하지 않기도 한다는 사실은 B의 주장을 약화한다.
ㄷ. 특정 부족의 언어에서는 죄책감과 수치심을 구분하지 않고 하나의 단어로만 표현되는데, 해당 부족의 구성원들이 이 두 가지 감정을 개념적으로 잘 구분하는 것으로 밝혀졌다면, C의 주장은 약화된다.

① ㄴ
② ㄷ
③ ㄱ, ㄴ
④ ㄴ, ㄷ
⑤ ㄱ, ㄴ, ㄷ

[19 ~ 20] 다음 글을 읽고 물음에 답하시오.

빛은 파장에 따라 감마선, X선, 자외선, 가시광선, 적외선, 전파로 나뉜다. 사람의 눈은 파장이 400 ~ 700㎛인 가시광선만 지각할 수 있다. 빛의 파장이 이 범위를 벗어난다면 해당 파장을 포착해 분석하는 특수 장치가 있어야만 이를 볼 수 있다. 그러나 지구 대기는 가시광선 이외의 빛을 대부분 차단하기 때문에 지구에서는 이런 장치가 있어도 무용지물이다. 이를 해결하기 위해 1946년 미국의 천문학자 라이먼은 망원경을 우주에 보내 천체를 관측하는 아이디어를 처음 제시했고, 1977년 미국 항공우주국(NASA)과 유럽우주국(ESA)은 그의 제안에 따라 '우주망원경' 개발에 착수했다.

우주망원경은 지구 대기 밖에서 활동하므로 모든 파장의 빛을 마주할 수 있고, 가시광선 범위의 빛도 지구에서 보는 것보다 더 선명하게 관측할 수 있다. 그뿐 아니라 낮과 밤, 날씨에 제약 없이 1년 내내 관측할 수 있는 점과 도시의 조명, 가로등 같은 광공해에 영향을 받지 않는 점 등이 장점으로 꼽힌다. 다만 지상에 설치된 망원경보다 많은 장비가 필요하고, 우주에 떠 있기 때문에 유지보수가 어려우며 비용이 많이 든다는 단점이 있다.

대중적으로 가장 잘 알려진 우주망원경은 1990년 발사된 이후 34년째 임무를 수행 중인 '허블 우주망원경'이다. 허블은 가시광선 촬영을 위주로 하면서 근적외선, 근자외선을 포착하는 망원경으로, 주경(primary mirror)의 반지름은 1.2 m에 달한다. 또한 저궤도인 고도 약 515 km 상공에서 현재까지 약 160만 건의 관측 임무를 수행했다. 이런 허블의 업적 때문에 간혹 '최초의 우주망원경'이라는 수식이 붙는데, 이는 잘못된 사실이다. 지구 주위를 도는 공전궤도에 안착해 우주를 관측한 최초의 우주망원경은 NASA가 개발한 자외선 관측용 우주망원경 'OAO - 2'다. OAO - 2는 1968년에 발사돼 1973년까지 임무를 수행한 후 퇴역했다.

허블은 총 5번의 정비를 통해 현재까지 활동을 이어가고 있지만, 컴퓨터 오류로 가동 중단이 일어나는 등 노후 징후가 빈번하게 나타나고 있다. 이에 NASA는 2021년 허블의 뒤를 이을 제임스웹 우주망원경을 발사했다. 제임스웹에 달린 주경의 지름은 6.5m로 허블의 약 [(가)]이상이고, 허블과 달리 주로 적외선 파장 범위를 포착하기 때문에 더 선명한 이미지를 얻을 수 있다. 또한 허블이 저궤도에 있는 것과 다르게 제임스웹은 지구에서 150만 km 떨어진 라그랑주 L2 지점에서 임무를 수행한다. 지구의 그늘에 위치하기 때문에 천체를 관측하기에 최적의 장소지만, 거리가 멀어 제임스웹이 고장 나면 그대로 버려야 한다.

허블과 제임스웹 외에도 각국은 저마다 우주망원경을 지구 밖으로 보내 우주의 비밀을 파헤치고 있다. 한 예로 ESA는 지난해 가시광선과 근적외선을 포착할 수 있는 '유클리드 우주망원경'을 라그랑주 L2 지점에 올려놓았다. 유클리드 주경의 지름은 1.2m로 허블 [(나)], 그 임무가 다르다. 유클리드가 지구를 떠난 이유는 천체 관측 때문이라기보다는 눈에 보이진 않지만 우주의 약 95 %를 구성하고 있을 것으로 예상되는 암흑물질과 암흑에너지의 비밀을 밝혀내기 위해서다. 유클리드는 수십억 개 은하의 입체 지도를 그려 이러한 미지의 연구 대상에 관해 시사점을 도출할 예정이다.

한편 허블을 만들었던 NASA와 ESA는 2027년 적외선 관측이 가능한 '낸시 그레이스 로먼 우주망원경'을 발사할 계획이다. 주경의 지름은 허블과 비슷하지만, 시야 범위가 대략 100배 넓고, 고해상도 이미지를 촬영할 수 있다. 임무는 허블 [(다)] 라그랑주 L2 지점에서, 암흑물질과 암흑 에너지를 조사하는 것이다. 이 밖에 ESA가 2026년 발사를 목표로 개발 중인 '플라토 우주망원경'은 인류가 거주할 수 있는 행성 탐색 임무를 수행할 예정이다.

19. 위 글의 (가)~(다)에 들어갈 말을 적절하게 나열한 것은?

	(가)	(나)	(다)
①	2.5배	보다 작고	보다 가까운
②	2.5배	보다 작고	보다 먼
③	2.5배	과 같은데	보다 먼
④	5배	보다 작고	보다 먼
⑤	5배	과 같은데	보다 가까운

20. 위 글에서 알 수 있는 것은?

① 지구에서 우주망원경을 통해 가시광선뿐만 아니라 적외선, 자외선을 직접 관측할 수 있다.
② 최초의 우주망원경인 허블은 제임스웹과 달리 저궤도인 고도 약 515km 상공에서 우주를 관측한다.
③ 허블, 제임스웹 우주망원경은 지구에서 보는 것보다 가시광선을 더욱 선명하게 관측할 수 있다는 이점이 있다.
④ 제임스웹 우주망원경은 허블과 달리 적외선을 관측할 수 있다는 특징이 있다.
⑤ 우주망원경은 지구로부터 먼 거리에서 우주를 관측하기 때문에 고장이 나더라도 정비할 수 없다.

21. 다음 글에서 알 수 있는 것은?

원자핵은 양성자나 중성자와 같은 핵자들의 결합으로 이루어져 있다. 원자핵을 구성하는 양성자와 중성자의 개수를 모두 더한 것을 '질량수'라고 하는데, 질량수가 큰 하나의 원자핵이 질량수가 작은 두 개의 원자핵으로 쪼개지는 것을 '핵분열'이라고 하고 질량수가 작은 두 개의 원자핵이 결합하여 질량수가 큰 하나의 원자핵이 되는 것을 '핵융합'이라고 한다.

핵분열이나 핵융합은 '핵자당 결합에너지'로 설명할 수 있다. 원자핵의 질량은 그 원자핵을 구성하는 개별 핵자들의 질량을 모두 더한 것보다 작다. 이처럼 핵자들이 결합하여 원자핵이 되면서 질량이 줄어든 것을 '질량 결손'이라고 한다. '질량-에너지 등가 원리'에 따르면 질량과 에너지는 상호 간의 전환이 가능하고, 이때 에너지는 질량에 광속의 제곱을 곱한 값과 같다. 한편 핵자들의 결합에서 줄어든 질량은 에너지로 전환되는데, 이 에너지는 원자핵의 결합 에너지와 그 크기가 같다. 원자핵의 '결합에너지'란 원자핵을 개별 핵자들로 분리할 때 가해야 하는 에너지이다. 원자핵의 결합 에너지를 질량수로 나눈 것을 핵자 당 결합에너지라고 하고 그 값은 원자핵의 종류에 따라 다르다.

원자핵을 구성하는 핵자들은 핵자 당 결합 에너지가 클수록 강력하게 결합되어 있고 원자핵이 더 안정된 상태라는 것을 의미한다. 모든 원자핵은 안정된 상태가 되려는 성질이 있으므로, 핵자당 결합에너지가 작은 원자핵들은 핵분열이나 핵융합을 거쳐 핵자당 결합에너지가 큰 상태가 된다. 핵분열이나 핵융합도 반응 전후로 질량 결손이 일어나고, 줄어든 질량은 에너지로 전환된다.

핵분열과 핵융합에서 발생하는 에너지를 발전에 이용할 수 있다. 우라늄-235 원자핵을 사용하는 핵분열 발전의 경우, 우라늄 원자핵에 중성자를 흡수시키면 질량수가 작고 핵자당 결합에너지가 큰 원자핵들로 분열된다. 이때 2~3개의 중성자가 방출되는데 이 중성자는 다른 우라늄 원자핵에 흡수되어 연쇄 반응을 일으킨다. 이 과정에서 질량 결손으로 인해 전환되는 에너지를 발전에 이용하는 것이다.

핵융합 발전을 위한 시도도 계속되고 있다. 태양이 에너지를 생성하는 방법이 바로 핵융합이다. 수소 원자핵을 원료로 하는 태양의 핵융합은 주로 태양의 중심부에서 일어난다. 먼저 수소 원자핵 2개가 융합하여 중수소 원자핵이 되고, 중수소 원자핵은 수소 원자핵과 융합하여 헬륨-3 원자핵이 된다. 그리고 2개의 헬륨-3 원자핵이 융합하여 헬륨-4 원자핵이 된다. 이러한 과정에서 줄어든 질량이 에너지로 전환되는 것이다.

① 단일의 원자핵이 질량수가 작은 두 개의 원자핵으로 분리되는 것을 핵분열이라 하며, 질량수는 양성자의 질량과 중성자의 질량을 더한 값이다.
② 우라늄-235 원자핵을 사용하는 핵분열 발전에서 연쇄 반응이 일어남에 따라 원자핵은 중성자와 융합, 분열을 반복한다.
③ 원자핵을 구성하는 개별 핵자들의 질량수를 모두 더한 값은 해당 원자핵의 질량수보다 크다.
④ 태양의 핵융합 과정에서 원자핵의 총질량은 줄어들며, 이때 줄어든 질량은 원자핵의 결합 에너지로 치환된다.
⑤ 핵자들이 결합하여 원자핵이 됨에 따라 총질량이 줄어들었다면, 줄어든 총질량의 크기가 클수록 원자핵은 더욱 강력하게 결합되어 있을 것이다.

22. 다음 글에서 알 수 있는 것은?

기호는 어떤 대상을 지시하는 상징으로서 문자나 음성같이 감각으로 지각되는 '기표'와 의미 내용인 '기의'로 구성되는데, 기표와 기의의 관계는 자의적이다. 가령 '남성'이란 문자는 필연적으로 어떤 대상을 지시하는 것이 아니며 '여성'이란 기호와의 관계 속에서 의미 내용이 결정된다. 다시 말해, 어떤 기호의 의미 내용을 결정하는 것은 기표와 기의의 관계가 아니라 기호 간의 관계, 즉 '기호 체계'이다.

보드리야르는 자본주의 사회에서 대량 생산 기술이 급속하게 발전하면서 소비자가 기호 가치 때문에 사물을 소비한다고 보았다. 대량 생산 기술의 발전으로 수요를 충족하고도 남을 만큼의 공급이 이루어져 사물 자체의 유용성은 더 이상 소비를 결정하는 요인으로 작용할 수 없기 때문이다. 예를 들어 소비자는 특정 계층 또는 집단의 일원이라는 상징을 얻기 위해 명품 가방을 소비한다. 이때 사물은 소비자가 속하고 싶은 집단과 다른 집단 간의 차이를 부각하는 기호로서 기능한다. 따라서 보드리야르에 따르면 자본주의 사회에서 소비의 원인은 사물이 상징하는 특정 사회적 지위에 대한 욕구이다.

보드리야르는 현대인이 자연 발생적인 욕구에 따라 자유롭게 소비하는 것처럼 보이지만 사실은 강제된 욕구에 따르는 것에 불과하다고 보았다. 이는 기호가 다른 기호와의 관계 속에서 그 의미 내용이 결정되는 것과 관계된다. 특정 사물의 상징은 기호 체계, 즉 사회적 상징체계 속에서 유동적이며, 상징체계의 변화에 따라 욕구도 유동적이다. 이때 대중매체는 사물의 기의에 영향을 미침으로써 욕구를 강제할 수 있다. 현실이 대중매체를 통해 전달될 때 현실은 현실 그 자체가 아니라 다른 기호와 조합될 수 있는 기호로서 추상화되기 때문이다. 가령 텔레비전 속 유명 연예인이 소비하는 사물은 유명 연예인이라는 기호에 의해 새로운 의미 내용이 부여된다. 요컨대 특정 사물에 대한 현대인의 욕망은 대중매체를 매개로 하여 자기도 모르는 사이에 강제된다.

보드리야르는 기술 문명이 초래한 사물의 풍요 속에서 현대인의 일상생활이 사물의 기호가치와 이에 대한 소비에 의해 규정된다고 보고 자본주의 사회를 소비사회로 명명하였다. 그의 이론은 소비가 인간에 미치는 영향을 비판적으로 성찰해야 한다는 점을 시사한다.

① 사물의 상징은 항상 고정적인 것이 아니라 유동적이며, 인간의 욕구 또한 변화할 수 있는 것이다.
② 기호를 구성하는 기표와 기의가 맺는 관계에 따라 기호의 내용이 결정된다.
③ 대중 매체는 사회적 상징체계에 영향을 미침으로 욕구를 강제할 수 있다.
④ 대중매체로 인해 사물은 새로운 기의를 부여받으며, 이전과 다른 새로운 현실 그 자체를 형성한다.
⑤ 보드리야르의 관점에서 현대인의 소비는 더 이상 존재 가치를 지니지 않는, 대중매체에 의해 강제된 욕망에 불과하다.

23. 다음 글에서 알 수 있는 것은?

> 인간의 무지로부터 비롯된 자연에 대한 공포가 종교적 세계관을 낳았지만, 계몽주의는 이성과 합리성을 통해 이를 극복하였다. 르네상스와 종교개혁을 거치면서 성립된 근대 계몽주의는 중세를 지배했던 신(神) 중심의 사고에서 벗어나 합리적 사유에 근거한 인간 해방을 추구하였다. 계몽주의의 합리적 사고는 자연과학의 성립으로 이어졌으며, 우주와 자연에서 신비로운 요소를 걷어낸 과학기술의 발전은 인류에게 그 어느 때보다 풍요로운 물질적 부를 가져왔다. 하지만 이 같은 문명의 이면에는 환경 파괴와 물질만능주의, 인간 소외와 같은 근대화의 병폐가 숨어 있었다.
>
> 이에 대해 프랑크푸르트학파로 대표되는 비판이론가들은 계몽주의의 이성이 근본적으로 결함이 있다고 본다. 그들은 목적 달성을 위해 대상을 도구화하고 수단의 효율성만 중시했다는 점에서 계몽주의의 이성을 '도구적 이성'으로 규정하며 그 폭력성을 고발한다. 이성에 대한 과신이 자연과 인간이 지니는 고유한 의미와 가치를 망각하게 한다고 보았기 때문이다.
>
> 하버마스는 자신이 속한 프랑크푸르트학파를 계승하면서도 그들과는 다른 행보를 보였다. 그도 계몽주의의 일방적인 이성주의는 반대한다. 하지만 인간의 이성이 부정적인 측면만 있는지에 대해서는 의문을 품었다. 그래서 하버마스는 앞선 시대의 프랑크푸르트학파가 이성을 지나치게 협소하고 편향되게 이해한 것에 반대하고, 이성의 힘을 긍정하며 '의사소통적 이성'을 제안하였다.
>
> 하버마스에 의하면 진정한 사회의 진보는 의사소통적 이성을 바탕으로 사회구성원들이 함께 문제를 인식하고 공론화하여 자율적 합의를 통해 장애 요소를 공동으로 제거해 나갈 때 가능하다고 본다. 의사소통적 이성이야말로 도구적 이성으로 인해 빚어진 사회의 여러 문제를 극복하고 진정한 자유와 해방을 인간에게 가져다줄 수 있다는 것이다.
>
> 그렇다면 의사소통적 이성은 어떻게 구체적으로 나타날 수 있을까? 하버마스는 여기서 '이상적 담화 상황'을 전제한다. 화자와 청자가 대등한 관계에서 자기의 생각을 말하고 상대방의 생각을 받아들이면서 의견 차이를 좁혀갈 때 갈등을 해결할 수 있다고 보았다. 대화 참여자들이 일정한 윤리적 테두리 안에서 담화해야 한다고 보기 때문에 이를 '담론윤리학'이라고 부르기도 한다. 이렇듯 하버마스는 의사소통적 이성을 통해 사회를 변화시킬 수 있다는 낙관적인 믿음을 주었다는 점에서 의의가 있다.

① 비판이론가의 입장에서 계몽주의의 이성은 폭력적인 것으로, 인간이 신 중심의 사고관으로부터 탈피하는 데에 실패하는 원인이 되었다.
② 자연 과학의 발전은 인간이 신 중심의 종교적 세계관을 극복하고 합리적 사유에 근거한 인간 해방을 추구하도록 하였다.
③ 하버마스의 의사소통적 이성은 사회구성원들이 문제의식을 공유하도록 하여 종교적 세계관을 극복하고 진정한 사회의 진보를 달성한다.
④ 비판이론가와 하버마스는 계몽주의의 근간이 되는 이성의 존재 자체를 부정하였다는 공통점을 지닌다.
⑤ 하버마스는 인간 이성이 지니는 양면적 성격을 인정하고, 이성의 긍정적 모습이 조명될 수 있는 이상적 담화 상황을 제시하였다.

24. 다음 글에서 알 수 있는 것은?

> 우리는 흔히 불안을 부정적인 감정, 극복해야 할 감정으로 여긴다. 그런데 독일의 실존주의 철학을 대표하는 A는 불안을 긍정적인 의미로 바라본다. 돌멩이나 개, 소는 '존재'가 무엇인가라는 의문을 품지 않는다. 오직 인간만이 존재란 무엇인가를 생각한다. 그런 인간을 A는 현존재(現存在)라고 명명했다. 현존재라는 말을 사용함으로써 A는 인간을 존재에 대한 의문을 가지는 독특한 존재로 간주한다.
>
> 현존재는 세계 안에 거주하고 있으며, 현존재와 세계는 떼려야 뗄 수 없는 관계에 있다. A는 현존재와 세계와의 관계를 '도구 연관'으로 설명했다. 도구 연관이란 세계의 모든 것들은 서로 수단 – 목적의 관계로 이루어져 있으며, 이 관계가 반복적으로 이어진다는 것을 의미한다. 즉, 세계 속 사물은 다른 사물의 수단이 되고 동시에 또 다른 사물의 목적이 될 수 있다. A가 설명하는 도구 연관 네트워크는 궁극적으로 현존재의 생존을 위한 것이며, 도구 연관 네트워크의 최종 목적의 자리에는 현존재가 있다.
>
> 그런데 바로 여기에서 문제가 발생한다. 인간은 현존재인 자신을 위해 사물을 도구로 사용하지만, 동시에 그 사물에 얽매일 수 있다는 것이다. 현존재가 목적으로서의 위상을 지니지 못하고 도구에 종속되어 자기 자신으로 살아가지 못하게 됨으로써 현존재는 세계 속의 도구와 수단 속에서 사라지는 것이다. 이것은 '현존재의 퇴락'을 의미한다.
>
> A는 이러한 상태에서 벗어날 수 있는 가능성을 불안에서 찾는다. 불안은 우리가 특수한 사물이나 상황을 통해 구체적으로 느끼는 공포와는 다르다. 불안은 인간이라는 존재에게만 고유하게 있는 것으로 어떤 구체적 대상에 대한 것이 아니라 인간의 삶이 가지는 유한성에서 오는 것이다. 인간의 유한성을 인식하고 여기에서 오는 불안을 느끼는 사람은 자기의 본래적이고 고유한 삶을 살아갈 수 있다. 불안이 있기에 인간은 현존재의 퇴락에서 벗어나, 수단이 아닌 목적으로서 현존재의 위상을 가질 수 있는 것이다.
>
> 인간의 유한성을 외면하는 사람은 비본래적인 세상에 몰두함으로써 불안을 느끼지 않고 일상인의 위치로 살아간다. 그러나 인간의 유한성에서 유래하는 불안을 느끼는 현존재는 자신의 본래성을 회복할 수 있다. 불안을 느끼는 현존재만이 주체적이고 능동적으로 최종 목적으로서의 삶을 살아갈 수 있는 것이다. A가 불안을 긍정적으로 바라보는 이유가 바로 여기에 있다.

① A에 의하면 인간은 동물과 다르게 불안을 극복하여 현존재로 나아갈 수 있다.
② 도구 연관의 관점에서 세계와 현존재 간의 위상은 일방적으로 유지된다.
③ 현존재가 사물과의 관계에서 수단으로서의 위상에 얽매이게 된다면 현존재의 퇴락이 발생할 것이다.
④ 현존재를 구속하는 구체적 사물에 대해 불안을 가짐으로 현존재는 현존재의 퇴락으로부터 벗어날 수 있다.
⑤ A는 불안을 통해 현존재가 사물과의 관계에서 벗어나 본래성을 회복할 수 있다고 바라본다.

25. 다음 글에서 알 수 있는 것은?

AR, 즉 증강현실은 실제 환경에 가상의 사물이나 정보를 겹쳐서 보여 주는 기술을 의미한다. 최근 AR 기술 중 활용도 측면에서 'AR 안경'이 주목받고 있다. AR 안경은 눈에 착용하는 디스플레이 장치로, 주변 환경을 인식해 필요한 정보나 콘텐츠를 표시한다. 이는 특히 스마트폰을 대체할 차세대 개인용 모바일 장치로 기대돼, 많은 IT 기업에서 활발히 개발하고 있다.

최초의 AR 안경은 1960년대에 등장했다. 컴퓨터 공학자인 서덜랜드가 머리에 걸 수 있는 디스플레이를 만들었다. 이는 헬멧에 가까운 형태였는데, 서덜랜드는 눈 가까이에 있는 작은 디스플레이를 이용해 연구실 풍경 위로 간단한 가상 이미지를 띄우는 데 성공했다. 이는 사용자의 움직임과 시선을 감지해 이미지를 조절할 수도 있었다. 1990년대에 들어 AR 안경의 개발이 활발해졌으며, 보잉 연구원이었던 톰 코델이 비행기 조립 과정에서 사용할 수 있는 부품을 바라보면 가상의 설명을 겹쳐서 보여 주는 안경을 개발하면서 AR이라는 용어를 만들었다.

그렇다면 AR 안경은 어떤 원리로 제작되는 것일까? AR 기기에서 광학 기술은 디스플레이 화면과 함께 핵심 기술로 꼽힌다. 광학 기술을 이용하면 안경에 작은 디스플레이 화면을 높은 해상도의 이미지로 띄울 수 있다. 현재 AR 안경 개발에 적용되고 있는 광학 기술은 크게 반거울 방식과 회절 방식이 있다. 반거울 방식은 현실세계의 빛은 반거울을 투과하고, 디스플레이 화면의 빛은 반거울에 반사해 현실세계와 화면이 겹쳐 보이도록 하는 기술이다. 이런 방식은 구조가 단순해 영상 품질이 유지되고 현실세계의 왜곡도 적다. 단, 가상 화면이 구현되는 시야각을 넓히려면 거울이 커져야 하므로 휴대성과 디자인을 중요시하는 AR 안경에서는 큰 단점으로 작용한다.

회절 방식은 빛의 회절과 간섭을 이용하는 방식이다. 빛의 회절은 진행하는 빛이 장애물을 만났을 때 진행 경로가 휘어지거나 퍼지는 현상인데, 파장이 길수록 회절이 잘 이루어진다. 또, 빛의 간섭은 두 빛이 같은 위상으로 만나면 밝아지고 반대 위상으로 만나면 어두워지는 현상을 말한다. 나노 단위의 회절 격자를 이용하면 연속적인 파장을 가지는 현실세계의 빛은 대부분 격자를 통과하고, 특정 파장대의 디스플레이 빛은 격자에서 회절하며 간섭이 일어나 디스플레이 이미지가 현실세계와 함께 우리 눈에 보이게 할 수 있다. 이 방법을 이용하면 얇고 가벼운 AR 안경을 만들 수 있어 많은 업체가 이 기술을 활용한다. 단, 회절 방식은 나노 기술을 사용하기 때문에 제작비용이 비싸고 대량 생산이 어렵다는 단점이 있다.

① AR 안경은 현실과 가상을 결합하는 기술을 활용한 것으로, 최근 IT 기업들에 의해 개발되기 시작한 디스플레이 장치이다.
② 서덜랜드의 AR 안경과 달리 톰 코델의 AR 안경은 사용자의 시선을 감지해 가상 이미지를 조절할 수 있었다.
③ 회절 방식은 그 구조가 단순하기 때문에 얇고 가벼운 AR 안경을 만들 수 있다는 점에서 많은 기업이 사용하는 방식이다.
④ 회절 방식을 활용하는 광학 기술은 그 기술을 구현하는 데 있어 크기가 큰 반거울이 필요하다.
⑤ 회절 방식은 빛의 파장에 따라 디스플레이에 띄울 수 있는 이미지를 조절할 수 있다는 특징이 있다.

26. 다음 글과 <실험>을 바탕으로 <보기>를 이해한 것으로 적절하지 않은 것은?

우리 사회는 권위적 위계 사회에서 민주적 개방 사회로 옮겨가는 전환기에 놓여있다. 과거 경제의 패러다임은 천연자원과 같은 유형의 자본을 확보하는 데 초점이 맞춰져 있었으나 오늘날은 지속 가능한 성장을 위해 새로운 경제 패러다임을 찾고 있다.

세계은행은 최근 40여 개국을 대상으로 한 조사에서 조건이 동일한 상태에서 국가 신뢰 지수가 10% 높아지면 경제 성장률이 0.8% 상승한다는 연구 결과를 발표해 관심을 불러일으켰다. 이를 설명하는 경제학 용어가 '사회적 자본'이다. 경제학자 제임스 콜만은 사회적 자본을 신뢰 관계 형성에 따른 거래 비용의 감소와 효용의 극대화로 정의한다. 한편 정치학자 로버트 퍼트남은 참여자들이 협력하도록 함으로써 공유한 목적을 더욱 효과적으로 성취하게 만드는 신뢰와 규범, 네트워크와 같은 사회 조직의 특징으로 규정한다. 무형의 자본인 신뢰, 소통, 협력은 사회 경제적 협력을 촉진하는 윤활유이기 때문에 사회적 자본에 대한 학자들의 입장 차이에도 불구하고 그 중요성에 대한 공감대가 형성되어 있다.

<실 험>

경제학자 조이스 버그는 사회적 자본의 가치를 설명하기 위해 신뢰 게임(Trust Game)이라는 것을 고안해 냈고 국내에서도 이를 토대로 한 실험을 진행하였다.

연구팀은 10,000원을 제안자에게만 지급한다. 제안자는 응답자에게 보낼 금액을 결정한다. 연구팀은 제안자가 결정한 금액을 제안자로부터 받아, 그 금액의 3배를 응답자에게 지급한다. 응답자는 다시 제안자에게 되돌려 줄 금액을 결정한다. 연구팀은 응답자가 되돌려 준 금액을 제안자에게 지급한다. 이때 제안자나 응답자는 자신에게 주어진 금액을 독차지하고 게임을 끝낼 수도 있다. 그런데 실험 결과, 놀랍게도 제안자는 평균 75%의 금액을 응답자에게 주었고, 응답자 역시 받은 금액의 평균 50%를 제안자에게 되돌려줬다.

<보 기>

ㄱ. 제안자는 항상 최종적으로 10,000원보다 큰 금액을 얻게 된다.
ㄴ. 제안자가 금액을 독차지 할 때보다 응답자에게 일정 금액을 보낼 때 최종적으로 더 많은 금액을 갖게 되는 현상은 사회적 자본에 의한 결과로 해석할 수 있을 것이다.
ㄷ. 사회적 자본이 발달하면 발달할수록 제안자와 응답자간 주고받는 금액의 크기는 항상 증가할 것이다.

① ㄱ
② ㄴ
③ ㄱ, ㄴ
④ ㄱ, ㄷ
⑤ ㄱ, ㄴ, ㄷ

27. 다음 글에서 알 수 있는 것은?

빛이 어떤 물질을 통과하는 것을 투과라 한다. 빛이 한 매질로부터 다른 매질로 들어갈 경우 빛은 입사광선과 입사점의 경계면에서 수직으로 세운 법선을 기준으로 꺾이게 되는데, 이를 굴절이라 한다. 이때 빛은 밀도가 작은 매질에서 큰 매질로 투과할 때는 감속하며 법선 쪽으로 꺾이지만, 밀도가 큰 매질에서 작은 매질로 투과할 때에는 반대 방향으로 꺾이며, 밀도의 절댓값이 큰 매질로 진입할 때 빛이 꺾이는 정도는 커지게 된다. 대기권의 밀도가 우주 공간보다 크기 때문에 빛이 대기권에 진입할 때는 (가) 으로 꺾여 들어온다. 이를 통해 여러 가지 자연 현상을 설명할 수 있다.

지구 대기는 지표면에 가까울수록 그 위에 있는 상층 대기의 무게에 의해 압축되어 밀도가 커지기 때문에, 지표면에 가까워질수록 빛이 굴절되는 정도는 (나) 된다. 이런 이유로 별빛은 지구 대기의 아래로 내려올수록 그 경로가 더 꺾이게 된다. 하지만 사람의 눈은 빛이 굴절되는 것을 볼 수 없기 때문에, 별빛이 어떤 방향으로부터 오는 것으로 보이면, 별도 그 방향에 있는 것으로 인지하게 된다. 그래서 지상의 관측자는 별빛이 대기층에 들어올 때의 고도보다 더 (다) 에 있는 것처럼 별을 보게 되는 것이다. 굴절의 정도는 별의 위치가 지평선에 가까울수록 커져서, 수평 방향으로 들어오는 별빛의 경우에는 굴절각이 약 0.6°에 달한다.

같은 원리로 태양도 실제와 다른 시각에 뜨는 것처럼 보이게 된다. 태양이 지평선과 이루는 각도는 일출 때 4°로부터 시작하여 점점 증가하다 90°에서 최대가 되며, 이후 점점 감소하다 일몰 때 4°를 이루게 된다. 태양이 지평선과 이루는 각도가 4°일 때는 90°일 때보다 태양 빛은 12배나 더 두꺼운 대기층을 통과하게 되어, 일출 때 태양 빛의 굴절은 최대가 된다. 태양의 중심이 지평선을 통과하는 때를 기준으로 환산하면 일출 때는 대략 2분 정도 더 (라) 뜨는 것처럼 보이게 된다. 반대로 일몰 때는 2분 정도 더 (마) 지는 것처럼 보이게 된다.

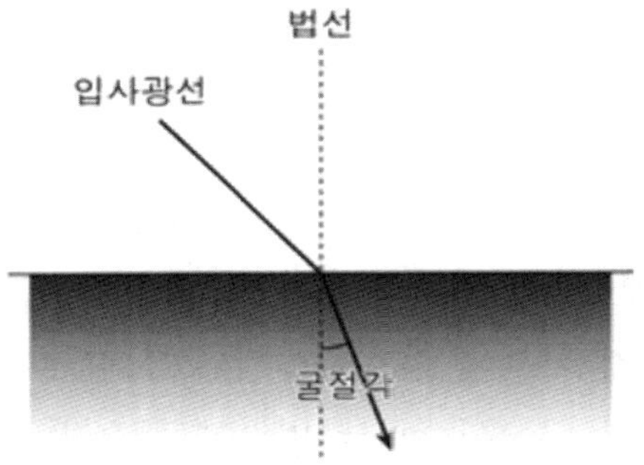

	(가)	(나)	(다)	(라)	(마)
①	대기권 밖	작아지게	높은 곳	늦게	빨리
②	대기권 안	작아지게	높은 곳	늦게	빨리
③	대기권 밖	커지게	낮은 곳	빨리	늦게
④	대기권 안	커지게	높은 곳	빨리	늦게
⑤	대기권 안	커지게	낮은 곳	늦게	빨리

28. 다음 글에 대한 분석으로 적절한 것만을 <보기>에서 모두 고르면?

언어를 분석해서 명제 속에 담긴 존재에 관한 기술을 드러내어 명제의 진위를 판단하는 방법을 기술(記述)이론이라고 한다. 예를 들어 ㉠"현재 프랑스 왕은 대머리다" 라는 명제는 '프랑스 왕이 있다'와 '그는 대머리다'라는 두 명제가 결합한 것이다. 여기서 앞 명제의 주어는 대상의 존재를 나타낸다. 이것이 참일 경우, 전체 명제가 의미 있을 수 있다. 현재 프랑스라는 나라의 왕은 존재 하지 않으므로 명제 전체는 거짓이다.

기술이론의 설명을 위해서 고유명사와 기술의 구분이 필요하다. 예를 들어 ㉡'소크라테스' 라는 단어는 고유명사로 특정 대상을 '지시'하면서 그 자체의 의미를 함축하고 있다. 그래서 우리가 어떤 대상을 고유명사로 나타내면, 그 고유명사가 나타내는 의미는 곧 표현의 대상이 된다. 한편 기술은 대상을 하나의 기호에 불과하게 한다. 예를 들어, '현재 프랑스 왕'이라는 말을 이해하기 위해 우리는 먼저 '프랑스 왕'이라는 말을 생각한다. 이 말은 마치 고유명사처럼 들리지만, 사실 이 말은 특정 대상을 지시하는 것이 아닌 '설명'하는 것이다.

즉, 고유명사의 대상은 그 자체로 특정한 의미를 지니지만, 기술적 대상은 하나의 불완전한 기호에 불과하다. 따라서 기술적 대상은 그 자체로는 문장으로부터 분리하여 특정 의미를 지닐 수 없다. 이렇게 되면 '있는 것'의 대상은 '있는 것'이지만, '있지 않은 것'의 대상은 있지 않은 것의 대상이 아니고 '있지 않은 사태'를 설명하는 '표현'으로 분류된다.

<보 기>

ㄱ. "시간이 간다"와 "철수가 간다"에서 '철수'는 특정 대상을 지시하나, '시간'은 문장과 분리하여 특정 의미를 지닐 수 없다.
ㄴ. "허구의 세계에 대한 진술도 존재를 나타낸다."라는 명제가 참이고, ㉠이 허구 세계에 진술이라면 ㉠은 의미 있을 수 있다.
ㄷ. ㉡은 '있는 것'의 대상을 지시하며 그 자체로 의미를 함축한다.

① ㄱ
② ㄱ, ㄷ
③ ㄱ, ㄴ
④ ㄴ, ㄷ
⑤ ㄱ, ㄴ, ㄷ

29. 다음 글에서 알 수 있는 것은?

디스플레이는 한 장소의 영상 정보를 다른 곳으로 전송해 구현하는 기술이다. 현대적 의미의 디스플레이 기술은 20세기 초에 무르익었지만, 영상을 넓게 펼쳐 다수의 사람이 감상할 수 있게 하는 영상 기술의 역사는 상당히 오래되었다. 그 시초는 일종의 영상 프로젝터에 해당하는 매직 랜턴(magic lantern)일 것이다.

매직 랜턴에 대한 최초의 기록을 살펴보면 1645년 예수회 사제이자 과학자였던 안타나시우스 키르케르가 등장한다. 그의 저서에 실린 그림을 보면 오목 거울의 앞에 놓인 불꽃의 빛을 슬라이드에 비추고 이 빛이 스크린에 영상을 만드는 매직 랜턴의 기본적인 구도가 잘 나타나 있다. 매직 랜턴을 사용한 초창기에는 무서운 이미지를 띄워서 사람들에게 겁을 주고 그들을 교회로 유도하기 위한 종교적, 교육적 수단으로 활용되었다. 이후 매직 랜턴은 18~19세기를 거치며 강의, 엔터테인먼트 등으로 그 활용 영역이 넓어지게 되었다.

매직 랜턴은 '슬라이드'라는 작은 면적 속 그림을 스크린 위에 큰 면적으로 펼친다는 점에서 영상 정보를 근처 다른 공간으로 확대해 옮긴다는 측면이 있지만, 기본적으로 장거리 영상 정보라는 디스플레이의 조건을 충족할 수는 없었다. 매직 랜턴은 오히려 오늘날 우리가 '프로젝션 디스플레이'라고 부르는 기기와 매우 닮아있으며 디스플레이 시스템에서는 수신기에 해당한다고 할 수 있다.

영상 정보를 원거리로 송신하는 기술의 초기 아이디어는 19세기 중반 등장한다. 바로 1843년 영국 특허를 취득한 알렉산더 베인의 발명품인데, 전선으로 연결되어 동기화된 두 진자의 한쪽에서 획득된 영상 정보가 전선을 타고 다른 쪽으로 이동해 복제되는 방식이었다. 송신기 쪽 진자 밑에 놓인 금속판에는 비전도성 물질로 송신할 패턴이 그려지고, 진자에 연결된 금속 탐침이 표면을 스캔하며 패턴 유무에 따라 전류가 선택적으로 생성되어 수신기로 전송된다. 수신기 진자의 탐침은 송신기 쪽과 동기화되며 기록지 위를 스캔하는데, 종이 위 화학물질은 전류에 반응해 색이 변하기 때문에 송신기 쪽 패턴을 그대로 복제할 수 있다. 비록 상용화되지는 못했으나, 베인의 발명품은 피사체를 선의 형태로 스캔해 정보를 취득한다는 디스플레이 기술의 탄생에 필요한 개념을 제시했다.

① 매직 랜턴은 예수회 사제에 의해 최초로 개발되었으며, 불꽃의 빛이 스크린에 영상을 맺는 방식으로 작동한다.
② 종교적 목적으로 활용되던 매직 랜턴은 시간이 흐름에 따라 그 활용 범위가 넓어졌으며 영상 정보를 송수신하는 거리 또한 확대되었다.
③ 디스플레이 시스템의 수신기는 매직 랜턴에서부터 프로젝션 디스플레이 순으로 발전해 왔다.
④ 베인은 금속판에 그려진 패턴 유무에 따라 선택적으로 생성된 전류를 활용해 패턴을 수신기에서 복제하여 정보를 원거리로 송신하는 아이디어를 제시하였다.
⑤ 영상 정보를 원거리로 송신하는 베인의 아이디어는 특허를 취득한 뒤 상용화되어 오늘날 디스플레이 기술의 근간이 되었다.

30. 다음 글을 바탕으로 적절하게 추론한 것을 <보기>에서 모두 고르면?

'내용증명'이란 누가, 언제, 누구에게, 어떤 내용의 문서를 보냈다는 사실을 우체국에서 공적으로 증명해 주는 특수한 우편 제도로, 이를 활용하면 향후 법적 분쟁의 소지를 줄일 수 있다. 내용증명은 다른 우편물과는 달리 우체국에 같은 내용의 문서 3부를 제출해야 한다. 이는 발신인, 수신인, 우체국이 각각 동일한 내용의 문서를 소지하기 위함이다. 그 결과 발신인이 작성한 어떤 내용의 문서가 언제 누구에게 발송되었는지를 제3자인 우체국장이 증명할 수 있게 되는 것이다. 다만 내용증명은 우편이 발송되었다는 사실은 입증하지만, 문서 내용의 진위까지 입증하지는 않는다.

그렇다면 내용증명은 어떠한 기능을 하는 것일까? 우선, 내용증명은 문서를 발송하였다는 것을 공적으로 증명하는 증거효력을 갖는다. 만약 법적 대응 과정에서 내용증명을 제출한다면 상대방은 그와 같은 내용의 문서를 언제 받았다는 사실만큼은 문제 삼을 수 없다. 다음으로, 내용증명은 상대방에게 심리적 부담을 주어 그 내용의 이행을 실현하게 하기도 한다. 왜냐하면 내용증명을 보내는 사람이 추후 강력한 법적 대응을 이어 갈 의지가 있음을 알리는 것이기 때문이다. 예를 들어 A에게 돈을 빌린 B가 채무 이행을 독촉하는 내용증명을 받으면 B는 A가 이후 법적 대응을 할 수도 있다는 부담을 느껴 자발적으로 돈을 갚을 가능성이 있다는 것이다.

또한 내용증명은 소멸시효를 중단시키는 데 중요한 역할을 한다. 채권에는 소멸시효가 있기 때문에 제때 권리 행사를 하지 않으면 소멸시효가 만료되어 그 권리가 소멸된다. 따라서 소멸시효가 만료될 무렵까지 채무 이행이 이루어지지 않고 있다면 채권자는 소멸시효가 더 이상 진행되지 못하도록 중단시켜야 한다. 그러나 내용증명을 발송하였다고 하여 바로 소멸시효가 중단되는 것은 아니다. 내용증명을 보낸 날짜로부터 6개월 이내에 청구나 압류, 가압류, 가처분 등을 해야만 소멸시효가 중단되는 효력이 발생한다. 이러한 법적 대응을 하게 되면 해당 사안의 소멸시효가 내용증명을 보낸 시점에 중단되는 효력이 발생한다. 이렇게 소멸시효가 중단되면 그때까지 경과한 소멸시효의 기간은 무효가 되고 중단 사유가 종료된 때로부터 소멸시효가 새로이 기산된다.

<보 기>

ㄱ. A가 B에게 채무 이행을 독촉하는 내용증명을 했다고 하더라도 그 채무 관계가 반드시 진실은 아니다.
ㄴ. A가 B의 소멸시효가 2개월 남은 채무에 대해 그 이행을 종용하는 내용증명을 보낸 후 가처분을 하였다면, 소멸시효는 내용증명일로부터 6개월로 새롭게 기산된다.
ㄷ. 내용증명은 동일한 문서 3부를 발신인, 수신인, 우체국장이 나눠 가지기 때문에, 문서를 가진 당사자는 내용증명을 언제 누구에게 발송하였는지를 스스로 증명할 수 있다.

① ㄱ
② ㄴ
③ ㄱ, ㄴ
④ ㄱ, ㄷ
⑤ ㄱ, ㄴ, ㄷ

31. 다음 글의 ㉠과 ㉡에 들어갈 말로 적절한 것은?

우리가 물체 표면의 색을 인지하는 것은 광원에서 방출하는 빛이 물체 표면에서 반사되어 우리 눈이 그것을 감지한 결과이다. 예를 들어 낮에 거리에서 꽃을 보는 것은 꽃의 표면에서 반사된 빛을 보는 것이다. 만약 태양과 같은 광원이 없다면 우리는 물체들의 색을 전혀 인지할 수 없는 것일까?

용암이 흘러가는 모습을 보면 매우 뜨거운 물체는 햇빛이 없는 어두운 밤에도 빛을 낸다는 사실을 확인할 수 있다. 이 빛은 용암에서 방출하는 전자기파 파장의 길이와 관련이 있다. 뜨거운 용암은 매우 큰 열에너지를 가지고 있는데, 열에너지란 본질적으로 원자들의 움직임이다. 이 원자들 속에 있는 전자들이 전자기파를 발생시켜 우리가 밤에도 용암을 볼 수 있게 하는 것이다.

이렇듯 물체가 전자기파를 방출하는 현상을 '열복사'라고 하며, 모든 물체는 열복사를 통해 전자기파를 방출한다. 물체는 온도가 높을수록 파장이 짧은 전자기파를 더 많이 방출하는데, 우리가 빛으로 볼 수 있는 파장의 길이는 380 ~ 750nm 사이인 가시광선 영역에 해당한다. 사람의 피부는 [㉠] 밤에 피부가 빛나는 것을 볼 수 없는 것이다.

물체의 온도에 따라 방출하는 파장과 파장에 따른 에너지의 세기와의 관계는 '흑체복사 곡선'에서도 확인할 수 있다. 흑체란 외부의 빛을 완벽하게 흡수하여 반사되는 빛이 없는 이상적인 물체로, 이 물체가 빛을 방출하기 위해서는 반드시 열에너지가 필요하다. 일정한 온도에 따라 흑체가 복사하는 파장의 분포를 나타낸 것을 흑체복사 곡선이라고 한다. 이 곡선을 그린 그래프의 가로축은 파장, 세로축은 파장에 따라 방출하는 에너지의 세기, 그래프의 넓이는 흑체에서 복사하는 에너지의 양을 나타낸다. 흑체복사 곡선은 흑체를 구성하는 물질의 성질이나 크기와는 상관이 없고, 흑체의 온도에만 영향을 받는다. 흑체의 온도가 높을수록 그래프의 면적은 넓어지고, 에너지 세기의 최고점이 높아지면서 파장이 짧은 쪽으로 이동하게 되는데, 이는 흑체에서 방출하는 빛의 색이 온도에 따라 다른 것은 온도에 따라 에너지 세기가 가장 높은 지점의 파장이 다르기 때문이다.

흑체복사 곡선을 이용해서 우리는 별의 온도를 추정할 수 있다. 태양의 파장 분포는 흑체복사 곡선에서 5,000K의 파장 분포와 매우 흡사하므로 태양의 표면 온도는 약 5,000K이라 할 수 있다. 그런데 어떤 별들은 태양보다 파장이 더 짧은 영역에 해당하는 하얀색 ~ 파란색을 띤다. 따라서 우리는 이런 별들의 표면 온도를 [㉡].

① ㉠: 전자기파를 방출하지 않기 때문에
㉡: 5000K보다 낮다고 추정할 수 있다.
② ㉠: 전자기파를 방출하지 않기 때문에
㉡: 5000K보다 높다고 추정할 수 있다.
③ ㉠: 온도가 낮아 파장이 긴 적외선 영역이 많이 나오기 때문에
㉡: 5000K보다 낮다고 추정할 수 있다.
④ ㉠: 온도가 낮아 파장이 긴 적외선 영역이 많이 나오기 때문에
㉡: 5000K보다 높다고 추정할 수 있다.
⑤ ㉠: 가시광선을 방출하지 못하고 흡수하기 때문에
㉡: 5000K에 근사한다고 추정할 수 있다.

32. 다음 글에서 알 수 있는 것은?

과거에는 일반 시민들이 사회 문제에 관한 정보를 얻을 수 있는 수단이 거의 없었다. 따라서 일반 시민들은 신문과 같은 전통적 언론을 통해 정보를 얻었고, 전통적 언론은 주요 사회 문제에 대한 여론을 형성하는 데 강한 영향을 끼쳤다. 지금도 신문에서 물가 상승 문제를 반복해서 보도하면, 일반 시민들은 이를 중요하다고 생각하고 그와 관련된 여론도 활성화된다. 이처럼 전통적 언론이 여론을 형성하는 것을 '의제설정' 기능이라고 한다.

하지만 막강한 정보원으로 인터넷이 등장한 이후 전통적 언론의 영향력은 약화되고 있다. 그리고 인터넷을 통한 상호작용 매체인 소셜 네트워킹 서비스(SNS)가 등장한 이후에는 그러한 경향이 더 강화되고 있다. 일반 시민들이 SNS를 통해 문제를 제기하고 많은 사람들이 그 문제에 대해 중요하다고 생각하면 역으로 전통적 언론에서 뒤늦게 그 문제에 대해 보도하는 현상이 생기게 된 것이다. 이러한 현상을 일반 시민이 의제설정을 주도한다는 점에서 '역의제설정' 현상이라고 한다. 전통적 언론은 사회 문제 중에서 일부만을 골라서 의제로 설정하는 반면, 역의제설정은 전통적 언론에 의해 주도되는 의제설정의 치우침, 즉 편향성을 보완할 수 있다는 점에서 사회적으로 중요한 의미가 있다. 일반 시민들이 SNS를 통해 전통적 언론에서 다루지 않은 문제에 대해 논의를 제기하고 그에 대해 다른 사람들의 호응을 얻어 사회적으로 의미 있는 여론을 형성할 수 있게 된 것이다.

하지만 역의제설정 현상에 긍정적인 면만 있는 것은 아니다. SNS에서는 진위가 검증되지 못한 내용을 토대로 여론이 형성되는 경우도 있다. 이 때문에 SNS를 통해 형성되는 여론은 왜곡되거나 변형될 위험이 있다. SNS에서 괴담과 같은 비합리적인 정보가 마치 사실처럼 간주되고 널리 확산되어 종국에는 사회적 물의까지도 일으키는 것이 바로 이 때문이다.

SNS의 등장으로 모든 사람이 사회 문제에 관심을 가지고 그 문제에 대해 의견을 밝히면서 사회적으로 영향을 미칠 수 있게 됨에 따라 SNS 이용자는 정보의 수용자로서 선별력, 판단력을 갖추고 정보를 접해야 한다. 또, 동시에 SNS 이용자는 정보의 제공자로서 여론 형성에 대한 책임 의식을 가지고 신중하게 행동해야 한다.

① 전통적 언론이 의제를 설정하면 여론과 무관하게 시민의 사고가 결정된다.
② 역의제설정 현상은 전통적 언론이 지니는 의제 설정의 편향성을 극복하고 전통적 언론이 다양한 의제를 설정할 수 있도록 한다.
③ 역의제설정 현상이 발생함에 따라 전통적 언론의 보도기능은 약화되었다.
④ SNS가 등장함에 따라 전통적 언론이 설정한 의제에 반감을 드러내는 시민들이 늘어났으며, 이는 언론의 영향력 약화를 야기했다.
⑤ 역의제설정 현상에 따라 시민의 판단력이 중요해졌으며, 책임의식 또한 강조되고 있다.

33. 다음 글의 내용이 참일 때, 반드시 참인 것만을 <보기>에서 모두 고르면?

○ 가영, 나영, 다영, 라영, 마영은 자신이 먹고 싶은 패스트푸드와 음료에 관해 이야기하고 있다.
○ 이들이 먹고 싶은 패스트푸드는 햄버거, 피자, 치킨 중 하나이며, 음료는 콜라 또는 사이다 중 하나이다.
○ 햄버거, 피자, 치킨을 선택한 사람의 수는 각각 홀수이다.
○ 가영과 다영이 먹고 싶은 패스트푸드는 피자이다.
○ 다영이 먹고 싶은 음료는 사이다이고, 마영이 먹고 싶은 음료는 콜라이다.
○ 먹고 싶은 음료가 콜라인 사람의 수가 사이다인 사람의 수보다 한 명 더 많다.
○ 먹고 싶은 패스트푸드와 음료가 모두 동일한 경우는 단 한 쌍만 존재한다.

<보 기>

ㄱ. 먹고 싶은 패스트푸드와 음료가 모두 동일한 한 쌍이 선택한 패스트푸드는 피자이다.
ㄴ. 가영이 먹고 싶은 음료가 사이다라면, 먹고 싶은 패스트푸드가 햄버거인 사람과 치킨인 사람이 선택한 음료는 동일하다.
ㄷ. 가영이 먹고 싶은 음료가 콜라라면, 먹고 싶은 패스트푸드와 음료가 모두 동일한 한 쌍은 가영과 마영이다.

① ㄱ
② ㄴ
③ ㄱ, ㄴ
④ ㄴ, ㄷ
⑤ ㄱ, ㄴ, ㄷ

34. 다음 글의 내용이 참일 때, A~E 중에서 반드시 지각을 한 사람은?

○ A가 지각하지 않았으면, B도 지각하지 않았다.
○ B와 C, D 중 적어도 두 명은 지각하였다.
○ A와 C 중 적어도 한 명은 지각을 하지 않았다.
○ C와 E 중 적어도 한 명은 지각을 하지 않았다.

① A
② B
③ C
④ D
⑤ E

35. 다음 글에서 알 수 없는 것은?

지구 내부는 끊임없이 운동하며 막대한 에너지를 지표면으로 방출하고, 이로 인해 지구 표면에서는 지진이나 화산 등의 자연 현상이 반복적으로 일어난다. 그런데 이러한 자연 현상을 예측하기란 매우 어렵다. 그 이유는 무엇일까?

지구 내부는 지각, 상부 맨틀, 하부 맨틀, 외핵, 내핵의 층상 구조를 이루고 있다. 지구 내부로 들어갈수록 온도가 증가하므로 외핵은 액체 상태로 존재한다. 고온의 외핵이 하부 맨틀의 특정 지점을 가열하면 이 부분의 중심부 물질은 상승류를 형성하여 움직이기 시작한다. 아주 느린 속도로 맨틀을 통과한 상승류는 지표면 가까이에 있는 판에 부딪히게 된다. 판은 매우 단단한 암석으로 이루어져 있어 거대한 상승류도 쉽게 뚫지 못한다.

그러나 간혹 상승류가 판의 가운데 부분을 뚫고 곧바로 지표면으로 나오기도 하는데, 이를 '열점'이라고 한다. 열점에서는 지진과 화산 활동이 활발히 일어난다. 한편 딱딱한 판을 만난 상승류는 꾸준히 판에 힘을 가하여 거대한 길이의 균열을 만들기도 한다. 결국 판이 완전히 갈라지면 이 틈으로 아래의 물질이 주입되어 올라오고, 올라온 물질은 지표면에서 옆으로 확장되면서 새로운 판을 형성한다. 상승류로 인해 판이 갈라지는 이 부분에서도 지진과 화산 활동이 일어난다.

새롭게 생성된 판은 오랜 세월 천천히 이동하는 동안 식으면서 밀도가 높아지는데, 이미 존재하고 있던 다른 판 중 밀도가 낮은 판과 충돌하면 그 아래로 가라앉게 된다. 가라앉는 판이 상부 맨틀의 어느 정도 깊이까지 들어가면 용융 온도가 낮은 일부 물질은 녹는데, 이 물질이 이미 존재하던 판의 지표면으로 상승하면서 지진을 동반한 화산 활동이 일어나기도 한다. 그러나 녹지 않은 대부분의 물질은 위에서 내리누르는 판에 의해 큰 흐름을 만들면서 맨틀을 통과한다. 이 하강류는 핵과 하부 맨틀 경계면까지 내려와 외핵의 한 부분을 누르게 된다. 외핵은 액체로 되어 있으므로 한 부분을 누르면 다른 부분에서 위로 솟아오르는데, 솟아오른 이 지점에서 또 다른 상승류가 시작된다.

이처럼 화산과 지진 등의 자연 현상은 맨틀의 상승류와 하강류로 인해 일어난다. 맨틀의 상승류와 하강류는 흘러가는 동안 여러 장애물을 만나게 되고 이 때문에 흐름이 불규칙하게 진행된다. 그런데 현대 과학기술로 지구 내부에 있는 이 장애물의 성질과 상태를 모두 밝혀내기는 어렵다. 바로 이것이 지진이나 화산과 같은 자연 현상을 쉽게 예측할 수 없는 이유이다.

① 외핵은 높은 온도로 인해 액체 상태로 존재하며, 맨틀의 아래에 위치한다.
② 열점에서는 맨틀을 통과한 상승류가 지표면으로 올라오며 화산 활동과 같은 자연 현상이 활발하게 일어난다.
③ 판의 생성, 소멸 또는 이동이 발생하는 곳에서는 화산 활동이 활발하게 발생한다.
④ 밀도가 낮은 판과의 충돌로 가라앉은 밀도가 높은 판은 외핵을 눌러 새로운 상승류 발생의 원인이 된다.
⑤ 화산현상을 정확히 예측할 수 없는 이유는 맨틀의 상승류와 하강류가 흐르는 과정에서 만나는 장애물을 완벽히 규명하는데 한계가 존재하기 때문이다.

36. 심리치료와 관련한 갑~병의 견해에 대한 평가로 적절한 것만을 <보기>에서 모두 고르면?

갑: 인간이 심리적 고통과 부적응을 겪는 이유는 사회에서 성장하면서 얻게 되는 이차적 욕구 때문이 아니라 무의식 속에 억압되어 있는 인간의 원초적 욕구 때문이다. 인간은 성적 본능, 공격성 등과 같은 쾌락의지를 원초적 욕구로 갖는데, 어린 시절에 이러한 쾌락의지가 좌절되어 무의식 속에 억압되어 있다가 이후 신경증을 유발한다. 사람의 행동, 사상, 정서를 결정하는 원인은 오직 쾌락의지뿐이며, 심리치료는 잠재된 무의식 속 성적 본능, 공격성 등을 의식의 영역으로 끌어오는 것을 통해 이루어진다.

을: 갑은 인간을 단순히 성적 본능이나 공격성 등에 따라 행동하는 존재로 파악한다는 점에서 한계가 있다. 무의식이 인간의 본질을 규명하는 중요한 요소라는 점에 동의하나 인간은 본능과 충동의 차원을 넘어선 영적 존재에 해당한다. 인간 무의식 속에는 본능과 충동만 있는 것이 아니며, 그보다 중요한 책임감, 양심 등이 감추어져 있다. 이를 영적 무의식이라 할 수 있다. 현대인의 심리적 고통과 부적응은 영적 존재로서 인간의 본질을 잃어버렸기 때문이다.

병: 인간의 원초적 욕구는 타인보다 우월하고 싶은 권력 의지와 같다. 그런데 인간의 타고난 기질적 불완전성 때문에 우월성에 대한 추구는 자동으로 열등감을 발생시키고, 그 결과 인간은 누구나 열등감을 느끼게 된다. 이에 인간은 열등감을 극복하고 권력 의지의 욕구를 충족하기 위해 끊임없이 노력하는데, 열등감을 극복하기 위해 어떤 행동을 선택하느냐는 개인의 자유이다. 이 과정에서 삶의 목적을 부적절하게 설정하거나 부적응적 행동을 선택하게 되면 신경증이 발생한다. 따라서 심리치료는 부적절하게 설정된 삶의 목적을 올바르게 재설정하여 동기와 행동을 변화시키는 데 초점을 맞춰야 한다.

<보 기>

ㄱ. 성인이 되어 아파트를 사고 싶다는 욕구가 좌절된 철수가 신경증을 겪는 사례는 갑의 견해를 강화한다.
ㄴ. 인간 무의식에 성적 본능과 같은 원초적 욕구가 존재하는 것이 사실이라면, 갑의 견해는 강화되고 을의 견해는 약화된다.
ㄷ. 일단 설정된 삶의 목적은 변화할 수 없고 무의식에 남아 계속해서 인간 행동에 영향을 미친다면, 병의 견해는 약화된다.

① ㄱ ② ㄷ
③ ㄱ, ㄷ ④ ㄴ, ㄷ
⑤ ㄱ, ㄴ, ㄷ

37. 다음 (가)~(마)의 관계에 대한 평가로 가장 적절한 것은?

(가) 인간의 인식은 기본적으로 감각을 통해 세계를 받아들이는 과정에서 형성된다. 감각적 경험은 우리가 외부 세계와 상호작용하며 이를 해석할 수 있도록 돕는다. 그러나 이러한 감각적 경험은 각자의 신체적 조건과 환경에 의해 제한될 수 있다. 예를 들어, 색맹인 사람은 일반인이 볼 수 있는 모든 색을 인식할 수 없다. 이처럼 감각은 우리의 세계 인식에 중요한 역할을 하지만, 그 한계 또한 분명하다.

(나) 철학자 칸트는 인간이 세계를 인식하는 데 있어 감각만으로는 충분하지 않다고 주장했다. 그는 인간의 인식이 감각적 경험에 의존할 뿐 아니라, 그 경험을 이해하는 데 필요한 선험적 개념들을 필수적으로 사용한다고 보았다. 이 선험적 개념은 경험으로 얻어진 것이 아니라 인간이 본래 지닌 인식 구조에 속하는 것들이다. 이러한 구조적 틀 없이는 감각적 경험 자체가 무의미해진다.

(다) 현대 인지과학은 칸트의 주장과 상충되는 연구 결과를 보여준다. 인간의 인식은 경험과 환경의 영향을 훨씬 더 깊이 받으며, 선험적 개념의 존재는 증명되기 어렵다고 본다. 특정 문화적 맥락이나 개인의 경험은 인식의 방식에 큰 영향을 미치며, 이런 맥락에서 인식은 고정적이기보다는 유동적이다. 따라서 인식은 감각적 경험과 환경적 요인에 의해 끊임없이 재구성된다.

(라) 기술 발전은 인간의 감각과 인식을 확장하는데 중대한 기여를 했다. 예를 들어, 적외선 카메라는 인간의 감각으로는 인식할 수 없는 파장을 감지하여 새로운 세계를 보여주었다. 마찬가지로, 인공지능 기반의 데이터 분석 기술은 인간이 처리할 수 없는 방대한 정보를 분석해 유의미한 결과를 도출함으로써 인간이 가진 감각과 인식의 범위를 확장하는 데 도움을 주었다. 이처럼 기술은 감각의 한계를 보완하고 새로운 차원을 인식할 수 있게 한다.

(마) 기술의 발전이 인간의 인식에 미치는 영향은 양면적이다. 기술은 새로운 정보와 인식을 제공하는 동시에, 인간의 직접적인 경험을 약화할 수 있다. 예를 들어, 사람들은 자연 속에서의 감각적 경험보다는 디지털 화면을 통해 간접적으로 세계를 경험하는 경우가 많아지고 있다. 이는 감각을 통한 깊이 있는 경험의 기회를 제한하고, 인간이 느끼는 세계에 대한 직접적 연결성을 약화시킬 위험을 내포하고 있다.

① (가)의 주장과 (다)의 주장은 상호 배타적이다.
② (나)는 (가)의 주장을 약화한다.
③ (라)의 예시는 (가)의 한계를 보완하는 사례로 볼 수 있다.
④ (마)는 (라)의 주장과 양립할 수 없다.
⑤ (다)의 주장은 (마)의 주장을 약화시킨다.

38. 다음 갑, 을, 병의 견해에 대한 분석으로 적절한 것만을 <보기>에서 모두 고르면?

갑: 도(道)란 모든 인간이 공통적으로 지켜야 할 도리를 의미한다. 도는 구체적인 행동양식인 예(禮)에 의해 실천된다. 객관화된 인간의 행동규범이 예이고, 예가 성립할 수 있는 근거가 도이므로 도는 일견 객관적으로 존재하는 것처럼 보이지만, 사실은 인간이 없으면 성립되지 않는다. 그러므로 도는 인간의 내면과 관련될 수밖에 없다. 즉, 도는 인간의 자기 자각과 훈련으로 이룩해야 하는 것이다. 만약 백성을 정치로써 인도하고 형벌로써 다스리면 그들은 형벌이나 면하려고 들뿐 수치를 모르게 될 것이다. 그러니 덕으로 백성을 인도하고 예로써 다스리면 그들이 수치를 알고 또 올바르게 될 수 있다.

을: 인위적인 규범을 만들어 도덕의식을 개혁하려는 것이 백성들을 힘들게 만들었다. 도를 억지로 찾으려고 해서는 안 되며, 만물을 있는 그대로 두는 것이 큰 도를 찾는 방법이다. 도는 만물이 생성하는 근원으로 인간이 한정할 수 없는 존재이며, 규정할 수 없는 무(無)에 해당한다. 또한 도는 다른 것에 의존하거나 무엇에서 생긴 것이 아니기 때문에 독립되며, 이러한 성질을 '자연'이란 말로 표현할 수 있다. 즉, 도는 인위적 규범인 아닌 자연 그 자체를 의미한다.

병: 인간은 이기적인 존재여서 그대로 놓아두면 반드시 혼란에 이르기 때문에 사람을 다스리려면 법이 필요하다. 인격을 통한 감화는 인간들의 이기심을 제어할 수 없으며, 인간이 제정한 법만이 천하의 가장 좋은 도에 해당한다. 유교의 원리로는 자식 교육도 기약할 수 없으며, 건달 아들을 바로잡는 것은 자식에 대한 사랑이나 스승의 교육이 아니라 엄격한 법과 몽둥이를 든 형졸이며, 인격과 학문은 그들을 바로잡는데 무력한 것에 반해 힘과 권위는 실질적이다.

<보 기>

ㄱ. 인위적인 질서가 반드시 사회에 혼란을 가져온다면, 갑과 병의 견해는 약화된다.
ㄴ. 임금이 규범에 어긋난 행동을 할 때 자연이 임금을 벌한다면 을의 견해는 강화된다.
ㄷ. 인간의 본성이 선하다는 것이 밝혀진다면, 병의 견해는 약화되고 을의 견해는 강화된다.

① ㄱ
② ㄷ
③ ㄱ, ㄴ
④ ㄱ, ㄷ
⑤ ㄱ, ㄴ, ㄷ

[39 ~ 40] 다음 글을 읽고 물음에 답하시오.

기업들은 소비자들이 자기 회사의 상품을 선택하게 하기 위해 큰 노력을 기울인다. 기업들은 소비자의 구매 행동이 소비자가 각 상품에 대해 취하는 태도에 영향받을 것이라는 전제하에 소비자의 태도를 중요하게 여긴다. 상품에 대한 소비자의 태도는 경제성, 내구성 등 개별 상품의 속성에 대한 소비자의 평가를 바탕으로 형성된다. 소비자의 평가가 어떻게 태도를 형성하는지를 설명하는 대표적인 모델 가운데 하나가 '속성 만족도 - 중요도 모델'이다.

'만족도'란 상품의 어떤 속성이 얼마나 만족스러운지에 대해 소비자가 주관적으로 느끼는 정도이다. '중요도'는 소비자가 상품의 특정 속성에 대해 중요하게 여기는 정도를 의미한다. 한 소비자가 같은 종류의 여러 회사 제품을 동시에 평가할 때, 중요도는 제품별로 동일하게 적용한다. 그리고 개별 상품에 대한 어떤 소비자의 태도는 각 속성에 대한 만족도와 각 속성에 대한 중요도를 곱한 후, 이 곱한 값들을 합한 점수로 나타낼 수 있다. 이를 수식으로 표현하면 다음과 같다.

태도 점수[A] = $(B_1 \times I_1)+(B_2 \times I_2)+\cdots\cdots+(B_n \times I_n)$

[B: 속성 만족도, I: 속성 중요도]

이때 만족도는 만족하는 경우는 (+), 불만족하는 경우는 (-)로 표시하고, 그 정도는 숫자의 크기로 표현한다. 즉, '…, +2, +1, 0, -1, -2, …'와 같이 표시하는 것이다. 중요도는 소비자가 상품을 구매할 때 그 속성이 중요하다고 여기는 정도를 전혀 중요하지 않은 경우부터 매우 중요한 경우까지 '0, +1, +2, +3, …'과 같이 표현할 수 있다. 속성이 여러 가지일 경우에는 더 중요하다고 생각하는 속성을 더 큰 값으로 표현하면 된다. 속성 만족도 - 중요도 모델에서는 소비자가 여러 상품을 평가한 후 가장 높은 태도 점수가 나오는 상품을 구매할 가능성이 가장 높다고 본다.

자동차를 구매하면서 소비자가 안전성과 경제성이라는 두 속성만 고려한다고 가정하자. 소비자는 '갑' 자동차의 안전성에 대해서는 만족하여 +1점을 주고, 경제성에 대해서는 매우 만족하여 +2점을 주었다고 하자. 반면에 '을' 자동차의 안전성에는 매우 만족하여 +2점을 주고, 경제성에 대해서는 불만족하여 -1점을 주었다고 해보자. 이때, 이 소비자가 안전성을 경제성보다 중요하게 생각한다면 안전성의 중요도는 +2로 주고, 경제성의 중요도는 +1로 줄 수 있다. 이때, 속성 만족도 - 중요도 모델에 의하면 '갑' 자동차에 대한 소비자의 태도 점수는 $1 \times 2 + 2 \times 1 = 4$, 즉 4점이 되고, '을' 자동차에 대한 태도 점수는 $2 \times 2 + (-1) \times 1 = 3$, 즉 3점이 된다. 따라서 속성 만족도 - 중요도 모델에 의하면 소비자는 '갑' 자동차를 구매할 가능성이 큰 것이다.

기업은 속성 만족도-중요도 모델을 바탕으로 소비자가 자사 제품에 대해 갖는 태도를 변화시키기 위해서 몇 가지 전략을 사용할 수 있다. 우선 경쟁사와 비교하여 상대적으로 만족도가 낮게 나오는 속성을 개선하고, 이를 소비자에게 알려 만족도를 변화시키는 것이다. 또한 광고 등을 통하여 소비자들이 상대적으로 중요하게 생각하지 않던 속성의 중요도를 높이도록 유도하여 제품에 대한 평가를 변화시킬 수도 있다. 물론 소비자가 생각하지 못했던 새로운 속성을 부각해서 소비자가 그것을 중요하게 고려하도록 하는 방법도 사용할 수 있을 것이다.

39. 위 글에서 알 수 있는 것은?

① 만족도란 상품의 속성에 대해 소비자가 만족하다고 느끼는 객관적 척도로, 그 크기는 정수로 표현된다.

② 중요도는 상품의 특정 속성에 대해 소비자가 중요하다고 느끼는 정도를 뜻하며 제품에 따라 상이하게 평가된다.

③ 기업은 소비자의 만족도, 중요도를 변화시키는 전략을 사용하여 자사 제품의 판매를 늘리는 전략을 사용할 수 있다.

④ 속성 만족도 - 중요도 모델에 따르면 속성 만족도가 커질수록 태도 점수도 커진다.

⑤ 속성 만족도 - 중요도 모델에서 특정 상품에 대한 속성 만족도와 중요도는 비례한다.

40. 아래 <보기>는 A, B, C 에어컨에 대한 철수의 속성 만족도 - 중요도를 조사한 결과이다. 본문의 내용을 바탕으로 <보기>를 평가한 것으로 옳지 않은 것은?

<보 기>

속성	중요도	만족도		
		A	B	C
온도	+5	+4	+2	+1
제습	+3	+2	+1	+3
가격	+4	0	+1	+1
디자인	+2	-3	+2	+2

① 철수는 에어컨을 구매할 때 C, B, A의 순서로 제품을 선호할 것이다.

② 철수는 C 제품에 대해 온도보다 디자인에 대한 만족도가 더 높을 것이다.

③ 철수는 온도, 제습, 가격, 디자인 순으로 에어컨의 속성을 중요시한다.

④ 철수는 A 제품의 디자인에 대해서 다른 두 제품에 비해 불만족해하고 있을 것이다.

⑤ A 제품을 생산하는 기업은 자사 제품의 판매를 늘리기 위해 제품의 디자인 혁신 전략을 사용할 가능성이 존재한다.

현재 내 위치가 궁금하다면?

빠른 채점 및 성적 분석

https://labstandard.kr/eas

성적분석 서비스 + 통계표 확인

맞은 문제 수 / 푼 문제 수	맞은 문제 수 / 찍은 문제 수
( )문제 / ( )문제	( )문제 / ( )문제

총점: 점

✓ 전국에 있는 수험생들의 성적과 자신의 성적을 지금 바로 비교해 보세요!

| 언어논리영역 |

1 교시

문제책형
나

응시번호

성명

응시자 주의사항

1. **시험시작 전에 시험문제를 열람하는 행위나 시험종료 후에 답안을 작성하는 행위를 한 사람**은 「공무원임용시험령」 제51조에 의거 **부정행위자**로 처리됩니다.
2. **답안지 책형 표기**는 **시험시작 전** 감독관의 지시에 따라 **문제책 앞면에 인쇄된 문제책형을 확인**한 후, **답안지 책형란에 해당 책형(1개)**을 '●'로 **표기**하여야 합니다.
3. 시험이 시작되면 문제를 주의 깊게 읽은 후, **문항의 취지에 가장 적합한 하나의 정답만을 고르며,** 문제내용에 관한 질문은 할 수 없습니다.
4. **답안을 잘못 표기하였을 경우**에는 **답안지를 교체하여 작성**하거나 **수정할 수 있으며,** 표기한 답안을 수정할 때는 **응시자 본인이 가져온 수정테이프만을 사용**하여 해당 부분을 완전히 지우고 부착된 수정테이프가 떨어지지 않도록 손으로 눌러주어야 합니다. **(수정액 또는 수정스티커 등은 사용 불가)**
   ■ **불량한 수정테이프의 사용과 불완전한 수정처리**로 발생하는 **모든 문제는 응시자 본인에게 책임**이 있습니다.
5. **시험시간 관리의 책임은 응시자 본인에게 있습니다.**
   ※ 시험지는 시험종료 후 가지고 갈 수 있습니다.

성적분석 및 이의제기 안내

1. **빠른 채점** 및 **성적분석** 서비스 (나의 위치 확인 및 통계 분석 결과 확인)
   ■ **시험지 뒷면** 및 **해설지**의 **QR코드** 확인 : https://labstandard.kr/eas
2. **답안지(OMR 카드) & 정오표** 다운로드, 문항 관련 문의
   ■ 랩스탠다드 홈페이지(https://labstandard.kr) "학습지원센터 - 자료실 & 정오표" 게시판 확인
   ■ 문항 관련 문의 : "학습지원센터 - 1:1 문의" 게시판 또는 이메일(labstandard@naver.com)

1. 다음 글에서 알 수 있는 것은?

영적 존재에게 생명이 있는 것을 바치는 종교적 의례를 '희생제의'라고 하며, 이는 동서양을 막론하고 이루어졌다. 『예기』에서 주요하게 거론되는 의례 중 하나인 '제사'도 희생제의의 한 종류라고 할 수 있다. 『예기』에서는 제사를 근본에 대해 보답하며 시초를 되돌아보는 행위이며 자신의 생명이 유래한 곳이 어딘지를 잊지 않는 노력이라고 본다. 제사를 통해 공동체 구성원들은 공동의 생명적 뿌리를 끊임없이 생각하게 된다. 때문에 제사를 봉행함에 있어 사(私)가 있어서는 안 되며 제사를 통해 얻게 되는 결과인 복은 개인의 출세나 영달을 위한 것이 아니라 공동체에 광범위하게 미치는 순조로움을 의미한다. 또한 제사가 끝난 후 제사음식을 먹을 때에는 먼저 임금과 삼경*이 먹고, 임금이 일어서면 대부가 먹고, 대부가 일어서면 팔사가 먹고, 그 후에 백관이 먹는다고 명시하고 있다. 이는 제사에 참여하는 사람들이 공동의 희생물을 생명의 자양분으로 삼는다는 것뿐만 아니라 이것이 위계적 질서를 지녀 위에서 아래의 방향으로 생명의 자양분이 전해 내려진다는 것을 뜻한다.

고대의 공동체를 '생명의 물리적 통합체'로 본 로버트슨 스미스는 희생제의의 핵심인 희생물의 살육과 섭취의 의미를 사회적 결속에서 찾는다. 구성원들이 결속 관계를 형성했다 하더라도 그들의 몸과 피의 성분에 영향을 미치는 온갖 요인들로 인해 물리적 동질성은 변질될 수 있다. 이러한 인간 사회의 근본적인 한계를 극복하기 위해 희생제의를 통해 결속을 강화할 필요가 있었다는 것이다. 또한 기근, 역병 등 재난이 닥쳤을 때 사람들이 신과의 연대가 약화되었다고 판단해 다시 신과 결속할 필요성을 느꼈을 때도 희생제의는 중요한 역할을 했다. 로버트슨 스미스는 희생 동물의 피와 살을 공유하는 행위는 성스러운 대상과 접촉할 수 있는 강력한 수단이며, 구성원들이 서로 같은 구성물을 몸속에 지녀 하나의 생명 공동체로 묶이는 과정이라고 본다.

한편 낸시 제이는 부계 사회가 결코 '생명의 물리적 통합체'일 수 없다는 점을 강조한다. 출생만으로도 구성원의 권리가 확실하게 인정될 수 있는 모계 사회와 달리 부계 사회에서는 친자 관계가 자연적 확실성을 갖지 못하기 때문에 희생제의에 참여할 필요가 생긴다는 것이다. 즉, 희생제의를 통해야지만 비로소 부계 사회의 질서와 결속이 유지될 수 있으며 이것이 서로 다른 문화에서 희생제의가 필연적으로 나타나는 이유라고 보았다.

*삼경 : 세 개의 벼슬. 여기서는 가장 높은 벼슬 세 등급을 의미한다.

① 『예기』에서는 제사의 사적 목표를 부정하지만, 로버트슨 스미스는 희생제의의 사적 목표를 긍정한다.
② 낸시 제이는 로버트슨 스미스와 달리 희생제의가 지닌 결속의 기능을 부정한다.
③ 로버트슨 스미스와 낸시 제이 모두 사회의 근본적인 한계를 지적하여 희생제의의 필요성을 제시한다.
④ 희생제의가 동양과 서양 모두에 존재하는 것은 희생물을 생명의 자양분으로 삼는 과정이 있기 때문이다.
⑤ 희생제의에 있어 『예기』는 왕과 신하 사이의 위계성을, 로버트슨 스미스는 신과 인간 사이의 위계성을 긍정한다.

2. 다음 글에서 알 수 있는 것은?

조선시대 동안 총 경작 면적 자체에는 별다른 변화가 없었다. 다만, 총 경작 면적 중 논의 비중은 18세기 이후로 증가하였으며 밭의 비중은 줄어들었다. 한편, 18세기는 조선시대에서 가장 높은 인구 증가율을 보인 시기인데, 조선시대 인구 증가율은 밭에서 논 중심 농사로의 변화와 밀접한 관련이 있다.

조선 후기 벼농사가 확대될 수 있었던 기술적 배경에는 모내기가 있었다. 17세기의 모내기는 김매는 횟수를 줄여서 노동 생산성을 높일 수 있다는 장점이 중시되었다. 모내기를 하면 이전의 농사법인 직파법에 비해서 논에 풀이 덜 자라고, 또 이미 자란 풀을 뽑기도 수월하였다. 17세기 모내기가 노동 생산성 향상에 초점이 맞춰져 있었던 것은 임진왜란 이후 인구 감소 때문이었는데, 줄어든 노동력으로 벼농사를 지으려면 노동 투입을 줄이는 방법의 도입이 절실하였다. 모내기는 이러한 문제를 풀 수 있는 해답이었다.

18세기에 들어 모내기의 성격은 달라져 노동 생산성 향상을 위한 농법에서 토지 생산성 향상을 위한 농법으로 달라졌다. 즉, 노동 투입이 많이 들더라도 생산량을 더 늘리는 방향으로 바뀐 것이다. 18세기에 노동력은 부족하지 않았으며 오히려 인구가 늘어나면서 호(戶)당 평균 경작지 크기가 줄어들었다. 적은 땅에 더 많은 산출을 내야 먹고 살 수 있는 상황이 된 것이다.

이러한 18세기 모내기는 많은 양의 물과 수원(水源)에 인접한 토지가 필요하였다. 하지만 이런 요건을 모두 충족하는 농지가 많지 않았기 때문에 물이 부족한 상태에서도 모내기를 할 수 있는 '건양법'이 개발되었다. 또한, 모내기 농법 확산에 소극적이었던 중앙정부를 대신하여 지주와 농민들이 소규모 수리 사업을 추진하였다. 그 결과, 18세기 모내기 농법은 소규모 농지까지 보편적 농법으로 자리를 잡아갔다. 농법의 변화로 인해 일반 농민이 자체적으로 쌀을 소비할 수 있을 정도의 산출량을 확보하는 것이 가능한 조건이 마련되었다.

밭농사 중심의 16세기 중반의 조선 인구는 약 1,000만 명이었다. 이후 임진왜란과 호란을 거치며 감소 추이를 보였던 조선의 인구는 18세기 약 1,500만 명에 이르게 되었다. 이 시기는 조선시대 전체를 통틀어 가장 빠른 인구 증가율을 보였다. 이는 모내기 농법의 개선과 논 면적 비중의 확대 등의 변화로 발생한 쌀의 주식화(主食化)의 결과라고 할 수 있다.

① 18세기의 밭농사 노동 투입량은 조선시대를 통틀어 가장 높은 수준이었다.
② 17세기 모내기 방식은 더 많은 인력으로 김매는 횟수를 늘리는 방식으로 이루어졌다.
③ 18세기 모내기 방식의 변화 이후, 획기적인 토지 생산성 증가로 인해 호당 평균 경작지 크기는 17세기에 비해 증가하였다.
④ 많은 양의 물이 필요한 18세기 모내기 농법을 위해 중앙정부는 각 지역에 대규모 수리 시설을 만들었다.
⑤ 모내기 농법이 소규모 농지까지 보편화되던 시기의 인구 증가율은 조선시대 전체 중 가장 빨랐다.

3. 다음 글로부터 추론할 수 있는 것은?

인간이 코로나19에 한 번 걸렸다가 회복하면 이에 대항하는 방어면역이 형성되는데, 방어면역을 이루는 두 축으로는 '중화항체'와 '기억 T세포'가 널리 알려져 있다. 선행연구에 따르면 코로나19 바이러스에 대한 중화항체는 시간이 지남에 따라 그 수가 감소하는 것으로 밝혀졌다. 최근 기억 T세포에 관한 관심이 증대됨에 따라 이와 관련된 연구 결과도 다수 나오고 있다. 이에 따르면, 기억T세포는 코로나19 감염 자체를 예방하지는 못하지만, 감염 후 병이 중증으로 진행되는 것을 막아주는 역할을 하는 것으로 알려졌다.

A대학 공동연구팀은 한국인 코로나19 회복자들을 대상으로 10개월 동안 기억T세포에 대한 추적 연구를 수행했다. 그 결과, 코로나19 회복 직후부터 발생하는 기억 T세포가 10개월의 추적관찰 기간 동안 잘 유지되는 것을 증명했다. 기억 T세포는 회복자들이 걸린 코로나19의 경증, 중증 여부와는 관계없이 대부분의 회복자에게서 약 10개월 동안 유지되는 것으로 확인됐다. 또한, 10개월이 지난 후에도 다시 코로나19 바이러스 항원을 만나면 기억 T세포의 증식이 활발해진다는 사실도 확인했다. 이 같은 결과는 회복자가 코로나19 바이러스에 다시 노출됐을 때 기억 T세포들의 방어면역 기능이 나타난다는 것을 시사한다.

이번 연구는 특히 코로나19 회복자들에서 줄기세포 유사 기억 T세포가 잘 발생한다는 점을 규명했다. 줄기세포 유사 기억 T세포는 장기간에 걸쳐 기억 T세포들의 숫자를 유지해 주고 재생기능을 가진 세포이다.

이번 연구는 코로나19 회복자의 기억 T세포 기능 및 특성을 역대 최장기간 연구한 것으로, 시간에 따른 방어면역 분석을 통해 향후 최적화된 차세대 백신 개발 전략을 설계할 수 있는 토대를 마련했다는 점에서 의미가 있다.

① 중증 코로나19에 걸렸던 회복자들의 기억 T세포는 경증 코로나19 회복자들과 비교할 때 그 지속력이 약하다.
② 중화항체는 코로나19 회복 시 기억 T세포와 함께 방어면역을 구성하여 10개월 동안 유지된다.
③ 줄기세포 유사 기억 T세포는 코로나19 회복자의 기억 T세포가 10개월 동안 유지되도록 하는 데 기여한다.
④ 코로나19 감염과 동시에 발생한 기억 T세포는 발생한 때로부터 10개월이 지난 후에도 다시 코로나19 바이러스 항원을 만나면 그 증식이 활발해진다.
⑤ 기억 T세포는 코로나19 바이러스에 처음 노출됐을 때 방어면역 기능을 통해 감염을 예방하는 역할을 한다.

4. 다음 글에서 알 수 있는 것은?

'이중차분법'은 시행집단에서 일어난 변화에서 비교집단에서 일어난 변화를 뺀 값을 사건의 효과라고 평가하는 방법이다. 시행집단이란 사건을 경험한 표본들로 구성된 집단이며, 비교집단은 사건을 경험하지 않은 표본들로 구성된 집단이다. 이중차분법은 사건이 없었더라도 비교집단에서 일어난 변화와 같은 크기의 변화가 시행집단에서도 일어났을 것이라는 '평행추세 가정'에 근거해 사건의 효과를 평가한 것이다. 이 가정이 충족된다면 사건 전에 비교집단과 시행집단의 상태가 평균적으로 같도록 구성하지 않아도 된다.

이중차분법은 1854년에 스노가 처음 사용했다고 알려져 있다. 당시 그는 두 수도 회사로부터 물을 공급받는 런던의 동일 지역 주민들에게 주목했다. 기존에는 두 회사가 같은 수원(水源)을 공유했으나 어느 시점부터 한 회사가 수원을 바꿨다. 스노는 수원이 바뀐 회사로부터 물을 공급받는 주민들과 수원이 바뀌지 않은 회사로부터 물을 공급받는 주민들의 수원 교체 전후 콜레라로 인한 사망률 변화를 비교함으로써 콜레라가 공기가 아닌 물을 통해 전염된다는 결론을 내렸다.

만약 평행추세 가정이 충족되지 않을 때 이중차분법을 적용하면 사건의 효과를 잘못 평가하게 된다. 예컨대 어떤 지방자치단체가 '노동자 교육 프로그램 실시'라는 사건이 고용 증가에 미친 효과를 평가하고자 하는 상황을 상상해보자. 효과를 평가하기 위해 비교집단과 시행집단을 설정하였는데, 일자리가 급격히 줄어드는 산업에 종사하는 노동자의 비중이 비교집단에 비해 시행집단에서 압도적으로 크다면 평행추세 가정이 충족되기 어려울 것이다. 그렇다고 해서 집단 간 표본의 통계적 유사성을 높이기 위해 사건 이전 시기의 시행집단을 비교집단으로 설정하는 것이 평행추세 가정의 충족을 보장하는 것은 아니다. 예컨대 고용처럼 경기변동에 민감한 변화라면 집단 간 표본의 통계적 유사성보다 변화 발생의 동시성이 이 가정의 충족에서 더 중요할 수 있기 때문이다.

여러 비교집단을 구성하여 각각에 이중차분법을 적용한 평가 결과가 같음을 확인하면 평행추세 가정이 충족된다는 신뢰를 줄 수 있다. 또한 시행집단과 여러 특성에서 표본의 통계적 유사성이 높은 비교집단을 구성하면 평행추세 가정이 위협받을 가능성을 줄일 수 있다. 이러한 방법들을 통해 이중차분법을 적용한 평가에 대한 신뢰도를 높일 수 있다.

① 평행추세 가정은 이중차분법이 올바르게 성립하기 위한 필요조건이다.
② 스노의 분석에서 수원을 바꾼 주민과 수원을 바꾸지 않은 주민들의 콜레라 발생 전 사망률은 평균적으로 동일했을 것이다.
③ 평행추세 가정이 성립하지 않는 경우, 무작위 표본 추출을 통한 집단 간 표본 유사성을 높이면 반드시 이중차분법의 정확성은 높아진다.
④ 집단 간 통계적 유사성을 보장하는 것은 평행추세 가정을 충족시키는 데에 가장 중요한 요소이다.
⑤ 다수 비교집단 각각에 이중차분을 적용한 평균 결과가 같다면 집단 간 표본의 통계적 유사성이 높다.

5. 다음 글에서 알 수 있는 것은?

> ‘방사광’은 빛의 속도로 상대성 운동을 하는 가벼운 하전입자가 운동 방향에 대하여 횡 방향으로 가속을 받으면 발생한다. 방사광 가속기의 주요 장치는 크게 전자총, 선형가속기, 저장링 세 부분으로 구성된다.
>
> 전자총에서 발생된 전자는 선형가속기 가속관을 지나고 고출력 고주파 발생장치를 통과하면서 빛의 속도에 가깝게 가속된다. 전자는 선형가속기 끝단에서 전송관과 입사장치를 통해 저장링에 입사된다. 저장링에서는 전자가 2극 자기장(휨자석)을 지나면서 횡 방향의 가속을 받아 궤도가 휘면서 방사광을 발생한다. 저장링은 전자의 궤도를 원형으로 만들어줘서 횡 방향의 가속을 담당한다. 저장링은 궤도를 조절하는 전자석들과 초고진공의 환경을 제공하는 진공장치, 방사광의 방사로 잃은 에너지를 보충해 주는 고주파 공명장치 등과 각종 제어장치들로 구성되어 있다.
>
> 저장링에는 24개의 휨 전자석이 있는데, 전자들이 이 휨 전자석의 자장을 지날 때마다 15도씩 방향을 바꾸어 전체적으로 원형에 가까운 궤도를 연속적으로 돌게 된다. 저장링에는 휨자석 이외에도 270개 가량의 4극, 6극 전자석과 궤도 수정 전자석이 들어 있어 전자빔을 수 마이크론 정도로 매우 가늘게 집속하고, 정해진 궤도를 정확히 유지하는 역할을 한다. 휨자석은 가시광선, 극자외선, 엑스선뿐 아니라 알파선, 베타선, 감마선과 같은 방사선을 포함한 방사광을 발생시킨다. 이러한 방사광은 빔라인으로 보내지며, 빔라인에서는 실험의 종류와 특성에 맞도록 단색화 장치를 통해 특정 에너지의 엑스선을 추출하고, 집속 거울과 슬릿 등을 사용하여 빔을 집속하고 재단하여 시료에 조사하게 된다.

① 방사광은 하전입자가 운동 방향에 대하여 종 방향으로 가속을 받으면 발생한다.

② 전자총에서 발생된 전자는 선형가속기 끝단에서 전송관과 입사장치를 지나며 빛의 속도에 가깝게 가속된다.

③ 저장링은 전자의 운동 방향으로의 가속을 담당한다.

④ 저장링은 24개의 휨자석, 270개 가량의 4극, 6극 전자석과 궤도 수정 전자석, 입사장치 등으로 구성된다.

⑤ 빔라인으로 보내진 방사광에는 가시광선, 엑스선, 알파선 등이 포함될 수 있다.

6. 다음 빈칸에 들어갈 말로 가장 적절한 것은?

> 장자는 타자와의 소통이라는 과제를 자신의 철학적인 문제로 끌어안고 집요하게 사유했던 사람이다. 장자는 다음과 같은 ‘송나라 상인 이야기’를 통해 타자와 마주친 상황을 설명한다. “송나라 상인이 모자를 밑천 삼아 월나라로 장사를 떠난다. 그러나 월나라 사람들은 머리를 짧게 깎고 문신을 하고 있어 모자가 필요하지 않았다.” 월나라에서 모자를 팔려던 송나라 상인은 전혀 다른 문화 속에서 ‘낯섦’과 마주친 것이다. 장자는 자신에게 낯선 공간이야말로 타자와 만날 수 있는 공간이기 때문에 ‘낯섦’에 머물러야 한다고 조언한다.
>
> 장자가 이렇게 조언한 이유는 무엇일까? 이 질문에 답하기 위해서는 장자가 언급한 성심(成心)이라는 말에 주목할 필요가 있다. 성심이란 온전한 마음이 아니라 치우친 마음으로 자기의 입장을 극대화하여 고정된 자기 관점을 고집하는 것이다. 우리는 이러한 성심에 따라 각자의 관점을 절대적 판단 기준으로 삼고, 그 결과 ‘나는 옳고 남은 그르다’는 분별을 고착시킨다. 그리고 이러한 성심이 타자와의 소통과 조화를 방해하게 된다.
>
> 그렇다면 타자와 만났을 때, 이러한 성심은 어떤 문제를 일으키는가? 장자는 다음과 같은 ‘바닷새 이야기’를 통해 그 해답을 제시한다. “옛날 바닷새가 노나라 서울 밖에 날아와 앉았다. 노나라 임금은 이 새를 아름다운 종묘 안으로 데리고 와 술을 권하고, 아름다운 궁궐의 음악을 연주해 주고, 소와 돼지, 양을 잡아 대접하였다. 그러나 새는 어리둥절하고 슬퍼하기만 하다가 사흘 만에 죽어 버리고 말았다. 이는 자기를 기르는 방법으로 새를 기른 것이지, 새를 기르는 방법으로 새를 기른 것이 아니다.” 분명 바닷새와 같은 야생의 새는 사람들의 손길을 거부할 것이고, 사람들이 즐기는 것과 먹고 마시는 음식을 함께할 수 없다. 바닷새는 특정 기호가 아니라 그들의 고유한 성질에 따른 특성을 지니고 있기 때문에 그러한 것이다. 여기서 흥미로운 점은 노나라 임금이 새를 가두어 죽이려 한 것도, 자신의 어떤 목적을 위한 수단으로 여긴 것도 아니라는 점이다.
>
> 결국 바닷새가 죽은 것은 노나라 임금이 [　　　　]. 다시 말해서 바닷새를 ‘나’와는 다른 ‘새’로서 대하지 못하고 나와 같은 ‘사람’으로서 대했기 때문이다. 이처럼 우리가 타자를 기성의 선입견 등으로 가득 찬 마음, 즉 성심에 따라 타자를 나로 인식하고자 할 때 타자와의 소통은 원천적으로 막힐 뿐만 아니라 조화로운 관계 또한 어그러지게 된다.

① 자신의 성심에 따라 타자와 관계를 맺고자 했기 때문이다.

② 새와 사람의 본질을 착각했기 때문이다.

③ 고정된 자기 관점을 고집하여 타자를 수단으로 여겼기 때문이다.

④ 새의 낯섦에 머물렀기 때문이다.

⑤ 분별의 고착화에 따라 타자를 사상시켰기 때문이다.

7. 다음 글에서 알 수 없는 것은?

> 로마제국 초기에 로마는 즉각적인 합병을 주저할 정도로 피정복지의 관리 기술과 인력이 부족했다. 근원적으로 도시 공화국의 전통이 그에 부합하지 않았기 때문이었다. 하지만 이탈리아의 정복 과정에서 그랬듯이, 지중해 연안의 피정복지에 대한 정책도 차츰 패권주의에서 직접지배로 전환되기 시작했다. 그 과정에서 공화정 제국 체제의 모순이 더 분명해졌다. 과두적 명사집단이 지배하는 공화정으로는 방대한 제국의 효율적 관리가 불가능하다는 것이었다. 이탈리아반도 외의 로마 영토인 '속주'의 총독이 짧은 임기로 교대된다는 점, 그래서 속주 총독은 속주를 관리하기보다는 새로운 전쟁에 더 혈안이 되어있다는 점 등 때문이었다.
>
> 대안은 1인에게 제국 관리의 책임을 위임하는 것이었고, 로마 국가는 마침 그럴 준비가 되어있었다. 원로원을 따돌려 경쟁에서 배제한 엘리트 군 지도자들이 마침내 서로 우위를 겨루게 된 단계에 접어들었기 때문이다. 이 내전의 진통 끝에 결국 일인자가 가려졌고, 그것은 사실상 공화정의 종언이었다. 그러나 그 일인자, 즉 황제 아우구스투스는 자신의 군주적 지위와 공화정의 공존을 표방했다. 원로원을 전적으로 배제할 경우 제국을 관리할 인력을 확보할 수 없었기 때문이다. 게다가 군주에게만 책임을 지는 전문가들의 관료제는 고대 지중해 세계에 아주 낯선 것이었다. 혹 그것을 양성할 수 있었다고 하더라도 행정 체계를 대체하기 위한 비용이 엄청났을 것이다.
>
> 따라서 황제가 취할 방법은 지극히 제한적이었다. 우선 지주층인 원로원 의원을 속주 총독으로 기용하되, 그 역할을 치안과 사법 영역으로 제한했다. 속주 총독의 임의적 정복 활동은 억제되었으며, 좀처럼 대규모 병력의 지휘를 맡기는 일도 없었다. 로마제국이 팽창을 멈춘 것은, 공화정이 황제체제로 전환되었기 때문이었다. 다른 한편 황제는 속주 주요 도시의 엘리트를 구성하는 지주층과 제휴했다. 중앙정부의 가장 중요한 세입원인 속주세 징수를 그들에게 맡겼고, 대신 로마 시민권은 물론 중앙의 고위직에 승진할 기회 등이 반대급부로 제공되었다.

① 원로원과 엘리트 군 지도자들이 서로 우위를 두고 겨루는 과정에서 내전이 발생하였다.
② 속주 관리자로 기용된 원로원 의원은 자의적으로 정복활동을 할 수 없었다.
③ 속주 총독의 임기가 짧다는 점은 제국의 효율적 관리가 불가능했던 원인으로 꼽힌다.
④ 내전 끝에 황제가 된 아우구스투스는 원로원을 전적으로 배제하지 않았다.
⑤ 아우구스투스는 속주세 징수를 속주 총독에게 맡기는 대가로 중앙 고위직 진출의 기회를 제공하였다.

8. 다음 글의 빈칸에 들어갈 진술로 가장 적절한 것은?

> 'A는 B이다'와 같은 형식의 은유를 '속성 은유'라 부르는데, 이 가운데 A를 '목표영역', B를 '근원영역'이라고 한다. 은유란 이러한 목표영역과 근원 영역의 유사성을 기반으로 두 영역을 연결하는 것을 목표로 한다. 은유를 이해하기 위해 알아둘 만한 다른 용어로는 은유의 '적합도'와 '관습화'가 있다. 적합도란 목표영역의 개념을 설명하기 위해 근원영역이 얼마나 독특하고 정확한 설명을 제공하는지와 관련되어 있다. 예를 들어 '침대는 과학이다'가 좋은 은유인 이유는 '과학'이라는 근원영역이 '침대'라는 목표영역을 독특하게 설명하면서도 그의 속성을 정확하게 표현하고 있기 때문이다. 이런 은유 표현이 반복적으로 사용되면 결국에는 그 자체가 비유적 의미를 넘어서 문자적 의미까지 갖는 은유의 관습화까지도 나아갈 수 있다.
>
> 이제 '침대는 과학이다'와 같은 은유가 인간의 뇌에서 어떻게 처리되는가를 유추적 관점에서 이해해 보자. 유추적 관점에서는 은유를 목표영역과 근원영역의 개념들이 가진 속성 사이의 유사성을 바탕으로 은유 표현을 이해한다고 주장한다.
>
> 유추 기반 이론의 하나인 '구조적 사상이론'을 제안한 A는 이러한 은유 이해의 과정을 모사한 모형을 개발하였다. 이 모형은 기본적으로 목표 및 근원영역의 다양한 속성 및 관계를 나열하고 둘 사이를 비교한다. 이 비교를 통해, 그 속성 및 관계가 어긋나지 않고 같거나 들어맞는 정도인 일치도가 최대가 되는 상태를 찾는다. 여기서 꼭 기억해야 하는 사항은 목표 및 근원영역 사이에서 일치하는 속성보다는 각 영역에서의 관계가 유추 과정에서 더 중요하다는 것이다. '침대는 과학이다' 은유에서 침대와 과학 그 자체가 가진 속성의 유사성은 거의 없지만, 침대가 인간의 수면을 돕는 것처럼 과학이 인간의 삶에 도움이 되며, 목수(회사)가 침대를 제작하는 데는 정교한 지식이 필요한 것처럼 과학자가 과학을 하는 데도 정교한 지식이 필요하다는 것을 통해 침대와 과학이 인간과 맺는 관계의 유사성을 보여주는 것이다. 결국 [　　　　　　]

① 이러한 두 영역의 관계적 유사성을 통해 유추적으로 은유를 이해하는 것이다.
② 침대와 과학의 문자적 의미는 속성의 관계적 유사성과는 무관하다는 것이다.
③ 개인의 높은 유추 능력은 속성의 관계적 유사성을 추론할 때 도움이 된다.
④ 근원 영역과 목표 영역의 관계적 유사성은 관습화가 이루어져야 비로소 유추될 수 있다.
⑤ 구조적 사상이론은 일치도가 높은 속성들 간의 유추 과정을 잘 설명한다.

9. 다음 글의 빈칸에 들어갈 내용으로 가장 적절한 것은?

'자율주행 자동차'는 첨단 IT기술을 이용하여 사람의 개입을 줄임으로써 자율적으로 차량 주변 환경 및 상황을 판단하여 정해진 목적지까지 안전하게 이동하는 차량을 의미한다. 자율주행 자동차 기술은 자율주행의 정도를 적용하여 단계별로 개발이 진행될 것으로 보인다. 자율주행 자동차와 관련한 기술은 첨단 IT기술을 기계 자동차에 접목하는 것인데, 적용하는 IT기술은 HW, SW기술로 나눌 수 있다.

먼저 자율주행 자동차와 관련한 HW기술로는 센서 기술, 통신 기술 등이 있다. 이 중 가장 중요한 센서 기술의 종류는 크게 카메라, 레이더(RADAR), 라이다(LiDAR)로 구분할 수 있다. 카메라는 렌즈를 통해 들어온 빛을 디지털 신호로 변환하여 물체를 식별하는 역할을 한다. 레이더는 전파를 물체에 송출하여 반사되는 시간 및 주파수 차이를 통해 거리, 속도, 각도 등의 다양한 정보를 인식하는 역할이다. 마지막으로 라이다는 레이저를 통해 광 에너지를 분석하여 차량 주변 3차원 정보를 인식하는 역할을 한다. 현재 다양한 과학기술의 발달로 자율주행 자동차의 HW기술은 완성 수준에 도달하였다.

다음으로, 자율주행 자동차에 필수적인 SW기술에는 센서 정보를 이용한 상황인식 기술, 음성인식 기술, 운전자 상태 인식 기술, 영상 정보 인식을 통한 자율주행 알고리즘 기술 등이 있다. 자율주행은 센서를 통해 차량 주변의 환경에 대한 데이터를 수집한 후, 수집된 데이터를 기반으로 주행에 관한 의사결정을 내린 뒤 실행된다. 이러한 일련의 과정 중 가장 중요한 것은 센서를 통해 수집된 대량의 데이터를 바탕으로 의사결정을 내리는 SW 알고리즘이다.

특히 영상 정보 인식을 통한 자율주행 알고리즘 기술의 경우, 자동차에 부착된 센서를 통해서 입력되는 영상 정보를 분석하여 장애물인지 여부의 판단을 하게 된다. 예컨대 영상 정보에서 엣지(edge) 검출 기법 등을 이용하여 도로의 차선이나 도로의 궤적 정보 등을 인식하는 것이다. 근거리에서는 짧은 초점거리로 인한 영상왜곡 문제를 해결하기 위해 보정된 카메라를 활용하고, 중거리, 원거리의 장애물 및 도로 환경을 인식하기 위해서는 센서를 사용하게 된다. 이렇게 수집된 정보를 이용하여 SW 프로그램에서 최종 장애물 여부를 판단하게 된다.

향후 자율주행 자동차가 상용화되기 위해서는 센서를 통해 차량 주변 환경의 데이터를 수집하는 기술과 이를 바탕으로 장애물을 인식하여 신속하고 정확한 의사결정을 내리는 기술의 발전이 요구된다. 그러므로 현시점에서 자율주행 자동차가 상용화되기 위해 가장 필요한 것은 __________.

① 영상왜곡 문제의 해결을 위한 카메라 보정기술이다.
② HW기술 수준에 상응하는 SW기술의 발전이라고 할 수 있다.
③ HW와 SW기술의 조화라고 할 수 있다.
④ 자율주행 자동차에 대한 고객들의 수요이다.
⑤ 알고리즘 전문가 등의 인재양성을 위한 국가의 지원이다.

10. 다음 글에서 알 수 없는 것은?

열처리분야는 자동차산업, 기계산업 등 제조업의 발전과 함께 성장해 왔다. 자동차와 기계 부품 사용량이 증가함에 따라 재료의 강도 외에도 마찰에도 닳지 아니하고 잘 견디는 성질인 내마모성을 향상시키기 위해 '표면열처리 기술'이 필수적으로 사용되고 있다. 오늘날 가장 널리 사용되는 표면열처리 공정은 고주파 전류를 이용해 열을 발생시켜 표면을 가열한 뒤 빠르게 담금질하는 '고주파 공정', 재료에 탄소를 스며들게 한 뒤 담금질하는 '침탄공정', 재료에 질소를 스며들게 하는 '질화공정'으로 나뉜다. 질화공정은 주로 약 500 ~ 580 ℃의 온도에서 진행되어 900 ℃이상의 처리 온도를 요구하는 침탄공정에 비해 소재의 변형이 적게 이뤄지고 별도의 담금질이 필요하지 않다는 장점을 가지고 있다.

전 세계적으로 사용되는 질화공정의 종류로는 염욕질화, 가스질화, 플라즈마 질화 등이 있다. 염욕질화는 염화바륨, 염화나트륨 등의 염류(鹽類)를 용해한 액체에 금속을 넣고 가열하여 표면을 경화시키는 방법이다. 독일에서 개발된 타프트라이드법이 오랫동안 사용됐으나, 질화에 사용되는 액체가 환경 오염을 발생시켜 그 사용이 점차 줄고 있다. 가스질화는 암모니아 가스에서 분해되는 질소를 재료 표면에 침투시켜 화합물층과 확산층을 형성하는 방법이다. 이 방법은 재료의 형상 및 크기의 제한이 없고 환경 문제도 발생시키지 않아 전 세계적으로 가장 많이 사용되고 있다. 그러나 표면의 화합물을 형성하고 제어하기가 어렵다는 단점이 있으며 처리시간도 염욕질화보다 길다. 마지막으로 플라즈마 질화는 이온화된 질소와 수소를 사용하는 방법으로, 암모니아 가스를 사용하지 않는 친환경적인 분위기에서 사용할 수 있으며 다른 질화의 적용이 어려운 스테인레스강에도 적용이 쉽다는 장점을 가지고 있다. 또한 화합물층이 없는 질화가 가능하고 350 ℃ 정도의 저온에서도 열처리가 가능하다.

침탄공정에 비해 질화공정이 지니는 장점이 명확함에도 우리나라의 질화공정은 발전이 미미한 수준이다. 그 이유 중 하나로 소수의 대형 제조업 회사가 수요자로서 시장을 주도하고 있어 질화시장이 확장이 더디다는 것을 들 수 있다. 또한 열처리 업체의 자금 여건상 고가의 해외 장비를 수입하기 어렵고, 수입이 이루어진다 해도 장비 운용 및 공정기술에 대한 업체의 이해도가 낮아 제대로 활용하기 어려운 실정이다. 제조업 회사와 열처리 업체의 적극적인 협조로 적극적인 시장 확대와 기술의 저변화가 필요한 상황이다.

① 특정 온도에서 플라즈마 질화가 가능하다고 해서 침탄공정이 반드시 가능한 것은 아니다.
② 타프트라이드법은 재료의 강도를 증가시킨다.
③ 염류를 용해한 액체를 이용한 질화공정은 가스를 이용한 질화공정보다 처리시간이 짧다는 장점이 있다.
④ 질화시장의 확장은 제조업 회사와 열처리 업체의 협조를 촉진해 우리나라 질화공정 발전에 이바지할 수 있다.
⑤ 전 세계적으로 가장 많이 쓰이는 질화공정은 스테인레스강에 적용하기 어렵다.

11. 다음 글에서 알 수 있는 것은?

> 13세기 유럽 미술은 비잔틴 미술의 영향 아래 있었다. 비잔틴 미술은 종교화의 본보기를 제시하였다. 당대의 화가는 성서(聖書)의 이야기를 효과적으로 전달하기 위해 관습화된 종교적 이미지들을 배치했다. 당시 그림 속 인물들은 일반적으로 좌우대칭이 분명해 고정된 듯한 느낌을 주었고, 아무 감정도 찾아볼 수 없는 표정과 작위적인 시선을 가진 모습을 보였다.
>
> 그러나 13세기 말 이탈리아에서는 이와 구별되는 회화가 나타났다. 새로운 회화의 선구자는 '조토 디 본도네'였다. 조토는 평면적 작품 위주였던 당시에 입체감을 표현하여, 고대 로마 미술을 마지막으로 천여 년 동안 자취를 감추었던 회화에서의 '공간'을 회복시켰다. 또한 인물의 표현에서도 변화를 가져왔다. 표정 묘사와 시선 처리에서 생생한 인간적인 감정을 느낄 수 있게 한 것이다. 심지어 신격화되어 왔던 대상까지도 사실적이고 인간적으로 그려 냈다.
>
> 그렇다면 조토는 어떻게 당대 다른 그림보다 입체적이고 사실감 있는 회화를 이루어 냈을까? 그 기반에는 사실적인 관찰이 있었다. 일례로 이탈리아의 아레나 성당에 그려진 「동방박사의 경배」에 나타난 '별'을 들 수 있다. 그는 핼리 혜성의 모습을 관찰했고, 이를 바탕으로 이 그림을 그렸다. 이렇듯 그는 사물과 인간에 대해 관찰한 것을 그림에 반영해 내었다.
>
> 또한 조토는 구도를 면밀하게 고려함으로써 사실적 경향을 강조하였다. 당시의 화가들은 평권의 세부적 묘사에 치중하였다. 여러 인물이 등장하여도 서로 겹치지 않도록 모두 정면을 바라보도록 하였으며, 앞뒤 인물의 크기를 비슷하게 그렸다. 그러나 조토는 뒤로 갈수록 인물과 사물의 크기를 줄여나가는 원근법을 사용하였고, 앞과 뒤의 인물이나 사물이 겹쳐지도록 표현하는 '중첩법'을 사용하였다. 이로써 앞에 있는 사람과 뒤에 있는 사람의 간격이 느껴지도록 하였으며 거리와 깊이를 표현할 수 있었다.
>
> 현대인의 눈으로 보면 그의 그림은 여전히 중세의 분위기를 지니고 있다. 그러나 그는 인간의 미묘하고 강렬한 감정을 생생하게 표현한 화가였고, 이러한 그의 업적은 이후 르네상스 시대의 화가들에게 영감을 불어넣어 주었다.

① 비잔틴 미술은 성서의 이야기를 효과적으로 전달하기 위해 분명한 좌우대칭과 작위적인 시선을 지닌 인물을 활용하였다.
② 비잔틴 미술의 영향권 아래 있는 13세기 화가들은 인물을 분명한 좌우대칭과 비슷한 크기, 정면을 바라보는 모습으로 표현하였다.
③ 조토는 동방박사의 모습을 실제로 관찰한 것을 반영해 특정 성당의 작품을 완성시켰다.
④ 조토는 비잔틴 미술의 성서 표현에 반발해 인물의 입체감과 생생한 표정 변화를 묘사하였다.
⑤ 조토는 중첩법을 통한 거리감과 깊이감을 표현해 중세의 분위기를 완전히 탈피하였다.

12. 다음 글의 내용이 참일 때, A가 선택하는 국가의 최소 개수와 최대 개수는?

> A는 가족 단합을 위해 여행을 가기로 하였다. A는 갑, 을, 병, 정, 무, 기 6개의 국가 중에 여행지를 선택하려고 한다. A가 아래의 기준에 따라 여행 국가를 선택한다는 사실이 알려져 있다.
>
> ○ 병국을 여행하거나 기국을 여행하지 않는다면, 갑국을 여행한다.
> ○ 을국을 여행하지 않는다면, 정국과 무국 중에 적어도 한 국가는 여행하지 않는다.
> ○ 갑국과 을국 중에 적어도 한 국가를 여행한다면, 병국과 기국은 여행하지 않는다.
> ○ 갑국, 병국, 기국 중에 한 국가라도 여행한다면 을국도 여행한다.

① 최소 2개, 최대 4개
② 최소 2개, 최대 5개
③ 최소 3개, 최대 4개
④ 최소 3개, 최대 5개
⑤ 최소 4개, 최대 5개

13. 다음의 진술 중 하나만이 참이라고 할 때 차출되는 선수의 수는?

> A국은 다가오는 월드컵 경기를 위해 국가대표 선수를 차출하고자 한다. 이와 관련하여 A~D가 아래와 같이 진술하였다.
> ○ 정이 차출되거나 을이 차출된다면, 병도 차출된다.
> ○ 을이 차출되지 않을 경우, 정이 차출된다면 무는 차출되지 않는다.
> ○ 갑이 차출된다면, 을 또는 병이 차출된다.
> ○ 무가 차출되거나 갑이 차출된다.

① 2명
② 3명
③ 4명
④ 5명
⑤ 6명

14. 다음 글에서 알 수 없는 것은?

> 기생충은 동물의 체내 또는 피부에 기생하면서 숙주로부터 영양을 공급받고 천적의 공격으로부터 보호받으며 살아간다. 이런 기생충은 생물 진화의 중요한 원인으로 알려져 있는데, 숙주가 자신을 기생충으로부터 보호하기 위해 끊임없이 새로운 면역체계를 구축하고 기생충은 그런 면역체계를 피하거나 파괴하는 새로운 방법을 찾으면서 양자가 끊임없이 경쟁해 왔기 때문이다.
> 사람에게 기생하는 기생충과 관련된 기록은 『목민심서』, 『동의보감』 등의 문헌에서 찾아볼 수 있다. 『목민심서』에서는 계피와 생강을 넣은 엿으로 회충으로 인한 증상을 가라앉히는 방법이 적혀 있다. 『동의보감』에는 구충, 오장충, 삼시충, 노채충 등 다양한 기생충의 종류가 기록되어 있다. 이 중에는 촌충, 조충, 회충 등 오늘날에도 의학적으로 다루어지는 기생충들이 포함되어 있다. 한편 삼시충은 상시충, 중시충, 하시충을 일컫는 말인데 조선시대에는 이들이 사람 몸에 숨어 있다가 사람이 자는 동안 하늘로 올라가서 지고신(神)에게 숙주의 죄를 고한다고 믿었다. 이는 실제로 살아 있는 존재라기보다는 사람의 출생부터 함께하는 영혼과 비슷한 개념이었던 것이다.
> 기생충 감염은 지역이나 인종의 문제가 아니라 인류의 문제였던 만큼 많은 나라의 주된 관심사였다. 미국에서는 1900년대 초반 기생충 박멸을 위한 국가적인 캠페인과 교육 및 치료가 이루어졌다. 유럽에서도 기생충의 생활사가 밝혀지고 구충제가 개발되면서 기생충 박멸 프로그램이 성과를 거둔 바 있다. 일본은 유럽 학자들의 연구를 토대로 독자적인 기생충 감염 연구와 퇴치 사업을 시행했고, 한국도 일제강점기를 전후하여 일본의 영향을 받은 기생충 박멸 운동이 전개되었다.
> 한국에서는 일제강점기 일본 학자들에 의해 기생충의 생활사와 피해 정도가 알려지기 시작했다. 이에 경성제국대학이나 경성의학전문학교에서 공부한 조선인 의학자들이 직접 기생충의 폐해를 신문사에 기고하는 등 문제의 심각성을 대중들에게 알려 기생충을 퇴치하고자 했다. 동시에 보건기관을 설치할 것, 위생 상태를 개선할 것, 주기적으로 구충제를 복용할 것, 생채소는 잘 씻거나 데쳐 먹을 것 등의 대안이 제시되었다. 광복 직후에는 제대로 자리 잡지 못한 정부 체계 속에서 구충 사업이 성과를 내지 못했다. 구충 사업의 내용은 구충 효과가 있다고 알려진 해인초를 끓인 물을 학생들에게 복용시키는 것이었는데, 역한 맛으로 인해 학생들의 순응도가 낮았을 뿐만 아니라 어렵게 복용을 한 후에도 토하는 일이 잦았다. 이후 1960년대에 기생충박멸협회가 창설되고 기생충질환예방법이 제정되면서 대변검사 및 구충제 복용 등 의미 있는 구충사업이 이루어졌고 한국에서 기생충 감염률은 빠르게 감소했다.

① 기생충과 인간의 관계에서 어느 한쪽만이 변화한 것은 아니다.
② 기생충 퇴치에 있어 한국은 일본의, 일본은 유럽의 영향을 받았다.
③ 동물 체내의 기생충을 박멸하는 구충사업이 성공했다 하더라도 기생충은 남아 있을 수 있다.
④ 한국에서 구충제는 광복 이후에야 기생충 퇴치를 위해 사용되었다.
⑤ 문헌의 기록에 따르면 숙주에게 기생하며 살아가는 미세한 생물이 아니더라도 기생충으로 분류될 수 있다.

15. 다음 글을 바탕으로 <보기>를 이해한 것으로 적절하지 않은 것은?

과학수사에서 DNA 분석은 범인을 추정하거나 피해자의 신분 등을 확인할 때 중요한 수단으로 사용된다. DNA 분석이란 혈흔이나 모발 같은 샘플로부터 DNA를 채취하여 동일인 여부를 확인하는 방법으로, 현재 'STR 분석법'이 가장 많이 사용되고 있다. STR(Short tandem repeat)은 '짧은 연쇄 반복'이라는 뜻으로, STR 분석법은 DNA의 특정 구간에서 짧은 염기 서열이 연쇄적으로 반복하여 나타나는 부분을 분석하는 방법이다.

STR 분석법의 원리를 알기 위해서는 상동 염색체, DNA, 염기 서열에 대한 이해가 필요하다. 체세포의 핵에는 모양과 크기가 동일한 염색체가 2개씩 쌍으로 존재하는데, 이들 염색체를' 상동 염색체'라 한다. 상동 염색체는 부계와 모계에서 각각 하나씩 물려받는다. 이 상동 염색체를 구성하는 가장 중요한 물질이 유전자를 포함하고 있는 DNA이다. DNA는 아데닌(A), 구아닌(G), 사이토신(C), 타이민(T)이라는 네 종류의 염기 약 30억 개로 구성되는데, 이 염기들이 'AGGCTA…'와 같은 형태로 이어져 있다. 이것을 DNA의 염기 서열이라고 한다.

상동 염색체 내 특정 위치의 DNA 염기 서열을 분석해 보면 짧은 염기 서열이 연속적으로 반복해서 나타나는 특정 구간이 있다. 그리고 사람마다 반복되는 횟수가 다르다는 특징이 있다. STR 분석법은 바로 이 점에 착안하여 샘플 간 비교를 통해 동일인 여부를 확인한다. 먼저, STR 분석을 하기 위해서는 분석하려는 염색체 내의 위치가 특정되어야 하는데, 이때 그 위치를 '좌위'라고 한다.

'갑'이라는 사람의 어떤 좌위가 4q31.3일 때, 이 좌위의 '4'는 염색체 번호를, 'q'는 염색체 하단부를, '31.3'은 염색대 번호를 가리킨다. 가령 염색체의 좌위 염기 서열 'CTTT'가 반복되고 있으며, 왼쪽 염색체에서는 세 번, 오른쪽 염색체에서는 다섯 번 반복되고 있다고 할 때, 분석된 결과를 왼쪽부터 표시하여 '3-5' 형태로 나타낼 수 있다. 즉, '갑'은 4번 염색체 하단부(q)의 31.3번 염색대 위치에 'CTTT'가 3-5인 유전형을 가지고 있는 것이다. 이렇게 상동 염색체의 특정 위치에 나타나는 STR을 분석하여 3-5와 같은 결과값으로 표기하는 것을 'DNA 프로필'이라고 한다.

현재 우리나라를 비롯한 여러 나라에서는 20개의 좌위를 표준으로 하여 과학수사에 동일하게 활용하고 있다. 비교 샘플의 DNA 프로필이 20개 좌위에서 모두 동일하다면, 비교 샘플이 동일인의 것일 확률이 100%에 가깝다. 이런 이유로 STR 분석법은 과학수사에서 큰 성과를 거두고 있으며, 관련 기술이 발전할수록 좌위의 개수도 늘어나 더 정밀한 분석이 가능할 것이다.

<보 기>

가나은행에 강도 사건이 발생하였다. 출동한 경찰은 은행에서 범인의 것으로 추정되는 머리카락을 발견하여 DNA 분석을 시행하였다. 다음날, 목격자 진술에 따라 '을'을 용의자로 특정하여 을의 머리카락으로 DNA 분석을 하였다.

<범인 머리카락의 DNA 분석 결과>

DNA 프로필		좌위 정보	
좌위	결과값	위치	반복되는 염기 서열
1	5-3	5q33.1	AGAT
2	6-6	13q33.1	TATC
3	2-7	5q11.4	GCAT
⋮	⋮	⋮	⋮
20	8-4	3q15.4	GCAT

① 범인이 보유하고 있는 DNA구조 가운데 3번 염색체 하단부에 GCAT 배열이 4번 반복되는 것이 있다.
② 범인은 5번 염색체 하단부의 11.4번 염색대 위치에 GCAT가 2-7인 유전형을 가지고 있다.
③ 을의 DNA 프로필을 만들기 위해 2회 이상 분석에 활용되는 염색체가 존재한다.
④ 을이 범인이라면 좌위 3과 20에서, 부계로부터 물려받은 GCAT 반복 횟수는 최대 15이다.
⑤ 을의 DNA 분석 결과 좌위 1에서 5-3, 2에서 6-6, 3에서 2-7이 나온다면, 20에서 8-4가 나오는 경우 을은 반드시 범인이다.

16. 다음 토론에 드러난 두 사람의 주장에 대한 평가로 적절한 것을 <보기>에서 모두 고르면?

A: 저는 온라인 교육이 학생들의 학습 효과를 높인다고 생각합니다. 온라인 강의를 통해 학생들은 자신의 학습 속도에 맞춰 공부할 수 있으며, 다양한 디지털 자료를 활용할 수 있어 이해도가 향상됩니다.
B: 온라인 교육이 모든 과목에 적합한 것은 아닙니다. 특히 실험실 실습이나 토론이 중요한 과목에서는 오히려 학습 효과가 떨어질 수 있습니다.
A: 물론 모든 과목에 온라인 교육이 적합한 것은 아닙니다. 그러나 기술의 발전으로 가상 실험실이나 실시간 화상 토론 도구가 개선되면서 많은 과목이 온라인으로도 효과적으로 진행될 수 있게 되었습니다.
B: 기술의 발전에도 불구하고, 온라인 교육은 여전히 대면 교육에 비해 한계가 있습니다. 예를 들어, 즉각적인 피드백이나 학생 간의 상호작용이 부족할 수 있습니다.
A: 그렇다면 혼합형 교육 방식을 도입하여 필요한 경우 대면 수업을 병행하는 것이 해결책이 될 수 있습니다.
B: 혼합형 교육 방식도 관리가 복잡해질 수 있으며, 모든 학생이 동일한 수준의 디지털 접근성을 가지지 못할 가능성이 있습니다.

<보 기>

ㄱ. 온라인 교육을 도입한 학교에서 학생들의 출석률이 증가했지만, 학업성취도는 하락했다는 사실이 밝혀질 경우, A의 주장은 강화된다.
ㄴ. 온라인 교육 환경에서 학생 간의 협업 프로젝트가 오히려 더 효과적이라는 연구 결과가 발표될 경우, B의 주장은 약화된다.
ㄷ. 온라인 교육과 관련된 기술 유지비용이 많이 증가하여 혼합형 교육 방식의 비용이 매우 높다는 통계자료는 B의 주장을 약화한다.

① ㄱ
② ㄴ
③ ㄱ, ㄴ
④ ㄴ, ㄷ
⑤ ㄱ, ㄴ, ㄷ

17. 다음 글의 갑 ~ 병에 대한 분석으로 적절하지 않은 것만을 <보기>에서 모두 고르면?

갑: A 실험은 인간이 권위에 얼마나 쉽게 복종하는지를 보여주는 중요한 실험이야. 이 실험은 실험 참가자들이 다른 사람에게 고통을 가하라는 명령을 받을 때 그들이 명령을 따르는 모습을 통해, 인간이 권위에 취약하고 권위에 따른 비윤리적인 행동도 할 수 있다는 것을 보여줘. 따라서 이 실험은 인간의 본성에 대한 중요한 통찰을 제공한다고 생각해. 권위에 대한 복종은 사회적 맥락에서 불가피한 것이지만, 그로 인해 발생할 수 있는 비윤리적 행동을 경계해야 해.

을: 나는 A 실험이 실험적 환경에서의 인간의 복종 심리를 잘 보여준다고 생각하지만, 이 실험이 인간 본성에 대해 일반화될 수 있는지 의심스러워. 이 실험은 참가자들이 특정한 실험 환경에 처했을 때의 행동을 관찰한 것에 불과해. 현실에서는 실험실과 달리 다양한 요인이 작용하기 때문에, 특정 실험만으로 인간의 본성을 단정할 수는 없어. 더 다양한 조건과 상황에서의 연구가 필요해.

병: A 실험이 인간의 본성을 잘 보여주었다는 점에는 동의해. 그러나 나는 이 실험이 윤리적으로 문제 있다고 봐. 실험 참가자들은 실험의 진정한 목적을 알지 못했고, 이로 인해 심리적 고통을 겪을 수 있었어. 어떤 연구가 아무리 중요한 결과를 낳더라도, 참가자의 윤리적 권리를 침해해서는 안 돼. 이 실험은 연구의 윤리적 기준을 고려하지 않았기 때문에, 이로부터 얻어진 결론 역시 재평가되어야 한다고 생각해.

<보 기>

ㄱ. 을과 병은 A 실험이 인간의 복종 경향을 잘 보여준다고 평가하지만, 이 실험의 결과가 인간 본성에 일반화될 수 없다는 점에 동의한다.

ㄴ. 갑은 권위에 대한 복종이 비윤리적 행동으로 이어질 수 있음에 동의하지만 병은 동의하지 않는다.

ㄷ. 갑과 을은 실험 환경이 달라지면 A 실험의 결과도 달랐을 것이라는 점에 동의한다.

① ㄱ
② ㄴ
③ ㄱ, ㄷ
④ ㄴ, ㄷ
⑤ ㄱ, ㄴ, ㄷ

18. 다음 글의 ㉠과 ㉡에 들어갈 말로 적절한 것은?

도덕적 규범을 구체적인 현실에 적용하여 실천할 때, 보편성과 특수성 사이에서 선택의 문제에 부딪히게 된다. 유학에서는 이런 문제를 상도(常道)와 권도(權道)로 설명하고 있다. 상도는 일반 상황에서의 원칙론으로서 지속적으로 지켜야 하는 보편적 규범이고, 권도는 특수한 상황에서의 상황론으로서 그 상황에 일시적으로 대응하는 개별적 규범이다.

맹자는 권도를 일종의 도덕적 딜레마 상황에서 해법으로 제시한다. 맹자는 "남녀 간에 주고받기를 직접 하지 않음은 예(禮)이고, 형제의 부인이 물에 빠지면 손으로 구하는 것은 권(權)이다."라고 하였다. 남녀 간에 손을 잡지 않는 것은 상도에, 형제의 부인을 손으로 구하는 것은 권도에 해당하는데, 여기서 권도는 특수한 상황에서 부득이 한 번만 사용하는 것으로, 높은 경지의 상황 판단력을 요한다. 생명을 살리려는 마음을 토대로, 상황의 위급한 정도 등을 고려하여 가능한 모든 방안 중 스스로 선택한 것이 생명을 살릴 수 있는 유일한 방법이라고 판단될 때에만 권도가 합당성을 인정받을 수 있기 때문이다. 이런 의미에서 권도의 합당성은 [㉠].

위 맹자의 말에서는 권도에 해당하는 규범이 상도인 예의 내용과 반대되는 것으로 표현되어 있어, 권도가 상도에 반하거나 예가 아니라는 오해가 있을 수 있다. 그러나 맹자의 관점에서 상도와 권도는 상황에 대처하는 방법은 달라도 결국 모두 도이다. 권도는 도를 굽힌 것이 아니라 도를 구현하는 과정에서 방법의 차이가 존재할 뿐이다. 위의 상황에서 남녀 간에 손을 잡는 행위 자체는 상도에 맞지 않는 것이지만, 그 행위는 결국 생명을 구하여 도를 실천한 올바른 결정이라는 것이다.

맹자는 현실 상황에 맞는 행위로서 권도를 강조하지만 동시에 상도를 권도의 기반으로 보며 매우 중시했다. 왜냐하면 인간이 자신의 본질인 상도를 따르면 옳고 그름이 분명해지기 때문이다. 그래서 맹자는 [㉡].

① ㉠: 실행의 동기와 사건의 결과로 평가할 수 있는 것이다.
㉡: 권도와 상도가 일치할 것을 요구하였다.
② ㉠: 실행의 동기와 사건의 결과로 평가할 수 있는 것이다.
㉡: 상도의 토대 위에서 권도를 활용하도록 하였다.
③ ㉠: 상도와 부합하는가를 중심으로 평가할 수 있는 것이다.
㉡: 권도와 상도가 일치할 것을 요구하였다.
④ ㉠: 상도와 부합하는가를 중심으로 평가할 수 있는 것이다.
㉡: 상도의 토대 위에서 권도를 활용하도록 하였다.
⑤ ㉠: 보편 윤리와 상황 윤리 간 조화를 중심으로 평가할 수 있는 것이다.
㉡: 권도보다 상도를 우선시할 것을 주장하였다.

[19 ~ 20] 다음 글을 읽고 물음에 답하시오.

우리는 지구가 만들어 낸 커다란 자기장 속에서 살고 있다. 만약 금성처럼 지구에 자기장이 생성되지 않았다면 태양으로부터 쏟아지는 전기성을 띤 입자들을 막지 못했을 것이며, 그 결과 전기 입자들이 지닌 높은 에너지로 인해 대기층이 손상되어 생명체의 생존이 불가능했을 것이다. 이렇게 중요한 역할을 하는 지구의 자기장은 어떻게 만들어진 것일까?

과거의 과학자들은 지구 내부에 고체로 된 영구자석이 들어 있어서 지구 자기장을 형성한다고 추측했다. 이를 '영구자화설'이라고 한다. 하지만 지구 내부의 온도는 물질이 자성을 유지할 수 있는 온도, 즉 큐리 온도(Curie temperature)보다 높아서 이 가설은 설득력을 잃게 되었다.

그 이후에 과학자들은 지구의 외핵을 이루는 물질이 액체 상태로 존재한다는 사실과 그 물질들의 대부분은 전기 전도도가 높은 철과 니켈이라는 점에 주목하였다. 그들은, 외핵을 구성하는 물질들은 유동적인 액체 상태이므로 지구의 자전 운동에 의해 외핵 내부를 순환할 것이고, 이러한 전기 전도도가 높은 물질의 유동적인 순환은 전류 생성의 조건이 될 수 있다고 생각했다. 이와 같은 가정과 전류가 생성되면 그 주변에 자기장이 형성된다는 사실을 바탕으로 과학자들은 지구 내부에 지구 자기장을 형성하는 시스템이 존재할 것으로 추측했다. 다만 전기 전도도가 높은 물질의 순환만으로는 전류가 생성될 수 없으므로 전자기 유도 현상을 근거로 지구 외부로부터의 자기장이 지구 자기장 형성에 영향을 미쳤을 것이라고 전제하였다.

이와 같은 지구 자기장 형성 원리를 증명하기 위해 고안된 장치를 '다이나모'라고 한다. 다이나모는 중심축과 전기 전도도가 높은 물질로 구성된 회전판, 전류를 계속 순환시키기 위해 중심축과 회전판을 연결한 코일 등으로 구성된다. 우선 중심축을 돌리면 회전판이 함께 움직이게 된다. 이후 중심축과 평행한 방향으로 일차적인 자기장을 형성시켜 주면 전자기유도 현상에 의해 회전판에서 전류가 발생하게 된다. 이렇게 형성된 전류는 코일을 따라 흐르면서 코일 주변에 이차적인 자기장을 형성하게 된다. 이후 중심축이 계속 돈다면 일차적인 자기장이 없다 하더라도 이차적인 자기장에 의해 전류가 사라지지 않게 되고, 또한 전류가 코일을 따라 계속 순환되기 때문에 이차적인 자기장도 유지될 수 있는 것이다.

이와 같은 원리를 적용하여 지구 자기장의 형성을 설명하고 있는 것이 '다이나모 이론'이다. 이 이론에 의하면 지구 자기장은 전기 전도도가 높은 물질의 순환과 외부로부터 주어진 일차적인 자기장의 영향에 의해 형성되었다고 할 수 있다.

19. 다음 글에서 알 수 있는 것은?

① 지구 내부는 철과 니켈로 구성되어 큐리 온도보다 높은 온도를 유지한다는 점에서, 영구자화설은 설득력을 잃게 되었다.
② 금성은 자기장이 없어 대기층이 손상되어, 생명체가 살기 힘든 환경일 것이다.
③ 외핵을 구성하는 니켈 등이 순환하는 과정에서 지구 내부 자기장의 영향으로 이차적인 지구 자기장이 형성된다.
④ '다이나모'에서 이차적인 자기장이 일단 형성되면, 중심축이 멈추더라도 자기장은 계속해서 유지된다.
⑤ 큐리 온도보다 높은 지구 내부 온도는 철과 니켈 등이 액체 상태로 존재하도록 하여, 외핵을 이루는 물질이 지구 자전 운동에 따라 순환할 수 있도록 하였다.

20. 다이나모의 구성 요소를 <그림>의 ㄱ ~ ㄷ에 올바르게 대응시킨 것은?

<그 림>

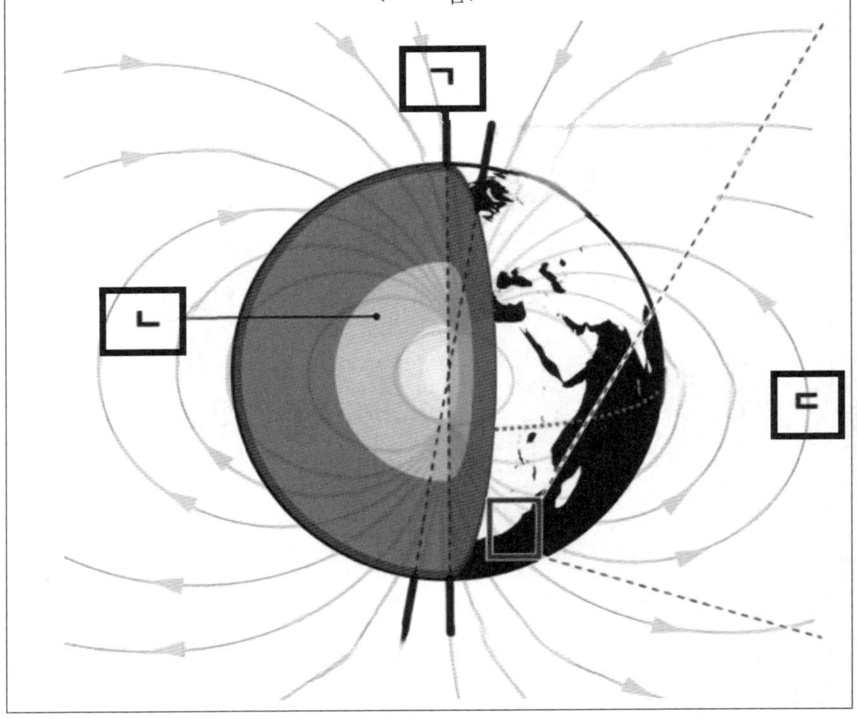

	㉠	㉡	㉢
①	중심축	회전판	이차적인 자기장
②	회전판	코일	이차적인 자기장
③	중심축	회전판	일차적인 자기장
④	회전판	코일	일차적인 자기장
⑤	코일	중심축	이차적인 자기장

21. 다음 글에서 추론할 수 없는 것은?

만족지연이란 자기통제의 하위영역 중 하나로, 더 큰 결과를 위하여 즉각적인 보상 또는 욕구를 자발적으로 억제하고 통제하면서 욕구 충족의 지연을 인내하는 능력을 말한다. 만족지연 능력은 생애 초기부터 발달이 시작되어서 만 2~3세에 크게 발달하고, 5세가 되면 효율적으로 사용하면서 꾸준히 발달하다가 11~12세에 '지연의 원칙'을 완전히 이해하고 나서는 청년기까지 크게 변화하지 않고 지속된다.

만족지연이 이루어지기 위해서는 몇 가지 조건이 모두 갖추어져야 한다. 먼저 아동이 미래에 있을 보다 큰 만족을 신뢰하여야 한다. 그리고 아동 개개인이 현재의 만족보다 미래에 있을 보상 또는 만족에 부여하는 주관적 가치가 더욱 커야 한다. 또한 지연 기간이 영향을 미치기도 하는데, 지연 기간이 너무 긴 보상에 대해서는 아동이 느끼는 만족도가 낮아져서 만족지연이 이루어지지 않을 수 있다.

아동기의 만족지연 능력을 미래의 성공과 연관 짓는 시각도 존재했다. 1960년 스탠포드 대학의 심리학자 월터 미셸과 연구진은 이를 증명하기 위해 만 4세의 아동을 대상으로 한 실험을 진행했다. 이는 '마시멜로 실험'이라고 불리며 책의 소재가 되기도 했다. 실험의 내용은 다음과 같다. 아이들은 각자의 방에서 실험 진행자에게서 마시멜로를 하나씩 받는다. 그리고 15분간 마시멜로를 먹지 않고 기다리면 상으로 1개를 더 주겠다는 제안을 받는다. 그리고 실험 진행자는 아이와 마시멜로를 두고 나간 후 15분 뒤에 들어온다. 아이들의 반응은 다양하게 나타났다. 일부는 참지 못하고 먹어 치웠고, 일부는 끝까지 기다려 또 하나의 마시멜로를 받았다. 15분을 기다려 마시멜로 2개를 먹은 학생의 비중은 전체의 30 %였다.

그로부터 14년 후, 연구자들은 실험에 참여했던 아이들을 추적해 그들의 삶을 비교했다. 그 결과는 유의미했다. 만족을 지연했던 아이들과 그러지 못했던 아이들의 대학수학능력평가시험(SAT)의 평균 점수는 무려 210점의 차이를 보였다. 또 지연 시간이 가장 짧았던 아이들은 학교에서 정학 처분을 받는 빈도도 높았고 충동조절장애, 약물중독, 사회 부적응 등의 문제점을 보이기도 했다. 이에 미셸 박사는 어린 시절 높은 만족지연 능력을 보이며 인내심을 발휘했던 아이들은 자라서도 성공적인 삶을 살게 되고, 그렇지 못한 아이들은 주위의 유혹에 잘 흔들리는 어른으로 성장한다는 결과를 발표했다.

① 만족지연 능력은 당장 충족할 수 있는 욕구보다 더 큰 보상을 위해 자발적인 자기통제를 할 수 있는 능력을 말한다.
② 미래의 확실한 경제적 보상이 보장된 경우라 하더라도 만족지연이 이루어지지 못할 수 있다.
③ 아동에게 지금 공부를 열심히 하면 나중에 좋은 직장을 갖게 된다는 사실은 지나치게 긴 시간 뒤의 만족이므로 현재의 공부 행동을 강화하지 못할 수 있다.
④ 미셸의 실험에 참여했던 아이들 중 일부가 15분을 참지 못하고 마시멜로를 먹은 것은 이들이 지연의 원칙을 완전히 이해하지 못했기 때문이다.
⑤ 어린 시절 만족지연 능력이 낮으면 비교적 학업 성적이 부진하거나 부정적 성격 특성 또는 문제행동을 보일 수 있다.

22. 다음 글에서 알 수 없는 것은?

우리나라에는 예로부터 종교적인 영향, 또는 오랜 경험으로 체득된 금기식품이 있다. 문헌상의 구체적인 기록은 고려시대의 『향약구급방』에 수록된 복약 중의 금기식품이 처음인 듯하다.

조선 후기로 오면 여러 서적에서 약 먹을 때의 금기식품과 음주 뒤의 금기식품, 임신 중의 금기식품, 상극식품 등으로 크게 나뉜 더욱 체계적인 기록을 살필 수 있다. 예컨대 임신 중의 금기식품은 인삼, 무김치, 게 등이 있다. 인삼은 분만할 때 먹으면 모유 분비량이 감소된다는 것이 『동방의약법』에서 논증되었다. 또 분만기에 무김치를 금하는 것은 고추의 자극성 때문으로 풀이되고 있다. 그러나 게를 먹으면 분만할 때 아기가 옆으로 나온다는 속설은 근거가 없는 것이다.

상극식품은 두 가지 이상의 식품이 서로 맞지 않는 것을 말한다. 『규합총서』와 『부인필지』에서는 상극식품으로 다음과 같은 것을 들고 있다. 게와 꿀, 게와 감, 배와 꿀, 조개와 초(醋), 미역과 성게, 제육과 고추·생강, 막걸리와 국수 등이다. 이상의 상극식품은 지금에 와서는 게와 꿀처럼 지켜지는 경우도 있으나, 대개는 거의 지켜지지 않고 있다.

약을 먹을 때의 금기식품은 대개 고려시대의 『향약구급방』의 것이 조선시대로 이어졌다. 그 내용은 다음과 같다. 먼저 약을 복용할 때는 생·냉·유활한 식품을 금하라고 하였다. 여기서, '생'이란 익히지 않은 식품, '냉'이란 성질이 찬 상추·메밀 같은 것, '유활'이란 참깨 등과 같이 기름기가 많은 것을 가리킨다. 또, 약을 복용할 때는 돼지고기·닭고기·쇠고기와 비늘 없는 생선 및 마늘·고수풀·콩·팥·무·미역·과일을 먹지 말라고 하였다. 오늘날에는 모든 내용이 그대로 지켜지지는 않으나, 일반적으로 한약을 복용할 때 무·밀가루·돼지고기·술 따위가 금기식품으로 되어있다.

이상에서 살펴본 금기식품은 의학적 · 과학적인 근거를 밑바탕으로 한 것은 물론 아니다. 그러나 선조들이 오랜 체험을 통해 얻은 고찰이므로 그냥 지나칠 수만은 없을 것이다. 가령, 일상식의 금기식품 가운데 사람에게 이로운 제비·비둘기 등의 고기를 금한 것과 새끼 꿩이나 강아지를 금기식품으로 정한 것은 동물보호라는 측면에서 그 의의를 찾을 수 있다. 또한, 쌍밤을 혼자 다 먹지 않도록 금하고 있는 것은 음식을 나누어 먹어야 한다는 공동식의 전통이 그 이면에 내포된 것이다.

① 고려시대 서적에서는 특정한 상황에서의 금기식품을 규정하고 있다.
② 조선 후기의 기록에 따르면 임신 중의 금기식품에는 인삼, 무김치, 게 등이 있으나 이들은 논리적 근거가 없는 것들이다.
③ 고려시대 『향약구급방』에서 규정한 약을 먹을 때의 금기식품 가운데 지금까지 지켜지고 있는 것이 있다.
④ 막걸리와 국수는 과거 서적에 상극식품으로 기록되어 있으나, 현재는 거의 지켜지지 않고 있다.
⑤ 어떤 식품이 금기식품으로 정해지는 이유는 비단 섭취자의 건강에 국한되지 않는다.

23. 다음 글에서 알 수 있는 것은?

> 반도체 제조 공정은 크게 전(前)공정과 후(後)공정으로 나뉜다. 전공정은 실리콘 웨이퍼 위에 반도체 소자를 형성하는 과정이며, 후공정은 이 소자를 패키징하고 테스트하는 과정이다. 전공정은 주로 반도체의 성능을 결정짓는 핵심적인 단계를 포함하고, 후공정은 전공정에서 제조된 소자를 보호하고, 실제로 사용할 수 있는 형태로 만드는 데 중점을 둔다.
>
> 전공정은 크게 네 가지 단계로 이루어진다. 첫 번째 단계는 실리콘 웨이퍼를 제작하는 공정이다. 이 과정에서는 고순도의 실리콘 원료를 녹여 단결정 형태로 만든 후, 이를 얇게 절단하여 웨이퍼를 만든다. 두 번째 단계는 웨이퍼 위에 산화막을 형성하는 산화 공정이다. 이 산화막은 반도체 소자와 외부 환경을 차단하는 역할을 한다. 세 번째 단계는 포토리소그래피 공정으로, 이 과정에서는 특정 패턴을 웨이퍼에 형성한다. 포토리소그래피는 빛을 이용하여 웨이퍼 표면에 미세한 회로 패턴을 형성하는 기술이다. 마지막으로 도핑 공정이 있다. 도핑은 반도체의 전기적 특성을 조절하기 위해 특정 불순물을 웨이퍼에 첨가하는 과정이다. 이러한 과정을 통해 웨이퍼 위에 복잡한 반도체 회로가 형성된다.
>
> 후공정은 전공정에서 제조된 반도체 소자를 보호하고, 실제로 사용할 수 있는 형태로 만드는 과정이다. 첫 번째 단계는 소자의 기능을 검사하는 테스트 공정이다. 이 과정에서 각 소자가 설계된 대로 작동하는지 확인한다. 두 번째 단계는 본딩 공정이다. 본딩은 소자를 기판과 연결하여 전기적으로 작동할 수 있게 하는 과정이다. 마지막 단계는 패키징 공정으로, 이 과정에서는 소자를 외부 충격과 환경으로부터 보호하기 위해 금속이나 플라스틱으로 감싸는 작업이 이루어진다. 패키징은 반도체 소자의 안정성과 내구성을 결정짓는 중요한 단계이다.
>
> 전공정과 후공정은 각각 독립적인 단계로 이루어지지만, 서로 밀접하게 연관되어 있다. 예를 들어, 전공정에서의 미세한 결함은 후공정에서의 테스트와 패키징에 큰 영향을 미칠 수 있으며, 반대로 후공정에서의 패키징 문제가 전공정에서 제작된 소자의 성능을 저하시킬 수도 있다. 따라서 반도체 제조에서 전공정과 후공정은 모두 중요하며, 두 공정 간의 긴밀한 협력이 필요하다. 특히, 전공정에서 발생한 결함이 후공정에서 발견될 경우, 이는 반도체 공정 전체를 다시 점검하고 수정해야 할 수 있는 심각한 문제로 발전할 수 있다. 이처럼 반도체 제조 공정은 각 단계가 정밀하게 맞물려 있으며, 그 과정에서 발생하는 미세한 차이가 최종 제품의 품질에 큰 영향을 미친다.

① 최종 단계에서의 웨이퍼는 불순물이 전혀 존재하지 않는 순수한 실리콘 상태일 것이다.
② 패키징 공정은 반도체의 성능에 영향을 미치지 않는다.
③ 공정 순서를 고려할 때, 후공정에서의 결함이 전공정의 결과에 영향을 끼치는 경우는 없다.
④ 반도체 소자와 외부 환경을 분리하는 공정은 전공정과 후공정 모두에 존재한다.
⑤ 포토리소그래피 공정에서 도핑 공정으로 넘어가기 전에, 제대로 공정이 완료되었는지 확인하기 위해 반도체 소자의 작동을 점검하는 과정이 필요하다.

24. 다음 글에서 알 수 있는 것은?

> 1920년대 방송에 대한 일반적 합의는 라디오의 교육기능과 공익성을 강조하고 상업화는 반대하는 것이었다. 이러한 일반 합의에 의거한 대표적인 방송이 캐나다와 네덜란드의 공영방송 체계와 1922년에 창립된 영국의 BBC이다. 이들은 방송재정을 광고가 아닌 청취자의 수신료 충당한 공공서비스 체계였다. 독일, 이탈리아, 소련의 국영방송은 공익성의 차원을 넘어 엄격한 국가통제의 중앙집권적 선전기구였다.
>
> 그러나 미국은 예외였다. 방송재정을 확보하는 방법에 대해 일반적인 합의가 이뤄지지 않아 1920년대 중반부터 광고 방송이 행해졌고, 1930년대는 실용화의 단계로 진입하였다. 1934년 미국의 NBC와 CBS가 상업화 반대파와의 싸움에서 승리를 거두게 됨에 따라 상업방송체계로 구조화되었다. 또한 쇼, 코미디, 연속극 등의 여러 장르에서 인기 프로그램이 개발되고 확립되었다.
>
> 인기를 구가하던 라디오의 황금기는 1950년대에 무너지기 시작했다. 새로운 방송매체 텔레비전의 등장 때문이었다. 서유럽국들과 제3세계국들은 TV 방송을 비영리의 공공서비스 차원에서 설립 운영하였다. 이로 인해 해당 국가들에서 TV 방송은 전(全)지구적 미디어로 성장하지 못했다. 그러나 미국은 3대 방송사 NBC, CBS, ABC에 의해 상업 TV 세계화가 이 시기부터 미국의 상업 TV 세계화가 가능했던 이유는 다음과 같다.
>
> 첫째, 미국 TV 수상기 보급대의 수는 다른 나라의 보급 수상기의 전체수를 훨씬 상회하였다. 둘째, TV 프로그램의 제작사들은 상업적 영화를 제작하였던 할리우드 스튜디오들로부터 전수 받은 제작 기술, 노하우, 인프라 등을 확보하고 있었다. 셋째, 서유럽 국가들과 제3세계 주변국의 공영방송 체계는 미국 상업 방송의 해외투자를 용이하게 하였다. 넷째, 내수시장과 수출시장에서 광고가 늘어나 미국 TV가 전 지구적 미디어로서의 성장하는 데 기여했다.
>
> 특히 광고는 TV라는 매체를 통해 상품을 판매하는 방법을 넘어서 문화생활의 일부가 되었다. 거대 광고 대행사와 광고주는 TV의 위성 채널을 독점하여 방송프로그램의 선정, 제작, 편집까지 참여하였다. 이러한 독점적 행태로 인해 TV라는 매체가 주를 이루었던 20세기 후반의 글로벌 미디어 체계는 공공서비스가 오락 프로그램으로 대체되고, 견해와 관점의 다양성은 감소하는 현상을 보였다.

① 미국의 경우 방송에 대한 일반적 합의가 이루어져, 상업 미디어 체계가 1920년대 무렵 완비되었다.
② 영국의 BBC는 청취자의 수신료로 운영되는 중앙집권적 방송의 성격을 지녔다.
③ 거대 광고대행사와 광고주는 TV 위성채널을 통해 20세기 후반 광고 문화 다양성에 기여하였다.
④ 미국의 상업 TV 세계화에 기여한 요인에는 할리우드로부터 전수 받은 제작 기술, 노하우, 인프라가 있다.
⑤ 라디오의 황금기가 끝난 1950년대 서유럽 국가들은 성공적인 영리 사업 구축을 통해 TV의 전 지구화에 동참하였다.

25. 다음 글에서 알 수 없는 것은?

> ‘사피어-심프슨 열대저기압 등급’은 지속적인 바람의 세기에 따라 열대저기압, 열대폭풍을 분류하는 기준이다. 1969년에 토목공학자 허버트 사피어와 미국의 국립 허리케인 센터 관장 밥 심프슨이 함께 고안했다. 이 기준계는 열대저기압이 상륙할 때 미칠 피해를 수치적으로 예상하는데 사용된다.
>
> 사피어는 허리케인이 미칠 영향을 기술할 수 있는 단순한 기준계조차도 없다는 것을 깨달았고, 풍속(風速)에 기반을 둔 1부터 5까지의 등급을 고안했다. 사피어는 국립 허리케인 센터에 이를 넘겼고, 심프슨이 폭풍 해일과 침수에 의한 영향을 추가했다. 이 기준계에서는 강우량이나 지리적 특성이 고려되지 않으므로, 3등급 열대저기압이 주요 도시에 미치는 피해가, 5등급 열대저기압이 외딴 지역에 입히는 피해보다 클 수도 있다.
>
> 사피어-심프슨 열대저기압 등급 기준 1등급에서는 건축물의 구조적인 피해는 없지만, 방비를 제대로 하지 않은 창문이 파손되고 단단히 매어놓지 않은 이동식 주택이나 관목, 나무가 쓰러질 수 있다. 해안에 침수나 부두에 높은 파도 등으로 인한 구조물 손상 등의 사소한 피해가 있을 수 있다. 또한 2등급에서는 지붕이나 문 등이 파손될 수 있고, 제대로 방비해 놓은 창문이 파손될 가능성이 높다. 농작물이나 이동식 주택 등에 적지 않은 피해가 발생한다. 침수 피해가 발생할 수 있고, 무방비로 정박된 소형 선박이 파도로 인해 떠내려갈 수 있다.
>
> 3등급에서는 건물과 담장이 파손될 수 있으며, 이동식 주택은 파괴된다. 해안의 침수로 인해 소형 건축물이 파괴되고, 이로 인해 떠내려가는 파편들로 인해 대형 건축물들이 크고 작은 피해를 입는다. 또한, 내륙에도 침수 피해가 발생할 수 있다. 4등급에서는 담장이 붕괴되고, 지붕이 완파될 수 있다. 큰 건축물이 막대한 피해를 입을 수 있다. 해안지역에 큰 침식이 일어나며, 내륙지역에서도 침수가 발생한다.
>
> 마지막으로 5등급에서는 주거지와 산업 건물, 도로, 거대한 나무 등이 파괴될 수 있고, 소형 건축물이 완전히 붕괴되기도 한다. 침수로 인해 해안 저지대에 막대한 피해를 입힌다. 해당 등급의 태풍이 지나갈 것으로 예상되는 모든 지역에서는 대피령이 발령된다.

① 1등급 허리케인이 5등급 허리케인보다 큰 피해를 입히는 경우가 있을 수 있다.
② 2등급 허리케인이 상륙하는 경우 무방비 상태의 창문은 파손될 가능성이 높다.
③ 3등급 허리케인이 상륙하는 경우 대형 건축물도 피해를 입을 우려가 있다.
④ 4등급 허리케인이 상륙하는 경우 해안지역 뿐만 아니라 내륙지역까지 피해가 미친다.
⑤ 5등급 허리케인이 상륙하는 경우 다섯 등급 중 가장 많은 강우량을 동반하여 막대한 침수 피해를 입힌다.

26. 다음 중 올바르게 유류분이 반환된 경우는?

> 유류분은 피상속인의 반대급부 없는 처분 행위가 존재하지 않았다고 가정할 때, 상속인들이 상속받을 수 있었을 이익 중 법으로 보장된 부분을 뜻한다. 만약 상속인이 피상속인의 자녀 한 명뿐이면, 상속받을 수 있었을 이익의 $\frac{1}{2}$ 만 보장된다. 상속인들이 상속받을 수 있었을 이익은 상속 개시 당시에 피상속인이 가졌던 재산의 가치에 이미 무상 취득자에게 넘어간 재산의 가치를 더하여 산정한다. 유류분은 상속인들이 기대했던 이익을 보호하기 위한 것이기 때문이다.
>
> 피상속인이 상속 개시 당시에 가졌던 재산으로부터 상속받은 이익이 있는 상속인은 유류분에 해당하는 이익의 일부만 반환받을 수 있다. 유류분에 해당하는 이익에서 이미 상속받은 이익을 뺀 값인 유류분 부족액만 반환받을 수 있기 때문이다. 유류분 부족액의 가치는 금액으로 계산되지만, 항상 돈으로 반환되는 것은 아니다. 만약 반대급부 없이 처분된 재산이 돈이 아니라 물건이나 주식처럼 돈 이외의 재산이라면, 처분된 재산 자체가 반환 대상이 되는 것이 원칙이다. 다만 그 재산 자체를 반환하는 것이 불가능한 때에는, 해당 재산의 취득자는 돈으로 반환해야 한다. 또한 재산 자체의 반환이 가능해도 유류분을 받을 권한을 보유한 자와 취득자의 합의에 의해 돈으로 반환될 수도 있다.
>
> 반대급부 없이 처분된 재산이 물건이라면 유류분 반환은 어떤 형태로 이루어질까? 취득자가 반환해야 할 유류분 부족액이 처분된 물건의 가치보다 적다면 유류분권자는 그 물건의 가치에 상당하는 금액에서 유류분 부족액이 차지하는 비율만큼 취득자로부터 반환받을 수 있다. 이로 인해 하나의 물건에 대한 소유권이 여러 명에게 나눠지는데, 이때 각자의 몫을 지분이라고 한다.
>
> 반대급부 없이 처분된 물건의 시가가 변동하면 유류분 부족액을 계산할 때는 언제의 시가를 기준으로 삼아야 할까? 유류분의 취지에 비추어 상속 개시 당시의 시가를 기준으로 해야 한다. 다만 그 물건의 시가 상승이 취득자의 노력에서 비롯되었으면 이때는 취득 당시의 시가를 기준으로 계산해야 한다. 이렇게 정해진 유류분 부족액을 근거로 반환 대상인 지분을 계산할 때는, 시가 상승의 원인이 무엇이든 상속 개시 당시의 시가를 기준으로 해야 한다.

① 아버지의 사망으로 이루어지는 상속의 개시 당시, 아버지가 지녔던 재산의 절반만을 반환받은 외동아들 갑돌
② 상속 개시 당시 어머니의 재산으로부터 증여받은 주식에 더해, 법으로 보장된 유류분을 반환받은 을순
③ 별도의 댓가 없이 처분된 피상속인의 토지에 대해, 해당 토지가 반환이 가능함에도 토지 취득자의 단독 판단에 의해 금액으로 유류분을 반환받은 병돌
④ 반대급부 없이 처분된 외환에 대해 환율이 가장 높을 때의 시가를 기준으로 유류분 부족액을 계산한 정순
⑤ 피상속인이 기회에게 반대급부 없이 건물을 처분한 이후 건물의 가격이 상승한 경우, 상속 개시 당시의 시가를 기준으로 기회에게 처분된 건물 시가의 일정 지분을 반환받은 무숙

27. 다음 글에서 반드시 옳은 것은?

간식으로 먹는 떡볶이의 떡부터 명절에 먹는 송편까지, 떡은 대표적인 전통 음식이다. 우리 민족은 예로부터 '음식이 곧 약'이라고 생각하였고, 절기에 따라 떡을 먹으며 자신의 건강뿐만 아니라 공동체의 안녕을 빌었다. 떡의 기원은 정확히 알 수는 없지만, 쌀농사가 본격화된 삼국 시대에 이르러 떡이 널리 만들어진 것으로 보인다. 조선시대에 와서는 과일, 꽃, 약재 등 갖가지 재료를 추가하여 맛과 색깔, 모양이 다른 여러 종류의 떡이 만들어졌고, 서울 남산 북쪽에 떡을 만들어 파는 가게가 거리를 이룰 정도로 떡이 인기를 끌었다.

조선시대의 문헌 자료를 보면, 떡은 만드는 방법에 따라 크게 증병, 도병, 경단 등으로 나뉜다. 증병은 시루에 찌는 떡으로 시루떡과 백설기 등이 있다. 도병은 시루에 찐 떡을 절구에 다시 친 것으로, 시루떡을 쳐서 만든 인절미가 대표적이다. 경단은 둥글게 빚어 삶아 고물을 묻힌 떡으로 수수경단이 대표적이다. 제조 방법이 다소 까다롭고 보관이 어려웠던 떡은 현대로 접어들면서 서구화의 물결과 간편식의 발달로 자연스레 사람들의 관심에서 멀어졌다. 명절이나 돌잔치 같은 행사 외에는 떡을 접할 기회가 줄어든 것이다. 하지만 최근 떡의 제조, 보관 기술이 발달하고 다양한 종류의 떡이 개발되어 대중의 관심이 증가하면서 떡의 판매량이 늘어나고 있다.

떡은 주재료인 쌀과 찹쌀에 필수아미노산, 폴리페놀이 풍부하고, 견과류, 제철 채소와 과일 등 추가 재료에 따라 비타민과 무기질을 보충할 수 있어 건강식으로 주목받고 있다. 게다가 떡의 온라인 판매 시장이 확장되면서 국내 시장 규모는 지속적인 성장세를 보이고 있다. 다양한 한류 콘텐츠나 한식의 인기에 힘입어 떡에 대한 세계인의 관심도 점점 높아지고 있다. 여기에 세계인의 입맛에 맞는 떡의 연구·개발이 이루어진다면, 세계인이 떡을 즐기는 날도 머지않을 것이다.

① 우리 민족은 삼국시대부터 공동체의 안녕을 빌며 송편을 먹었었다.
② 시루에 찐 떡을 절구에 다시 치면 인절미가 만들어진다.
③ 조선의 서울 남산에는 다양한 재료를 사용하여 맛과 모양이 다른 떡을 파는 가게들이 거리를 이루었다.
④ 떡은 간편식의 발달로 사람들의 관심으로부터 떨어지게 되었으나, 최근 한식이 유행함에 따라 재조명되고 있다.
⑤ 떡이 건강식으로 주목받게 됨에 따라 온라인 판매 시장이 활성화되어, 떡의 국내 시장 규모는 커지고 있다.

28. 다음 글의 ㉠에 대한 평가로 적절한 것만을 <보기>에서 모두 고르면?

㉠리용 가설은 여성이 XX 염색체를 가지고 남성이 XY 염색체를 가지는 포유류 동물의 경우, 여성의 체세포에서 두 개의 X 염색체 중 하나는 불활성화된다는 가설이다. 불활성화는 무작위적으로, 그리고 독립적으로 진행되기 때문에 어머니로부터 물려받은 X 염색체가 불활성화될 수도 있고, 아버지로부터 물려받은 X 염색체가 불활성화될 수도 있으며, 어떤 X 염색체가 불활성화되는지는 체세포마다 다르다. 따라서 여성의 체세포에서는 두 X 염색체 중 하나만이 활성화되어 유전자를 발현하고, 불활성화된 X 염색체는 유전자를 발현시키지 못한다.

리용 가설은 이러한 현상이 여성이 X 염색체에 있는 유전자들을 남성과 동일한 수준으로 발현할 수 있도록 조절하기 위해서 발생한다고 본다. X 염색체는 신체 기능과 특성을 조절하는 단백질을 생성하는 유전자를 보유하고 있으나 Y 염색체는 남성의 생식에 필요한 몇 가지 유전자만을 가지고 있다. 따라서 X 염색체가 두 개인 여성은 X 염색체 유전자에 의해 생성되는 단백질의 양이 남성의 2배여야 할 것 같지만, 실제로는 별 차이가 없다는 것이다.

리용 가설을 증명하기 위하여 다음 실험을 수행하였다.

<실 험>

X+ 유전자가 발현되면 검은색 털이 나고, X0 유전자가 발현되면 주황색 털이 나는 고양이가 있다. 이외에 털색에 영향을 미치는 다른 유전자는 없다. X+X0 염색체를 가진 고양이와 X0Y 염색체를 가진 고양이를 교배하여 새끼 고양이 두 마리가 태어났다.

<보 기>

ㄱ. 아빠 고양이와 털색이 같은 딸 고양이가 태어났다면, ㉠은 약화된다.
ㄴ. 새끼 고양이 두 마리가 각각 검은색 털과 주황색 털이 섞인 얼룩무늬 고양이였으며 주황색 털은 수컷 고양이로부터 물려받은 것이라는 사실이 밝혀지면, ㉠은 강화된다.
ㄷ. 검은색 털과 주황색 털이 섞인 얼룩무늬 고양이와 검은 고양이가 태어났을 때, 얼룩무늬 고양이가 보유한 X 염색체의 유전자량이 검은 고양이보다 2배 더 많다면, ㉠은 약화된다.

① ㄱ
② ㄴ
③ ㄷ
④ ㄴ, ㄷ
⑤ ㄱ, ㄴ, ㄷ

29. 다음 글의 논지를 강화하는 것만을 <보기>에서 모두 고르면?

최근 국제적인 논의에서는 인공지능(AI)에 대한 다양한 쟁점을 통합적으로 다루는 분야를 AI 윤리(ethics)라는 개념으로 포괄한다. AI 윤리는 AI의 책임감 있고 공정한 사용을 규율하는 원칙과 지침을 말한다. AI가 빠르게 발전함에 따라 AI를 윤리적인 방식으로 개발하고 사용하는 것이 매우 중요해졌으며, 이에 따라 국가나 정부, 기업 등 다양한 기관에서 AI 윤리 기준을 만들고 있다. 경제적으로 발전한 나라들의 모임인 OECD에서 AI의 개발 및 활용이 가져다줄 혜택과 위험을 고려하여 사회적으로 수용 가능한 수준의 절충점을 찾으려고 노력할 때도 AI 윤리라는 용어를 사용한다. 하지만 우리의 일상적인 언어 직관에 따르자면, 윤리는 지극히 개인적인 사안에만 한정된다는 느낌이 있다. 실생활에서 우리가 윤리 개념을 사용할 때는 이는 개인적 사안과 관련된 것이며 명백한 잘잘못을 다루는 것일 때가 많다. 즉, 우리말에서 윤리란 개인이 누구에게나 명백하게 도리에 어긋나는 행동을 하는 것과 긴밀하게 관련되는 개념이다.

이제 이런 윤리 개념으로 AI 윤리라는 표현을 살펴보면 누가 봐도 이상하다고 느끼지 않을 수 없다. 일단 AI 자체는 컴퓨터 과학의 세부 분야임에도 불구하고 AI의 개발 및 사용 방식을 논의하는 AI 윤리에서는 지극히 사회적이고 논쟁적인 내용을 다룬다. 현재 AI 윤리에서 논의되고 있는 내용은 많은 경우 사회적 수준에서 문제를 파악하고 해결책을 마련해야 하는 부분이고, 대부분의 경우 문제점 분석이나 해결책 마련 과정에 많은 관련 집단의 이익과 다양한 가치를 종합적으로 고려되어야 한다. 이 때문에 많은 논쟁과 어려운 사회적 숙고를 요구한다.

이처럼 우리말의 '윤리' 개념으로 AI 윤리를 제대로 이해하기 어려운 점이 존재한다. 하지만 개념은 원칙적으로 맞고 틀리고의 문제라기보다는 정의(定義)의 문제이다. 예를 들어 AI 윤리 관련 국제 논의에서 대부분의 나라가 모두 서양의 'ethic'의 의미를 배경으로 참여하는데 우리나라만 우리말에 고유한 윤리 개념을 갖고 참여한다면 생산적인 의사소통이나 논의 참여가 어려울 것이다. AI ethics와 관련하여 국제적으로 통용되는 방안을 만들거나 법 제도화 등을 추진할 때 우리가 반드시 명심해야 할 부분이 바로 이것이다.

<보 기>

ㄱ. 표준국어대사전의 '윤리'에 대한 정의는 "사람으로서 마땅히 행하거나 지켜야 할 도리"이다.
ㄴ. AI의 기능을 향상시키기 위해 알고리즘의 투명성을 높이다 보니 AI의 민감 정보의 유출 가능성이 커져 사회적 수준의 혼란이 일어나는 결과가 발생하였다.
ㄷ. 옥스퍼드 영어 사전에서 제시된 ethic의 정의에는 우리말의 '윤리'와 달리 영어의 ethic이 특정 개인의 행동 자체만이 아니라 그 행동의 사회적 의미까지를 본질적으로 포함하고 있다.

① ㄱ
② ㄷ
③ ㄱ, ㄴ
④ ㄴ, ㄷ
⑤ ㄱ, ㄴ, ㄷ

30. 다음 글의 ㉠에 대한 평가로 적절한 것만을 <보기>에서 모두 고르면?

㉠ 데카르트는 형이상학적 이원론을 지지한 대표적인 철학자이다. 그에게 영혼과 물질, 즉 몸은 하나가 아니다. 영혼은 사유를 본성으로 하며 물질은 연장을 본성으로 한다. 양자 사이에는 어떠한 필연적 연결 고리도 없다. 따라서 동일한 생물학적 구조를 지녔다고 하더라도 영혼을 지닌 인간의 반응과 영혼이 없는 동물의 반응은 질적으로 다를 수 있다.

데카르트에 따르면 동물 생리 기능은 심장과 피, 정기, 그리고 뇌의 내분비 기관에 의해 이루어진다. 여기서의 정기는 무형의 기운을 의미하기 보다는 신경을 통해 근육에 신호를 전달하는 실체에 가깝다. 행사장에서 바람을 불어넣어주면 허우적거리며 춤을 추는 허수아비 풍선처럼 피와 정기 등이 정상적으로만 작동하면 생리 기능은 얼마든지 나타날 수 있다. 인간의 몸도 생리 기능 자체만 놓고 본다면 이와 다를 바 없다. 이런 점에서 데카르트는 그의 저서 『방법서설』에서 동물과 인간의 몸을 '자동장치' 또는 '움직이는 기계'로 표현한다.

그렇다면 동물도 인간처럼 감정을 느낄 수 있는가? 침략자에 대해 분노하고 포식자 앞에서 두려움에 기반한 행동을 하는 동물들을 보면 인간과 같이 감정을 느끼는 것처럼 보인다. 그러나 데카르트는 동물들에 있어 감정은 생리 기능으로서의 감각에 불과하다고 본다. 사슴이 사자를 보고 놀라 도망가는 것은 몸 안의 자동 장치가 작동한 결과에 불과하다. 사슴이 도망가는 과정은 두려움의 감정이면 족한 것이고 두려움이라는 감정을 '느끼'거나, 그에 대한 사유를 요구하지 않는다. 물질에 독립적인 영혼이 감정에 대해 사유하거나 감정에 따른 의지를 갖게 하는, 즉 감정을 느끼는 능력은 인간 외의 동물에게는 허락되지 않은 것이다.

<보 기>

ㄱ. 감정을 느끼는 과정 없이는 그에 따른 행동이 나타날 수 없다는 주장은 ㉠의 주장을 약화한다.
ㄴ. 원숭이 '루비'가 눈앞에 보이는 위협에 대해 도망치는 행동을 보이지는 않지만 두려움에 대한 사유를 할 수 있다는 사실이 밝혀지면 ㉠의 주장은 약화된다.
ㄷ. 인간도 맛있는 음식을 먹을 때 감정에 대한 사유에 앞서 기쁨을 느낀다는 사실은 ㉠의 주장을 약화한다.

① ㄱ
② ㄴ
③ ㄱ, ㄴ
④ ㄴ, ㄷ
⑤ ㄱ, ㄴ, ㄷ

31. 다음 글의 ㉠과 ㉡에 들어갈 말로 적절한 것은?

철학자 장 보드리야르는 현대 사회는 미디어와 광고가 생산하는 복제 이미지들로 만들어진 세계라고 말한다. 보드리야르에 의하면 플라톤 이래 원본과 이미지의 경계가 분명했던 서구 근대 사회에서는 복제 이미지가 단순한 복사물에 불과했지만, 현대 사회에서는 실재보다 더 실재적이고 우월한 것이 된다. 그런 의미에서 그는 현대 사회의 이미지를 '초과실재'라 부른다. 이러한 초과실재가 바로 보드리야르가 말하는 시뮬라크르이다. 오늘날 우리가 역사적 사실보다 현실처럼 믿는 영화 속 이미지나, 실재한다고 믿는 상품 광고 속 캐릭터 등을 그 예로 들 수 있다.

보드리야르는 시뮬라크르가 산출되는 과정을 '시뮬라시옹 현상'이라 부르며, 시뮬라시옹 현상으로 모든 실재가 사라진다고 말한다. 그에 의하면 시뮬라시옹 현상이 끊임없이 일어나는 현대 사회에서 시뮬라크르는 그 자체로서 실재를 대신한다. 우리가 실재보다 시뮬라크르를 더 실재라고 믿고, 그것이 사물의 본질이라고 믿기 때문에 현대 사회의 모든 영역은 '내파'하여 사라진다. 이때의 내파란 무한히 증식하여 재생산된 시뮬라크르들이 원래 실재를 지시하던 기능과 가치를 잃어버려 실재와 시뮬라크르 사이의 경계가 붕괴되는 것을 의미한다. 가령 미키마우스는 다양한 미디어에서 반복되면서 쥐를 지시하던 기능과 가치가 사라졌고 사실상 쥐와 별개의 존재가 되었다. 다시 말해 실제 쥐와 미키마우스 사이의 경계는 붕괴되었고, 미키마우스는 [㉠].

이러한 시뮬라시옹 현상은 오늘날 우리 문화 현상이 되었고 예술의 영역까지 확장된다. 보드리야르는 오늘날 예술 작품이 시뮬라시옹 현상에 의해 도처에서 증식하면서 예술이 가지고 있던 미적 가치가 사라지고 있다고 비판한다. 예술이 일상적 사물에 가까워지고, 일상적 사물은 예술에 가까워지면서 미적인 것은 비미적인 것과의 변별성을 잃고 내파되어 사라지고 있기 때문이다. 보드리야르에 의하면 예술가가 전시장에 깃발, 청소기, 식탁 등과 같은 일상적 사물을 두고 예술을 논하는 등 모든 것이 미학적인 것이 될 때, 그 어떤 것도 더 이상 아름답거나 추하지 않게 되며, 동시에 예술은 자신의 한계를 넘어서 그 자체를 부정하고 청산한다. 즉, 예술 그 자체가 내파되어 사라진 상태가 된다. 보드리야르는 이러한 현상을 '초미학'이라 부르며, "[㉡]."라고 역설했다.

① ㉠: 실제 쥐와 하나가 되어 새로운 실재가 되었다.
㉡: 일상이 곧 예술을 초월하게 되었다.

② ㉠: 실제 쥐와 하나가 되어 새로운 실재가 되었다.
㉡: 예술은 너무 많기 때문에 극도로 보잘 것 없는 것이다.

③ ㉠: 실제 쥐보다 오히려 더 실재적인 초과실재가 되었다.
㉡: 예술은 너무 많기 때문에 극도로 보잘 것 없는 것이다.

④ ㉠: 실제 쥐보다 오히려 더 실재적인 초과실재가 되었다.
㉡: 일상이 곧 예술을 초월하게 되었다.

⑤ ㉠: 새로운 원본으로서의 가치를 취득하게 되었다.
㉡: 일상과 예술의 경계가 무너지고 새로운 차원을 열었다.

32. 다음 글에 대한 평가로 적절한 것만을 <보기>에서 모두 고르면?

오늘날 한 국가의 국민이 다른 국가로 이주하는 현상을 올바르게 분석하기 위해서는 체계적이고 구조적인 접근이 필요하다. 과거에는 국제이주를 하나의 장소에서 다른 장소로 이동하는 일방적이고 단선적인 움직임으로 보았다. 그러나 실제로는 특정한 국가 간의 지속적인 상호작용, 예컨대 인구, 정치, 사회, 경제적 상황과 양국을 둘러싼 국제 관계가 이주 흐름을 구성한다. 따라서 국제이주를 연구하기 위해서는 이주민이 거주지를 떠나게 되는 요인들과 새로운 정착지를 선택하는 과정들을 모두 고려해야 하며, 이것들이 독립적이지 않고 상호 작용한다는 것을 염두에 두어야 한다.

이러한 점에서 이주민이 떠나는 송출국과 이주민을 받아들이는 수용국 사이의 '피드백 메커니즘'의 분석은 중요하다. 피드백 메커니즘은 새로운 지역에 정착한 이주민들과 송출국에 남아 있는 잠재적인 이주민 사이의 정보 교환을 뜻하는 것으로, 이주 계기와 동기를 공유하는 이들이 특정한 목적지로 향하도록 하여 이주 흐름을 강화하며 지속시킨다. 이처럼 국제이주는 국가 사이에 작용하는 거시적인 환경이 하나의 구조로서 개인들을 제약하지만, 여전히 이주 행위는 근본적으로 능동적인 개인의 결정에서 비롯한다. 이주민은 이주 경로, 목적지 등에 대해 능동적인 결정권을 지닌 주체이고 따라서 개인적인 이주 경험이나 현재 개인이 처한 여건 등에 따라 다양한 이주는 다양한 양상을 보일 수 있다.

최근 중국에서 라오스로 이주하는 청년들이 늘고 있는 현상도 이처럼 분석해야 한다. '신(新)화교'로 불리는 이들은 치열한 입시와 구직 경쟁에서 살아남기 위해 자신을 채찍질하지만, 강도 높은 노동과 높아지는 물가 앞에서 좌절과 압박을 느끼는 네이쥐안(內卷)을 경험한 세대이다. 그들에게 라오스는 지리적으로 가까우면서도 고속 성장을 이어 나가 일자리가 풍부한 곳이며, 중국의 일대일로 정책 덕분에 외교·정치·산업 등 많은 분야에 친중 정서가 자리 잡은 기회의 땅인 것이다. 신화교의 이주는 비슷한 시기에 중국식 경제규제를 피하기 위해 중국을 떠난 '차이나 엑소더스'와는 차이를 보인다.

<보 기>

ㄱ. 이미 새로운 국가에 정착한 이주민과 잠재적 이주민 사이의 정보교환과 달리 국가 사이의 상호작용은 이주 흐름에 영향을 미치지 못한다는 사실은 위 글의 주장을 약화한다.

ㄴ. 자국 내의 과도한 경쟁으로 인해 중국으로의 이주를 결정하는 라오스 국적의 청년들이 늘고 있다는 사실은 위 글의 주장을 약화한다.

ㄷ. 우리나라 청년들이 국내의 소도시에서 수도권으로 이동하는 현상이 구조적 제약을 받은 개인의 선택에 기반한다는 사실은 위 글의 주장을 강화한다.

① ㄱ
② ㄷ
③ ㄱ, ㄷ
④ ㄴ, ㄷ
⑤ ㄱ, ㄴ, ㄷ

33. 주사위 던지기에 참여한 갑, 을, 병, 정은 각각 한 번씩 주사위를 던졌으며, 모든 참여자가 주사위를 던지고 얻은 결과는 달랐다. 1이 나온 참가자는 거짓말만 했고 다른 사람들은 모두 참말만을 했을 때 다음 중 반드시 참인 것은? (단, 주사위의 눈은 1, 2, 3, 4, 5뿐이다)

> 갑 : 병의 결과가 3이라면, 정의 결과는 1이다.
> 　　을의 결과가 5라면, 정의 결과는 1이 아니다.
> 을 : 갑의 결과가 1이 아니라면, 병의 결과가 1이다.
> 　　병의 결과가 3이 아니라면, 정의 결과는 2가 아니다.
> 병 : 갑의 결과가 1이라면, 을의 결과는 3이다.
> 　　병의 결과가 2가 아니라면, 갑의 결과는 4이다.
> 정 : 갑의 결과가 4라면, 정의 결과는 3이 아니다.
> 　　을의 결과가 2라면, 병의 결과는 1이 아니다.

① 주사위를 던진 결과가 3인 사람은 아무도 없다.
② 갑의 결과는 2이다.
③ 을의 결과는 5이다.
④ 병의 결과는 5가 아니다.
⑤ 정의 결과는 2가 아니다.

34. 다음 글을 바탕으로 <사례>를 이해한 것으로 가장 적절한 것은?

> 고객은 제품의 품질에 대해 나름의 욕구를 가지고 있다. 카노는 품질에 대한 고객의 욕구와 만족도를 설명하는 모형을 개발하였다. 카노는 일반적으로 고객이 세 가지 욕구를 가지고 있다고 하였다. 그는 그것을 각각 기본적 욕구, 정상적 욕구, 감동적 욕구라고 지칭했다.
>
> 기본적 욕구는 고객이 가지고 있는 가장 낮은 단계의 욕구로서, 그들이 구매하는 제품이나 서비스에 당연히 포함되어 있을 것으로 기대되는 특성들이다. 만약 이런 특성들이 제품이나 서비스에 빠져 있다면, 고객은 예외 없이 크게 불만족스러워한다. 그러나 기본적 욕구가 충족되더라도 고객은 만족감을 느낄 수 없다.
>
> 정상적 욕구는 고객이 직접 요구하는 욕구로서, 이 욕구가 충족되지 못하면 고객은 불만족스러워한다. 그러나 이 욕구가 충족되면 될수록, 고객은 만족을 더 많이 느끼게 된다.
>
> 감동적 욕구는 고객이 지닌 가장 높은 단계의 욕구로서, 고객이 기대하지는 않는 욕구이다. 감동적 욕구가 충족되면 고객은 크게 감동하지만, 충족되지 않아도 상관없다고 생각한다.

<사 례>

> A 회사는 정수기를 새 제품으로 교체하였다. 기존 정수기는 단순한 정수 기능만을 갖추고 있었는데, 정수가 잘 안되어 물맛이 이상한 경우가 많았으며, 정수 속도도 매우 느렸다. 새 정수기는 정수 기능도 완벽하고 속도도 매우 빠르며, 얼음 제조 능력까지 보유하고 있었다.

① 기존 정수기의 물에서 나는 맛에 불만족을 표현한 A 회사 직원은 정수 기능을 기본적 욕구로 지닌다.
② 새 정수기의 빠른 속도에 만족감을 느끼는 A 회사 직원은 정수 속도를 정상적 욕구로 지닌다.
③ 정수 기능을 기본적 욕구로 지닌 A 회사 직원은, 새 정수기가 완벽하게 정수한 물의 맛이 깔끔할 때 만족감을 느낀다.
④ 얼음 제조 기능을 감동적 욕구로 지닌 A 회사 직원은 기존 정수기의 성능에 대해 불만족을 표현할 것이다.
⑤ 정수 기능을 감동적 욕구로 지닌 A 회사 직원은 정수 속도 또한 감동적 욕구로 지닌다.

35. 다음 글에서 알 수 있는 것은?

> 우리나라에서 인구조사의 기원을 탐구해보면, 그 기록은 한사군 시대까지 거슬러 올라간다. 특히 통일신라 시대에는 '호구장적'을 통해 지역별로 호구를 체계적으로 정리하였고, 고려시대에는 이러한 호구조사 제도가 더욱 정교하게 발전되어 매년 실시되었다. 그러나 이 시기의 호구조사는 본질적으로 징병, 과세, 부역 등의 목적에 집중되었기 때문에, 이를 회피하려는 이들의 의도적인 누락이 빈번하게 발생하였으며, 이러한 요인은 자료의 정확성을 크게 저해하였다.
>
> 조선시대에 이르러 호구조사는 새로운 국면을 맞이하게 되었다. 조선은 호구 및 호구단자 조사의 법적 근거를 명문화하여 체계적인 호구조사를 시도하였고, 이를 통해 국가 재정과 국방의 기반을 확고히 하려 했다. 조선 후기로 접어들면서 호구정책은 두 차례에 걸친 중대한 변화를 겪게 된다. 첫 번째 변화는 1894년 갑오개혁을 토대로 하여 이루어진 것으로, 이 개혁은 호구조사의 근본적인 방향을 재설정하였다. 두 번째 변화는 일제가 통감부 시절에 추진한 민적조사에 의해 초래되었다.
>
> 갑오개혁을 바탕으로 조선은 전국적인 규모의 새로운 호구조사를 실시하기 위해 칙령 61호 '호구조사규칙'을 1896년 9월 1일에 반포하였다. 이 규칙의 핵심은 기존의 5호를 1통으로 묶던 관행을 10호로 변경하고, 3년마다 이루어지던 호구조사를 매해 실시하는 것으로, 이는 당시 사회적 요구에 부응하려는 조치였다. 구체적인 사항은 1896년 9월 3일에 발표된 내부령 제8호 '호구조사세칙'을 통해 규정되었다. '호구조사세칙'은 호적 작성 시 주의사항, 작통 방법, 이사 신고 절차, 그리고 각 가정의 문패 부착 방법 등을 명시하며, 이전보다 더 정밀한 인구 파악을 목표로 삼았다. 그럼에도 불구하고, 호구조사 규칙에 따라 매년 조사가 이루어지면서도 형식적인 절차에 그치거나, 변동 사항에 대한 신고가 제때 이루어지지 않아, 실제 인구를 정확하게 파악하지 못하는 한계가 여전히 존재했다.
>
> 일본은 통감부 시기부터 조선 지배의 기초를 확립하기 위해 조선의 호구조사규칙에 따른 호구조사를 철저하게 시행하였다. 하지만 이 조사는 오직 호구 수 파악에만 충실했다는 한계가 있었다. 이에 일본은 개인의 신분까지도 정확히 파악하고 증명할 수 있는 자료를 수집하고자 민적조사라는 이름의 새로운 호구조사의 도입을 추진하였다. 그 결과 1909년 3월 4일 '민적법'이 공포되었으며, 이 법은 1909년 4월 1일부터 시행되었다. 또한, 이 과정에서 1896년 제정된 조선의 '호구조사규칙'이 폐지되면서 조선식 호구조사는 자연스럽게 막을 내리게 되었다.

① 우리나라 인구조사의 역사에서 최초로 매년 인구조사가 실시된 시기는 조선시대였다.
② 통일신라 시대에는 국가가 직접 호구장적을 관리하였기 때문에 전국에 걸쳐 누락 없이 호구를 관리할 수 있었다.
③ 갑오개혁 이후 호구조사는 3년마다 실시되도록 변경되었다.
④ 일본은 개인의 법적 신분을 정확히 증명하기 위해 조선 내의 민적조사를 더욱 철저하게 시행하였다.
⑤ 조선 후기의 두 차례에 걸친 중대한 호구정책 변화는 모두 정밀하고 정확한 정보를 얻기 위해 이루어졌다.

36. 다음 글에서 추론할 수 있는 것은?

> 초창기 컴퓨터 그래픽에서 애니메이션은 공학적 시뮬레이션의 결과를 얻고 그 결과를 눈으로 보기 위한 수단에 불과하였지만, 현재의 3D 애니메이션은 비약적인 기술 발전으로 인하여 사실적인 영상을 제작하는 것이 가능하게 되었다. 3D 애니메이션을 제작하는 데 있어 기술적인 표현방식을 바탕으로 예술적인 표현요소가 결합하면 더 좋은 애니메이션 결과물을 얻을 수 있다.
>
> 3D 애니메이션 제작은 시나리오, 스토리보드 작성, 모델링, 맵핑, 조명, 키프레임, 후반작업 및 렌더링의 순서로 이루어진다. 시나리오 작성 단계에서는 기획적인 요소로 전체적인 줄거리를 작성하며, 스토리보드 작성 단계에서는 예술적인 표현요소를 가미하여 시나리오에 맞는 콘티를 작성한다. 그리고 모델링 제작, 맵핑, 조명, 키프레임, 후반작업 단계에서는 기술적인 표현방식과 예술적인 표현요소가 서로 결합하여 표현하여야만 좋은 3D 애니메이션을 제작할 수 있다. 특히 후반작업은 3D 애니메이션의 다양한 특수효과 연출을 통해 사실적인 표현을 가능하게 한다는 측면에서 중요한 작업이다.
>
> 후반작업에서 쓰이는 기술로는 '메타몰포시스 방식'과 '파티클 시스템' 등이 있다. 메타몰포시스는 3차원의 물체의 모양이 점점 다른 모양으로 변형되어 가는 것을 말한다. 이러한 메타몰포시스 방식은 처음 상태물체의 꼭대기 지점인 정점과 변형되는 물체의 정점이 서로 대응되어야만 가능하다. 파티클 시스템은 시간에 따라 불꽃을 표현하거나 떨어지는 물, 물체의 폭파 등의 여러 특수효과를 제작할 때 사용되는 방식이다. 이러한 효과는 시간이 지남에 따라 설정된 입자의 위치변화와 속도, 색깔, 소멸시간 등의 변화규칙에 의해 여러 가지의 형태로 보일 수 있다. 파티클 시스템의 장점은 실제적인 대기현상인 바람, 중력 등과 같은 다이내믹한 효과를 적용할 수 있어 보다 사실적인 표현이 가능하다는 것이다.
>
> 후반작업에서 예술적인 표현으로는 각 애니메이션 장면에 맞는 이미지를 합성하거나, 특수효과를 적용하는 기법 등이 있다. 소품이나 세트를 직접 제작하지 않고 3D 애니메이션을 이용해 모형이나 배경을 만들어 합성하는 방식으로, 카메라로는 촬영할 수 없는 장면을 연출할 수 있다. 또한, 전체적인 구성을 스토리에 맞게 최종 애니메이션을 편집하거나 사운드 효과를 삽입하는 연출 역시 예술적인 표현에 해당한다.

① 시나리오 작성 단계에서 전체적인 줄거리를 작성하고, 완성된 줄거리를 바탕으로 콘티를 작성한다.
② 조명 단계에서는 기술적인 표현 방식이 중요하기 때문에, 예술적인 표현요소 없이도 좋은 3D 애니메이션의 제작이 가능하다.
③ 메타몰포시스는 3차원 물체의 모양이 다른 모양으로 변형되는 것으로, 물체의 모양이 서로 유사할 때만 적용이 가능한 기술이다.
④ 파티클 시스템은 중력이나 바람과 같은 실제 현상을 구현할 수 있어, 떨어지는 물이나 불꽃 등을 사실적으로 표현할 수 있다.
⑤ 후반작업에서는 기존에 카메라로 촬영된 장면에 대해서만 모형이나 배경을 합성하는 방식으로 새로운 장면을 연출할 수 있다.

37. 다음 글의 A ~ C에 대한 평가로 적절한 것만을 <보기>에서 모두 고르면?

A: 인공지능 기반 예술 창작 기술은 예술의 범위를 확장하고 다양한 창작의 가능성을 열어주었다. 인공지능은 방대한 양의 데이터를 분석해 인간이 상상하지 못한 형태의 예술 작품을 창조할 수 있다. 이러한 기술은 특히 예술가들에게 영감을 주거나, 새로운 창작 방법을 탐구하는 데 있어 큰 도움이 될 수 있다. 따라서 인공지능 기반 예술 창작 기술은 예술가에게 큰 도움을 줄 것이며, 더욱 발전할 필요가 있다.

B: 인공지능 기반 예술 창작 기술의 도입은 예술의 본질을 위협할 수 있다. 예술은 인간의 감정과 경험을 표현하는 고유한 영역인데, 인공지능이 창작한 작품은 단지 알고리즘과 데이터에 의한 결과물일 뿐이다. 이러한 기술이 발전할수록 인간 예술가의 창작 영역이 점점 줄어들고, 예술의 본질적인 가치는 상실될 위험이 있다. 따라서 인공지능 기반 예술 창작은 인간의 창의성과 감성을 대체할 수 없는 보조적인 역할에 그쳐야 한다.

C: 인공지능이 창작한 예술 작품이 저작권과 관련된 복잡한 법적 문제를 야기할 수 있다. 인공지능 작품의 저작권을 누구에게 부여해야 하는지 명확하지 않으며, 이로 인해 예술계에서는 혼란이 발생할 수 있다. 예를 들어, 인공지능이 기존의 작품을 학습해 이를 기반으로 새로운 작품을 창작했을 때, 원작자의 권리 침해 문제가 제기될 수 있다. 따라서 인공지능 기반 예술 창작은 법적 틀을 정비하고 신중하게 접근해야 한다.

<보 기>

ㄱ. 인공지능이 창작한 작품이 인간 예술가의 작품보다 예술 시장에서 더 높은 가치를 평가받고 거래되기 시작했다면, A와 B의 주장은 강화된다.

ㄴ. 인공지능이 창작한 작품이 원작자와는 전혀 다른 스타일과 주제를 가지고 있어 법적 문제가 발생하지 않는다는 판결이 누적될수록, C의 주장은 약화된다.

ㄷ. 많은 예술가들이 인공지능과 협력하여 기존에 없던 창작 방법을 개발하고 이를 통해 대중들에게 큰 호응을 얻고 있다면, A의 주장은 강화되고 B의 주장은 약화된다.

① ㄱ
② ㄴ
③ ㄱ, ㄷ
④ ㄴ, ㄷ
⑤ ㄱ, ㄴ, ㄷ

38. 다음 글에 대한 평가로 적절한 것만을 <보기>에서 모두 고르면?

2016년 3월 알파고가 이세돌 9단과의 바둑 대국에서 승리한 것을 계기로 세간에 관심을 불러일으켰던 인공지능은 하루가 다르게 빠르게 발전하고 있으며, 그 활용 범위도 다양해지고 있다. 특히 산업 분야에서 인건비 부담을 줄이기 위해 무인 자동화 시설, 서비스 로봇 등의 도입을 적극적으로 검토하고 있다. 실제로 주요 선진국에서 노동자 1만 명당 산업용 로봇의 수를 나타내는 로봇 밀도는 높아지고 있다. 문제는 산업용 로봇의 증가가 인간의 노동 및 일자리의 대체를 동반한다는 것이다.

이러한 상황에서 로봇세(Robot Tax)는 인간과 인공지능·로봇이 상호 공존하면서 살아갈 수 있는 대안이라고 할 수 있다. 로봇세는 로봇을 소유한 사람이나 기업으로부터 걷는 세금으로, 로봇의 도입으로 인해 발생하는 사회문제를 해결하기 위한 재원으로 활용된다. 로봇세가 필요한 이유는 기본소득 개념과도 밀접한 관련이 있다. 로봇의 도입으로 인해 노동시장에서 실직하는 사람들은 단순노동에 종사하는 경우가 많기 때문이다. 저소득 계층인 이들이 일자리마저 잃는다면 생계를 유지하기 위한 최소한의 소득도 보전하기 어려워진다. 이는 사회적 불평등을 심화시키고 시민 자치에 필요한 공동체 의식 형성을 저해한다. 더 나아가 기업이 로봇을 이용해 낮은 비용으로 제품을 생산하더라도 이를 구매할 수 있는 소비자가 사라지게 되므로 로봇 도입을 통해 이윤과 효용을 극대화하겠다는 취지도 달성할 수 없게 된다. 로봇세를 곧바로 기본소득화 하여 구성원들에게 분배하지 않더라도 실직자 재교육, 대체 일자리 구축 등에 활용한다면 이와 같은 문제를 완화할 수 있다.

로봇세는 변화의 속도와 범위를 조절하여 사회적 충격을 완화할 수 있다는 점에서도 긍정적이다. 최근 저출산·고령화의 심화로 인건비가 상승하고 있고, 구인난도 심화되고 있다. 산업계는 신속하게 로봇을 투입하여 생산 비용을 낮추고 생산 안정화를 도모할 유인이 크다. 그런데 인간 노동에 대한 로봇의 대체가 급속도로 무분별하게 이루어진다면 사회는 혼란에 빠지게 된다. 적정 수준의 로봇세는 기업이나 소유주의 한계 수익을 낮추어 로봇 도입을 신중하게 하며, 사회는 새로운 변화에 적응할 수 있는 시간을 벌 수 있게 된다. 또한 윤리적·사회적으로 로봇의 대체가 부적절한 분야에는 강한 세금을 부과해 로봇 도입의 범위를 제한할 수도 있다.

<보 기>

ㄱ. 현 과세체계에서 기계에는 과세하지 않음을 고려할 때 로봇세는 조세 형평성에 어긋나 인간과 로봇의 공존에 부적절하다는 주장은 위 글의 주장을 약화한다.

ㄴ. 기본소득의 분배로 소비자들의 구매력이 향상되었고, 그 결과 기업의 로봇 사용이 증가해 로봇세 세수가 증가한 사례는 위 글의 주장을 강화한다.

ㄷ. 로봇세의 도입이 저출산·고령화를 해결하기 위한 근본적인 대안이 아니라는 주장은 위 글의 주장을 약화한다.

① ㄱ
② ㄴ
③ ㄱ, ㄴ
④ ㄱ, ㄷ
⑤ ㄱ, ㄴ, ㄷ

[39 ~ 40] 다음 글을 읽고 물음에 답하시오.

어떠한 법 제도가 사회적으로 바람직한지에 대해 논의하기 위해서는 먼저 바람직함의 판단 기준이 필요하다. 법 경제학은 효율을 그 잣대로 사용한다. 효율이란 사회 전체 후생의 크기가 증가하느냐의 여부인데, 후생은 어떤 행동의 결과로 얻는 주관적인 기쁨이나 만족감을 의미한다.

효율은 사후적 효율과 사전적 효율로 나눌 수 있다. 사후적 효율은 현재 주어진 상황에서 최소 비용으로 최대 산출을 얻는다는 의미이고, 사전적 효율은 당사자의 사전적 유인책까지 고려한 개념이다. 절도를 예로 들어 보자. 갑과 을로만 이루어진 사회에서 갑의 물건을 을이 아무 허락도 받지 않고 훔쳐서 사용했다. 물건은 갑으로부터 을로 이전되어, 사회 전체 후생의 크기가 달라지지 않았다고 생각할 수 있겠지만 사실은 그렇지 않다. 해당 물건에 대한 갑과 을의 후생이 서로 다를 수 있기 때문이다. 갑의 후생이 100원이고 을의 후생이 80원이라면 사회 전체적으로는 20원의 후생 감소가 생긴다. 이것이 바로 사후적 효율 측면에서 법이 절도를 금지하는 이유이다. 절도의 문제점은 사전적 효율 측면에서도 설명할 수 있다. 법적으로 절도가 허용된다면 다음과 같은 점들이 예측된다. 먼저 을의 근로 의욕이 떨어질 것이다. 일을 하지 않더라도 필요한 물건을 구할 수 있기 때문이다. 갑의 입장에서는 절도 방지 비용을 지출할 것이다. 이러한 근로 의욕의 저하와 절도 방지 비용 지출은 사회적 후생 증가에 기여하지 못한다. 즉 사전적 효율 관점에서 볼 때, 절도가 허용되면 사회적 후생을 감소시키는 유인책이 생긴다.

사후적 효율의 관점에서 법 제도가 형성된 대표적인 사례로 도산법이 있다. 채무자의 재산이 부채를 변제하기에 부족하여 도산 절차가 시작되면 개별적 채권 추심은 모두 금지되고 채권자는 오직 도산 절차 내에서만 변제를 받을 수 있다. 개별적 채권 추심이 허용된다면 누구나 먼저 채권 추심을 하려 할 것이다. 이 과정에서 채무자의 재산이 손상되거나 헐값에 매각되는 등 사회 전체 후생의 감소가 발생한다. 이와 달리 법 제도가 사전적 효율의 관점에 기초하여 성립된 경우도 있다. 지식 재산권 관련 법에 의하면 소설이나 노래를 표절하거나 무단으로 이용하는 것은 금지된다. 그런데 복제를 하더라도 원본이 없어지는 것은 아니며 복제 비용이 매우 저렴하다면 복제를 할수록 사회적으로는 후생이 증가한다고 볼 수도 있다. 하지만 창작과 관련하여 지식 재산권을 인정하지 않는다면 당사자의 창작 유인책이 저하되어 애초에 창작이 일어나지 않을 수 있다. 따라서 지식 재산권 관련 법은 사전적 효율의 증진을 위해 창작자에게 독점적 권리를 부여한다.

39. 위 글에서 알 수 있는 것은?

① 도산법이 개별적 채권 추심을 허락한다면 채권자의 재산 손상이 발생할 것이다.
② 표절이 금지되는 이유는 원본을 통해 최소 비용으로 최대의 산출을 얻을 수 없기 때문이다.
③ 물건에 의한 갑과 을의 후생이 상이할 수 있다는 점은 사후적 효율 측면에서 법이 절도를 금지하는 근거에 해당한다.
④ 원본을 복제하는 비용이 비싸다면 복제를 할수록 사회적 후생이 감소하기 때문에, 법으로 금지할 필요가 없다.
⑤ 사전적 효율과 사후적 효율 간 충돌이 발생한다면, 양자가 사회 전체 후생에 미치는 영향을 따져서 판단하여야 한다.

40. 위 글을 읽고 다음 <상황>에 대해 보일 반응으로 적절하지 않은 것은?

<상 황>

A와 B로만 이루어진 사회가 있다. A가 B와 체결한 계약을 지키지 않았다. 그 결과 A는 0원의 이익을 얻었고, B는 100원의 손해를 입었다. 계약법은 A가 B에게 손해 배상 책임을 지게 할 수도 있고 그렇게 하지 않을 수도 있다. 전자의 경우 100원의 손해는 A가 부담하고, 후자의 경우에는 B가 부담한다. 만약 A가 손해의 일부만 배상한다면 100원의 손해를 서로 나누어 부담한다. 단, A와 B는 동일한 금액에 대해 동일한 후생을 갖는다.

① 손해를 모두 A가 부담하도록 계약법이 정해진다면 사전적 효율 측면에서 A에게 계약을 파기하지 않으려는 유인책이 발생한다.
② 계약법의 내용과 무관하게 A가 계약을 지키지 않았다면 사회 전체의 후생은 계약법의 영향을 받지 않는다.
③ 계약법이 손해의 일부를 A가 부담하도록 한다면 사후적 효율 측면에서 사회 전체의 손실은 100원보다 작아진다.
④ 계약법에 의해 국가가 계약 파기의 귀책 사유가 없는 당사자에게 150원의 손해배상을 한다면, 사회 전체 후생은 증가한다.
⑤ A가 계약을 파기하지 않도록 유인하기 위한 최소 부담 비율은 0보다 아주 조금 크기만 하면 된다.

현재 내 위치가 궁금하다면?

빠른 채점 및 성적 분석

https://labstandard.kr/eas

성적분석 서비스 + 통계표 확인

맞은 문제 수 / 푼 문제 수	맞은 문제 수 / 찍은 문제 수
(　　)문제 / (　　)문제	(　　)문제 / (　　)문제

총점:　　　　점

✓ 전국에 있는 수험생들의 성적과 자신의 성적을 지금 바로 비교해 보세요!

| 언어논리영역 |

1 교시

문제책형

준

응시번호

성명

응시자 주의사항

1. **시험시작 전에 시험문제를 열람하는 행위나 시험종료 후에 답안을 작성하는 행위를 한 사람**은 「공무원임용시험령」 제51조에 의거 **부정행위자**로 처리됩니다.
2. **답안지 책형 표기**는 **시험시작 전** 감독관의 지시에 따라 **문제책 앞면에 인쇄된 문제책형을 확인**한 후, **답안지 책형란에 해당 책형(1개)**을 '●'로 **표기**하여야 합니다.
3. 시험이 시작되면 문제를 주의 깊게 읽은 후, **문항의 취지에 가장 적합한 하나의 정답만을 고르며,** 문제내용에 관한 질문은 할 수 없습니다.
4. **답안을 잘못 표기하였을 경우**에는 **답안지를 교체하여 작성**하거나 **수정할 수 있으며,** 표기한 답안을 수정할 때는 **응시자 본인이 가져온 수정테이프만을 사용**하여 해당 부분을 완전히 지우고 부착된 수정테이프가 떨어지지 않도록 손으로 눌러주어야 합니다. **(수정액 또는 수정스티커 등은 사용 불가)**
   ■ **불량한 수정테이프의 사용과 불완전한 수정처리**로 발생하는 **모든 문제는 응시자 본인에게 책임**이 있습니다.
5. **시험시간 관리의 책임은 응시자 본인에게 있습니다.**
   ※ 시험지는 시험종료 후 가지고 갈 수 있습니다.

성적분석 및 이의제기 안내

1. **빠른 채점** 및 **성적분석** 서비스 (나의 위치 확인 및 통계 분석 결과 확인)
   ■ **시험지 뒷면** 및 **해설지**의 **QR코드** 확인 : https://labstandard.kr/eas
2. **답안지(OMR 카드) & 정오표** 다운로드, 문항 관련 문의
   ■ 랩스탠다드 홈페이지(https://labstandard.kr) "학습지원센터 - 자료실 & 정오표" 게시판 확인
   ■ 문항 관련 문의 : "학습지원센터 - 1:1 문의" 게시판 또는 이메일(labstandard@naver.com)

1. 다음 글에서 알 수 있는 것은?

1919년 3·1운동이 일어난 뒤 일제가 문화통치를 표방하자, 민족 지도자들은 실력 양성 운동의 일환으로 물산장려운동과 민립대학설립운동을 벌여 나갔다. 본래 민립대학설립운동이 맨 처음 일어난 것은 한말(韓末)이었으나, 당시 뜻을 이루지 못하자 3·1운동 이후 다시 시도된 것이다.

1922년 1월, 일부 민족 지도자들이 남대문통 식도원(食道園)에 모여 조선민립대학기성준비회를 정식으로 결성하였다. 이어 1923년 3월, 발기인 462명이 참석한 가운데 조선중앙기독교청년회관에서 3일간에 걸친 총회를 개최하였다. 총회에서는 고등교육 기관인 대학의 중요성을 선언하는 '민립대학발기취지서'를 채택하고 대학 설립 계획서를 확정하였다. 본 계획서에 따르면, 자본금 1,000만 원을 갹출하되 3개년에 나눠 실행하고자 하였다. 제1차 연도에는 400만 원으로 대지 5만 평을 구입하여 교실과 대강당을 건축하고, 법과·경제과·문과·이과의 4개 대학 및 예과를 설치하며, 제2차 연도에는 300만 원으로 공과를 증설하고 이과와 기타 학과의 충실을 기하며, 제3차 연도에는 300만 원으로 의과와 농과를 설치한다는 것 등이었다.

기성회는 '한민족 1,000만이 한 사람 1원씩'이라는 구호를 내걸고 기금 모금에 나섰는데, 전라남북도에서만 15만 원이 모금되었다. 경기도 안성의 이정도(李貞道)는 1년 동안 매일 아침밥 짓는 쌀에서 식구 수대로 한 숟가락씩 모아 판 돈 19원을 기부하기도 하였다. 『동아일보』는 민립대학설립운동을 '우리 민족의 생명운동이요 문화운동'이라며 극구 찬양하였다.

이와 같은 열기에 놀란 일제 총독부는 단순한 교육 운동이 아니라 정치 운동이라 판단하고 3단계의 탄압책을 강구하였다. 이러한 간악한 탄압은 민립대학설립운동이 실패하게 된 주된 원인이었다. 그 외에도 1923년 여름 수재(水災)와 일본 관동 지방의 대지진으로 인한 경제 공황, 1924년 남부지방의 한재(旱災)와 전국적인 수재로 인한 농촌 경제 파탄 등의 여건이 민립대학설립운동에 불리한 조건을 안겨주었다.

그러나 민립대학설립운동은 3·1운동 이후 실력 양성의 기치 아래 거족적인 조직체를 형성하여 민족 단결을 과시하였다는 점에서, 이후 민족운동 양상에 있어 조직적인 단체 결성의 표본이 되었다. 또한 교육에 의한 민족 독립운동의 지표가 되어 교육 운동이 곧 민족운동이라는 의식을 가지게 하였다.

① 조선민립대학기성준비회의 계획서에 따르면 제3차 연도까지 총 8개의 대학을 설치하는 것으로 예정되어 있었다.
② 민립대학설립운동을 위한 기성회의 기금이 전라남북도에서만 모금되었던 것은 아니다.
③ 조선민립대학기성준비회가 정식으로 결성된 해부터 발생한 자연적인 여건들은 민립대학설립운동이 실패하게 된 주된 원인으로 평가된다.
④ 조선민립대학기성준비회는 3일간에 걸친 총회에서 고등교육 기관의 중요성을 선언하는 취지서를 채택하고 고등학교 설립 계획서를 확정하였다.
⑤ 3·1운동 이후 민립대학설립운동의 일환으로 행하여진 실력 양성 운동은 민족 단결을 과시하였으며, 민족운동이라는 의식의 함양에 기여하였다.

2. 다음 글의 내용과 부합하는 것을 <보기>에서 모두 고르면?

제주특별자치도 제주시에 있는 '오현단'은 조선시대에 귤림서원에 배향된 오현(五賢)을 기리는 제단을 말한다. 이때 배향이란 서원에 신주가 모셔진 것을 뜻한다. 1871년 대원군의 서원철폐령으로 귤림서원이 철폐되었으나, 1892년 제주 유림들의 건의에 의해 귤림서원에 배향되었던 오현에 대한 제사를 지내기 위한 제단으로서 오현단이 마련되었다. 오현단은 1971년에 제주특별자치도 기념물로 지정되었다.

오현은 기묘사화로 제주도에 유배된 김정을 비롯하여, 안무어사로 제주에 파견되었던 청음(淸陰) 김상헌, 대정현에 유배되었던 동계(桐溪) 정온과 우암(尤庵) 송시열, 제주 목사를 역임한 규암(圭庵) 송인수를 말한다. 이들은 각기 다른 사회적·역사적 위상을 보이지만 각자 당대의 조선 교육 사상의 질서를 정립한 인물이라는 점에서 관련성이 있다. 김정이 1578년에 처음 배향되고, 1669년에는 김상헌과 정온이 배향되었다. 1678년에는 송인수가 배향되었으며, 1695년에는 제주 유학 김성우 등의 건의에 따라 제주에 유배되었던 송시열이 배향되었다.

제주의 유림들은 오현의 배향을 통해 제주인들의 교육적 의욕과 동기를 유발하고 오현의 교육 정신의 명맥을 이어가고자 하였다. 이는 오현단이 제주 교육사의 상징적 문화재로서의 가치가 있다는 것을 의미한다.

오현단에는 지금 오현의 위패를 상징하는 조두석(俎豆石)이 놓여 있다. 그리고 이 유적 내에는 귤림서원의 내력을 담고 있는 귤림서원 묘정비 등이 세워져 있다.

<보 기>

ㄱ. 오현단은 제주도에 유배를 간 다섯 학자들이 제주의 교육에 남긴 업적을 기리기 위해 마련한 제단이다.
ㄴ. 귤림서원에 오현 중 한 명이 처음 배향된 때로부터 100년보다 긴 시간이 지난 후에야 다섯 명이 모두 배향되었다.
ㄷ. 오현단은 대원군의 서원철폐령으로 인해 한동안 철폐되었다가 복원되었다.

① ㄱ
② ㄴ
③ ㄱ, ㄴ
④ ㄴ, ㄷ
⑤ ㄱ, ㄴ, ㄷ

3. 다음 글에서 알 수 있는 것은?

'신경가소성'은 성장과 재조직을 통해 뇌가 스스로 신경 회로를 바꾸는 능력이다. 폭넓게는 어떤 유전자형의 발현이 특정한 환경 요인을 따라 특정 방향으로 변화하는 성질을 가리킨다. 또한 인간의 두뇌가 학습, 기억 등에 의해 신경세포 및 뉴런들이 조금 더 환경에 적합하게 적응해 가는 변화하는 능력인 시냅스 가소성을 포함하는 용어로 사용되기도 한다.

신경회로는 일생을 통해 끊임없이 변하는데, 새로운 언어나 운동기능의 습득이 왕성한 유년기에 사용되는 새로운 신경회로의 활동성이 최대치를 보인다. 성년기나 노년기에는 약간 감소하지만, 여전히 새로운 언어나 운동 기술을 어느 정도의 수준까지는 습득할 수 있는 일정한 수준의 뇌신경 가소성을 일생동안 유지한다.

이러한 두뇌의 특징은 꽤 현대에 와서야 발견되었다. 우리의 뇌는 경험에 대한 반응으로 자기 스스로를 동일 조건 내에서 재설계할 수 있는 능력을 진화시켜 왔다. 해부학적 뇌 구조의 가소성 덕분에 개개인의 활동에 적합하도록 뇌를 맞춤 설계를 하는 게 가능해졌다. 뇌는 신경세포와 신경교세포가 연결되어 구성된다. 학습은 신경세포 연결 길이의 변화, 연결의 추가 또는 제거, 그리고 새로운 신경세포의 형성을 통해 일어날 수 있는데, 가소성은 바로 이러한 학습과 관계가 있다.

과거 과학자들 사이에서 두뇌는 유년기 같은 초기 단계의 중요한 기간 이후에는 변경되지 않는다고 믿어졌다. 1800년 말엽까지는 척추동물의 뇌에 있는 모든 뉴런이 배아 발생기 동안이나, 아무리 늦어도 유아기 동안 다 형성된다고 생각되었다. 감각 경로는 중요한 시기 이후로 고정되어 있고, 그 시점을 지나면 뇌는 뉴런을 상실할 수만 있을 뿐 절대로 다시 만들 수는 없다는 전통적인 믿음을 가졌던 것이다.

20세기에 들어와서도 뇌의 하부 신피질 영역의 구조는 아동기 이후로 불변이라는 생각은 변함이 없었다. 그러나 의미 있는 학습은 연결 길이의 변화에 의해 이뤄지고, 해마와 치상돌기 회와 같이 기억의 형성에 관련된 영역과 성인기까지 새로운 뉴런들이 계속해서 생성되는 곳은 큰 가소성을 지닌다는 것이 대다수의 의견이었다. 그러나 점차 예외가 발견되었다. 여러 연구들은 환경적인 변화가 현존하는 뉴런 사이의 연결을 수정하고, 해마와 소뇌를 포함한 다른 뇌 부분의 신경조직발생을 통해서 행동과 인지를 바꿀 수 있다는 것을 밝혀내었다.

① 신경가소성은 어떤 유전자가 특정한 환경 요인을 따라 특정 방향으로 변화하는 성질을 가리키기도 한다.
② 신경세포 연결의 제거는 가소성과는 관계가 없다.
③ 노년기에는 신경가소성의 부족으로 새로운 운동기술이나 언어를 전혀 배울 수 없다.
④ 신경가소성 개념은 뇌의 일부 영역에만 국한되는 것으로 받아들여지기도 했었다.
⑤ 신경회로의 활동성은 신체활동이 왕성한 성년기에 최대치가 된다.

4. 다음 글에서 알 수 있는 것은?

엑스선은 1885년 독일 과학자 뢴트겐에 의해 진공관 실험 중 우연히 발견되었다. 엑스(X)선이란 이름은 엑스선은 당시의 지식으로는 알 수 없는 성질의 전자기파라는 뜻이다. 질량이 없고, 파장이 매우 짧기 때문에 대부분의 물질을 투과하는 성질을 갖고 있어, 뢴트겐은 엑스선을 이용해 배우자 손의 엑스선 영상을 세계 최초로 얻을 수 있었다. 이는 현재 의료계에서 널리 활용되는 엑스선 영상의 시초라 할 수 있다. 엑스선의 발견으로 뢴트겐은 1901년 첫 번째 노벨 물리학상을 수상하였다.

엑스선은 전자가 가속될 때 발산하는 전자기파 중에서 특정한 파장대의 빛을 말한다. 여기서 '가속'이란 벡터량으로 속력의 증가(감소) 또는 진행 방향이 바뀔 때를 뜻한다.

엑스선은 크게 두 가지 방법에 의해 발생한다. 최초 뢴트겐이 사용했던 진공관 엑스선은 가속된 전자가 금속박막의 원자핵에 의해 급속히 감속하면서 발생하는 브램슈탈룽 방사에 의해 발생된 것이다. 현재도 산업용 또는 의료용으로 사용하는 엑스선 발생장치는 대부분 브램슈탈룽 방사를 이용하며, 전자빔의 가속전압, 즉 전자빔의 에너지에 따라, 그리고 금속 소재에 따라 발생하는 엑스선의 스펙트럼도 변하게 된다. 전자빔은 일정한 방향으로 주사할 수 있으나, 타겟 금속박막(anode)에서 발생되는 엑스선은 방사형으로 발산하게 된다. 이러한 큰 발산각을 이용하여 대형 시료, 예를 들어 의료용 엑스선이나 항공 검색대, 비파괴 검사 등 의료·산업용으로 널리 사용된다.

다른 하나는 특수 상대론이 적용되는 매우 빠른 속도의 전자에 의해 발생한다. 정상상태에서 전자는 스핀을 갖고 회전하면서 쌍극자 방사를 생성한다. 이 상태의 전자가 빛의 속도에 근접한 속도로 진행하게 되면, 특수 상대론에 의해 전자의 진행 방향으로 쌍극자 방사가 향하게 된다. 이렇게 발생된 빛을 '방사광'이라 부르며, 자외선부터 가시광선, 엑스선에 이르는 넓은 스펙트럼을 가지며 매우 밝고 퍼짐각이 작아 과학 분야 연구용으로 사용하기에 적합하다.

① 엑스선의 성질은 아직도 전혀 밝혀지지 않았다.
② 전자의 속력이 감속될 때 엑스선이 발산될 수 있다.
③ 뢴트겐은 쌍극자 방사 생성을 통하여 배우자 손의 엑스선 영상을 촬영하였다.
④ 브램슈탈룽 방사를 이용하여 발생시킨 엑스선은 퍼짐각이 작아 의료/산업용으로 널리 사용된다.
⑤ 쌍극자 방사를 이용한 엑스선의 스펙트럼은 전자빔의 가속전압에 따라 달라지게 된다.

5. 다음 글에서 알 수 있는 것은?

주택 임대차는 임차인이 주택의 소유자인 임대인에게 보증금을 지급하고 합의한 기간 동안 주택을 사용한 후, 기간이 만료되면 보증금을 반환받는 계약이다. 임차인에게 발생하는 권리인 임차권은 채권에 해당한다. 채권을 가진 사람은 원칙적으로 특정한 채무자에 대해서만 일정한 행위를 요구할 수 있고, 제삼자에게는 권리를 주장할 수 없다. 반면에 소유권이나 저당권, 전세권 등 물건에 대한 지배권이라 할 수 있는 물권은 누구에게나 주장할 수 있는 권리이다. 따라서 물권은 일반적으로 채권에 우선하는 효력이 인정되며, 같은 물권들 사이에서는 선순위 물권이 후순위보다 우선한다.

임차권과 별개로 민법은 전세권을 규정한다. 전세권은 보증금을 지급하고 부동산을 약정 기간 동안 이용한 후 부동산을 반환하고 보증금을 돌려받는 권리로, 임차권과 내용이 같지만 물권이라는 점에서 차이가 있다. 임차한 주택에 전세권을 설정하면 임대차 내용이 등기부에 기재된다. 등기는 부동산에 관한 물권의 권리관계를 등기부에 기재하여 공시함으로써 제삼자가 해당 내용을 알 수 있도록 하는 제도이다. 전세권을 설정하기 위해서는 임대인의 동의가 필요한데 대체로 임차인의 지위가 낮은 현실에서 임대인의 동의를 얻기는 쉽지 않다.

이러한 임차인의 지위를 보호하여 국민 주거 생활을 안정시키기 위해 제정된 특별법이 주택임대차보호법이다. 이 법률은 임차인이 일정한 요건을 갖추었을 경우 임차권에 물권적 효력을 부여하여 임차인의 지위를 강화한다. 그 요건은 임차인이 주택을 인도받는 것과 전입 신고를 마치는 것이다. 요건을 충족한 다음 날부터 임차권은 제삼자에게도 대항력을 갖는다.

대항력을 갖는다는 것은 제삼자에게도 임차권을 주장할 수 있게 되었다는 의미이다. 예컨대 임차한 주택이 경매되면 일반적으로 임차권은 소멸하지만 주택임대차보호법에 따른 대항력을 갖춘 경우에는 그렇지 않다. 임차인은 이에 덧붙여 주민센터 등의 공공 기관에서 주택 임대차 계약서에 확정일자를 받을 수 있다. 우선변제권을 확보하기 위해서이다. 임차한 주택이 경매되었을 때 임차인은 자신의 우선변제권 성립보다 뒤에 설정된 물권에 우선하여 보증금을 변제받을 수 있다. 우선변제권의 효력은 대항력과 확정일자가 모두 갖추어진 날부터 발생한다. 또한 주택임대차보호법에서는 사회적 약자를 보호하는 취지에서, 대항력을 갖춘 소액임차인에게는 정해진 금액까지의 보증금을 선순위 물권자보다 우선하여 변제받을 수 있는 최우선변제권까지 부여한다. 소액임차인으로 인정될 수 있는 보증금의 기준과 최우선변제권으로 변제받을 수 있는 금액은 대통령령으로 정해지며 지역에 따라 다르다.

<보 기>

ㄱ. 매매 등으로 소유권이 변동되는 경우, 임차인은 새로운 소유자에게 임차권을 주장하지 못할 가능성이 존재한다.

ㄴ. 주택임대차보호법에 따라 임차인이 주택을 인도받고 전입 신고를 마친 경우, 임차인의 임차권은 민법상 전세권으로 변경되어 물권적 효력을 지니게 된다.

ㄷ. 대항력과 확정일자가 갖추어진 날 이후 매매계약으로 소유권이 변동된 경우, 임차인은 새로운 소유권에 우선하여 보증금을 변제받을 수 있다.

① ㄱ
② ㄷ
③ ㄱ, ㄴ
④ ㄱ, ㄷ
⑤ ㄱ, ㄴ, ㄷ

6. 다음 글에서 알 수 있는 것은?

휴민트(HUMINT)란 사람(Human)과 정보(Intelligence)를 결합한 단어로, 사람을 통해 수집한 정보 즉, '인적정보'를 의미한다. 휴민트는 대표적인 정보수집 방법의 하나로 합법 여부와 상관없이 정보요원이나 외교관, 내부 협조자 등 사람에게서 얻은 정보를 통칭한다. 대표적인 휴민트로는 스파이의 첩보 활동이 있다.

정보수집 활동은 국가가 정책을 계획하고 시행하는 데 필요한 정보를 관련 기관에 공급하는 행위이다. 정확하고 유용한 정보는 국가의 경제, 문화정책뿐 아니라 국가안보와 같은 국토와 국민의 안전과도 직결된 정책의 핵심적인 요소이다. 따라서 정보수집 활동은 국가가 수행하는 여러 활동 중 가장 중요하며 빈번하게 수행되는 활동이라고 할 수 있다. 정보수집 방법 중 가장 원시적이지만 어떤 유형의 정보수집 방법보다 치명적으로 작용할 수 있는 것이 휴민트이다.

우리나라에서 통상적으로 휴민트는 안보와 관련된 정보를 수집하는 데 많이 활용되었다. 특히, 남·북이 대치하고 있는 상황에서 첨단장비의 사용이 제한적일 때 사용되고 있다. 이러한 휴민트는 안보와 관련된 상황 이외에도 각 기관에서 필요한 정보를 수집하는 데 효과적으로 이용되고 있는데, 최근 들어 범죄의 수준이 높아지는 상황에서 휴민트에 의하여 수집되는 정보의 가치가 중요하게 여겨지고 있다.

무형의 정보인 휴민트는 기존의 정보와 달리 전달되는 속도가 빠르고, 상대의 은밀한 의도까지 파악할 수 있으며, 기계를 사용하지 않는 경우가 많기 때문에 인간의 오감을 이용한 정보획득이 가능한 장점을 가지고 있다. 그러나 정보 자체에 대한 불확실성이 높고, 출처를 정확하게 파악하기 곤란하며, 인간의 기억력과 전달력에 의존하는 문제점이 있다. 그럼에도 어떠한 방법으로도 정보 접근이 어려울 경우 적은 비용으로 정보를 획득할 수 있기 때문에 과학기술이 발전한 현재에도 적극적으로 활용하고 있다.

국가정보기관이나 민간정보업체에서 수집하는 정보의 종류에는 휴민트 외에도 첨단 기기나 과학기술을 사용해 수집한 정보인 '테킨트'와, 신문이나 서적 등 이미 공개된 출처를 가진 정보인 '오신트'가 있다. 오신트는 이미 노출된 정보인 만큼, 방대한 정보 속에서 시의적절하고 의미 있는 정보를 찾는 것이 중요하다. 20세기 이전에는 휴민트가 정보수집의 중심이었지만, 21세기 들어 과학기술의 발전으로 테킨트 등의 활용이 급격히 증가했다.

① 스파이의 활동을 통해 불법적으로 얻은 정보는 휴민트에 포함되지 않는다.
② 휴민트는 원시적인 정보수집 활동으로 현대에는 적극적으로 사용되지 않는다.
③ 우리나라에서 휴민트는 안보와 관련된 정보를 수집하기 위해서만 활용된다.
④ 이미 공개된 출처를 가진 정보는 가치가 낮아 국가정보기관의 정보수집 대상에 해당하지 않는다.
⑤ 휴민트는 무형의 정보로서 오감을 이용한 정보획득이 가능하나, 출처 파악이 어렵다는 단점이 있다.

7. 다음 글에서 알 수 있는 것은?

> 이산화탄소(CO2)는 대기 중에 존재하는 가스이며, 화석 연료 사용량 증가에 따라 대기 중 농도가 증가하면서 기후변화의 원인으로 주목받고 있다. 대기 중 CO2 농도 증가는 필연적으로 해수 산성화를 초래하여 해양 생물 및 생태계의 안전성을 위협하기 때문에 더욱 심각한 문제를 야기한다. 이러한 맥락에서 최근 온실가스 배출 저감 기술의 하나로서 전 세계적으로 '이산화탄소 포집 및 저장기술'(CCS)이 주목받고 있다.
>
> CCS 기술은 발전소 등에서 배출되는 CO_2를 포집하여 육상이나 해양의 심부 퇴적층에 처리하는 기술을 의미한다. 특히 국내에서는 육상의 공간이 부족하여 해양의 퇴적층을 대상으로 한 이산화탄소 지중(地中)저장기술이 연구되고 있다. 그러나 CCS 사업 과정(포집-수송-저장단계) 또는 중장기적인 지질학적 구조 변형으로 인해 퇴적층에 저장된 CO_2가 해양 환경으로 누출될 가능성이 있다. 따라서 CCS 사업 추진 과정에서 환경 및 생태계 안전에 대하여 많은 관심을 기울여야 한다.
>
> 물론 해저 지질구조에 이산화탄소의 저장을 시도하는 경우, 정부는 CCS 계획수립 단계에서부터 저장된 CO_2의 중·장기간 환경 안전성을 확보하기 위하여 큰 노력을 기울일 것으로 예상된다. 하지만 계획과는 달리 실증화 단계에서 누출에 대한 다양한 가능성이 존재할 수 있다. 또한 지중저장을 종료하고 시간이 지남에 따라 매우 적은 양의 이산화탄소가 지층구조를 따라 퇴적물 표면으로 스며 나올 수 있을 것으로도 예측된다. 이러한 결과는 국지적으로 용존 이산화탄소의 농도가 증가하는 결과를 초래하게 될 수 있을 것이다.
>
> 해양에 누출된 CO_2는 대기에 비해 확산 속도가 느리고 해수의 화학적 특성을 변화시킬 수 있으므로 장기적으로 해양 생물 및 생태계에 대해 피해를 초래할 가능성이 있다. 예를 들면, 주변 환경이 거의 변하지 않는 심해에 서식하는 생물 대부분은 누출된 CO_2에 의한 pH 변화로 인해 주변 해수의 pH가 0.1 정도만 변해도 유의한 생리적인 영향을 받을 수 있다는 연구 결과가 있다.
>
> 또한 해양 환경으로의 고농도 이산화탄소의 유입은 해수의 화학적 조성을 변화시켜 산호나 석회조류와 같이 탄산염을 이용하여 석회질의 몸체를 구성하는 생물들에게 심각한 피해를 줄 수 있다는 연구 결과가 나온 바 있으며, 이산화탄소 자체가 생물에 흡수되어 세포 내 pH 감소와 생화학적 특성 및 기능에 부정적인 영향을 미칠 수 있다고 보고하고 있다.

① 현재 전 세계적으로 CCS 기술이 널리 이용되고 있다.
② 국내에서는 육상의 공간 부족과 장래의 이산화탄소 활용 가능성을 이유로 이산화탄소를 지중에 저장하는 기술에 관해 활발한 연구가 이루어지고 있다.
③ 지중저장을 종료하고 오랜 시간이 지나더라도 퇴적물 표면으로 스며 나오는 이산화탄소의 양은 매우 적기 때문에 용존 이산화탄소의 농도에 영향을 끼치지 않는다.
④ 해양에 누출된 CO_2는 대기에 비해 확산 속도가 느려 심해에 사는 해양 생물에게 피해를 초래할 가능성은 없다.
⑤ 해양에의 고농도 이산화탄소의 유입은 그 자체뿐만 아니라 간접적으로도 해양 생물들에게 피해를 줄 수 있다.

8. 다음 글의 ㉠을 이끌어내기 위하여 추가해야 할 전제로 가장 적절한 것은?

> 공자가 제자들과의 여정 중에 있었던 일이다. 곤경에 처한 공자는 일주일 동안 쌀밥은커녕 묽은 국조차 먹지 못하는 형편에 놓였다. 그의 제자 안회는 공자가 잠든 사이 인근의 농부에게 쌀을 구해 밥을 지었다. 구수한 냄새에 잠에서 깬 공자는 냄새가 나는 곳으로 향했고, 그곳에서 우연히 밥을 한 움큼 집어먹는 안회를 보게 되었다. 스승보다 먼저 음식에 손을 댄 제자가 괘씸했던 공자는 아무것도 못 본 척하며 돌아가신 부모님께 깨끗한 음식으로 제사라도 지내고 싶다며 안회를 떠보았다. 안회는 "밥이 다 되어 솥뚜껑을 열었는데 하필 재가 조금 앉았습니다. 스승님께 차마 재 묻은 밥을 드릴 수 없어 제가 그 부분을 덜어 먹었는데 이런 밥으로는 제사를 드릴 수 없습니다."라며 답했고 공자는 부끄러움을 느꼈다.
>
> 무릇 성인이라면 살신성인의 정신이 있어야 하며 도를 따르는 자를 곁에 두어야 하며 자신의 실수에 부끄러움을 느낄 줄 알아야 한다. 또한 이 셋을 모두 갖춘 자는 마땅히 성인의 자질을 갖추었다 할 것이다. 공자는 식음(食飮)조차 이을 수 없는 상황에서도 도를 설파하고 왕들로 하여금 도덕 정치를 펴게 하려고 제자들과 끊임없이 노력했다. 이것이 살신성인의 정신이 아니라면 무엇이란 말인가? 또한 자신의 짧은 생각과 경험으로 아끼는 사람을 의심하고 오해하는 것만큼 큰 실수는 없다. 안회의 대답을 들은 공자는 곧바로 이 실수를 깨닫고 이에 부끄러움을 느꼈으니 어찌 성인의 자질을 갖추지 못했다고 하겠는가? 곧은 정신과 맑은 심성으로 뜻을 실천하는 안회를 곁에 둔 ㉠ 공자는 마땅히 성인의 자질을 갖춘 자이다.

① 공자는 자신의 실수에 부끄러움을 느끼거나, 도를 따르는 자를 곁에 두었다.
② 맑은 심성으로 뜻을 실천하는 자는 도를 따르는 자이다.
③ 살신성인의 정신이 없다면 성인의 자질을 갖춘 것이 아니다.
④ 안회는 도를 따르거나 곧은 정신과 맑은 심성으로 뜻을 실천한다.
⑤ 공자가 마땅히 성인의 자질을 갖추었다면 도를 따르는 자를 곁에 둘 수 있다.

9. 다음 글에서 추론할 수 없는 것은?

> 유전자 편집은 생물의 유전체에서 특정 유전자를 편집하는 방법이다. 특정 염기 서열을 인식하여 잘라내는 제한효소의 고유 기능을 응용한다. 제한요소는 결합 과정을 거쳐 핵산분해효소로 합성된다. 합성된 핵산분해효소는 염기를 더하거나 빼는 방법으로 특정 유전자를 편집하게 된다. 이 과정에서 가장 중요한 도구는 '유전자가위'이며 지금까지 크게 ZFN, TALEN, CRISPR 등 세 종류의 유전자가위가 개발되었다.
>
> 아연집게 핵산분해효소(Zinc Finger Nuclease, ZFN)는 '아연집게'라는 단백질의 구조를 이용하여 특정 DNA 염기서열을 인식하는 DNA 결합 모듈과 FokI이라는 제한효소를 결합하여 제작한다. 특정 유전자의 염기 서열에 효율적으로 결합하기 위하여 DNA 결합 모듈은 아홉 개의 염기를 인식하여야 하는데, 각 아연집게 구조는 세 개의 염기 서열을 한꺼번에 인식할 수 있다. 따라서 ZFN에 쓰이는 아연집게 DNA 결합 모듈 제작을 위해서는 아연집게 구조가 세 개 필요하다. 아연집게 조합은 박테리아나 효모에서 이루어지게 되며 원하는 유전자의 염기서열을 인식할 수 있는 조합을 찾아내기 위하여 복잡한 스크린 과정을 거쳐야 한다.
>
> 탈렌(TALEN)이라고 부르는 제2세대 유전자가위는 FokI 제한효소에 TALE DNA 결합 모듈을 접합해서 제작한다. TALE DNA 결합 모듈은 각 모듈이 하나의 염기 서열만을 인식하게 되므로 복잡한 과정 없이 TALE DNA 결합 모듈의 합성이 가능하다. 따라서 앞서 언급한 1세대 유전자가위인 ZFN에 비하여 제작이 간단하고 ZFN이 인식하지 못하는 부분의 DNA 염기 서열도 편집할 수 있다.
>
> 3세대 유전자가위 크리스퍼(CRISPR)는 박테리오파지에 대항하는 세균의 방어체계를 응용하여 개발되었다. DNA의 인식을 위하여 단백질이 아닌 안내RNA라고 통칭 되는 RNA를 사용하며 제한효소로 FokI이 아닌 Cas9이나 Cpf1이라는 단백질을 사용한다. DNA 염기 서열의 인식을 위하여 RNA를 사용할 경우, RNA의 분자량이 단백질에 비하여 현저하게 적고 조작도 단백질보다 용이하기에 보다 손쉽게 유전자 편집을 수행할 수 있다.

① FokI 제한효소의 분자량은 Cas9보다 더 많다.
② 한 번에 인식할 수 있는 염기 서열의 개수는 아연집게 구조가 TALE DNA 결합 모듈에 비해 많다.
③ 아연집게 구조와 FokI 제한효소가 하나씩 결합한다면 아연 집게 제작 모듈에 필요한 FokI 제한효소는 3개이다.
④ 안내 RNA의 분자량은 단백질에 비해 현저하게 적어 조작에 유리하다.
⑤ 크리스퍼는 박테리오파지를 복제하는 세균의 메커니즘을 응용하여 개발되었다.

10. 다음 글의 A ~ C의 주장에 대한 평가로 적절한 것만을 <보기>에서 모두 고르면?

> A: 국제경제체제는 자유무역을 바탕으로 하며, 국가들은 발전을 도모하기 위해 민주주의와 자본주의 경제체제를 채택해야 한다. 이를 통해 정치적 발전과 경제적 발전을 동시에 달성할 수 있다. 경제 발전을 통해 민주주의를 달성할 수 있고, 민주주의를 통해 경제 발전을 도모할 수 있는 정치적 기반을 조성할 수 있다. 또한 자유무역을 통해 경제 효율성을 제고시켜 경제발전을 이룰 수 있다. 더딘 경제 발전의 원인은 민주주의, 자본주의, 자유무역 정책을 채택하지 않는 국가정책과 정치경제적 환경의 문제인 것이다.
>
> B: 산업화가 더딘 국가들은 국제시장에서 산업화가 빠르게 진행된 국가들과 효과적으로 경쟁할 수 없기 때문에, 이들 국가를 따라잡기 위한 독특한 산업화 전략을 채택해야 한다. 따라서 후발 산업화 국가들은 자국 산업이 국제시장에서 경쟁력을 확보하기까지는 수입대체화 산업정책을 통해 자국 산업을 보호해야 한다. 유치산업 보호를 통한 산업화를 통해 경제 발전을 할 수 있고, 유치산업이 성숙산업으로 전환된 이후 자유무역 정책을 통해 국제시장을 공략할 수 있다.
>
> C: 국가의 빠른 경제성장의 원인을 국가의 역할에서 찾을 수 있다. 국가들이 산업정책을 통해 특정 산업을 육성해서 경쟁우위를 확보하려는 노력을 강구해야 한다. 예를 들어 국가가 직접 주요 식량에 대한 가격 통제 및 임금 통제를 통해 자국 산업의 경쟁력을 증대시키는 정책을 채택하는 방법이 있다. 이처럼 국가 경제 운영에서 정부가 큰 역할을 담당한다면 빠른 발전을 이룰 수 있다. 특히 타국 시장을 공략하는 수출주도형 경제 발전 정책과 자신들의 시장은 보호하려는 수입대체형 경제 발전 정책을 효과적으로 혼용하면 경제 발전을 이룰 수 있다.

<보 기>

ㄱ. 경제 발전이 빠르고 비민주주의체제가 유지된 국가나, 경제 발전이 더디고 빠른 민주화가 진행된 국가들이 다수 발견될 경우, A는 강화되지 않는다.
ㄴ. 과거 산업화가 더뎠던 국가들 가운데 자유무역 정책을 우선적으로 채택한 국가일수록 급속도로 경제 발전을 이루었다는 점은 B를 강화한다.
ㄷ. 1960년대 이후 매우 빠른 경제 발전을 이룬 동아시아 국가들은 공통적으로 정부가 통제 중인 금융기관들을 통해 막대한 자금을 특정 산업에 제공하는 등 정부개입을 적극적으로 활용했다는 후속 연구는 C를 강화한다.

① ㄱ ② ㄷ
③ ㄱ, ㄷ ④ ㄴ, ㄷ
⑤ ㄱ, ㄴ, ㄷ

11. 다음 글에서 추론할 수 있는 것은?

최근 안전한 자율주행의 필수 요소로 고정밀 지도가 주목받고 있다. '고정밀 지도'는 자율주행을 위해 필요한 도로와 지형 정보를 센티미터 단위로 제공하는 3D 지도이다. 이 지도에는 차선 단위의 정보뿐만 아니라 신호등, 노면 마크를 비롯한 각종 구조물의 정보가 3차원 디지털 형태로 담긴다. 인간이 자연스럽게 습득할 수 있는 정보를 디지털화하기 위해, 고정밀 지도는 1:1에 가까운 규모로 제작된다. 이를 통해 오차 수준을 10cm 이하로 낮출 수 있다.

고정밀 지도를 구축하기 위해서는 이동형 매핑 시스템(MMS)의 역할이 중요하다. MMS는 다양한 센서를 장착한 3차원 공간정보 조사 시스템이다. 차량에 지형지물 측량 및 위치 측정을 위한 카메라, 라이다, GPS 등의 하드웨어 센서를 장착하면, 이들이 유기적으로 작동하여 다양한 정보를 획득하게 된다. 특히 긴 파장의 전파를 활용해 정밀성이 떨어졌던 레이더와 달리 라이다는 짧은 파장의 펄스 레이저를 목표물에 방출하고, 반사된 빛이 돌아오기까지 걸리는 시간을 바탕으로 정보를 축적해, 실시간으로 현실의 3차원 지도 정보를 수집할 수 있다는 장점이 있다.

그러나 MMS만으로 자율주행을 완벽히 구현하기에는 어려움이 따른다. 기상 조건이나 도로 환경에 따라 하드웨어 센서의 사용이 제한될 수 있기 때문이다. 이를 보완하기 위해, 고정밀 지도는 현실 상황과의 지속적인 교차 검증을 통해 고정된 정보인 정적 정보 외에도 신호등 색상 변화와 같은 동적 정보를 시스템에 전달한다. 또한 고정밀 지도와 연동된 위치 기반 로컬라이제이션 시스템은 지도의 정보와 실제 차량의 위치를 비교하여 정확한 정보를 전달한다.

고정밀 지도를 제작하기 위해서는 먼저 데이터를 취득한 후 데이터 후처리 과정을 거쳐야 한다. 데이터를 취득할 때는 여러 대의 자동차가 동일한 도로에서 여러 번 주행한 데이터를 클라우드에서 수집 및 합산한다. 수집 횟수가 많아질수록 더 많은 데이터베이스가 축적되어 지도의 품질도 높아지게 된다. 이렇게 수집된 데이터는 하드웨어 센서들을 통해 후처리 되어 흑백의 레이저 영상 이미지로 생성된다. 이후 생성된 영상 이미지에서 필요한 정보에 맞는 객체를 추출하는 작업이 진행된다. 여기서 객체란 표지판, 차선 정보 등의 특정 속성값을 의미한다. 이러한 속성값을 계산해 가공한 다음, 이를 자동차 데이터베이스 포맷으로 변환하면 비로소 고정밀 지도가 완성된다.

① 인간 운전자는 축소율이 작은 지도일수록 더 자연스럽게 느낀다.
② 라이다는 파장이 짧은 펄스 레이저를 활용하여 차량의 실시간 위치 정보를 클라우드에 수집한다.
③ MMS와 고정밀 지도 모두 현실의 표지판, 교량 위치와 같은 정적 정보를 인식할 수 있다.
④ 고정밀 지도는 실시간으로 자율주행 차량의 위치를 파악하여 GPS 센서의 오류를 교정해 주는 역할을 한다.
⑤ 동일한 자동차가 다양한 조건의 도로에서 여러 번 주행한 데이터를 합산해야 고정밀 지도의 품질이 높아진다.

12. 다음 한국의 온라인투표 도입과 관련한 갑 ~ 병의 견해에 대한 평가로 적절한 것만을 <보기>에서 모두 고르면?

갑: 공직자 선거에 '온라인투표'를 도입해야 한다고 생각합니다. 현재의 '종이투표' 방식은 시간과 공간의 제약이 커서 이동이 어려운 계층이나 감염병으로 인해 외출이 제한된 사람의 투표권을 보장하지 못합니다. 실제 A국의 경우 해킹이 불가능한 기술이 적용된 온라인투표 시스템을 활용하여 공직자 선거를 시행하고 있습니다. 종이투표 대신 온라인투표를 시행하면 종이투표 과정에서 발생하는 각종 자원이나 인력의 낭비를 줄일 수 있습니다.

을: 저희가 미리 조사한 자료에 따르면 A국의 경우 인구 약 130만 명의 매우 작은 나라로 알고 있습니다. 인구로만 따졌을 때 약 40배나 더 큰 규모인 우리나라에 A국의 온라인투표 사례를 동일하게 적용하는 것이 가능할까요?

갑: 네, 가능하다고 생각합니다. 인구 규모가 달라진다고 하더라도 보안 기술을 적용하는 온라인투표의 원리는 동일합니다. A국에서 온라인투표가 성공적으로 시행되었듯이 우리나라의 공직자 선거에서도 온라인 투표를 얼마든지 도입할 수 있을 것입니다.

병: 공직자 선거에 온라인투표를 도입하는 것은 시기상조라고 생각합니다. 현재 투표일은 임시 공휴일로 지정되어 있고, 사전투표 제도 또한 시행되고 있어 유권자의 대부분이 투표권을 보장받고 있는 상황입니다. 최근 한 설문 조사 결과에 따르면 시간과 공간의 제약으로 투표하지 못한 비율은 약 1.1%로 매우 낮습니다. 이에 근거할 때 온라인투표를 도입하더라도 실제 투표율에는 큰 차이가 없을 것입니다.

정: 맞습니다. 또한 온라인투표 시스템을 무리하게 도입하면 대리 투표와 같은 부정 투표의 가능성을 원천적으로 막을 수 없어서 선거의 중요한 원칙인 직접 선거와 비밀 선거의 원칙에 위배 되는 심각한 상황이 발생할 수 있습니다. 또한 투표일에 투표소 접근이 어려운 사람들을 위해 온라인 투표를 위한 시스템을 별도로 구축할 경우 오히려 선거 비용이 추가로 지출될 수 있어 경제적이지도 않습니다.

<보 기>

ㄱ. A국과 한국의 실제 인구 규모가 30배 차이가 난다면, 을의 견해는 약화되고 갑의 견해는 강화된다.
ㄴ. 사전투표 시행으로 투표율이 유의미하게 상승했다면, 병의 견해는 강화되고 갑의 견해는 약화된다.
ㄷ. 블록체인 기술의 발달로 온라인투표의 제반 자원과 비용이 획기적으로 감소한다면, 정의 견해는 약화되고 갑의 견해는 강화된다.

① ㄴ
② ㄷ
③ ㄱ, ㄷ
④ ㄴ, ㄷ
⑤ ㄱ, ㄴ, ㄷ

13. 다음 글의 내용이 참일 때 해외 연수에 선발될 수 있는 사람의 최대 인원과 최소 인원은?

> 보건복지부에서는 공무원 역량 강화를 위해 소속 공무원의 해외 연수를 추진 중이다. 이에 해외 연수에 나갈 사람을 갑, 을, 병, 정, 무 가운데 선발하고자 한다.
>
> ○ 갑, 을, 병 중에 적어도 한 명은 선발되지 않는다.
> ○ 병이 선발되지 않는다면 갑이 선발되지 않거나 을이 선발되지 않는다.
> ○ 갑이 선발되지 않으면 을도 선발되지 않는다.
> ○ 정이 선발된다면 무가 선발되지 않고 을이 선발된다.
> ○ 정이 선발되지 않는다면 갑과 을 중에 적어도 한 명은 선발된다.

① 최소 1명, 최대 2명
② 최소 1명, 최대 3명
③ 최소 2명, 최대 3명
④ 최소 2명, 최대 4명
⑤ 최소 3명, 최대 4명

14. 다음 글의 내용이 참일 때 반드시 참인 것은?

> 민수, 지태, 찬호 세 명의 학생이 국어, 수학, 사회, 과학 네 과목 중에서 일부를 수강했다. 세 학생은 각각 최대 두 과목을 수강할 수 있었으며, 하나도 수강하지 않은 학생은 없다. 또한 세 학생이 모두 수강하지 않은 과목은 없다. 이와 관련하여 다음과 같은 사실이 알려져 있다.
>
> ○ 민수가 사회를 수강했다면, 지태는 수학을 수강했고 찬호는 국어를 수강하지 않았다.
> ○ 지태가 사회를 수강했거나 찬호가 수학을 수강했다.
> ○ 지태가 과학을 수강하지 않았거나 찬호가 과학을 수강했다.
> ○ 지태가 국어를 수강하지 않고 찬호가 과학을 수강했다면, 민수는 수학을 수강했고 지태는 사회를 수강했다.
> ○ 민수가 과학을 수강했다면 사회도 수강했다.
> ○ 찬호가 과학을 수강했다면 지태는 국어를 수강하지 않았다.
> ○ 민수는 국어를 수강하지 않았고 지태는 수학을 수강했다.

① 지태는 두 과목을 수강했다.
② 민수는 한 과목만 수강했다.
③ 두 명 이상이 수강한 과목은 하나뿐이다.
④ 지태와 민수는 사회를 수강했다.
⑤ 찬호가 국어를 수강했다면 지태는 과학을 수강했다.

15. 다음 글의 ㉠ ~ ㉤을 문맥에 맞게 수정한 것으로 가장 적절한 것은?

'튜링 기계'란 기계이긴 하지만 구체적인 대상으로서의 기계라기보다는 특정한 조건을 만족하는 기계 '종류'에 대한 추상적인 개념이다. 알란 튜링이 처음 고안한 튜링 기계는 물리적으로 테이프에 숫자를 쓰고 지우고 하는 방식이어서 매우 느렸겠지만, 현재는 이와 원리적으로 동등한 과정을 ㉠ 전자적으로 처리하기에 사람이 덧셈하는 것보다 훨씬 더 빠르다.

튜링은 모든 종류의 튜링 기계, 즉 모든 종류의 계산을 수행하는 프로그램을 수행할 수 있으며 특수한 계산을 하는 모든 튜링 기계를 '흉내' 낼 수 있는 보편 기계를 상상했다. 이러한 보편 튜링 기계는 원칙적으로 ㉡ 모든 종류의 계산을 수행할 수 있을 것이다. 이렇게 되면 모든 계산 가능한 작업은 보편 튜링 기계로 수행할 수 있게 된다. 튜링은 이런 보편 튜링 기계에 대한 이론을 만들고 실제로 이것을 기계적으로 구현하려 노력했다.

튜링은 2차 대전 중에 영국 정보국을 위해 수수께끼(Enigma)로 알려진 독일의 암호 생성기를 연구하면서 계산기 제작의 핵심인 '조합성'에 주목하게 된다. 적군의 암호체계를 해독하기 위해 튜링은 수많은 '컴퓨터'를 동원했다. 당시의 컴퓨터란 계산을 하는 사람을 의미했다. 튜링은 수많은 컴퓨터를 모아놓고 각각은 간단한 계산만 하게 지시한 후 ㉢ 그것들을 해체해서 결국에는 암호의 전체 의미를 알아내는 성과를 이루었다. 튜링은 이 작업을 설계하고 감독하면서 흥미로운 사실을 발견했다. 계산과정이 워낙 복잡하기에 그 전체구조를 파악하고 있는 튜링을 제외하고 실제 계산을 수행하는 사람은 자신의 계산이 전체 작업에 비추어 어떤 '의미'를 지니는지를 모르고 그저 주어진 계산만 수행하게 된다. 그럼에도 불구하고 ㉣ 그 각각의 계산을 서로 잘 연결해 주면 당시 최고 수준의 독일 암호체계를 해독하는 놀라운 성취를 할 수 있다.

튜링은 이 점에 주목했다. 계산하는 사람 각각의 역할은 간단한 기계 장치의 작동으로 대치할 수 있는 인지적으로 단순한 작업이었다. 그런데도 이러한 간단한 기계조작을 모두 결합하여 하나의 복합 기계를 만들면 암호 풀기나 논리적 추론, 수학 명제를 증명하기와 같이 지적으로 높은 수준의 작업도 해낼 수 있었다. 튜링은 이로부터 아무리 복잡하고 고도의 지적 능력이 요구되는 작업도 그것을 잘게 쪼개서 ㉤ 각각을 비교적 간단한 계산과정으로 대체할 수 있다면, 튜링 기계로 수행할 수 있다는 생각에 이르게 된 것이다.

① ㉠을 "물리적으로 처리하기에"로 수정한다.
② ㉡을 "특정 종류의 계산"으로 수정한다.
③ ㉢을 "그것들을 연결하여"로 수정한다.
④ ㉣을 "그 각각의 계산을 보다 잘게 쪼개주면"으로 수정한다.
⑤ ㉤을 "각각을 비교적 복잡한 계산과정으로 확장할 수 있다면"으로 수정한다.

16. 다음 글의 (가) ~ (다)에 대한 분석으로 옳은 것만을 <보기>에서 모두 고르면?

불법 촬영 방지용으로 설정된 휴대폰 카메라 셔터음 설정 자율화에 대한 논쟁이 뜨겁다. 2013년 개정된 한국정보통신기술협회의 표준이 현재까지 적용되고 있는데, 휴대전화 카메라 촬영음의 크기를 60 ~ 69 dBA(A-가중데시벨)로 정하고 촬영음이 강제로 발생하도록 하고 있다.

그러나 휴대폰 사진 촬영이 활발한 일상 속에서 이 카메라 촬영음은 많은 사람에게 불편함을 주고 있다. 그럼에도 여전히 휴대폰 촬영음이 불법 촬영 방지에 도움이 된다는 의견도 있다. 이와 관련하여 다음과 같은 세 가지 주장이 제기되고 있다.

(가) 한국과 일본을 제외하고는 어떤 나라에도 휴대폰 카메라 촬영음 설정에 대한 규제가 존재하지 않는다. 만약 범죄를 저지를 의도가 있다면 휴대폰 카메라 촬영음이 있더라도 별도의 무음 카메라앱을 사용할 수 있기에 규제의 실효성은 크지 않아보인다. 또한 휴대폰의 기술이 고도화되면서 고화질과 줌 기능으로 피사체로부터 멀리 떨어진 곳에서 휴대전화로 사진 찍는 것도 가능하기에 촬영음 규제가 실제 범죄를 방지하는 효과는 미약하다.

(나) 촬영음 의무화 규제는 불법 촬영 범죄를 방지하기 위한 최소한의 장치이다. 특히 한국과 일본에만 규제가 있다는 것은 그만큼 두 나라에서 불법 촬영 범죄가 만연하다는 사실의 반증이 된다. 실제로 권익위에 따르면 우리나라에서 불법 촬영 범죄는 매년 5000건 넘게 적발되고 있다. 불법 촬영 범죄를 방지하기 위해서는 강력한 촬영음 규제가 반드시 필요하다.

(다) 촬영음 규제보다는 불법 촬영 범죄에 대한 강력한 처벌이 더욱 중요하다. 최근 전 애인의 영상을 몰래 촬영해 인터넷에 유포한 혐의 등으로 기소된 20대가 죄질이 중함에도 불구 초범이고 반성의 여지가 있다는 이유로 징역 5년을 선고 받는데 그쳤다. 불법 촬영 범죄는 피해자들에게 씻을 수 없는 상처를 주고 특히 최근에는 아동청소년을 상대로 한 가해도 점점 늘어가고 있다. 범죄 적발시의 강력한 처벌이 휴대폰 촬영음 규제보다 범죄예방에 더 직접적인 효과를 가질 것이다.

<보 기>

ㄱ. (가)는 규제의 사각지대를 예시로 들며 촬영음 규제의 실효성을 비판한다.
ㄴ. 촬영음 의무화 규제의 불법 촬영 범죄 방지 효과에 대해 (가)와 (나)는 견해를 달리한다.
ㄷ. 불법 촬영 범죄를 예방하기 위해서는 현 법률체계에서 처벌 강도를 높여야 한다는 것에 (다)는 동의하지만 (나)는 동의하지 않는다.

① ㄱ
② ㄴ
③ ㄱ, ㄴ
④ ㄱ, ㄷ
⑤ ㄱ, ㄴ, ㄷ

17. 다음 글의 주장을 약화하지 않는 것만을 <보기>에서 모두 고르면?

최근 청소년의 잔인한 범죄에 대한 언론보도가 계속되고 촉법소년을 다룬 드라마가 최근 인기리에 방영되면서 논쟁이 일고 있다. '촉법소년'이란 형벌을 받을 범법행위를 한 만 10세 이상 ~ 14세 미만의 형사미성년자로, 형법 제9조는 '14세가 되지 아니한 자의 행위는 벌하지 아니한다'고 규정하고 있다. 이들은 형사책임능력이 없기 때문에 형법에 저촉되는 행위를 하더라도 형사처벌을 하지 않고, 가정법원이 소년원으로 보내거나 보호관찰을 받게 하는 등 '보호처분'을 할 수 있다. 이러한 소년의 보호처분은 그 소년의 장래 신상에 어떠한 영향도 미치지 않는다.

현재의 촉법소년 기준에 따른 연령대의 소년은 흉악한 범죄를 저질러도 교도소에 가지 않는 건 물론 기록에도 남지 않는다는 법 규정을 악용하기 충분하다. 따라서 촉법소년 나이를 낮추어야 한다. 촉법소년의 범죄율은 매년 증가하고 있다. 대법원의 '최근 5년간 촉법소년 범죄 접수 현황' 자료에 따르면 촉법소년 범죄 접수 건수는 최근 5년간 58 % 증가하는 등 빠른 증가세를 보인다. 전체 범죄 접수가 늘면서 촉법소년 강력범죄도 증가하고 있는데, 촉법소년 범죄의 심각성이 점차 심화되는 것이라고 분석할 수 있다. 또한 경찰청 통계를 살펴보면 촉법소년들의 재범률은 최근 3년을 기준으로 보았을 때 약 33 %에 달한다. 이는 성인 재소자의 재범률이 통상 15 %를 넘지 않는 것에 비해 2배가 넘는다. 이로 미루어 볼 때 촉법소년에게 처벌에 대한 강력한 경각심을 줄 방법이 요구되는 시점이다. 다른 나라에서는 중대한 사회적 범죄가 발생한 경우에 촉법소년의 연령을 하향 조정한 사례가 있다. 일본의 경우 촉법소년의 연령기준이 만 16세였으나 당시 만 14세 학생이 살인을 저지르는 이른바 '사카키바라 사건'이 일어난 후 연령기준을 14세로 하향 조정했다. 사회의 변화를 고려할 때 심각한 범죄가 발생하기 전에 미리 촉법소년 연령을 하향하는 것이 범죄 예방이나 처벌 측면에서 유리할 것으로 보인다.

<보 기>

ㄱ. 촉법소년에게 적용되는 보호처분의 강도와 종류를 다양화하여 촉법소년 범죄율을 낮춘 해외 사례가 있다.

ㄴ. 성인인 재소자의 재범률과 촉법소년의 재범률은 그 산정 기준이 되는 범위와 기간이 상이하여 절대적인 수치 비교가 무의미하다.

ㄷ. 여론조사 결과 중대한 촉법소년 범죄가 발생한 후에 연령 기준을 조정하는 것은 지나치게 안일한 대처라는 견해가 우세하다.

① ㄱ
② ㄷ
③ ㄱ, ㄴ
④ ㄴ, ㄷ
⑤ ㄱ, ㄷ

18. 다음 글의 A ~ C의 주장에 대한 평가로 적절한 것만을 <보기>에서 모두 고르면?

A: 산업 혁명 이후 인류는 화석 연료 사용과 대규모 공업화를 통해 이산화탄소와 같은 온실가스를 대량으로 배출했습니다. 이러한 활동이 대기 중 온실가스 농도를 비정상적으로 높였고, 이는 지구의 평균 온도를 상승시키는 주된 원인이 되었습니다. 기후 변화의 주요한 원인은 바로 인간의 산업 활동입니다. 이를 해결하지 않으면 미래에는 더욱 심각한 환경 재앙이 닥칠 것입니다.

B: 기후 변화는 인류 역사 전반에 걸쳐 지속적으로 일어났으며, 그 주된 원인은 태양 활동의 변화, 지구 자전축의 미세한 변화, 화산 폭발과 같은 자연적 요인에 있습니다. 특히, 태양 활동이 활발해지면 태양에서 방출되는 에너지가 많아져 지구의 기온이 상승하게 됩니다. 이러한 자연적인 기후 변화 주기 내에서 인간의 영향은 상대적으로 미미하며, 과학계에서 인간의 영향력을 지나치게 과장하고 있습니다. 기후 변화의 주요 원인은 자연 현상에 있으며, 인간의 역할을 재평가해야 합니다.

C: 기후 변화는 단순히 인간의 활동이나 자연적 요인 중 하나에 의해서만 설명될 수 없습니다. 인간의 산업 활동으로 인한 온실가스 배출이 기후 변화에 상당한 영향을 미치는 것은 사실이지만, 동시에 태양 활동, 대기 및 해양 순환, 화산 활동 등 자연적 요인도 중요한 역할을 합니다. 이러한 요인들이 상호작용하면서 복잡한 기후 변화를 유발하고 있으므로, 기후 변화를 제대로 이해하려면 인간 활동과 자연 현상 간의 복합적인 관계를 분석해야 합니다.

<보 기>

ㄱ. 다른 조건이 일정할 때, 화석 연료 사용으로 인해 대기 중 이산화탄소 농도가 증가하였음에도 지구 평균 기온이 오르지 않았다는 연구 결과는 A의 주장을 약화하고 B의 주장을 강화한다.

ㄴ. 다른 조건이 일정할 때, 태양 활동이 감소하는 시기에도 지구 평균 기온이 상승하였다는 연구 결과는 B의 주장을 강화한다.

ㄷ. 다른 조건이 일정할 때, 인간의 산업 활동이 급격히 감소하였음에도 지구 평균 기온이 계속 상승한다는 연구 결과는 A의 주장과 C의 주장을 모두 약화한다.

① ㄱ
② ㄴ
③ ㄱ, ㄷ
④ ㄴ, ㄷ
⑤ ㄱ, ㄴ, ㄷ

[19 ~ 20] 다음 글을 읽고 물음에 답하시오.

문자코드(Character Code)란 컴퓨터 내부에서 정보를 처리하기 위해 문자와 2진수에 대한 대응 관계를 정의한 것이다. 문자코드는 '01'과 같은 '코드', 'A는 이진수 01로 표시한다'와 같은 대응체계를 나열한 '코드 테이블', 특수문자와 줄 바꿈 등과 같은 특정한 명령을 내리는 '제어코드'로 이루어진다.

문자코드는 일차적으로 인간인 사용자와 컴퓨터의 언어를 대응시킨 것이므로 양자 간 소통에 있어 중요하다. 예컨대 옛 한글의 아래아(·)가 문자코드에 없다면 'ᄒᆞᆫ'과 같은 단어를 정보화할 수 없게 된다. 더 나아가 컴퓨터 사이의 통신에서도 두 컴퓨터가 서로 다른 문자코드를 사용하는 경우 한쪽에서 '준기출.txt'라는 파일을 전송하면 다른 쪽에서는 'ㅈㅜㄴㄱㅣㅊㅜㄹ'로 표시되는 등 문자코드의 정의형태는 컴퓨터 세계에서 언어표현력 자체를 규정한다.

한글을 표현하기 위한 문자코드인 한글코드의 정의 형태는 조합형, 완성형, 풀 키(Full key)형으로 나뉜다. 이는 다른 언어들과 달리 한글은 초성, 중성, 종성을 조합하여 한 글자를 만들어 내기 때문이다. 조합형은 한글의 제자원리(製字原理)에 따라 초성, 중성, 종성에 서로 다른 코드를 각각 할당하고 이를 조합하여 나타내는 방식이다. 예컨대 '홍'이라는 글자를 조합형으로 표현한다면 코드 테이블에서 초성 'ㅎ', 중성 'ㅗ', 종성 'ㅇ'의 코드인 '10100', '01101', '10111'을 불러와서 나열한다. 이 방식은 현대 한글이 사용하고 있는 초성 19자, 중성 21자, 종성 28자를 자유롭게 조합하여 표현할 수 있으므로 총 1만 개 이상의 글자를 모두 표현할 수 있다. 다만 조합형은 코드 구성상 제어코드의 일부인 통신용 제어코드 영역까지 글자를 나타내는 데에 사용하여 네트워크에서 사용하기는 어렵다. 또한 국제표준은 조합형 표현 방식을 지원하지 않기 때문에 해외에서 생산되는 하드웨어나 소프트웨어를 수정하는 데에 비용이 많이 든다.

완성형 방식은 알파벳, 한자 등과 마찬가지로 초성, 중성, 종성을 미리 결합하여 완성된 글자를 코드에 입력해두고 해당 코드를 통째로 불러오는 방식이다. 예를 들어 임의의 한글코드가 '가'라는 글자를 '0001'라는 코드에 대응시켰다면, '00'이 'ㄱ', '01'이 'ㅏ'를 나타내 양자가 조합되는 것이 아니라 '0001' 그 자체가 '가'라는 정보를 담고 있는 것이다. 이 방식은 하나의 언어 내에서 새로운 문자가 발명되거나 소실된 문자를 발견하는 경우 모든 가능한 조합에 새롭게 코드를 부여해야 한다는 점에서 한계가 있다. 또한 문자코드를 생성하는 데에 용량이 많이 필요하고, 따라서 제한된 용량 하에서 모든 단어를 표현할 수는 없다. 그러나 문자코드의 국제표준은 완성형 방식으로 구성되어 있어, 완성형 한글코드는 높은 표현성과 낮은 호환성을 지니는 조합형과 정반대의 특징을 지닌다.

풀 키형은 모든 글자를 자판에 표현하여 바로 입력하는 방식이다. 예컨대 자판의 첫 번째 버튼을 누르면 '가'가 입력되는 것이다. 이 방식은 빈도수가 높은 글자들만 표현한다고 하더라도 최소 2,000여 개의 자판을 만들어야 해 현실적으로 구현하는 데에 한계가 있다.

19. 위 글에서 알 수 있는 것은?

① 코드의 정의형태와 관계없이 한글코드의 코드 테이블은 항상 같다.
② 주어진 정보에 따르면, 조합형 문자코드로 '옹'이라는 글자를 표현하기 위해서는 '01101'과 '10111'의 코드만 있으면 된다.
③ 풀 키형 방식으로 현대 한글의 모든 글자를 표현하기 위해서는 1만 개 이상의 버튼이 필요하다.
④ 컴퓨터 간의 통신과 달리, 사람이 컴퓨터에 정보화하는 데에 있어서 문자코드는 어떠한 영향도 미치지 못한다.
⑤ 조합형 한글코드는 더 많은 글자를 표현하게 되므로 완성형 한글코드보다 비용이 많이 든다.

20. 위 글을 토대로 할 때, <사례>에 대한 평가로 적절한 것만을 <보기>에서 모두 고르면?

<사 례>

마이크로소프트 사(社)는 Window95를 출시하면서 한국인 사용자들을 위해 '확장완성형 코드'를 개발했다. 이는 '기존 한글코드'가 한글의 11,172개 글자를 모두 표현하지 못했던 문제를 해결한 것이었다. 그러면서도 '기존 한글코드'와의 호환성을 유지해냈다. 회사 관계자는 "동아시아권 코드페이지가 한자를 사용하는 중국, 일본 등에 맞추어 개발되어 이번 한글코드도 완성형의 형태를 띨 수밖에 없었다."고 밝혔다.

<보 기>

ㄱ. '기존 한글코드'와 '확장완성형 코드'를 통해 표현된 한글 글자는 모두 조합형 한글코드로도 표현할 수 있다.
ㄴ. '확장완성형 코드'는 낮은 호환성과 높은 표현성을 지닌다.
ㄷ. '확장완성형 코드'는 표현 가능한 글자 수를 늘리기 위해 제어코드 일부까지 문자를 표현하는 데에 사용했다.

① ㄱ
② ㄴ
③ ㄱ, ㄴ
④ ㄴ, ㄷ
⑤ ㄱ, ㄴ, ㄷ

21. 다음 글에서 알 수 있는 것은?

차는 처음 음료수의 일종이나 약용으로 등장하였으나 시간이 지나면서 기호식품화 되었고 마침내 일상 및 취미생활의 일부로 자리 잡게 되었다. 그 과정에서 등장한 다도(茶道)는 주인이 차를 달여 손님에게 권하는 방식과 손님이 이를 마실 때의 예법을 의미한다. 오늘날에는 일본의 다도가 널리 알려져 있으나 다도가 처음 성립된 것은 8세기 중엽 중국 당나라의 문인 육우(陸羽)가 차에 관련된 지식을 정리한 「다경(茶經」을 통해서이다. 현재 일본 다도는 오모테센케(表千家)를 비롯해 다양한 유파가 형성되어 있고 유파에 따라 예법이 조금씩은 다르지만 모두 일본 다도의 창시자인 센노리큐(千利休)에 의해 집대성된 계보를 이끄는 점에서 큰 틀에서 함께한다.

일본 다도에서 다도가 이루어지는 곳을 다실(茶室)이라고 부르며 이곳에서 주인과 손님이 서로 인사를 나누면서 다도가 시작된다. 인사가 끝나면 주인 측에서 도구를 들여온다. 물을 담아두는 그릇인 '미즈사시', 차를 넣어두는 통인 '나츠메', 차를 마시는 그릇인 다완, 찻숟가락, 국자 등 필요한 모든 도구를 정해진 위치에 놓는다. 다도에 필요한 도구나 재료들은 다도가 시작되기 전 미리 준비하는데 '미즈야'라고 불리는 다실의 바로 옆방에서 준비가 이루어진다.

다실에 도구가 모두 준비되면 차를 끓인다. 먼저 다완에 뜨거운 물을 조금 부어 따뜻하게 데운 뒤 물을 버리고 삼베 행주로 닦는다. 이후 주인은 손님에게 인사를 나누기 전부터 미리 준비된 과자를 권하고 나츠메에서 차를 꺼내 다완에 넣고 뜨거운 물을 부어 차를 우려내기 시작한다. 일반적으로 차나무의 잎을 갈아서 만든 가루차, 즉 말차를 사용하므로 차를 제대로 우려내기 위해서는 거품을 내며 저어야 하는데, 이때 사용하는 짧은 거품기 같은 도구를 '차센'이라고 부른다.

손님은 다완을 자신의 정면에 놓고 잘 마시겠다는 인사를 한 뒤 마시기 시작한다. 우려낸 차를 다 마시면 다시 차를 우리는 과정을 반복하는데, 이는 손님이 마무리해달라는 요청이 있을 때까지 계속된다. 손님이 둘 이상이라면 가장 주된 손님이 요청할 때까지 이루어진다. 손님은 차를 마시는 과정에서 차만 마셔서는 안 된다. 차를 마신 후 다완을 살펴보면서 그 아름다움을 음미해야 하며, 주인에게 회람을 요청하여 다도에 사용된 나츠메의 형태와 색, 찻숟가락의 작자와 이름 등을 물어보는 것이 예의이다. 이는 단순히 도구에 대한 가르침을 청하는 것이 아니라 주인이 쏟은 수고에 대한 고마움을 표하는 과정이다.

① 「다경」이 저술될 때, 차는 약용으로만 사용되고 있었다.
② 주인과 손님이 인사를 나누기 전까지 다실에는 아무것도 준비되어 있지 않을 것이다.
③ 손님은 미즈야에서 우린 차를 마신 뒤 일정한 예절을 지켜야 한다.
④ 일본 다도는 센노리큐의 다도에 뿌리를 두고 있어 모두 같은 방식으로 이루어진다.
⑤ 손님이 가루차를 담아둔 통의 색을 묻는 것은 차를 대접한 주인에 대한 감사를 표하는 행위이다.

22. 다음 글에서 알 수 있는 것은?

국가를 구성하는 요소 중 하나로 인구가 중요한 위치를 차지한다. '인구'란 특정 시점에 한 나라 또는 특정 지역 내에 거주하는 사람 수를 의미하며, 인구통계는 이러한 인구의 규모, 분포, 변동, 그리고 사회적, 경제적, 문화적 특성에 대한 정보를 제공한다. 이러한 통계는 인구학의 기초 자료로 사용될 뿐만 아니라, 경제학, 사회학 등의 학문 연구 및 정부와 기업의 정책 수립에 필수적인 자료로 활용된다.

'가구'는 혼자 또는 여러 사람이 생계를 같이하며 살아가는 생활 단위를 의미하며, 가구통계는 이러한 가구의 총수와 특성에 대한 정보를 제공한다. 인구총조사 등에서 가구를 조사 단위로 하여 가구 구성원의 데이터를 수집하므로, 가구통계는 인구통계와 밀접한 연관성을 가진다. 가구수는 주택 보급률 등을 산출하는 데 사용되며, 가구의 크기와 구성은 주민의 삶의 질을 평가하고 개선하는 데 필요한 기초자료가 된다.

인구와 가구는 시간이 지나면서 지속적으로 변동하는데, 이러한 변동을 기록하는 통계가 '인구정태통계'와 '인구동태통계'이다. 인구정태통계는 특정 시점에서의 인구 구조와 특성을 나타내는 통계이며, 인구동태통계는 일정 기간 동안 출생, 사망, 혼인, 이혼 등 인구 변동 요인을 기록한 통계이다. 또한, '인구이동통계'는 광의의 인구동태통계에 포함되어 있으며, 출입국 전산자료 등을 통해 작성된다.

우리나라에서는 인구총조사, 주민등록부, 장래인구추계 등을 통해 인구정태통계를 작성하며, 인구동태신고, 인구이동통계 등은 인구동태통계로 기록된다. 가구정태통계는 주민등록이나 인구총조사에서 작성되며, 일정 시점의 가구 총수와 특성을 나타낸다.

2015년 말 기준, 우리나라의 인구 및 가구 통계는 총 35종으로 구성되어 있다. 이들 통계는 크게 조사통계, 보고통계, 가공통계로 구분된다. 특히 보고통계 중에서 주민등록인구통계는 20종으로 가장 많이 작성되는데, 이는 17개 시도와 행정자치부 외에도 법무부의 출입국자통계 및 체류외국인통계가 포함되기 때문이다. 대부분의 인구 및 가구 통계는 전수조사로 작성되며, 중앙통계기관인 통계청에서 주로 작성하고 있다.

① 가구통계는 주택 보급률뿐만 아니라, 주민의 삶의 질 평가에도 중요한 역할을 한다.
② 출생 및 사망 등의 인구변동요인은 오직 인구동태통계에만 영향을 끼친다.
③ 주민등록인구통계는 법무부의 출입국자통계와 별도로 작성되며, 이는 통계청에서 주관한다.
④ 가구정태통계는 특정 시점에 한 나라 또는 특정 지역 내에 거주하는 인구의 규모, 분포, 변동 등에 대한 정보를 제공한다.
⑤ 조사통계, 보고통계, 가공통계, 주민등록인구통계 중에서 가장 다양한 종으로 구성된 통계는 주민등록인구통계이다.

23. 다음 글에서 알 수 있는 것은?

식생활의 다변화, 1인 가구 증가 등에 따라 가공용 쌀 소비가 빠르게 증가하고 있다. 1인당 연간 쌀 소비는 2011년 71.2 kg에서 2021년 56.9 kg로 감소했으나, 동기간 쌀 가공산업 시장 규모는 4.1조 원에서 7.3조 원으로 성장해 왔다. 즉석밥을 제외한 쌀 가공식품을 제조하려면 쌀을 가루로 제조해야 하는데, 쌀은 경도가 높아 물에 불린 후 쌀알을 분쇄하는 습식제분 방식이 주로 사용되었다. 습식제분은 건식제분에 비해 수분함량이 3배 가량 높아 저장 및 유통 비용이 많이 든다. 또한 수침, 건조, 살균 과정이 필요해 환경에 부정적인 영향을 미친다.

이를 해결하기 위해 국립식량과학원은 건식제분 전용 품종인 '수원542호'를 개발했다. 수원542호는 자포니카 계열 품종인 '남일'에 아지드화나트륨(NaN3)으로 돌연변이를 유발하여 개발된 품종으로, 낟알의 경도가 낮아 보다 적은 에너지로 쉽게 분쇄할 수 있다. 그러나 유전적으로 흰잎마름병, 줄무늬잎마름병 및 도열병 등에 저항성이 없어 취약한 모습을 보인다. 수원542호의 재배 안정성을 높이기 위해 이를 조생 벼 품종인 '조평'과 교배시켜 개발된 것이 '가루미2'이다 농촌진흥청은 가루미2를 특허로 출원했으나 해당 이름을 품종명으로 사용하지 못한다는 국립종자원의 의견에 따라 '바로미2'로 명칭을 변경하여 등록하였다.

바로미2의 경도는 2.9 kg로 3.3 kg인 수원542호보다 낮고 8.6 kg인 조평과 비교하면 3분의 1 수준의 경도를 지닌다. 기본영양생장성은 34일로, '아세미'와 비슷하나 27일인 조평보다는 길다. 기본영양생장성은 벼가 알맞은 온도와 조건에서 이삭을 맺기까지 걸리는 기간을 의미한다. 품종 개량으로 도열병, 흰잎마름병에는 강하나 오갈병과 같은 바이러스병과 나방류 등의 해충에는 저항성이 없어 기본방제가 필요하다.

바로미2로 만든 가루는 습식제분 쌀가루와 건식제분 쌀가루에 비해 단백질 함량이 높고, 총 아미노산 중 필수아미노산의 비중이 밀가루보다 높다는 장점이 있다. 게다가 적정 비율로 밀가루와 섞어서 가공하면 기존의 제품 특성을 유지하면서도 소화를 어렵게 하는 글루텐을 줄일 수 있다. 예컨대 밀가루와 함께 바로미2를 사용하면 더욱 부드럽고 탄력 있는 식감의 국수를 만들 수 있다. 하지만 낟알로 밥을 지으면 죽처럼 변해 식사를 위한 밥으로는 적합하지 않다.

① 수원542호의 돌연변이로 남일이 탄생했고, 이를 조평과 교배하여 바로미2가 개발되었다.
② 습식제분으로 만들어진 쌀가루는 건식제분으로 만든 쌀가루보다 수분함량이 낮아 저장 비용이 높다.
③ 동시에 벼를 심고, 각 벼에 적절한 온도와 조건이 주어진다면 조평이 가루미2보다 빨리 이삭을 맺을 것이다.
④ 바로미2는 밀가루보다 단백질 함량이 높아 밀가루를 대체할 수 있다.
⑤ 수원542호는 바로미2보다 도열병에는 취약하나, 분쇄에 더 적은 에너지가 든다.

24. 다음 글에서 알 수 있는 것은?

연령, 영양상태, 고지혈증 및 비만을 포함하는 성인병, 신체적 스트레스 등 인체의 면역력에 영향을 미치는 요인들은 무수히 많다. 이 중 운동은 일상생활과 밀접한 연관이 있고, 신체적 스트레스와도 관련되어 면역력에 상당한 영향을 주는 것으로 보고되고 있다.

인체에서 일어나는 면역반응은 크게 초기 면역반응과 적응성 면역반응으로 구분할 수 있다. 초기 면역반응은 주로 몸의 표면을 보호하는 것, 즉 피부, 위액, 기도의 섬모 작용, 각종 분비물 및 점막에서 일어나는 반응으로 적응성 면역반응과는 상관없이 일어나며, 적응성 면역반응이 일어나기 전에 선두 방어체제의 역할을 한다. 이 반응에는 주로 자연살 세포, 백혈구, 면역글로불린 중 IgA 등이 작용하여 선두 방어 및 식균작용을 담당한다. 하지만 적응성 면역반응은 초기 면역반응과는 구분되는 것으로 특이성과 기억 및 다양성을 가지고 있으며, 이 반응에는 주로 T림프구와 B림프구가 관여하게 된다.

이 중 T림프구는 세포 매개 면역반응의 행동 세포이며, 면역반응의 주된 조절 세포로 작용하는데, 이때 B 림프구, 단핵구, 대식세포, 랑게르한스 세포와 같은 항원제공세포의 도움을 받는다. 그리고 B 림프구는 항체매개 면역반응의 행동 분자인 항체를 생성하는 세포로 표면에 B세포 수용체를 가지고 있어, 항원 분자가 B세포 수용체에 결합되면 B 림프구는 활성화되고 증식되어 항체를 분비하는 형질세포로 분화된다. 이처럼 T 림프구와 B 림프구와 같은 림프구들은 세포 매개 면역반응과 항체매개 면역반응을 포함하는 적응성 면역반응을 조절하는 중추적인 세포이며, 수행되는 운동의 형태나 강도에 따라서 다르게 나타난다.

일반적으로 1주 혹은 2주 정도 단기간 적절한 강도로 진행되는 운동은 림프구의 증식반응에 영향력이 없지만, 2개월 이상의 장기간의 규칙적인 운동은 림프구의 수와 기능을 증가시키는 등 림프구를 활성화하는 것으로 알려져 있다. 하지만 일회성의 강하고도 격렬한 운동은 림프구의 감소를 유도하고 T 림프구와 B 림프구의 증식반응을 감소시키는 것으로 알려져 있다. 즉, 불규칙적이고 간헐적인 운동은 운동 스트레스를 유발하여 면역반응에 중요한 림프구의 수와 증식반응을 감소시키고, 상기도 감염, 천식 및 결핵과 같은 감염률을 증가시킨다.

따라서 운동을 하거나 지도할 때, 혹은 여러 상황에서 면역력 감소가 유발되는 기전을 이해하고 대응한다면 운동을 통한 면역력의 증가를 얻을 수 있을 것이다.

① 초기면역반응은 적응성 면역반응이 일어나기 전 선두 방어체제로서, 적응성 면역반응과 결합하여 면역력을 증진시킨다.
② 초기면역반응은 주로 T림프구와 B림프구의 관여로 이루어진다.
③ T림프구는 항체매개 면역반응의 행동세포이며, 면역반응의 주된 조절세포로 작용한다.
④ B림프구는 수행되는 운동의 형태나 강도와 무관히 적응성 면역반응을 조절하는 세포로, 항원분자가 B세포 수용체에 결합하여 활성화된다.
⑤ 강하고 격렬한 일회성의 운동은 T림프구와 B림프구의 수와 증식반응을 감소시켜 각종 질병의 감염률을 높인다.

25. 다음 글에서 알 수 없는 것은?

> 글리세린은 천연 원료에서 합성되거나 얻게 되는 당 알코올이다. 글리세린은 비누, 치약, 면도 크림, 피부 관리 및 헤어케어 제품과 같은 일부 화장품 및 맞춤형 관리 제품에서 사용된다.
>
> 글리세린은 모든 동, 식물성 유지의 천연 성분이며, 사탕수수 또는 옥수수 시럽 설탕 같은 탄수화물이나 프로필렌과 같은 물질로부터 인공적으로 합성될 수도 있다. 인공적 합성 형태는 자연적으로 발생하는 글리세린과 화학적으로 같다. 실험 연구에 따르면 신체는 천연 유도 글리세린을 처리하는 것과 동일한 방식으로 합성 유도 글리세린도 처리한다.
>
> 미국식품의약국(FDA)은 일반적으로 안전하다고 인정되는 물질로 검토된 식품첨가물 목록 및 승인된 직접식품첨가물과 간접식품첨가물 목록에 글리세린을 포함시켰다. 글리세린은 처방전 없이도 구입할 수 있는 OTC 피부보호제 의약품이나 귀안의 물기를 제거해 주는 의약품 성분으로 FDA가 승인한 유효성분이다. 또한 글리세린은 FDA의 승인받은 안약의 성분이기도 하다. 이처럼 다양한 용도로 사용되므로 글리세린은 FDA의 화장품 자발적 등록 프로그램을 통해 보고된 화장품 원료 중에서 물 다음으로 가장 자주 사용되는 성분이다.
>
> 글리세린의 안전성은 미국 화장품원료검토위원회(CIR) 전문가 패널에 의해서도 평가되었다. 2014년 CIR 전문가 패널은 글리세린에 대한 과학적 데이터를 평가했는데, 평가 결과 글리세린의 일회성 투여와 다회성 반복 투여 후 경구 및 피부 부작용이 적었으며 임상 연구에서 알레르기성 피부 반응도 보고되지 않았다.
>
> 여러 생식 및 발달 방면의 안전성에 관한 실험 연구에서, 글리세린은 부모의 생식 능력이나 성장 발달, 출생률 또는 자손의 번식력에 아무런 부작용도 일으키지 않았다. 높은 수준의 글리세린에 노출될 것으로 예상되는 합성 글리세린 생산 현장에서 근무하는 남성 근로자의 수정능력 연구에서 피실험자의 정자 수와 정상적인 정자 비율이 글리세린에 노출되지 않은 근무 환경에서 일하는 대조군과 비교하여 차이가 없었다.
>
> 또한, 여러 실험 연구에서 글리세린은 유전적 돌연변이를 일으키지 않는 것으로 나타났다. 천연 글리세린 및 합성 글리세린을 모두 2년 동안 경구 투여한 여러 실험 연구에서, 종양 발생률 증가에 대한 증거는 찾아볼 수 없었다.

① 글리세린은 자연으로부터 직접 얻거나 인공적으로 만들 수 있다.
② 인공적으로 합성된 글리세린도 천연 유도 글리세린과 화학적으로 동일하며, 신체 또한 둘을 동일한 방식으로 처리한다.
③ 글리세린은 모든 화장품 원료 중에 물 다음으로 자주 사용되는 성분이다.
④ 글리세린은 다양한 주체에 의해 안전을 인정받았다.
⑤ 글리세린 투여는 종양 발생률을 증가시키지 않는 것으로 나타났다.

26. 다음 글의 ㉠ ~ ㉣에 들어갈 말을 적절하게 나열한 것은?

> 고온의 물과 저온의 물을 동일한 조건에서 냉각시킬 때 어느 쪽이 먼저 결빙되는가 하는 문제는 오래전부터 제기되어 온 문제이다. 초기온도가 다른 두 액체를 동일한 조건에서 냉각시킬 때 초기온도가 더 높은 액체는 어는점과의 온도 차가 더 크기 때문에 결빙에 이를 때까지 더 오랜 시간이 걸릴 것으로 생각할 수 있다. 하지만 실제로는 그렇지 않을 수 있다는 것이 음펨바효과(Mpemba effect)이다. 현재 음펨바효과에 영향을 미치는 물리현상으로는 증발, 대류, 과냉각 등이 거론되고 있다.
>
> 증발은 다음과 같은 이유로 음펨바효과를 유발할 가능성이 제기된다. 물은 끓는점 이하에서도 증발 때문에 기화가 이뤄지는데, 일반적으로 습도가 낮고 수온이 높을수록 더 빠른 속도로 일어난다. 이 때문에 동일한 습도에서는 [㉠]의 물이 [㉡]의 물보다 증발이 활발하게 일어나서 결과적으로 물의 양이 줄어들고, 더 빠르게 냉각되어 먼저 결빙될 가능성이 있다. 유체(流體) 내에서의 분자들이 확산 등을 통해 이동하는 현상인 대류도 음펨바효과에 영향을 미칠 수 있다. 온도가 높은 물이 온도가 낮은 외부와의 접촉으로 열을 잃을 경우 물 내부에는 온도차로 인한 대류가 발생하게 되는데, 뜨거운 물의 경우에는 초기에 보다 활발한 대류가 일어나서 냉각 속도에 영향을 미칠 가능성이 있다. 과냉각도 음펨바효과를 유발하는 원인이 될 수 있다. 과냉각이란 액체나 기체의 온도를 고체가 되는 일 없이 어는점 아래로 낮추는 과정이나 상태를 의미한다. 물이 얼음이 되기 위해서는 응결핵이 필요하며, 적당한 응결핵이 없으면 어는점 이하로 과냉각되었다가 어는 현상이 나타난다. 만약 초기 온도에 따라 응결핵이 될 수 있는 물질의 양이 달라진다면 결빙 시기에 영향을 미칠 가능성이 있다.
>
> 실제 한 실험 결과, 자연 상태에서 음펨바효과는 과냉각 현상 때문에 나타난다는 사실이 나타났다. 다시 말해 초기온도가 높은 물은 초기온도가 낮은 물보다 과냉각이 작게 일어나서 결빙시기가 [㉢]는 사실을 확인했다. 초기수온이 높을수록 과냉각이 작게 일어나는 이유는 수온이 높을수록 물이 냉각되면서 발생하는 대류가 보다 [㉣] 과냉각을 방해하기 때문으로 생각한다.
>
> *유체(流體): 기체와 액체를 아울러 이르는 말

	㉠	㉡	㉢	㉣
①	고온	저온	빨라진다	둔해져서
②	고온	저온	빨라진다	활발해져서
③	고온	저온	느려진다	둔해져서
④	저온	고온	빨라진다	활발해져서
⑤	저온	고온	느려진다	둔해져서

27. 다음 글에서 추론할 수 있는 것은?

낙뢰는 구름과 땅 사이에서 발생하는 방전 현상이다. 이 때 방전이란 전기가 방출돼 흐르는 현상으로, 일상생활에서 흔히 겪는 방전 현상으로 정전기가 있다. 정전기는 마찰 등을 통해 전기가 쌓여 발생하는데, 쌓인 양이 많아져 전기적 위치에너지 차이인 전위차가 일정 수준을 넘으면 근처에 있는 물체로 방전된다. 따끔함을 느낄 정도의 정전기는 3000V 이상의 전위차를 가진다. 하지만 이런 정전기는 일정 시간 동안 흐르는 전하의 양인 전류가 작아 위험하지 않다.

번개는 구름에 의해 발생한 대규모 정전기가 방전되는 현상이다. 구름은 하늘에 있는 수증기가 모여 작은 물방울이나 얼음 알갱이로 구성되는데, 이 얼음 알갱이들이 서로 부딪히며 마찰 전기가 발생한다. 가벼운 알갱이는 주로 양전하를 띠며 무거운 알갱이는 음전하를 띤다. 또한 알갱이의 무게가 가벼울수록 구름의 윗부분으로 올라간다. 구름이 성장하면서 전하가 쌓이다가 전위차가 커지면 순간적으로 전류가 흐르는 방전 현상, 즉 번개가 치게 된다. 공기에는 보통 전류가 흐르지 않는데, 전위차가 커서 순간적으로 전류가 흐르게 되는 것이다. 이처럼 구름 속에서 치는 번개는 전체 번개 발생 빈도의 약 90%를 차지한다. 그런데 번개가 구름과 땅 사이에서 발생하기도 한다. 구름 안에서 전하의 분리가 일어나면 구름 아랫부분과 지면 사이에도 전위차가 커지면서 방전이 일어나기 때문이다. 이것이 바로 낙뢰이다.

정전기의 대규모 버전인 번개가 치려면 전위차가 수백만~수억 V가 돼야 한다. 번개는 대기를 빠르게 이동하기 위해 좁은 공간을 최소한의 경로로 이동한다. 이때 전기가 지나가는 통로가 가열되면서 온도는 2~3만℃까지 오른다. 공기가 빠르게 가열되면서 급속 팽창이 일어나고, 이때의 충격파로 천둥소리가 발생한다. 번개가 칠 때 먼저 빛이 번쩍하고 나중에 소리가 들리는 이유는 소리의 속도가 빛의 속도보다 느리기 때문이다. 소리의 속도는 초당 300m, 빛의 속도는 초당 30만㎞ 정도로 큰 차이가 난다. 번개를 보고 나서 3초 후에 천둥소리를 들었다면, 번개가 우리로부터 약 1㎞ 떨어진 곳에서 일어났다는 것을 계산할 수 있다. 둘 사이 시간 간격이 좁을수록 가까운 곳에서 번개가 친 것이다.

① 정전기는 전기가 방출돼 흐르는 현상으로, 3000V 이상의 전위차가 나타날 때만 발생한다.
② 구름의 얼음 알갱이들은 무게에 따라 다른 전하를 띠며, 양전하는 무게가 무거워 구름의 아랫부분으로 이동한다.
③ 평소 공기 중에는 사람이 느낄 수 없는 미세한 전류가 흐르고 있어, 구름에서 전기가 발생하면 공기를 타고 번개가 치게 된다.
④ 낙뢰는 구름의 아랫부분과 지면 사이의 전위차로 인해 발생하는 번개로, 발생하는 번개의 10% 이하를 차지한다.
⑤ 빛의 속도는 소리의 속도보다 초당 약 1,000배 빠르므로, 번개가 칠 때 소리보다 빛을 먼저 지각하게 된다.

28. 다음 글에서 알 수 있는 것은?

양갱(羊羹)은 제조 방식에 따라 연양갱, 증양갱, 수양갱으로 나뉜다. 우뭇가사리를 끓여서 식히면 우무가 만들어지는데 우무를 건조시킨 것을 한천이라고 한다. 연양갱은 한천과 설탕, 팥, 밀가루 등을 섞어 틀에 굳힌 양갱이다. 한천은 젤라틴처럼 응고하는 성질을 가지고 있어 연양갱 특유의, 젤리와 같은 탄력과 식감을 낸다. 증양갱은 팥과 밀가루 등을 섞어 쪄낸 것으로 한천을 사용하지 않아 단단한 질감을 갖는다. 수양갱은 만드는 법은 연양갱과 유사하나 설탕이 더 적고 수분이 더 많다는 차이를 갖는다.

오늘날 먹는 양갱은 단맛을 특징으로 하며 디저트로 활용되는 경우가 많다. 그런데 한자의 뜻을 풀이하면 양갱은 '양 양' 자와 '국 갱' 자를 합친 말로, '양으로 만든 국'이라는 뜻이 된다. 이는 양갱이 유래된 것으로 추정되는 중국에서 양갱이 본래 양고기를 넣어 걸쭉하게 끓인 국을 의미했기 때문이다. 양갱에 대한 첫 기록인 중국 춘추전국시대의 「전국책」에서도 '한 그릇의 양갱'이라는 단어를 찾을 수 있다.

지금과 같은 단 맛의 양갱을 만들어 먹기 시작한 것은 일본의 승려들이었다. 이 양갱에 대한 첫 기록은 14세기 교과서로 사용된 「정훈왕래」로 양갱과 만주가 점심 메뉴로 소개되고 있다. 말차(抹茶)와 마찬가지로 점심을 먹는 문화는 승려들을 통해 중국에서 일본으로 전파되었다. 문제는 당시 중국에서 점심으로 만두와 양갱을 주로 먹었는데 일본은 7세기에 내려진 육식금지령으로 인해 승려는 물론 비종교인까지도 육식을 할 수 없었다는 것이다. 이 때문에 만두와 양갱의 조리법을 변형시켜 들여왔는데, 고기가 들어간 만두의 소를 빼고 팥으로 채워 넣은 것이 만주가 되었고 양갱의 양고기는 팥과 밀가루를 섞어 쪄낸 건더기로 대체되었다. 시간이 지나면서 국물은 사라지고 건더기만 남아 양갱으로 불리게 되었다. 18세기에 이르러서야 설탕의 가격이 낮아져 설탕이 널리 사용되기 시작했고 기존에는 왕만이 먹을 수 있었던 단맛의 양갱이 대중화되었다. 19세기에 이르러서야 한천을 넣은 오늘날과 같은 양갱이 탄생했다. 한천은 밀가루보다 구하기 쉽고 저렴한데다 한천을 넣은 양갱은 제조법도 간단해 널리 퍼질 수 있었다.

양갱은 자체 당과 수분 함량이 높고 비타민이 많이 함유되어 있어 스포츠용 비상 간식으로 활용하기 좋다. 또한 한천의 녹는점이 70℃이기 때문에 초콜릿과 같은 다른 스포츠용 간식에 비해 실온에서 잘 녹지 않아 야외활동에 적합하다.

① 증양갱을 만드는 과정에서 설탕을 줄이고 수분을 더 많이 함유시키면 수양갱을 만들 수 있다.
② 중국에서 점심으로 먹던 음식들 중 양갱은 육류가 재료로 사용되었으나 만두는 그렇지 않았다.
③ 14세기 일본에서 점심으로 먹던 양갱 건더기는 제조방식에 따르면 연양갱이다.
④ 양갱과 초콜릿은 녹는점이 높아 야외 스포츠 시 비상 간식으로 활용하기 좋다.
⑤ 오늘날 먹는 양갱은 18세기 이전 일본 서민들이 먹던 양갱의 맛과는 다르다.

29. 다음 글에 대한 분석으로 옳은 것만을 <보기>에서 있는 대로 고른 것은?

> 다음 A, B는 '선택의 자유에 대한 존중', '개인의 선(善) 증진을 위한 타자의 개입 찬성' 가운데 서로 다른 입장을 취하고 있다.
>
> A: 선택의 자유는 어떠한 경우에도 우선시 되어야 한다. 개인은 자신의 비용편익 구조하에 최선의 이익에 부합하는 선택을 할 수 있는 주체이다. 어떠한 경우에도 건강, 복지 등의 개인의 선을 위한 타자의 개입은 허용되지 않는다. 이러한 개입은 대다수 개인의 비용편익 구조를 훼손할 뿐이다.
>
> B: 개인의 자유를 존중하면서 동시에 개인의 선을 증진시키거나 개인의 해악을 예방하기 위한 목적으로, 그 자유를 간섭하는 것은 가능하다. 따라서 선택의 자유에 대한 존중과 개인의 선을 위한 타자의 개입은 양립가능하다.
>
> <예시>
>
> 어느 백화점 지하 101호와 지하 120호만 공실로 남아있다. 음식점 1과 2를 두 군데에 어떻게 입점시킬 것인가를 백화점 책임자 K는 고민하고 있다. 지금까지 백화점에 입주한 음식점은 없다. K는 아래와 같은 요소를 고려한다.
>
> 음식점 1 : 콜레스테롤과 지방이 많이 함유된 음식을 판매하나, 대다수 고객이 선호하고 선택하는 음식이다.
>
> 음식점 2 : 성인병을 예방하는 목적의 음식을 판매하나, 대다수 고객이 선호하고 선택하는 음식은 아니다.
>
> 고객 : 지하 120호 앞의 유동 고객의 수가 지하 101호보다 많다. 유동 고객이 적은 101호를 찾아가는 것은 상대적으로 많은 시간비용이 발생한다.
>
> 고민 끝에, 백화점 책임자 K는 지하 120호에 음식점 2를, 지하 101호에 음식점 1을 입점하기로 하였다. 그 의도는 고객의 건강 증진이었다.

<보 기>

ㄱ. 대다수 고객의 비용편익 구조가 K의 결정으로 훼손되었다면 A는 K의 결정에 반대할 것이다.

ㄴ. K의 결정이 건강이라는 편익의 증가를 유도하였을 뿐, 개인의 비용 편익 구조 자체를 훼손하지 않았다면, B는 K의 결정에 찬성할 것이다.

ㄷ. 고객의 건강 증진 목적으로 K가 음식점 1을 폐업하고, 지하 101호, 120호 모두 음식점 2를 유치한다면, A와 B는 K의 결정에 반대할 것이다.

① ㄱ
② ㄷ
③ ㄱ, ㄴ
④ ㄴ, ㄷ
⑤ ㄱ, ㄴ, ㄷ

30. 다음 빈칸에 들어갈 말로 적절한 것은?

> 지나간 성인들의 가르침은 하나같이 간단하고 명료했다. 들으면 누구나 다 알아들을 수 있는 내용이었다. 그런데 신학자를 포함한 학자라는 사람들이 튀어나와 불필요한 접속사와 수식어로써 말의 갈래를 쪼개고 나누어 명료한 진리를 어렵게 만들어 놓았다. 어떻게 살아야 할 것인가에 대한 자기 자신의 문제는 묻어 둔 채, 이미 뱉어 버린 말의 찌꺼기를 가지고 시시콜콜하게 뒤적거리며 이러쿵저러쿵 따지려 든다. 생동하던 언행은 이렇게 해서 지식의 울안에 갇히고 만다.
>
> 이와 같은 학문이나 지식을 나는 신용하고 싶지 않다. 현대인들은 자기 행동은 없이 남의 흉내만을 내면서 살려는 데에 맹점이 있다. 사색이 따르지 않는 지식을, 행동이 없는 지식인을 어디에다 쓸 것인가. 아무리 바닥이 드러난 세상이기로, 진리를 사랑하고 실현해야 할 지식인들까지 곡학아세(曲學阿世)와 비겁한 침묵으로써 처신하려 드니, 그것은 지혜로운 일이 아니라 진리에 대한 배반이다.
>
> 얼마만큼 많이 알고 있느냐는 것은 실질적으로 대단한 일이 못 된다. (　　　　　　　　). 인간의 탈을 쓴 인형은 많아도 인간다운 인간이 적은 현실 앞에서 지식인이 할 일은 무엇일까. 먼저 무기력하고 나약하기만 한 그 인형의 집에서 나오지 않고서는 어떠한 사명도 할 수가 없을 것이다.
>
> 무학(無學)이란 말이 있다. 전혀 배움이 없거나 배우지 않았다는 뜻이 아니다. 학문에 대한 무용론도 아니다. 많이 배웠으면서도 배운 자취가 없는 것을 가리킴이다. 학문이나 지식을 코에 걸지 않고 지식 과잉에서 오는 관념성을 경계한 뜻에서 나온 말일 것이다. 지식이나 정보에 얽매이지 않은 자유롭고 발랄한 삶이 소중하다는 말이다. 여러 가지 지식에서 추출된 진리에 대한 신념이 일상화되지 않고서는 지식 본래의 기능을 다할 수 없다. 지식이 인격과 단절될 때 그 지식인은 사이비요 위선자가 되고 만다.
>
> 책임을 질 줄 아는 것은 인간뿐이다. 이 시대의 실상을 모르는 체하려는 무관심은 비겁한 회피요, 일종의 범죄다. 사랑한다는 것은 함께 나누어 짊어진다는 뜻이다. 우리에게는 우리 이웃의 기쁨과 아픔에 대해 나누어 가질 책임이 있다. 우리는 인형이 아니라 살아 움직이는 인간이다. 우리는 끌려가는 짐승이 아니라 신념을 가지고 당당하게 살아야 할 인간이다.

① 알고 있는 것이 진리에 가까운지가 중요하다.
② 아는 것을 어떻게 살리고 있느냐가 중요하다.
③ 지식의 양이 아니라 지식의 질이 우선시 되어야 한다.
④ 알고 있는 지식에 얽매이지 않는 무학의 삶이 중요하다.
⑤ 지식에 구애받지 않는 타인과의 관계 맺음이 선행되어야 한다.

31. 다음 글에서 추론할 수 있는 것은?

서양에서 예술을 지칭하는 아트(art)라는 말은 라틴어 아르스(ars)에서 나왔고, 아르스는 고대 그리스의 테크네(techne)에서 온 것이기 때문에 흔히 테크네만이 예술의 원천인 것처럼 이야기된다. 하지만 고대 그리스의 뮤지케(musike)를 감안하지 않으면 예술의 원천을 말할 수 없다.

테크네는 경험이나 지식을 통해 무언가를 할 수 있는 능력을 의미한다. 테크네를 활용해서 만들어내는 활동을 포이에시스(poiesis)라고 했는데 이는 시작(詩作)으로 번역되는 영어의 포이트리(poetry)의 어원이 된다. 포이에시스는 이성적인 규칙을 기반으로 이루어지는 모든 활동을 지칭했다. 제작활동, 학문, 웅변술뿐만 아니라 회화와 조각, 건축까지도 이에 속한다. 이와 달리 뮤지케는 뮤즈 여신의 영감을 받아 이루어지는 활동이기 때문에 인간은 그 규칙을 알 수 없으며 그저 접신한 상태에서 신의 영감을 뿜어내는 것으로 보았다. 뮤지케는 오늘날 음악을 뜻하는 영어의 뮤직(music)의 어원이 되었으며, 문학으로서의 시와 음악, 무용 등을 포함했다.

고대 그리스인들에게 뮤지케는 비이성적인 광기나 정열 또는 영감의 발로였다. 법칙보다는 개인적 생각의 소산이라는 점, 기술이 아니라 영감의 소산이라는 점, 물질적 의미의 제작이 아니라는 점 등에서 포이에시스와 엄격하게 구분되었다. 하지만 동시에 그들은 테크네를 활용한 활동과는 달리 뮤지케만이 광란과 황홀을 가져올 수 있다고 보았다. 시각적인 것이 아니라 음악처럼 들리는 것에 의해서 광란과 황홀에 빠진다고 생각했기 때문이다. 뮤지케가 듣는 예술로 분류되는 것도 이 때문이다.

이성을 중시했던 플라톤은 질서정연한 규칙을 따르는 음악은 중요하게 여겼지만, 아무런 규칙도 없어 보이는 음유시인들의 즉흥적인 음악과 시는 비난했다. 비이성적인 얘기들로 사람들을 기만하고 유혹한다는 이유였다. 하지만 시와 음악을 회화나 조각보다는 높은 것으로 취급했다. 특히 음악은 인간의 영혼을 움직이기에 가치 있다고 보았다. 피타고라스는 우주가 수적인 질서와 배열로 이루어져 있어 운행하면서 아주 조화로운 소리를 낸다고 생각했다. 그리고 그 우주의 음악을 들으면 영혼의 순화되고 세속의 욕망에서 벗어날 수 있다고 보았다. 플라톤은 이러한 사상을 이어받아 시에는 그렇지 않았지만 음악에 대해서는 대단히 호의적이었다.

오늘날에는 시, 회화, 음악, 조각, 무용, 사진, 영화 등도 예술장르로 포함시킨다. 이중 앞의 다섯 장르를 정통 순수예술에 해당하는 것으로 본다. 18세기 중엽 프랑스의 미학자인 아베 샤를 바퇴는 이 다섯 장르를 '아름다운 기술'이라는 뜻의 '보 자르(beaux-arts)'라고 불렀는데, 이것을 영어로 옮긴 것이 '파인 아트(fine arts)'이다.

① 아르스를 어원으로 하는 테크네는 포이에시스의 원동력이 된다.
② 포이에시스는 법칙과 기술에 기반하지만 물질적인 의미의 제작과는 거리가 멀다.
③ 고대 그리스인들에게 시나 무용은 듣는 예술이 아니라 보는 예술이었다.
④ 보 자르에는 고대 그리스의 포이에시스와 뮤지케가 모두 포함되어 있다.
⑤ 피타고라스의 견해에 따르면 시는 음악보다는 낮지만 조각보다는 높은 가치를 갖는다.

32. 다음 글의 빈칸에 들어갈 말로 적절한 것은?

사이버 공간은 인류에게 다양한 도전의 기회를 제공하였으며 인류가 누릴 수 있는 혜택의 범위 역시 급격하게 확장했다. 그러나 동시에 사이버 공간은 타국의 컴퓨터 네트워크에 침투하여 상대국에 피해 또는 혼란을 야기하는 사이버 공격을 매개하는 곳이기도 하다. 불법적인 사이버 공격의 빈도가 증가하고 피해의 종류와 규모 역시 다양화 되면서 각국에 일정한 책임을 물으려는 국제사회의 움직임이 생겨났다.

국가의 국제위법행위에 대한 책임을 골자로 하는 '국가책임'의 개념을 사이버 공간에 적용하는 것이 대표적이다. UN 국제법위원회가 2001년에 만든 '국제위법행위에 대한 국가책임 초안'에 따르면 국가책임이 성립하기 위해서는 그 요건으로서 국가의 행위가 있어야 한다. 다만 국가는 법적으로 추상적인 개념이므로 그 자체로 특정한 행위를 할 수 없다. 따라서 국가의 행위는 국가기관의 행위, 정부권한을 위임 받은 자의 행위, 국가에 의해 감독되거나 통제된 행위에 한한다. 또한 국가책임은 국제의무 위반을 요건으로 한다. 국제의무는 국제법과 조약, 관습 등을 포함한다. 의무의 위반은 국가의 작위 또는 부작위를 통해 발생할 수 있으며 양자가 결합되어 발생하기도 한다.

이처럼 국가책임이 성립하기 위해서는 문제되는 행위가 국가로 귀속되어야 하는 것이 원칙이다. 문제는 사인이나 민간단체 등 비국가행위자의 불법적인 사이버 공격이 국가에 의해 감독되거나 통제된 경우, '인적 귀속'과 '가해자의 실효적 통제가 있었음'을 피해자가 입증해야 한다는 점이다. 즉, 피해자는 실제로 공격을 행한 자의 신상에 대해 구체적으로 식별한 상태여야 하며, 그 자가 어떠한 국가의 지시 및 통제를 받았는지 밝혀야 한다. 더 나아가, 그러한 지시와 통제가 단순한 지원에 그쳐서는 안 되며, 국가의 구체적 계획과 결정이 존재하고 실제로 공격을 행한 자의 행위가 계획 및 결정의 불가결한 부분이어야 한다.

이러한 점에서 [　　　　　　]. 실제로 2007년 에스토니아를 상대로 한 사이버 공격이 이루어졌다. 공격의 규모, 수준, 자금 지원 등의 측면을 종합적으로 고려할 때 단순한 단체의 소행이 아닌 국가적 차원의 배후가 존재할 가능성이 지속적으로 제기되었다. 배후로 지목된 러시아는 해당 공격이 온전히 러시아 애국주의 단체의 자의에 의해 행해진 것이며 어떠한 개입도 없었음을 강력하게 주장했다. 에스토니아의 한정된 정보만으로는 배후에 대한 의심을 입증으로 발전시킬 수 없었고, 러시아에 대한 책임을 추궁할 수 없었다.

① 국가책임은 국가기관의 행위와 권한을 위임 받은 자의 행위에 한정해야 한다.
② 사이버 공간에 국가책임을 적용하여 문제를 해결하는 것은 한계가 있다.
③ 국가 간의 분쟁에 있어 국가책임을 엄격하게 적용할 필요가 있다.
④ 성공적인 사이버 공격을 위해서는 비국가행위자의 참여가 필수적이다.
⑤ 인적 귀속과 실효적 통제에 대한 입증만으로는 국가책임을 묻기 어렵다.

33. 다음 글을 바탕으로 <사례>를 이해한 것으로 적절하지 않은 것은?

> 광물은 지각을 이루는 암석의 단위 물질로서 특징적인 결정 구조를 갖는다. 광물의 결정 구조는 그 광물을 구성하는 원자들이 일정하게 배열된 양상이다. 같은 광물일 경우 그 결정 구조가 동일하며, 이러한 결정 구조에 의해 나타나는 이상적인 겉모양을 의미하는 결정형(crystal form)도 동일하다. 그런데 실제로 광물들의 결정은 서로 다른 모양과 단면을 가지는 경우가 많다.
>
> 덴마크의 물리학자 니콜라우스 스테노는 등산길에서 채집한 수정의 단면들이 서로 조금씩 다른 모양을 가지고 있는 것에 궁금증이 생겼다. 그 이유를 밝히기 위해 그는 수집한 수정의 단면도를 그려서 비교해 보았다. 그 결과 수정 결정의 모양은 모두 조금씩 다르지만, 맞닿은 결정면들이 이루고 있는 면각은 항상 일정하다는 '면각 일정의 법칙'을 발견하게 되었다.
>
> 스테노는 같은 광물의 결정일 경우 면각이 일정해지는 이유가 결정 내부의 규칙성 때문일 것이라 짐작했다. 당시만 해도 그 규칙성의 이유가 되는 결정 내부의 원자 배열 상태를 직접 관찰할 수 없었다. 그가 죽은 뒤 X선이 발견되고 나서야, 동일한 광물의 결정을 이루고 있는 내부 원자들이 동일한 배열 상태를 지닌다는 것이 밝혀지게 되었다.

<사 례>

> 물리학자 A는 결정에 주입되는 물질의 공급 정도에 따라 결정면의 성장속도가 달라진다는 가설을 증명하기 위해 다음과 같은 실험을 수행하였다. A는 같은 광물의 작은 결정 (가), (나) 두 개를 같은 성분을 가진 용액 속에 매달아 놓았다. 이때 (가) 결정이 담긴 용액은 물질이 사방에서 고르게 공급될 수 있도록 하고, (나) 결정이 담긴 용액은 물질이 오른쪽에서 더 많이 공급되도록 해 놓았다.
>
> 실험 결과, (가) 결정은 1단계에서 2단계, 3단계를 거쳐서 이상적인 모양을 가진 결정(이상결정)으로 성장하는 반면, (나) 결정은 기형적인 모양을 가진 결정(기형결정)으로 성장하게 된다. 또한 (나) 결정의 오른쪽 결정면은 다른 결정면들보다 성장 속도가 더 빨라서 결정이 성장해 나갈수록 결정면이 점점 더 좁아지고 있음을 확인할 수 있었다.

① (가) 결정과 (나) 결정을 이루고 있는 내부 원자들은 동일한 배열 상태를 지니고 있을 것이다.
② (가) 결정과 (나) 결정에서 결정면들이 이루고 있는 각은 일정할 것이다.
③ (나) 결정의 오른쪽 결정면이 점점 좁아짐에 따라 오른쪽 결정면의 면각은 점점 넓어질 것이다.
④ 기형결정에 해당하더라도 면각은 이상결정의 그것과 항상 같을 것이다.
⑤ 동일한 광물의 결정 모양이 상이한 것은 결정의 성장 과정에 주변 환경이 영향을 미치기 때문일 것이다.

34. 다음 모든 진술이 참이라고 할 때, 머리띠를 착용하지 않은 영희에 대한 진술 중 반드시 참인 것은?

> A 학원에 다니는 모든 사람은 귀걸이나 목걸이 중 적어도 하나를 착용하고 있다. 영희는 A 학원에 다니고 있다. 귀걸이와 반지를 모두 착용한 사람들은 모두 시계는 착용하고 있지 않다. 목걸이는 착용하고 반지는 착용하지 않은 사람들은 모두 시계를 착용하고 있다. 목걸이와 반지를 모두 착용한 사람은 모두 향수를 뿌린다. 사람들은 반지를 착용하고 있지 않거나 머리띠를 착용하고 있다.

① 영희는 반지를 착용한다.
② 영희는 시계를 착용한다.
③ 영희가 목걸이를 착용한다면, 영희는 향수를 뿌린다.
④ 영희가 귀걸이를 착용하지 않는다면, 영희는 시계를 착용한다.
⑤ 영희가 귀걸이를 착용한다면, 영희는 시계를 착용하지 않는다.

35. A구는 각 동의 동장을 구성원으로 주민위원회를 구성하고자 한다. 다음 진술 중 을의 진술과 다른 한 명의 진술만이 참이라고 할 때, 3동의 동장은 누구인가? (단, A구는 1동부터 5동까지 5개의 동으로만 구성되며, 동장은 동마다 한 명씩만 존재한다.)

> 갑: 갑이 3동 동장이 아니라면 무가 5동 동장이다.
> 을: 을이 1동 동장일 경우에만, 병은 3동 동장이 아니거나 정이 3동 동장이 아니다.
> 병: 정이 4동 동장이 아니거나 병은 2동 동장이 아니다.
> 정: 무가 5동 동장이 아니라면 을은 4동 동장이 아니다.

① 갑
② 을
③ 병
④ 정
⑤ 무

36. 다음 중 A와 B에 대한 평가로 가장 적절한 것은?

> 오늘날 우리의 개인 정보와 데이터는 대부분 온라인으로 저장되고 있기 때문에 중요한 정보들은 보안이 필수적이다. 이를 위해 복잡한 암호화 방식들이 사용되는데 이 과정에서 비밀번호처럼 보이는 '키'라는 것을 이용해 데이터를 암호화하거나 복호화한다. 현재 많은 암호화 방식들은 컴퓨터로도 풀기 어려운 계산을 기반으로 만들어져 있어서 수십 년 동안 비교적 안전하게 이용할 수 있었지만, 최근 들어 이론상으로만 존재하던 '양자 컴퓨팅'이라는 기술이 실제로 구현되기 시작하면서 상황이 달라지고 있다. 양자컴퓨터는 기존 컴퓨터와는 완전히 다른 방식으로 계산을 처리하기 때문에 기존 암호화 방식을 손쉽게 계산할 수 있기 때문이다. 이에 대해 A와 B는 다음과 같은 입장을 보이고 있다.
>
> A : 양자 컴퓨팅은 지금까지 사용해 온 기존의 암호화 방식을 근본적으로 무력화시킬 수 있기 때문에 양자 컴퓨팅 기술에 대한 연구는 제한적으로 이루어져야 한다. 양자 컴퓨터의 병렬 처리 능력을 활용한 알고리즘은 공개 키 암호화 방식을 빠르게 해독할 수 있으며, 이는 기존의 데이터 보안 체계를 붕괴시킬 잠재력을 가지고 있다. 실제로 양자 알고리즘은 기존의 컴퓨터에 비해 매우 빠른 속도로 대규모 소인수 분해를 수행할 수 있다.
>
> B : 양자 컴퓨팅이 정보 보안에 미치는 영향은 과장되었다. 현재 개발 중인 양자 저항성 암호화 알고리즘이 양자 컴퓨터의 위협을 효과적으로 차단할 수 있을 것으로 기대되며, 양자 컴퓨팅의 상용화가 현재의 암호화 체계를 급격히 붕괴시킬 만큼 빠르게 이루어지지 않을 것이다. 실제 많은 연구자는 양자 컴퓨터의 실용화까지는 상당한 시간과 기술적 도전이 필요하다는 점을 강조하고 있다. 오히려 양자 컴퓨팅 기술이 발전할수록 암호화 기술의 발전도 함께 이루어질 것이라고 보는 것이 자연스럽다.
>
> A와 B는 양자 컴퓨팅이 미래의 정보 보안에 미칠 영향에 대한 상반된 시각을 제시하고 있으며, ㉠ <u>관련 기술의 발전과 보안 대책 마련</u>에 중요한 논의를 불러일으키고 있다.

<보 기>

> ㄱ. A와 B는 ㉠의 필요성에 동의한다.
> ㄴ. 현재 개발 중인 양자 저항성 암호화 알고리즘이 양자컴퓨팅 기술로 무력화되었다는 사실이 밝혀진다면, A의 주장은 강화한다.
> ㄷ. '실현되지 않은 기술에 대한 지나친 걱정이 기술 진보를 막는다'는 주장은 A를 비판한다.

① ㄱ
② ㄴ
③ ㄱ, ㄴ
④ ㄴ, ㄷ
⑤ ㄱ, ㄴ, ㄷ

37. 다음 글의 ㉠에 대한 평가로 적절한 것만을 <보기>에서 모두 고르면?

장 줄기세포는 신체에서 가장 활발한 세포 중 하나로, 장의 내벽을 5일에서 10일마다 교체하기 위해 빠르게 분열한다. 세포 재생은 장에 도움이 되지만, 이러한 빠른 분열로 인해 향후 암으로 발전할 위험이 있는 전암성 세포가 많이 발생하는 원천 중 하나가 장 줄기세포이기도 하다. 이에 ㉠ 간헐적 단식이 장 줄기세포의 재생 능력을 향상시킬 수 있지만, 동전의 양면처럼 대장암 위험도 함께 키울 수 있는 주장이 제기되었다. 간헐적 단식이란 정해진 시간에만 음식을 섭취하는 것으로, 주로 제한된 시간대에만 식사를 하고 나머지 시간은 공복을 유지하는 식사법이다. 이와 관련하여 A, B 두 팀이 실험을 진행하였다.

A팀은 간헐적 단식이 장 줄기세포 재생에 어떤 영향을 미치는지 알아보기 위해 쥐를 대상으로 실험을 진행했다. 연구팀은 세 그룹의 쥐를 관찰했다. 첫 번째 그룹은 24시간 동안 금식 후에도 계속 굶겼다. 두 번째 그룹은 24시간 동안 금식 후 그다음 24시간 동안 제한 없이 먹을 수 있게 했다. 세 번째 대조군은 실험 기간 내내 자유롭게 먹였다.

B팀의 연구진은 암을 유발할 수 있는 유전자를 활성화하여 쥐의 종양 발생 확률을 높이는 실험을 진행하였다. A팀의 방식과 똑같이 세 그룹으로 나눠 실험을 반복한 결과, 단식 후 음식을 섭취한 쥐가 정상적으로 먹거나 단식만 한 쥐보다 전암성 용종의 발생 위험이 훨씬 더 큰 것으로 나타났다. 또한, 재급식 중에 발생한 암 관련 돌연변이는 단식 중에 발생한 돌연변이보다 전암성 용종으로 발전할 위험이 더 컸다.

<보 기>

ㄱ. A팀의 실험 결과 24시간 단식 후 먹이를 섭취한 쥐들의 세포가 가장 빠르게 증식하였다면, ㉠이 강화된다.
ㄴ. 단식 후 급식을 하여 자원이 풍부한 환경에 갑자기 노출되면 갑작스럽고 광범위한 재생으로 이어져 세포가 매우 취약해지는 현상이 다수 발견된다면, ㉠이 강화된다.
ㄷ. 인간의 생리적 환경은 쥐보다 훨씬 복잡하기 때문에 쥐의 암 돌연변이 발생 메커니즘을 인간에게 적용할 수 없다는 사실이 밝혀진다면, ㉠이 강화되지 않는다.

① ㄱ
② ㄴ
③ ㄱ, ㄴ
④ ㄴ, ㄷ
⑤ ㄱ, ㄴ, ㄷ

38. 다음 글의 가설 A ~ C에 대한 평가로 적절한 것만을 <보기>에서 모두 고르면?

어떤 연구자는 '복습을 통해 학습 내용을 반복할 때, 뇌는 이 정보를 중요하다고 인식하여 더 깊이 각인시킨다.'는 가설 A를 발표하였다. A에 따르면, 반복적인 복습은 시냅스 연결을 강화하고, 그로 인해 해당 정보가 장기 기억으로 전환되는 확률이 높아진다. 복습의 빈도와 강도가 높을수록 시냅스 연결이 더욱 강화되어 기억 유지 기간이 길어진다는 것이다. 특히, 이 과정에서 반복된 학습은 학습된 정보를 안정화시켜 외부 요인에 의한 기억 왜곡을 줄이는 역할도 한다.

다른 연구자는 '수면 시간이 적절할수록 학습된 정보를 안정화시키는 데 유리하다.'라는 가설 B를 발표하였다. B에 따르면, 수면 중에 뇌는 깨어 있는 동안 입력된 정보를 정리하고 불필요한 정보를 걸러내는 과정에서 중요한 정보를 장기 기억으로 저장한다. 특히, 7시간 이상의 충분한 수면을 취할 때 이러한 정보 정리 및 저장 과정이 효과적으로 이루어져 학습된 내용이 잘 유지된다고 주장한다. 그러나 10시간 이상의 과도한 수면은 오히려 기억력을 저하시킬 수 있다고 한다.

또 다른 연구자는 '높은 스트레스 수준이 학습 효과를 저해할 뿐만 아니라, 특정한 기억의 형성을 방해하거나 왜곡시킬 수 있다.'라는 가설 C를 발표하였다. C에 따르면, 스트레스 호르몬인 코르티솔이 과도하게 분비될 경우, 뇌의 해마와 같은 기억 중추에 부정적인 영향을 미쳐, 학습된 내용이 정확하게 기억되지 않거나 아예 망각될 수도 있다. 또한, 스트레스 수준이 높을 때는 반복 학습의 기억력 향상 효과가 현저히 줄어든다고 한다.

<보 기>

ㄱ. 충분한 운동과 반복적인 복습을 병행한 그룹이 운동을 전혀 하지 않고 복습만 한 그룹에 비해 기억 유지 기간이 더 짧았다는 연구 결과가 나왔다면, A는 강화된다.
ㄴ. 한 그룹은 5시간의 짧은 수면을, 다른 그룹은 10시간의 긴 수면을 취하게 한 후 기억 테스트를 진행한 결과, 10시간 수면을 취한 그룹이 더 높은 점수를 얻었다면, B는 약화된다.
ㄷ. 스트레스 수준이 높은 상태에서 학습한 그룹이 반복적인 복습을 병행했을 때, 스트레스를 받지 않은 상태에서 단 한 번만 학습한 그룹보다 기억력이 더 낮았다는 연구 결과는 C를 강화한다.

① ㄱ
② ㄴ
③ ㄷ
④ ㄱ, ㄷ
⑤ ㄴ, ㄷ

[39 ~ 40] 다음 글을 읽고 물음에 답하시오.

기업이 경영활동을 수행하는 과정에서 발생되는 비용은, 기업의 영업활동으로 인하여 지출되는 영업비와 기업이 타인의 자본을 사용할 경우 발생되는 재무비로 구성된다. 영업비는 다시, 원재료 구입비, 소모품비 등 생산량에 따라 비례적으로 증가하는 영업변동비와 설비나 사무실의 임차료 및 유지비용, 직원의 임금 등 생산량의 변동과 관계없이 일정하게 발생하는 비용인 영업고정비로 구분된다. 영업고정비는 기계 설비의 구입, 공장 신설, 시설 확장 등과 같이, 기업이 용이하게 현금화할 수 없는 비유동자산에 투자를 많이 할수록 증가하게 되는데 이는 지렛대의 역할을 하여 영업레버리지 효과를 일으킨다.

그런데 기업의 비유동자산에 대한 투자는 때로 영업위험을 초래하기도 한다. 영업위험은 기업의 영업 성격이나 영업비의 성격으로 인하여 발생하는 위험으로 영업이익의 변동성과 관련이 있다. 이에 기업은 투자 정책이 영업이익과 영업위험에 미치는 영향을 측정할 도구가 필요한데, 이때 이용되는 도구가 바로 '영업레버리지도'이다. 영업레버리지도는 기업의 매출액이 변동할 때 영업이익이 변동하는 정도로, 영업이익에 대한 공헌이익으로 나타낼 수 있다. 여기서 공헌이익이란 매출이 실제로 기업의 이익에 얼마만큼 공헌했는지를 나타내는 것으로, 매출액에서 영업변동비를 차감한 금액을 의미하고, 영업이익이란 순수하게 영업을 통해 벌어들인 이익을 나타내는 것으로, 공헌이익에서 영업고정비를 차감한 금액을 의미한다. 이는 수식을 이용하면 다음과 같이 나타낼 수 있다.

$$\text{영업레버지리도} = \frac{\text{공헌이익}}{\text{영업이익}} = \frac{\text{매출액} - \text{영업변동비}}{\text{매출액} - \text{영업변동비} - \text{영업고정비}}$$

위 수식은 영업고정비가 클수록 영업레버리지도가 커진다는 것을 나타낸다. 다시 말해, 영업고정비가 클수록 영업레버리지 효과가 증가한다는 것을 나타내는 것이다. 예를 들어, 어떤 기업의 매출액이 10억 원, 영업변동비가 6억 원, 영업고정비가 2억 원이라면, 이 기업의 공헌이익은 매출액에서 영업변동비를 차감한 금액인 4억 원이 되며, 영업이익은 매출액에서 영업변동비와 영업고정비를 차감한 금액인 2억 원이 된다. 따라서 이 기업의 영업이익에 대한 공헌이익인 영업레버리지도는 2가 되며, 이는 10%의 매출액 증감이 있을 때, 영업이익은 그 2배인 20%의 증감이 됨을 뜻한다.

영업고정비가 증가할 경우 영업이익이 확대되어 나타나는 것은 생산 규모의 확대로 인해 규모의 경제가 작용하게 되고 단위생산원가는 훨씬 저렴하게 되어, 매출액이 증가할 때 종전의 소규모 생산 시설을 유지할 때보다 영업이익의 증가 폭이 더 커지기 때문이다. 반대로 매출액이 감소할 때에는 영업고정비의 부담이 증가하여 영업이익의 감소폭이 더 커진다. 이와 같은 원리에 의해서 영업고정비가 증가하면 영업레버리지 효과가 발생하는 것이다. 이렇게 영업고정비가 증가할수록 매출액의 변동에 따른 영업이익의 변동 폭이 확대된다는 사실은 기업의 의사결정과 관련하여 다음과 같은 점을 시사한다.

첫째, 사업 전망과 관련지어 영업레버리지 효과를 평가해야 한다는 점이다. 사업 전망이 밝은 기업이 영업레버리지도가 높으면 이익의 확대를 기대할 수 있지만, 사업 전망이 흐린 기업이 영업레버리지도가 높으면 손실이 확대될 수 있다. 둘째, 시설 투자 혹은 생산 방식의 전환은 기업의 자산 구조를 변화시키고, 이에 따라 비용 구조를 변화시킨다. 즉 이와 같은 의사결정의 문제는 영업레버리지 효과의 변화를 가져와 영업위험을 변화시킨다.

39. 위 글에서 알 수 없는 것은?

① 영업레버리지도가 동일한 두 기업의 손익 기대가 상이하게 평가될 수 있다.

② 영업비의 총액이 동일하더라도 기업의 영업위험이 달라질 수 있다.

③ 기업의 시설투자가 증가하고 원재료의 가격이 폭등하는 가운데 구입하는 원재료의 양이 기존과 동일하다면 기업의 영업비는 증가한다.

④ 매출액과 영업비의 크기 및 영업비를 구성하는 영업변동비, 영업고정비 등의 비율만이 주어진다면 영업레버리지도를 알 수 있다.

⑤ 영업고정비의 부담이 증가하면 매출액이 감소하여 영업이익의 감소폭이 커진다.

40. 위 글을 바탕으로 <보 기>에 대한 평가로 적절하지 않은 것은?

<보 기>

A 기업은 작년에 '가' 생산 방식으로 제품을 생산해 개당10,000원에 100만 개를 판매하였고, 영업변동비는 개당 9,000원을 유지하였다. 올해는 영업이익을 올리기 위해 '나' 생산 방식으로의 전환을 검토하였다. 다음은 두 생산 방식의 판매량이 10%증감했을 때를 가정한 표이다.

	'가' 생산 방식			'나' 생산 방식		
판매량 증감률(%)	-10	0	+10	-10	0	+10
판매량(만 개)	90	100	110	90	100	110
매출액(억 원)	90	100	110	90	100	110
영업변동비(억 원)	81	90	99	63	70	77
영업고정비(억 원)	0	0	0	20	20	20

① 올해 A기업의 사업 전망이 부정적으로 예측된다면, 생산 방식을 유지하는 것이 바람직할 것이다.

② 생산 방식을 유지하는 경우 판매량이 변화하더라도 '가' 생산 방식의 영업레버리지도는 동일하게 유지된다.

③ '나' 생산 방식의 영업고정비가 0으로 줄어든다면, 생산 전망과 무관하게 '나' 방식으로 전환하는 것이 A기업에 유리하다.

④ 생산 방식을 '나' 방식으로 전환한 가운데 판매량이 전과 동일하다면, 영업이익도 동일하다.

⑤ 생산 방식을 '나' 방식으로 전환한 가운데 판매량이 10% 증가한다면, 영업이익은 30% 증가할 것이다.

현재 내 위치가 궁금하다면?

빠른 채점 및 성적 분석

https://labstandard.kr/eas

성적분석 서비스 + 통계표 확인

맞은 문제 수 / 푼 문제 수	맞은 문제 수 / 찍은 문제 수
(　　)문제 / (　　)문제	(　　)문제 / (　　)문제

총점: 　　　　점

✓ 전국에 있는 수험생들의 성적과 자신의 성적을 지금 바로 비교해 보세요!

2025년 국가공무원 5급 공채·국립 외교원·7급 지역인재 등 PSAT 대비

| 언어논리영역 |

1 교시

문제책형

기

응시번호

성명

응시자 주의사항

1. **시험시작 전에 시험문제를 열람하는 행위나 시험종료 후에 답안을 작성하는 행위를 한 사람**은 「공무원임용시험령」 제51조에 의거 **부정행위자**로 처리됩니다.
2. **답안지 책형 표기**는 **시험시작 전** 감독관의 지시에 따라 **문제책 앞면에 인쇄된 문제책형을 확인**한 후, **답안지 책형란에 해당 책형(1개)**을 '●'로 **표기**하여야 합니다.
3. 시험이 시작되면 문제를 주의 깊게 읽은 후, **문항의 취지에 가장 적합한 하나의 정답만을 고르며,** 문제내용에 관한 질문은 할 수 없습니다.
4. **답안을 잘못 표기하였을 경우**에는 **답안지를 교체하여 작성**하거나 **수정할 수 있으며**, 표기한 답안을 수정할 때는 **응시자 본인이 가져온 수정테이프만을 사용**하여 해당 부분을 완전히 지우고 부착된 수정테이프가 떨어지지 않도록 손으로 눌러주어야 합니다. **(수정액 또는 수정스티커 등은 사용 불가)**
   ■ **불량한 수정테이프의 사용과 불완전한 수정처리**로 발생하는 **모든 문제는 응시자 본인에게 책임**이 있습니다.
5. **시험시간 관리의 책임은 응시자 본인에게 있습니다.**
   ※ 시험지는 시험종료 후 가지고 갈 수 있습니다.

성적분석 및 이의제기 안내

1. **빠른 채점** 및 **성적분석** 서비스 (나의 위치 확인 및 통계 분석 결과 확인)
   ■ **시험지 뒷면** 및 **해설지**의 **QR코드** 확인 : https://labstandard.kr/eas
2. **답안지(OMR 카드) & 정오표** 다운로드, 문항 관련 문의
   ■ 랩스탠다드 홈페이지(https://labstandard.kr) "학습지원센터 - 자료실 & 정오표" 게시판 확인
   ■ 문항 관련 문의 : "학습지원센터 - 1:1 문의" 게시판 또는 이메일(labstandard@naver.com)

1. 다음 글에서 알 수 있는 것은?

화성행궁은 정조 20년(1796) 화성 축조와 함께 지어졌다. 화성행궁은 정조가 부친인 사도세자의 무덤 현륭원에 행차할 때 머물기 위한 처소로 마련된 것이지만 평상시에는 수원부 치소(治所)로 사용되었다.

행궁은 전체적으로 앞쪽으로 약간 긴 장방형이며 동향으로 배치되었다. 정면 중앙에는 약간 안으로 들여 정문인 '신풍루'가 있고 중축 선상에 내삼문인 '좌익문'과 '중양문'이 있다. 정당(正堂)은 여러 건물 중에서 주가 되는 건물을 의미하는데, 행궁에서 정당에 해당하는 '봉수당'은 가장 안쪽에 배치되었다. 봉수당 서북쪽으로는 모서리끼리 연결된 '장락당'이 있는데 이곳이 왕의 침소로 사용되던 곳이다. 장락당 정면에는 '경룡관'이라는 누각 형식의 삼문이 있다. 장락당 향좌측의 '복내당'은 행궁의 내당으로 사용되던 곳으로 5량 18칸 건물이다. 복내당 앞에는 '유여택'이라는 5량가의 8칸 건물이 있다. 정당 향우측에는 '낙남헌'이 있는데, 낙남헌은 본래 읍치의 득중정을 다른 곳으로 옮기고 그 자리에 새로 지은 건물이다. 낙남헌 뒤쪽으로는 용마루가 이어지면서 남쪽으로 꺾인 '노래당'이라는 건물이 있다.

행궁 앞으로는 관아 건물들이 배치되었다. 신풍루 향좌측에는 외정리소, 비장청, 서리청, 남군영 등이 있고 향우측에는 집사청, 북군영, 우화관 등이 있다. 원래 읍치 건물에는 남북 군영과 비장청, 무기고 등이 있고 나머지 외정리소, 서리청, 집사청 등은 성곽 축조 때 지은 것들이다.

1874년(고종 11)에는 2만 냥을 들여 행궁 지붕을 고쳤다는 기록이 있다. 행궁은 고종 때까지도 잘 유지되어 왔다고 볼 수 있으나, 구한 말 개화의 물결과 함께 수원 최초의 서양식 의료기관인 자혜의원이 1910년 세워지면서 행궁 일부가 파손되었다. 이후 자혜의원이 도립병원으로 바뀌면서 크게 증축되고, 주변에 경찰서와 민가가 들어서기 시작하며 수원 군청으로 사용되던 낙남헌을 제외한 행궁의 모든 건물이 헐렸다. 또 이 부근에 신풍초등학교가 들어서면서 낙남헌 건물이 초등학교 교사로 사용되기도 했다.

1989년에는 화성행궁 복원 추진위원회가 설립되고 1991년에는 수원 의료원 건물이 이전되면서 1993년에 수원시에서 화성행궁 복원을 위한 장기계획을 수립하였다. 이에 따라 2003년 1단계 복원 공사가 완료되었고, 2단계 복원 사업은 2024년에 완료되었다. 이로써 화성행궁은 완전히 복구되었다.

① 화성행궁은 정조의 현륭원 행차 시 처소로 마련된 것으로, 평상시에는 공실을 유지하였다.
② 화성행궁 봉수당 향우측의 건물은 교육을 목적으로 사용되기도 하였다.
③ 신풍루 향좌측의 건물들은 신풍루 향우측의 건물들에 비해 나중에 지어졌다.
④ 수원 최초의 서양식 의료기관이 세워지며 화성행궁의 지붕이 파손되었다.
⑤ 복내당 앞에는 복내당보다 칸수가 많은 건물이 있다.

2. 다음 글에서 알 수 없는 것은?

개화사상이란 조선 후기 형성된 자주 근대화 · 변혁 · 진보를 지향하는 정치사상을 말한다. 한국의 개화사상은 조선 후기 실학사상을 계승하고 중국으로부터 들여온 신서(新書) 등의 도움을 받아 박규수·유홍기 등에 의해 형성되고 이들의 교육을 통해 하나의 사상으로 자리 잡았다.

개화사상은 근대 국민 국가 형성을 목표로 국가의 전 영역에서 근본적 변화를 촉구하였다. 정치체제로서는 왕이 통치 권력을 독점하는 전제 군주제를 입헌군주제 또는 공화제로 개혁해 민주 체제를 수립하고, 경제적으로는 서양의 선진 과학기술을 도입하고 자본주의적 근대산업 체제를 수립하는 것을 목표로 했다. 사회적으로는 양반 신분제도를 폐지해 국민의 자유와 평등을 실현함으로써, 인재를 능력에 따라 뽑아 쓰고 국민의 힘을 민족의 발전에 효과적으로 동원하고자 했다. 또한 종래 중국의 경서·사서·시문 중심의 교육을 근본적으로 개혁해 국민 중심의 근대적 과학 문화를 수립하고, 이를 위해 신식 학교를 널리 설립해 신교육을 실시해야 한다고 주장했다. 군사적으로는 나라의 자주독립을 지킬 수 있는 무력을 양성하면서 구식 군대를 신식 군대로 개편하며 근대적 병기로 무장시킴으로써 열강의 침략 위협으로부터 나라를 자력에 의해 실질적으로 방위하고자 했다.

즉, 개화사상의 내용은 당시 조선왕조 사회가 당면했던 민족적 위기를 타개하고 자주 부강한 근대 국민 국가를 건설해, 나라의 자주독립과 발전을 실현할 수 있는 성격의 것이었다고 볼 수 있다.

그러나 개화사상이 등장과 동시에 주류적 사상으로 인정받고 사회에 큰 영향을 미친 것은 아니다. 초기 개화사상은 주로 양반 출신과 중인 출신의 소수의 청년 지식인들만이 갖고 있던 사상이었다. 또한 개화파가 청국의 침략에 맞서 개화사상을 바탕으로 '위로부터의 대개혁'으로서 행한 갑신정변은 개화파의 약한 세력으로 인해 실패에 이르렀다. 개화사상은 이후 갑신정변의 실패로부터 10년 후에 이르러서 온건 개화파들이 집권해 갑오경장을 실시할 때에 이르러서 비로소 개혁 정책의 정립에 심대한 영향을 끼칠 수 있었다고 볼 수 있다.

하지만 장기적으로 보면 개화사상의 형성과 발전의 영향으로 개화 정책이 부분적으로 채택되기도 하고 크고 작은 개화 운동이 전개되기도 하였다는 점에서 개화사상이 조선의 근대화에 부분적으로라도 영향을 미쳤음은 분명하다. 이후 1905년 을사조약에 의해 일제에게 국권을 빼앗긴 전후에 국권 회복의 일차적 목표에 따라 개화사상은 애국계몽사상과 운동으로 전환되어 전개되기도 하였다.

① 개화사상은 군주가 모든 통치권을 갖는 정치체제에 변화가 필요하다고 주장하였다.
② 개화사상은 학교와 군대를 신식으로 개편하여 교육과 군사 측면의 근대적 발전을 도모하고자 했다.
③ 개화파는 중국의 서적을 배격하고 자주적인 사상을 추구했다.
④ 개화파는 등장과 동시에 모든 계층의 국민들에게 주류적으로 수용되지는 못했다.
⑤ 개화사상은 민주적 정치체제의 근대 국민 국가, 시민사회, 자본주의 경제로의 변화를 촉구하였다.

3. 다음 글을 읽고 추론한 것으로 가장 적절한 것은?

'바위의 돔'은 예루살렘의 성전산에 위치한 사원으로 이슬람교, 유대교의 성지에 해당한다. 사원은 '신성한 바위'를 둘러싸고 있는데, 이슬람 전설에 따르면 창시자인 예언자 마호메트가 이 바위에서 하늘로 올라갔으며, 유대교 전통에서 바위는 히브리 민족의 시조이자 초대 족장이었던 아브라함이 아들 이삭을 이곳에서 제물로 바친 곳이자 기원전 950년경 솔로몬이 성전을 건설했던 곳이다. 이슬람교에서는 메카와 메디나와 함께 이곳을 3대 성소의 하나로 삼는다.

바위의 돔은 638년 이슬람 세력이 이곳을 점령한 후 칼리프 알 말리크의 명령에 따라 691년 완공되었다. 당시 칼리프는 대중 예배를 위한 모스크가 아닌 순례자를 위한 성지를 의도했고 이러한 전통은 오늘날까지 이어져 오고 있다. 사원은 이후 1015년에 한번 무너져, 우리가 오늘 보는 사원은 1023년 재건된 모습이다.

8각형을 기본형으로 하는 바위의 돔은 이슬람 양식이라기보다는 전형적인 로마 또는 비잔틴 양식에 가깝다. 나무로 된 돔은 지름 18m로 높은 원통형 구조 위에 얹혀 있으며, 그 아래 16개의 기둥이 둥글게 배치되어 있다. 그리고 이 원을 둘러싸고 24개의 기둥으로 이루어진 8각형 내벽이 있다. 외벽도 마찬가지로 8각형이며 각 면은 너비가 18m이고 높이가 11m이다. 외벽과 돔 하부 원통형 구조에는 수많은 창문들이 배치되어 빛이 건물 안으로 스며들어올 수 있게 설계되었다.

사원 내부는 모자이크, 대리석 장식 등으로 화려하게 꾸며져 있다. 이 재료들은 대부분 완공 이후 수 세기에 걸쳐 후대의 이슬람 지도자들과 단체들의 기부에 의해 추가된 것이다. 사원 외부에 있는 비석에는 사원이 최초로 완공된 해가 적혀 있다. 다만 원래 이 비석에는 칼리프 알 말리크의 이름이 새겨져 있었지만 9세기 경 칼리프 알 마문이 사원을 새롭게 단장하면서 그의 이름을 지우고 자신의 이름을 새겨넣었다.

바위의 돔은 이스라엘-팔레스타인 분쟁의 불씨 역할을 하기도 했다. 이스라엘은 무슬림들이 십자군 전쟁 때 이 지역을 되찾은 이래 관리해온 성전산의 출입구에 경찰을 배치했지만 종교적 주권을 인정해 요르단이 지원하는 이슬람 재단이 바위의 돔을 관리하게 하였고 이러한 관행은 오늘날까지 이어지고 있다. 한편, 이스라엘 강경파들은 유대교 성지 회복을 주장하고 무슬림들은 이에 강하게 반발해오고 있는데, 2000년에는 훗날 총리를 역임하는 이스라엘 야당 지도자 아리엘 샤론이 무장 경찰 수백명을 대동하고 성전산을 방문해 팔레스타인 민중 봉기의 직접적인 원인이 된 바 있다.

① 이슬람 전설에 따르면 마호메트가 '신성한 바위'에서 승천한 것은 아브라함이 이삭을 제물로 바친 이후이다.
② 7 ~ 9세기 이슬람 지도자들 간에는 사원을 건립하면 자신의 이름을 새겨넣은 비석을 사원 외부에 설치하는 관습이 있었다.
③ 바위의 돔 내부의 장식은 이를 성지로 삼는 두 종교의 유력자들의 기부에 의해 설치되었다.
④ 바위의 돔은 현재 이슬람 단체의 관리 아래 순례자들의 방문이 허용되고 있다.
⑤ 바위의 돔은 이슬람 세력이 십자군 전쟁 때 예루살렘을 점령한 후 건립되었다.

4. 다음 글에서 알 수 있는 것은?

만돌린(Mandolin)은 한 쌍을 이루는 두 개의 현이 같은 음으로 조율되어야 하는 악기이다. 다른 악기에 비해 정확하게 조율하는 것이 까다로운 편이므로, 연주에 앞서 각각의 현을 정확한 음으로 조율하는 과정이 매우 중요하다.

만돌린의 여덟 현은 두 줄이 한 쌍을 이루어, 바이올린과 같은 총 네 개의 음(G, D, A, E)으로 조율된다. 오른손잡이를 기준으로, 악기를 바른 자세로 들고 있을 때 맨 아래쪽의 가장 가는 두 현이 가장 높은 E5음 현이며, 이 두 현은 같은 음을 내기 때문에 함께 1번 현(E5현)이라고 부른다. 위쪽으로 갈수록 현이 굵어지고 낮은음을 내는데, 아래에서부터 차례대로 2번 현(A4현), 3번 현(D4현), 4번 현(G3현)이다. 머리 부분에 있는 나사식 줄감개를 이용하여 조율하는데, 줄감개를 조이면 음이 높아지고 줄감개를 풀면 음이 낮아진다.

만돌린을 비롯한 현악기를 조율할 때, 특히 주의할 점은 원하는 음보다 낮은음으로부터 시작해서 줄감개를 서서히 조이면서 정확한 음높이까지 높여야 한다는 점이다. 이와 반대로 줄감개를 풀면서 조율할 경우, 팽팽하게 감겨 있던 현이 조율할 때 서서히 풀리지 않고 연주 중에 갑자기 풀어져서 음높이가 내려갈 수 있기 때문이다.

이러한 현상은 새로 교체한 현일수록 자주 발생하므로, 현을 교체한 직후에는 특히 주의해야 한다. 현은 4 ~ 6주마다 교체하는 것이 가장 바람직하다. 한 쌍의 복현은 같은 제품을 사용해야 정확한 조율이 가능하기 때문에, 하나의 현이 끊어지면 두 현을 동일한 제품으로 함께 교체하는 것이 좋다.

조율하는 방법은 여러 가지가 있지만 가장 정확하고 일반적인 방법은 전자 튜너를 이용하는 것이며, 이 외에도 조율 피리 등을 이용하는 방법, 조율된 다른 악기의 음에 맞춰 조율하는 방법, 그리고 연주자가 귀로 듣고 판단해 조율하는 방법이 있다.

튜너와 같은 도구도 없고 다른 연주자와 함께 연주하는 것도 아니라면, 연주자 스스로 음높이를 기억하여 조율해야 한다. 기준음인 A4음을 기억하여 2번 현을 먼저 조율하고, 다른 현들의 조율은 위의 다른 방법들과 같게 하면 된다. 물론 정확한 음높이로 조율하는 것이 중요하지만, 다른 연주자와 함께 연주하는 것이 아니라면 현의 절대적인 음높이보다는 한 쌍의 복현을 정확하게 같은 음으로 조율하는 것이 더욱 중요하다.

① 만돌린 연주자가 스스로 음높이를 기억하여 조율하는 경우, 1번 현부터 차례대로 조율해야 한다.
② 조율이 완료된 만돌린에서 2번 현의 줄감개를 푸는 경우, 기존음에 비해 1번 현의 음에 가까워질 것이다.
③ 만돌린의 두 줄이 한 쌍을 이루어 총 여덟 개의 음으로 조율된다.
④ 만돌린을 혼자서 연주하는 경우, 복현을 새로 교체한 직후에는 나사식 줄감개를 서서히 조이면서 해당 복현이 정확하게 같은 음높이를 나타내도록 조율해야 한다.
⑤ 일반적으로 만돌린 연주자들이 가장 선호하는 조율 방법은 전자 튜너를 사용하는 것이다.

5. 다음 빈칸에 들어갈 내용으로 가장 적절한 것은?

플라톤적 사고관에 따르면, 번역 행위란 출발언어로부터 '의미'를 추출하여 도착언어의 형식과 구조에 알맞게 따르도록 옮기는 작업이다. 이와 같은 의미 중심적 번역의 과정에서 출발언어의 언어적 흔적과 자취는 사라진다. 번역의 결과 도착언어가 출발언어에 비해 우위에 서게 된다. 도착 언어로 완성된 작품이 번역물로 느껴지지 않아야 좋은 번역으로 인정 받게 된다. 이는 낯선 언어가 도착언어에 의해 잘 길들여진 것과 같다. 이러한 의미에서 의미중심적 번역은 자민족 중심의 번역의 성격을 지닌다.

반면, 벤야민의 언어관은 "언어는 자기 자신을 전달한다"라고 파악한다. 발화자의 의사를 전달하거나 사물 지시하는 것이 언어의 본래적 기능이 아니다. 예컨대, "호롱불"이라는 언어는 사물로서 호롱불을 소통시키는 것이 아니라, "언어 - 호롱불"을 소통시킨다. 즉, 언어는 무엇보다도 자기 자신을 소통시키는 것이다. 이와 같은 관점에서 번역가는 문장의 의미를 옮겨서는 안 된다. 벤야민의 진정한 번역은 구문을 직역하여 옮기는 것이고, 원문의 표현방식이 번역 언어 속에 체화되도록 해야 한다. 즉, 진정 좋은 번역가는 [ ]

① 번역물로 느껴지지 않는 수준까지 도착언어를 정제해야한다.
② 원문의 표현, 이미지, 소리가 서로 결합되는 정도까지 본연의 구문을 살려야 한다.
③ 도착언어를 최대한 배제하여, 사물의 본래적 의미인 지시성을 갖추는 과제에 직면한다.
④ 도착언어에 비해 우위인 출발언어의 지위를 전복시키는 표현 방식을 실천해야 한다.
⑤ 출발언어의 표현방식을 배제하고 의미의 본질적 요소를 탐구하여 자민족 중심주의를 탈피해야 한다.

6. 다음 글의 내용과 부합하는 것을 <보기>에서 모두 고르면?

열대야(트로피컬 나이트)는 '트로피컬 데이'라는 말에서 나왔다. '트로피컬 데이'란 일 최고기온이 30℃ 이상인 한여름의 날씨를 이르는 말로, 말 그대로 열대지방 기온이라는 의미이다. 그런데 최저기온이 25도 이상이면 낮뿐만 아니라 밤에도 열대지방의 기온과 비슷하게 된다. 그러다 보니 열대야를 트로피컬 나이트라 부르게 된 것이다. 현재는 기상청이 2009년에 정립한 열대야 기준을 사용하고 있는데, 이 기준에 따르면 밤(당일 오후 6시 1분부터 다음날 오전 9시까지) 최저기온이 25℃ 이상인 날을 열대야라 부른다.

우리나라에서는 북태평양고기압이 강하게 확장하는 7월 중순부터 8월 중순 사이에 열대야가 발생한다. 고온다습한 북태평양고기압은 한낮에는 찜통더위를 가져오고 밤에는 높은 습도로 복사냉각효과(輻射冷却效果)를 감소시켜 기온이 내려가지 않게 한다. 이에 따라 고온다습한 무더위가 밤에도 그대로 남아있게 되는 것이다.

최근에는 우리나라에서 '초열대야 현상'까지 발생했다. 초열대야 현상은 밤(당일 오후 6시 1분부터 다음날 오전 9시까지) 최저기온이 30℃ 이상인 것을 말하는데 이는 지구온난화로 인한 기온상승이 만들어낸 현상이다. 이전까지 초열대야는 아열대나 열대기후 지역에서만 발생하는 것으로 알려져 왔다. 하지만 2013년 8월 7일 우리나라 강원도 강릉시의 밤 최저기온이 30.9 ℃를 기록하며 우리나라에서도 최초로 초열대야 현상이 나타났다.

열대야는 우리 삶에 직·간접적으로 큰 영향을 미친다. 그중에 가장 두드러지는 것은 '열대야증후군'이다. 열대야증후군이란 열대야로 인한 수면 부족 때문에 나타나는 피로감과 집중력 저하, 두통, 소화불량 등의 여러 가지 증세를 말한다. 열대야가 발생하는 기상 조건에는 높은 습도과 높은 기온이 있다. 습도가 높으면 땀이 기화하기 어려워 깊이 잠들지 못하며 체온을 내리는 기능이 약해진다. 높은 습도는 밤의 불쾌지수 또한 80 이상으로 높인다. 불쾌지수가 80 이상이면 신경이 예민해지고 생활 리듬이 깨진다. 높은 습도뿐만 아니라 높은 기온의 영향도 크다. 사람이 쾌적한 수면을 할 수 있는 온도는 18 ~ 20도이다. 밤 기온이 25도가 넘는 열대야에서는 체내 열을 외부로 발산하기 어렵다. 따라서 체내의 온도 조절 중추가 흥분되어 일종의 각성 상태가 되고 이로 인해 잠을 자지 못하거나 자더라도 얕은 잠을 자게 되는 것이다.

<보 기>

ㄱ. 트로피컬 데이에는 해당하나 트로피컬 나이트에는 해당하지 않는 날이 있을 수 있다.
ㄴ. 초열대야 현상이 나타난 2013년 8월 7일은 트로피컬 데이에 해당하지 않을 수 있다.
ㄷ. 높은 습도는 체내의 온도 조절 중추를 흥분시켜 열대야 증후군이 나타나게 한다.

① ㄱ
② ㄴ
③ ㄷ
④ ㄱ, ㄷ
⑤ ㄱ, ㄴ, ㄷ

7. 다음 글에서 알 수 없는 것은?

태장형(笞杖刑)은 일종의 신체형으로, 회초리로 죄인의 볼기와 넓적다리를 때리는 형벌이다. 이는 죄의 경중에 따라 10회를 단위로 태형은 50회까지, 장형은 60회에서 100회까지 각 5등급으로 집행하였다. 『흠휼전칙』에 따르면 태(笞)의 규격은 길이는 3척(尺) 5촌(寸)이며, 윗부분 두께는 2분(分) 7리(釐), 손잡이 두께는 1분 7리이고, 장(杖)의 규격은 3척 5촌이며, 윗부분 두께는 3분 2리, 손잡이 두께는 2분 2리이다. 태와 장은 그 모양과 길이에 큰 차이가 없고 굵기만 약간 차이가 날 뿐이어서 처벌의 기준이 매질의 횟수에 있음을 알 수 있다.

태형은 비교적 가벼운 경범죄에 적용되는데, 수령과 방백 등의 지방관이 직접 처벌할 수 있는 권한이 있었지만, 장형은 중범죄로 수령과 방백이 결안을 작성해 보고하면 형조를 거쳐 국왕의 재가를 받아 처벌하는 형벌이었다. 태장형은 신체에 가해지는 형벌인 만큼 매질로 인한 죄인의 육체적 고통은 이루 다 말할 수 없었다. 이 형벌은 때때로 치명적이어서 매질로 난 상처가 감염되는 이른바 장독(杖毒)으로 죽는 이도 많았다. 또한 정약용이 『목민심서』에 50대의 한도를 넘는 태형은 모두 남형이니 목민관으로서 절대 해서는 안 된다고 강조할 정도로 남용하는 사례가 많았다.

태장형은 육체적 고통은 물론이고 바지를 내리고 볼기를 내려야 하는 치욕도 감내해야 했다. 유교 윤리상 신체의 훼손은 곧 불효로 간주되었기 때문에 양반에게 태장형은 특별한 경우를 제외하고 지극히 제한되었다. 따라서 1423년(세종 5)에 양반 관료가 십악, 살인, 장물, 행군 등 중대 범죄 외의 태장형을 범했을 때 벌금으로 신체형을 대신할 수 있도록 선처하는 규정이 마련되었다.

태장형은 형판에 죄인의 팔과 다리, 그리고 허리 등을 밧줄로 묶은 채 시행하였다. 이는 행형 과정에서 죄수가 몸부림치는 것을 저지하고 정확한 부위를 가격하려는 조치인 동시에 신체의 제압을 통해 형벌의 엄중함을 과시하기 위한 의식과도 같은 절차였다.

① 태형과 장형은 모두 신체의 여러 부위를 밧줄로 묶은 채 시행하였다.
② 태형과 장형에 사용되는 회초리는 모양과 길이보다는 굵기에서 약간의 차이를 보인다.
③ 지방관이 직접 처벌할 수 있는 권한이 있던 형벌은 죄인으로 하여금 신체적 고통과 치욕을 모두 겪게 하였다.
④ 윗부분의 두께가 2분 7리인 회초리를 사용하는 형벌은 형조를 거쳐 국왕의 재가를 받아야 처벌할 수 있다.
⑤ 세종 재위 시기에 양반 관료가 회초리로 60회 이상을 맞았다면 그 관료는 십악, 살인, 장물 등의 중대범죄를 저질렀을 것이다.

8. 다음 글에서 알 수 있는 것은?

디지털 데이터에도 거리의 개념이 적용될 수 있다. '데이터 간의 거리'는 추상적 거리의 개념으로, 데이터가 표현하려는 정보에 따라 측정 방법이 다르게 나타난다. '00', '11'과 같은 2비트의 데이터가 2진수로 표현된 수치를 가리킨다면 00과 11의 거리는 $|(0\times2^1+0\times2^0)-(1\times2^1+1\times2^0)|=3$ 으로 두 수의 차와 같다. 그런데 2비트의 데이터 00이나 11이 어떤 상태를 나타내는 부호라면 거리는 두 부호가 구별되는 정도라 할 수 있다. 해밍거리(Hamming distance)는 부호의 관점에서 부호들 간의 거리를 표현하는 방법 중 하나이다. 해밍 거리는 길이가 같은 두 부호를 비교하였을 때 두 부호의 같은 자리에 있는 서로 다른 문자의 개수로 나타낸다. 예를 들어 세 개의 부호 '00', '01', '11'이 있다면 00과 01의 해밍 거리는 1이고, 00과 11의 해밍 거리는 2이다.

부호들 간의 최소 해밍 거리를 충분히 멀게 한다면 통신이나 저장 과정에서 발생하는 오류를 검출하여 수정할 수 있다. 예를 들어 전송하려는 1비트의 원시부호 0과 1이 있고 부호 단위로 송수신한다고 가정해 보자. 송신자가 1을 보낸다면 수신자는 0이나 1 중 하나를 받게 될 것이고, 송신자가 어떤 데이터를 보냈는지 알 수 없기 때문에 오류가 발생하더라도 오류가 있는지 알 수 없다.

0이나 1을 송수신하는 대신 하나의 원시부호(x) 뒤에 확인 부호(p)를 덧붙여 x p에 해당하는 2비트 단위의 전송부호를 만들어 보자. 전송부호는 고정된 원시부호에 확인 부호를 덧붙이고, 확인 부호는 원시부호에 대한 1의 개수가 짝수가 되도록 만든다는 규칙 A를 정한다면 전송부호는 '00'과 '11'이 된다. 만일 수신자가 '01'이나 '10' 중 하나를 받은 경우 전송부호에 오류가 있음을 알 수 있다. 하지만 어느 자리에서 오류가 났는지 알 수 없기 때문에 오류를 수정할 수는 없다.

00이나 11을 송수신하는 대신 p와 동일한 규칙 A의 확인 부호(q)를 한 번 더 덧붙여 x p q에 해당하는 3비트 단위의 전송부호 '000'과 '111' 중 하나를 송수신한다고 가정해 보자. 한 자리의 오류만 있다고 가정하면 수신자가 '001', '010', '100', '011', '101', '110' 중 하나를 받은 경우 오류 발생 자리를 검출하여 수정할 수 있다. 예를 들어 110의 경우 x인 1에 대해 p와 q는 각각 1이 되어야 1의 개수가 짝수가 되지만 q가 0이므로 1의 개수가 홀수이다. 따라서 오류 발생 자리를 검출하여 110을 111로 수정할 수 있다.

① 전송부호 간의 해밍거리가 5인 경우 반드시 전송 과정에서의 오류를 수정할 수 있다.
② 규칙 A가 적용되고 한자리의 오류가 존재하는 경우 수신자가 '11110'을 수신했다면, 올바른 전송부호는 '11111'이다.
③ 두 부호 간의 해밍거리가 클수록 데이터 간 물리적 거리가 멀어진다.
④ 2진수 '000'과 '111'의 데이터간 거리는 3이다.
⑤ 규칙 A가 적용되는 경우, 수신자가 원시부호가 한자리인 전송부호 '110'을 수신하였다면 올바른 전송부호는 '111'이다.

9. 다음 글의 ㉠ ~ ㉣에 들어갈 말을 적절하게 나열한 것은?

'주거권'이란 모든 사람이 적절한 주거를 공급받고 현재의 주거를 안정적으로 유지하고 향유할 권리이다. 이러한 주거권을 제대로 누리지 못하는 사람들을 위해 정부에서는 주택정책을 통해서 기본적인 주거 욕구를 충족시킬 수 있도록 도움을 제공한다. 주택정책은 정부나 정부의 위탁을 받은 기관이 수요자에게 주택 서비스를 제공하는 공급자 중심 전달 체계와 수요자의 선호를 반영하여 수요자에게 서비스 선택권을 제공하는 수요자 중심 전달 체계로 나누어진다.

공급자 중심 전달 체계는 정부가 직접 주택을 건설하여 공급하는 공공 임대 주택이 대표적이다. 이는 저렴한 주택이 부족한 상황에서 정부나 위탁 기관이 양질의 주택을 저렴한 가격으로 저소득층에게 임대하는 것이다. 이를 위해서는 공공 임대 주택의 공급 물량이 일정한 수준으로 [㉠]되어야 하므로 정부는 재원을 지속적으로 마련해야 한다.

그런데 공공 임대 주택이 일정한 구역을 형성함으로 수요자들이 문화적으로 소외감과 고립감을 느낄 수 있는 부작용이 나타날 수 있다. 또한 수요자들의 요구와는 다르게 지역 [㉡]으로 공급됨으로써 실질적 선택권이 보장되지 않으며 주거 환경에 대한 불만이 제기되는 문제점이 드러나기도 한다.

주거권을 보장하기 위한 수요자 중심의 전달 체계의 제도로는 주택 바우처 제도가 있다. 이는 기존에 있는 민간 주택 시장을 [㉢]하여 경제적 취약 계층에 있는 사람들에게 임대료에만 쓸 수 있는 보조금을 주는 것이다. 이 제도는 적절한 품질을 가진 주택이 충분히 공급된다는 것을 가정했을 때 수요자가 원하는 주택을 선택할 수 있는 장점이 있다.

그러나 공급 물량이 부족하여 초과 수요가 나타나거나 주택 거래가 원활하게 이루어지지 않은 상황에서는 주택 임대료가 [㉣]할 수 있다. 이뿐만 아니라 보조금이 임대료에 비해 부족하여 현실적인 혜택을 바라는 수요자들의 요구를 충족시키지 못하는 문제점도 있다. 이를 해결하려면 다양한 경로를 통해 주택 바우처 제도에 대한 정보를 제공하고 주택의 품질 관리를 병행하는 것 외에도 임대료를 규제해야 한다는 주장도 제기된다. 한편 동일한 자격 조건을 가진 사람들 가운데 바우처를 받지 못하는 경우가 생기지 않도록 합리적이고 공정한 기준을 마련해야 한다.

	㉠	㉡	㉢	㉣
①	유지	분산적	활용	상승
②	감소	분산적	배제	하락
③	유지	집중적	배제	상승
④	감소	집중적	활용	하락
⑤	유지	집중적	활용	상승

10. 다음 글의 빈칸에 들어갈 말로 적절한 것은?

침몰된 선박의 인양작업은 침몰선의 위치에 따라 해저면 이탈, 수중 인양, 자유수면 통과, 공기 중 인양 등의 과정을 거친다. 이때 해저면은 해양의 바닥으로서 물과 토석의 경계면을 의미하며, 해저면 이탈력은 물체가 해저면을 이탈할 때 작용하는 힘으로 인양작업의 초기단계인 해저면 이탈을 성공하는 데에 필요한 최소한의 힘이라고 할 수 있다. 해저면 이탈력은 물체의 침강조건에 따라 높은 변동성을 가지므로 같은 무게의 선박이라 할지라도 해저면 이탈력은 얼마든지 달라질 수 있다.

관련 연구기관 A는 침몰 시간과 인양속도가 해저면 이탈력에 어떠한 영향을 미치는지 확인하기 위해 서로 다른 모양과 무게를 가진 선박 X로 실험을 진행했다. 침몰 시간이란 선박이 침몰한 후 인양될 때까지의 시간이고, 인양속도란 침몰선을 인양할 때 얼마나 빠르게 들어 올리는지에 대한 값이다.

A는 총 4차례의 실험을 진행했다. <실험1>에서는 침몰 후 5시간 뒤에 0.2 cm/s의 속력으로 인양했고 <실험2>에서는 침몰 후 25시간 뒤에 0.2 cm/s의 속력으로 인양했다. <실험3>에서는 침몰 후 5시간 뒤에 0.6 cm/s의 속력으로 인양했으며 <실험4>에서는 침몰 후 25시간 뒤에 0.6 cm/s의 속력으로 인양했다. 다른 조건은 동일하게 유지했다.

연구기관 A는 각 실험에서 도출된 해저면 이탈력을, 0부터 1까지의 값으로 표준화하였으며 0에 가까울수록 작은 힘을, 1에 가까울수록 큰 힘을 나타내도록 설정했다. 실험 결과 <실험1> ~ <실험4>에서 도출된 해저면 이탈력은 각각 0.3, 0.6, 0.5, 0.8 이었다. 결과를 바탕으로 연구기관 A는 [   ] 고 결론을 내렸다.

① 선박의 무게와 모양이 해저면 이탈력을 결정한다
② 침몰 시간이 짧을수록, 인양속도가 빠를수록 해저면 이탈력이 커진다
③ 침몰 시간이 짧을수록, 인양속도가 느릴수록 해저면 이탈력이 커진다
④ 침몰 시간이 길수록, 인양속도가 빠를수록 해저면 이탈력이 커진다
⑤ 침몰 시간이 길수록, 인양속도가 느릴수록 해저면 이탈력이 커진다

11. 다음 글의 내용이 참일 때 갑돌이가 구매하는 브랜드의 최소 개수와 최대 개수는?

> 갑돌이는 식단 관리를 위해 닭가슴살 브랜드 가, 나, 다, 라, 마, 바 6개 중 일부를 구매하고자 한다. 갑돌이는 아래의 조건에 따라 닭가슴살을 구매한다는 사실이 밝혀졌다.
>
> ○ 가를 구매하지 않으면 다를 구매하고, 바를 구매하면 가를 구매한다.
> ○ 마를 구매하지 않으면 라를 구매하고, 라를 구매하면 마도 구매한다.
> ○ 라와 바는 함께 구매하지는 않는다.
> ○ 가와 나 중 적어도 하나는 구매한다.
> ○ 나를 구매하지 않으면 바를 구매하고, 다를 구매하지 않으면 나를 구매한다.
> ○ 가와 나를 모두 구매한다면, 마는 구매하지 않는다.

① 최소 1개, 최대 2개
② 최소 1개, 최대 3개
③ 최소 2개, 최대 3개
④ 최소 2개, 최대 4개
⑤ 최소 3개, 최대 4개

12. 다음 글의 내용과 진술이 참일 때 반드시 참인 것은?

> A부처에서는 부처 내 게임 대회를 열었다. 대회에는 갑, 을, 병, 정이 참가하였으며 이들은 구구, 누누, 두두, 루루 중 각기 다른 하나의 캐릭터를 대회 내내 플레이한다. 대회의 진행 방식은 다음과 같다. 4강전 두 경기의 승자는 결승에서 맞붙어 우승자를 결정한다. 4강전의 패자는 3~4위전에서 맞붙어 3위를 결정한다. 모든 경기는 단판제로 진행되며 무승부는 없다. 모든 경기가 끝난 이후 결과를 본 관객들의 진술은 다음과 같다.
>
> ○ A : 갑의 대진운이 좋았더라면 등수가 올랐을지도 몰라.
> ○ B : 그러게. 내가 응원하던 정도 갑을 만나지 않았다면 결과가 달랐을지도 몰라. 결국 2패로 마무리됐으니까.
> ○ C : 구구가 결승전에서 보여준 슈퍼토스를 보면 구구의 우승은 당연하다고 생각해
> ○ D : 두두가 포탑골드를 탐내지만 않았어도 첫 경기에서 이겼을텐데!
> ○ E : 나는 루루로 1승 1패를 한 게 너무 신기해
> ○ F : 나도 동의해. 루루로 누누를 이기다니.

① 우승자는 병이다.
② 갑은 3등, 정은 4등이다.
③ 갑이 누누를 플레이 했다면, 정은 두두를 플레이 했다.
④ 병이 구구를 플레이 했다면, 병은 정과 경기를 한 적이 없다.
⑤ 을이 루루를 플레이 했다면, 을은 첫 번째 경기에서 정과 맞붙었다.

13. 다음 논쟁에 대한 분석으로 가장 적절하지 않은 것은?

갑: 민주주의 체계보다 권위주의적 통치자 아래에서 질적으로 다양한 예술이 존재할 수 있어. 민주주의 국가의 정부는 국민의 통제 아래 놓여있게 돼. 대표적으로 다수결 제도를 통해 민의를 집약하게 되는데, 이때 극단적인 선호는 인정받지 못하고, 사실상 중도에 가까운 정부가 집권하게 돼. 이러한 중도적인 민주 정부의 예술 정책은 획일화된다는 특징이 있어.

을: 민주주의의 원리가 극단적인 선호를 배제하는 경향성이 있다는 것에 동의해. 그러나 민주국가는 기본적으로 다양한 관점을 허용해. 오히려 권위주의적 통치자는 권력을 유지하기 위해 예술을 자신의 통치 수단으로 활용하지. 이 과정에서 친정부 예술은 지원하고 반정부 예술을 탄압하는 등 예술을 획일화하려고 해.

갑: 이집트의 피라미드를 생각해 봐. 권위주의 통치자들은 강력한 중앙권력으로 수준 높은 예술을 지원하고 현실화할 수있어. 그리고 민주정부의 예술 정책은 주로 보조금 지원에 머물러. 이때 예술가들은 보조금을 받기 위해 오히려 획일화된 예술작업을 할 수밖에 없어. 예술의 질적 다양성을 위한 재정적인 지원을 간과하면 안 돼. 분명 권위주의 체계가 예술의 재정적 지원과 추진력에서 민주정부보다 우월해.

을: 권위주의 국가와 전근대 왕정 국가들의 예술은 대부분 거대한 건축물이야. 그런데 예술품이라는 것이 엄청난 재정 지원을 받은 거대 문화유산만을 의미하지는 않아. 민주정부의 예술 정책이 보조금 위주라도 하더라도, 이를 받기 위해 예술가들 사이의 질적인 경쟁이 이루어져. 그리고 그 경쟁 속에서 더 다양한 작품이 탄생할 수 있는 계기가 돼.

① 갑과 을은 다수결 제도가 중도적 선호에 도달한다는 것에 동의한다.
② 갑은 높은 수준의 예술 분야 재정 지원이 질적인 다양성을 향상한다는 것에 동의한다.
③ 을은 보조금을 통한 경쟁이 많아질수록 질적으로 다양한 예술이 만들어진다고 주장한다.
④ 갑과 을은 예술 정책이 친정부적이고 획일화된 예술품을 만든다는 것에 동의한다.
⑤ 을은 거대 문화유산이 예술 작품의 범주에 포함되는 것을 전제한다.

14. 다음 논쟁에 대한 분석으로 적절한 것만을 <보기>에서 모두 고르면?

딥보이스란, AI의 핵심 기술인 딥러닝과 '페이크 보이스(가짜 음성)'를 합친 용어로 음성 변조, 복제, 합성 기술을 말한다. 유명인의 목소리를 인공지능(AI)으로 학습한 뒤 가공한 콘텐츠들이 등장하면서, 이러한 '딥보이스' 기술을 허용해야 하는지에 대한 논쟁이 활발하게 이루어지고 있다.

갑1: 딥보이스는 다양한 분야에서 사회적 가치를 창출해 내기도 한다. 최근 한 기업은 고인이 된 부모님의 목소리로 글을 읽어주는 캠페인을 진행해 뜨거운 호응을 얻었다. 다른 기업에서도 딥보이스로 고인이 된 인기가수의 목소리를 되살려 콘텐츠를 제작하기도 했다. 뿐만 아니라 약화된 근육으로 목소리를 잃을 위험이 있는 루게릭병 환자들은 딥보이스를 통해 자신의 목소리를 구현할 수 있다. 이처럼 딥보이스는 고인이나 말을 할 수 없는 환자의 잃어버린 목소리를 되찾아 주기도 한다.

을1: 딥보이스가 목소리를 흉내 낼 수 있다는 점을 악용해 발생하는 문제도 있다. 실제로 한 은행에서 딥보이스로 흉내 낸 대기업 임원의 전화를 받고 420억 원에 달하는 금액을 송금한 딥보이스피싱 피해가 발생했다. 한 교수는 "내가 잘 아는 사람의 목소리가 보이스피싱에 활용된다면 신뢰감 확보가 훨씬 쉬워져 피해 사례가 더 커질 수 있다."며 딥보이스의 악용 위험성을 지적하기도 했다.

갑2: 딥보이스는 게임 산업에 있어서도 긍정적인 측면이 있다. 대사가 있는 시네마틱 게임의 경우, 수많은 대사를 모두 성우의 목소리로 녹음하면 제작 기간도 길어지고 비용이 많이 든다. 그러나 딥보이스를 활용하면 빠른 기간 내에 게임 제작이 가능하여 게임 산업이 크게 발전할 수 있을 것으로 예상된다.

을2: 딥보이스에 대한 사회적 합의와 약속이 선행되지 않으면 딥보이스를 허용해서는 안 된다. 성우들의 목소리가 성인물, 정치물, 도덕적 문제가 있을 수 있는 콘텐츠 등에 무단으로 사용되는 경우도 있으나, 현재 이에 대한 규제는 미비한 실정이다. 그러므로 당장 딥보이스 기술을 허용해서는 안 된다.

<보 기>

ㄱ. 을1은 딥보이스에 대한 악용가능성을 지적하고, 전문가의 견해를 인용하여 자신의 딥보이스 기술에 대한 부정적인 견해를 강화하고 있다.
ㄴ. 갑1은 딥보이스의 활용을 통한 사회적 가치창출의 사례를 들어 딥보이스 기술을 찬성하고, 을2는 규제의 미비를 들어 딥보이스의 허용가능성을 전적으로 부정한다.
ㄷ. 갑2는 딥보이스 기술이 게임 제작비용을 감축시킬 수 있다는 점을 들어 딥보이스 기술에 대해 찬성하고 있다.

① ㄱ ② ㄱ, ㄴ
③ ㄱ, ㄷ ④ ㄴ, ㄷ
⑤ ㄱ, ㄴ, ㄷ

15. 다음 글에서 알 수 있는 것은?

> 고대의 신화와 중세의 신(神) 중심의 사고에서 벗어난 근대 서구인들에게 이성은 인류를 구원할 빛이자 진리였다. 그러나 이성을 맹신한 결과 전쟁의 비극과 물질문명의 병폐를 경험한 유럽인들은, 이성에 대한 깊은 회의감과 함께 인간의 실존 문제에 관심을 갖게 되었다. 특히 전쟁의 소용돌이 한가운데 있던 독일의 젊은 예술가들은 사회·정치적 긴장 상태에 항거하며, 그동안 근대 이성의 그늘에 가려 소외되어 왔던 인간의 내면을 회화를 통해 분출하고자 하였는데, 이러한 예술운동을 '표현주의'라고 부른다.
>
> 표현주의는 한 마디로 '감정을 표현한다.'라는 의미이다. 기존의 사실주의 회화가 대상을 있는 그대로 표현하려고 한 반면, 표현주의 회화는 눈에 보이는 대상의 모습이 아닌 작가의 감정이나 내면 등을 표현하려고 하였다. 표현주의 화가인 마티스는 "회화는 결국 표현이다."라고 주장하면서, 표현이 눈으로 본 것을 눈에 전달하는 것이 아니라 마음으로 느낀 것을 마음에 전달하는 수단임을 강조하였다. 이는 회화의 기본 목적이 대상을 사실적으로 재현하는 것이라는 전통적 규범을 거부하였다는 점에서 아방가르드 운동의 일종이라 할 수 있다.
>
> 표현주의는 화가의 감정을 표현하는 데 중점을 두기 때문에 대상의 색이나 형태가 왜곡되어 나타난다는 특징이 있다. 특히 색의 경우, 각각의 색감이 주는 주관적 느낌을 통해 작가가 느끼는 감정이나 감각을 표현하려 하였다. 따라서 표현주의 작품에서는 사물이 갖는 고유한 색은 무시된 채 내면을 드러내기 위해 작가가 자의적으로 선택한 색이 사용되었다. 또한 표현주의는 순간적으로 분출되는 강렬한 감정을 포착하는 과정에서 다소 과장되고 거친 붓놀림을 통해 전쟁 이후 사회의 불안감이나 인간의 근원적 고통을 화폭에 담아내었다.
>
> 표현주의는 도외시되어 온 인간의 감정을 표현하려 했다는 점에서, 회화의 영역을 대상의 외면에 국한하지 않고 인간의 내면까지 확장시킨 운동으로 평가받았다. 이는 훗날 선이나 형, 색 등의 조형 요소를 통해 작가의 감정을 표현하는 현대 추상 미술이 등장하는 기반이 되었다.

① 표현주의는 순간적이고 강렬한 감정을 포착하여 불안감이 팽배한 전쟁 이후 사회의 모습을 사실적으로 묘사하였다.
② 표현주의는 대상의 형태가 왜곡되기 때문에 화가의 감정을 표현하는데 적합한 방식으로 활용된다.
③ 인간의 실존 문제가 주목받으면서 이성을 맹신함에 따른 병폐가 지적되기 시작하였다.
④ 표현주의 회화는 아방가르드 운동의 일환으로 전통적 규범을 거부하기 위해 눈에 보이는 대상이 아닌 내면에 집중하였다.
⑤ 표현주의와 현대 추상 미술은 제작자의 감정을 주로 표현한다는 점에서 공통점을 지닌다.

16. 다음 글의 논지를 약화하지 않는 것으로 가장 적절한 것은?

> 배양육이란 가축을 사육하는 대신 가축의 세포를 배양해 얻은 고기로, '실험실 고기' 또는 '클린 미트'라고도 불린다. 이는 기존 고기를 대체하는 식재료를 통칭하는 대체육의 일종으로, 동물의 줄기세포를 이용해 실험실에서 대량 배양해 만드는 것이다. 배양육을 얻기 위해서는 먼저 소나 돼지, 닭 등의 가축에서 추출한 줄기세포를 분리하여 배양기에 넣어 증식시킨다. 이때 세포 성장에 필요한 영양분을 공급하기 위한 배양액을 투입하며 이 과정에서 필요한 영양소를 공급받은 줄기세포는 근육세포로 바뀌게 된다. 이 근육세포를 틀에 넣어 고기 모양으로 만들고 육류 특유의 빛깔로 염색하면 배양육이 완성된다. 배양육에 관한 연구는 1999년 네덜란드에서 시작되어 현재 실험실에서 시제품을 생산할 수 있는 단계까지 왔다.
>
> 배양육은 기존 공장식 축산업에 따른 환경 오염을 줄이고, 생명윤리 논란에서 벗어날 수 있다는 장점이 있다. 기존 축산보다 토지 사용량, 온실가스 배출량, 에너지 소모량을 대폭 감소시킬 수 있기 때문이다. 사육 환경이나 도축과 관련된 동물복지 문제가 없을 뿐만 아니라 위생적인 배양 과정을 통해 생산되므로 안전성을 확보하기 쉽고 가축 전염병 발생위험이 없다. 또한, 인체에 유익한 성분이 강화된 육류를 선택적으로 생산할 수 있으며, 멸종 위기 동물의 배양육을 생산하여 새로운 수요를 창출할 수도 있다.
>
> 또한 개인적 신념 및 종교적 이유로 육류 섭취를 피하는 사람들에게도 필수 아미노산 섭취가 필요하므로 수백~수천 개의 아미노산으로 구성된 단백질 섭취는 필수적이다. 필수 아미노산은 체내에서 합성되지 않거나 합성이 되어도 매우 양이 적어 반드시 음식을 통해서 섭취해야 하며, 동물성 단백질이 필수 아미노산의 가장 효과적인 섭취원으로 알려져 있다. 따라서 배양육은 이들에게 결핍되기 쉬운 영양성분을 보충할 수 있다. 이와 같은 이유로 배양육은 축산업을 대체할 잠재력과 수요는 높이 평가되며 배양육의 보편화는 현재진행형이다.

① 인간에게 한가지 필수 아미노산이라도 부족하면 단백질은 합성되지 않기 때문에 육류 섭취가 제한적인 사람들도 필수 아미노산을 공급할 수 있는 단백질을 지속적으로 섭취할 필요가 있다.
② 배양육의 생산비용은 2020년에 100g 당 4만 원으로 많이 감소하기는 하였으나, 기존 축산물과 가격경쟁을 하기에는 여전히 매우 높은 수준이므로 배양육 보급에 금전적인 한계가 있다.
③ 현재 생산된 배양육은 기존 육류보다 맛이 떨어진다는 평가를 받고 있으며, 스테이크 같은 원재료의 질이 중요한 음식보다는 햄버거 패티용으로 사용되는 등 실질적인 수요는 제한적이다.
④ 세포 배양을 위해서는 위생 체계를 높은 수준에서 유지해야 하므로 에너지 소모량이 적다고 단정하기는 힘들고, 성장을 위해 항생제를 투입할 경우 안전성 문제가 나타날 수 있다.
⑤ 배양액으로는 말이나 소의 태아 혈청을 사용하고 있는데 배양액은 임신 중인 소를 도축하여 얻을 수밖에 없으므로 현재 기술 수준에서는 배양육 생산을 위해서는 가축을 도축해야 한다는 모순된 구조이다.

17. 다음 글의 핵심 논지로 가장 적절한 것은?

우리 형법에서는 공무원 또는 중재인이 직무행위에 대한 대가로 법이 인정하지 않는 이익을 취득하는 행위를 뇌물죄로 규정하여 금지하고 있다. 때문에 뇌물죄에는 단순수뢰죄(單純受賂罪) 뿐만 아니라 사전수뢰죄, 제삼자뇌물제공죄 등이 모두 포함된다. 이처럼 다양한 행위를 뇌물죄로 총칭하여 처벌하는 데에는 우리 법이 달성하고자 하는 목표가 있을 것이다.

뇌물죄 규정이 궁극적으로 달성하고자 하는 목표가 국가기능의 공정성을 보호하는 것에 있다는 점은 이견이 없으나 이것이 직접적으로 보호하고자 하는 이익이 무엇인가에 대해서는 불가매수성(不可買收性)설과 종합설이 대립하고 있다. 전자는 공무원이 돈에 의해 매수되어 직무행위의 공정성을 잃어서는 아니 된다는 불가매수성을 직접적인 보호법익이라고 보는 반면, 후자는 불가매수성 뿐만 아니라 공무의 공정에 대한 사회일반의 신뢰까지도 포함된다고 본다. 불가매수성만을 보호법익으로 본다면 업무가 해당 공무원의 직접적인 직무권한에 속하지 않는 한 매수가 불가능하기 때문에 뇌물죄는 성립하지 않는다. 그러나 공무의 공정에 대한 사회일반의 신뢰까지 보호법익에 포함된다고 해석하면 수뢰공무원의 권한범위와 상관없이 해당 행위로 인해 일반의 신뢰를 무너뜨릴 위험성이 인정되기만 하면 뇌물죄가 성립한다.

판례는 “뇌물죄는 직무집행의 공정과 이에 대한 사회의 신뢰에 기하여 직무행위의 불가매수성을 그 직접적 보호법익으로 하고 있다”고 하여 우리나라 뇌물죄가 목표하는 바를 명확히 제시하고 있다. 뇌물죄가 직접적으로 보호하는 바가 무엇인지는 알선수뢰죄(斡旋受賂罪)에 대해 살펴보면 보다 쉽게 알 수 있다. 알선수뢰죄는 공무원이 그 지위를 이용하여 제 3자인 공무원의 직무와 관련한 일을 잘 처리해 주도록 알선해주고 그 대가로 금품을 받는 행위를 의미한다. 우리 형법은 이에 대해 처벌하고 있는데, 이때 처벌근거로 수뢰공무원이 돈으로 제 3자인 공무원을 매수할 가능성이 있다는 점을 든다면 납득하기가 쉽지 않다. 하지만 수뢰공무원이 금품 등을 받고, 특정 사인의 이익을 위해 다른 공무원의 직무에 영향을 미치는 일련의 행위들로 인해 시민들이 공정한 공무집행이 이루어질 것이라고 더 이상 믿지 못하게 되는 상황을 막기 위해 처벌한다고 근거를 든다면 보다 합리적이라고 느껴진다.

① 뇌물죄는 공무원 또는 중재인의 다양한 죄를 총칭하여 부르는 말이다.
② 일반인에게 뇌물죄의 목적과 타당성을 이해시키기 위해서는 많은 노력이 필요하다.
③ 공무원에 대한 시민들의 신뢰를 확보하기 위해서는 뇌물죄의 엄격한 적용 등 많은 노력이 필요하다.
④ 우리나라 뇌물죄의 직접적 보호법익은 불가매수성설에 따라 해석해야 한다.
⑤ 우리나라 뇌물죄의 직접적 보호법익은 종합설에 따라 해석해야 한다.

18. 다음 글의 사상가에 대한 평가로 적절한 것만을 <보기>에서 모두 고르면?

B는 조선 후기의 실학자로, 인간의 본성에 대한 탐구를 통해 인간의 선한 행위를 설명하고자 하였다. 그는 이전까지 절대적 권위를 가지고 있던 A의 주자학을 비판하며 인간의 본성에 대한 자신의 이론을 정립했다는 점에서 A와는 다른 관점을 보여주었다.

A는 인간의 ‘본성’을 본연지성(本然之性)과 기질지성(氣質之性)으로 설명하였다. 본연지성은 인간이 하늘로부터 부여받은 순수하고 선한 본성이고, 기질지성은 본연지성에 사람마다 다른 ‘기질’이 더해진 것으로 사람에 따라 다양하게 나타난다. 그래서 A는 인간의 기질이 맑으면 선한 행위가 나타나고 탁하면 악한 행위가 나타날 수 있다고 보았다. 그러나 B는 선한 행위와 악한 행위의 원인을 기질이라는 선천적 요인으로 본다면 행위에 인간의 의지가 개입되지 않으므로 악한 행위를 한 사람에게 윤리적 책임을 물을 수 없다고 A의 관점을 비판하였다.

B는 인간의 본성을 기호(嗜好)라고 보았다. 기호란 즐기고 좋아한다는 뜻으로, 생명이 있는 모든 존재는 각각의 기호를 본성으로 갖는다고 보았다. 꿩은 산을 좋아하는 경향성을 갖고 벼는 물을 좋아하는 경향성을 갖는 것처럼, 인간도 어떤 경향성을 갖는다는 것이다. B는 인간에게 감각적 욕구에서 비롯된 기호와 도덕적 욕구에서 비롯된 기호가 있다고 보았다. 먼저, 감각적 욕구에서 비롯된 기호는 육체의 경향성으로, 맛있는 것을 좋아하고 맛없는 것을 싫어하는 것을 예로 들 수 있다. 다음으로, 도덕적 욕구에서 비롯된 기호는 영혼의 경향성으로, 선을 좋아하거나 악을 싫어하는 것을 예로 들 수 있다. B는 감각적 욕구가 생존에 필요하고 삶의 원동력이 된다는 점에서 일부 긍정했으나, 감각적 욕구에서 비롯된 기호를 제어하지 못할 경우 악한 행위가 나타날 수 있고, 도덕적 욕구에서 비롯된 기호를 따를 경우 선한 행위가 나타난다고 보았다. B는 선한 행위를 하거나 악한 행위를 하는 것이 온전히 인간의 자유 의지에 달려 있으므로, 악한 행위를 한 사람에게 윤리적 책임을 물을 수 있다고 보았다.

<보 기>

ㄱ. 심리테스트 결과 연쇄살인마의 본연지성이 선한 것으로 밝혀진다면, A의 견해는 약화되지 않는다.
ㄴ. 인간과 달리 동물은 도덕적 욕구를 보유하지 않고 감각적 욕구만을 보유한다면, B의 견해는 강화된다.
ㄷ. 후천적 환경에 의해 인간의 본성이 변화될 수 있다면, A의 견해는 약화되고 B의 견해는 강화된다.

① ㄱ
② ㄷ
③ ㄱ, ㄴ
④ ㄴ, ㄷ
⑤ ㄱ, ㄴ, ㄷ

[19 ~ 20] 다음 글을 읽고 물음에 답하시오.

A는 '자연적인' 재능 및 훈련과 '인공적인' 약물 사용이라는 이분법적 구획이 불분명하다고 지적하며 도핑 규제의 유효성을 문제 삼는다. A는 유전자 변형과 전통적인 약물 도핑을 포함한 생물학적인 조작을 스포츠 경기를 '유전적 제비뽑기' 놀음으로 끝나지 않게 하는 인간의 창조적인 행위이자 전략으로 보아야 한다고 주장한다. A는 유전적 제비뽑기의 사례로 특정한 안지오텐신전환효소(ACE) 유전자 다형성이 근지구력에 긍정적으로 작용한다는 과학적 발견을 인용한다. 핀란드의 스키 메달리스트 에로 맨튀란타는 실제로 이 유전자 덕분에 일반인보다 훨씬 많은 적혈구를 갖고 있었다. A는 도핑을 전면적으로 허용하는 일이 유전적 불평등을 해소하고 선수들이 평등한 출발선에 설 기회를 마련해준다고 주장한다.

B는 모든 선수가 동등한 출발선에서 스포츠 시합을 준비하기 위해 노력하고 참여할 수 있게 하는 것만 보장해야지 굳이 모든 불평등을 해소할 필요는 없다고 주장한다. 도핑이 불공정하다는 판단은 우리가 도핑을 금지하는 규칙을 제정한 뒤에야 내릴 수 있기에 공정성 논의로는 어떤 도핑 약물을 금지하거나 허용할지, 그리고 왜 도핑이 문제인지에 관해서는 설명하지 못한다고 본다. 그러므로 스포츠의 가치와 의미와 관련해서 도핑 규제의 필요성을 찾아야 한다고 주장한다. 결론적으로 B는 도핑이 인공적이라거나 불공정함을 야기해서가 아닌, 이런 가치를 위배하기 때문에 금지해야 한다고 주장한다.

C는 B와 마찬가지로 시합 참여와 경기 능력 발휘에 관한 기회균등의 원칙만 보장되면 문제가 없으며, 선수 간의 다른 차이들을 완전히 없애 모두가 동일한 조건으로 만들 필요는 없다고 주장한다. 물론 선수 간의 사회경제적인 불평등이 존재하여 특정 훈련에 접근할 수 있는지가 외적 불평등을 야기할 수는 있지만, 도핑의 허용으로 풀 수 있는 문제가 아니다. C에게 스포츠의 주요 가치는 자연적 재능을 발휘하는 것으로 정의된다. 이때 자연적 재능이란 스포츠의 핵심 가치이자 스포츠 경기에 필요한 수행능력과 관련된 표현형들로 발현될 수 있는 유전적 성향을 의미한다. C는 선수를 인간의 탁월성의 도덕적 추구를 구현하는 자유로우면서도 책임 있는 도덕 주체로 정의하고, 훈련이 바로 유전적 성향을 구현할 수 있게 하는, 도덕적인 방식으로 성장을 추구하는 활동이라고 본다.

여기서 C는 그의 스포츠 윤리론을 위해 더 많은 유전학적 설명을 끌고 들어온다. 스포츠 훈련과 도핑 약물을 복용하는 일은 모두 인공적인 활동이지만, 전자는 기본적으로 인간의 내재적인 적응성을 자극하여 발전시키는 활동으로 앞서 언급한 운동 수행능력의 정의에 잘 부합한다. 이와 달리 후자는 이 같은 유전적 성향을 발달시키기 위해 생물학적 적응성을 자극하는 일과는 무관하다. 이 입장에 따르면 사이클 선수들이 지구력 훈련을 위해 저압실에서 훈련하는 것은 적응성을 자극시키기 위해 노력하는 것이라는 점에서 정당한 방식이라고 할 수 있다. 그러나 혈액 도핑은 이런 정상적인 메커니즘과 무관하게 적혈구 생산을 증가시키는 이득을 얻는 것이므로 선수들이 도덕적인 방식으로 자신의 자연적 재능을 발전시키려는 노력을 저해하는, 비난 받을만한 인공적인 향상 시도일 뿐만 아니라 공정한 경기를 막는 불공정한 행위이다.

19. 위 글을 읽고 알 수 없는 것은?

① 약물 도핑을 인간의 창조적인 행위로 보는 입장은 훈련과 약물사용의 경계가 불분명하다고 주장한다.
② 도핑의 공정성 논의로는 도핑의 문제점을 설명하지 못한다고 보는 입장은 스포츠의 가치와 의미에서 도핑 규제의 필요성을 찾는다.
③ 선수를 자유롭고 책임 있는 도덕 주체로 규정하는 입장은 선수들간의 외적 불평등을 도핑 허용으로 해결할 수 없다고 본다.
④ 도핑이 공정한 경기를 막는 불공정한 행위라고 보는 입장은 혈액 도핑이 비난받을 만한 인공적인 시도라고 주장한다.
⑤ 도핑 허용을 통해 유전적 불평등을 해소할 수 있다고 주장하는 입장은 사이클 선수들의 저압실 훈련을 정당하지 않다고 본다.

20. 위 글의 A ~ C에 대한 평가로 적절한 것만을 <보기>에서 모두 고르면?

<보 기>

ㄱ. 에로 맨튀란타가 실력을 발휘하기 위해 엄청난 시간 동안 훈련에 헌신했다는 점은 A의 주장을 강화하지 않는다.
ㄴ. 도핑이 공정하지 않다는 논의가 충분히 이루어진 후에만 도핑 금지 규칙 제정이 활성화된다는 점은 B의 입장을 약화한다.
ㄷ. '유전자', '유전학적 성향' 등을 포함한 유전학적 용어들을 적극적으로 채용하며 유전학을 논의하는 방식이 최근 오류가 많은 것으로 밝혀진 '환원론적 유전자' 개념에 기초했음이 밝혀진다면 A와 C의 주장은 모두 약화된다.

① ㄱ
② ㄴ
③ ㄱ, ㄴ
④ ㄴ, ㄷ
⑤ ㄱ, ㄴ, ㄷ

21. 다음 글에서 알 수 있는 것은?

고려시대에 왕자가 승려가 된 것은 문종 대부터였다. 그는 왕자 후와 탱을 각각 영통사와 현화사로 출가시켰는데, 그중 후는 송나라 철종과 이름이 같아 주로 의천이라는 자를 주로 사용하였다.

1065년 11세의 나이로 출가한 의천은 짧은 시간 안에 『화엄경』을 통달하였고, 불교뿐만 아니라 유교 관련 서적도 섭렵하는 총명함을 보였다. 그러자 그는 송나라로 유학을 떠나고자 하여, 송나라의 고승 정원법사와 서신을 주고받은 내용과 과거 원광법사와 의상대사의 유학 전례를 담은 <청입대송구법표>를 문종에게 지어 올려 허락을 구하였다. 그러나 문종은 송나라로 가는 뱃길이 험하다며 허락하지 않았다.

부왕의 뜻을 거스를 수 없었던 의천은 문종의 생전에는 유학의 꿈을 일단 접어 두었다. 그러나 문종이 사망하고 순종에 이어 형님인 선종이 즉위하자 다시 송나라로 떠나는 것에 대한 허락을 받으려 했다. 그러나 이번에는 신하들이 고려 왕자가 송나라에서 유학하는 것으로 인해 거란과의 관계가 악화될 수 있다며 반대하여 좌절되었다.

허락을 받아낼 수 없을 것이라 판단한 의천은 선종 2년이었던 1085년 4월 변장을 하고 몰래 배편으로 송나라 유학길에 올랐다. 이에 조정은 발칵 뒤집혔으나 의천은 5월에 송나라의 수도에 무사히 도착했고 송 황제 철종 또한 그를 환대하며 계성사에 유숙하게 해주었다. 또한 철종의 주선으로 정원법사를 비롯, 화엄의 대가 유성법사와 항주의 자변대사를 만나 이들과 함께 열띤 토론을 벌이며 천태사상을 전수받았다.

이어서 철종은 의천에게 금은보화를 하사했고 의천은 이것을 모아 7,500여 권에 이르는 불교 경전을 인쇄하는 데 모두 사용한 후 이를 정원법사가 있는 혜인선원에 남김없이 기증했다. 당나라 무종의 불교 탄압과 연이은 전쟁 이후 송나라에서는 불교 관련 서적들이 상당부분 소실된 상태였기에 의천의 이 같은 행동은 송나라 불교계에 상당한 반향을 일으켰다.

이후 선종은 아들 의천을 보고 싶어 하는 모친의 바람을 담은 국서를 철종에게 전달했고, 이에 의천은 1086년 불교 서적 3,000여 권을 가지고 귀국한다. 고려에 도착한 의천은 선종에게 왕명을 어기고 밀항한 일을 반성하는 <걸죄표>를 지어 올렸으나 선종은 꾸짖기는커녕 성대한 환영식을 열어주었다. 이후 의천은 흥왕사의 주지로 있으며 정원법사에게 장경각 건립비로 금 2,000냥을 보내기도 하였으며, 숙종 2년인 1097년에 국청사가 세워지자, 그곳의 주지가 되어 1099년에 천태사상을 기반으로 한 천태종을 개립하였다.

① 의천이 송나라에서 고승들에게 전수받은 것은 그가 영통사에서 유학을 꿈꾸며 기대했던 것과는 다른 것이었다.
② 의천은 2년이 채 되지 않는 기간 동안 송나라에서 유학하며 그곳에서 전수받은 사상을 기반으로 천태종을 개립하였다.
③ 의천이 귀국하며 가지고 온 경전 중에는 철종으로부터 받은 자금으로 인쇄한 것이 포함되었다.
④ 선종은 의천의 귀국을 희망한다는 내용을 담은 국서를 무종에게 보내 의천의 귀국을 종용했다.
⑤ 문종은 송나라로 가는 뱃길이 험하다는 이유로 <청입대송구법표>에도 불구하고 왕자 탱의 유학을 허락하지 않았다.

22. 다음 글에서 추론할 수 없는 것은?

식물바이러스는 기생 생물에게 영양을 공급하는 생물인 기주(寄主)의 다양한 생리적 원리를 이용하여 스스로를 복제하고 식물에 침입한다. 바이러스는 핵산인 DNA 혹은 RNA로 구성되어 있으며 꼭 필요한 소수의 유전자를 만들어 내고 외피 단백질로 둘러싸여 있다. 기주식물 자체의 물리적 장벽(큐티클, 세포벽) 때문에 바이러스는 식물의 상처 혹은 매개체(해충, 선충, 곰팡이)를 통해 식물세포 안으로 이동한다. 바이러스가 기주 세포 내로 이동하고 외피를 벗게 된 후 바이러스는 번역과 복제를 통해 자손을 만들고, 새롭게 만들어진 바이러스는 세포 간 이동과 원거리 이동을 하여 전신감염을 일으킨다. 경우에 따라서는 종자를 통해 운반되어 감염을 일으키기도 한다.

바이러스의 식물체 침입은 다양한 작물에서 생리적 불균형을 야기하며 이로 인해 크나큰 경제적 손실이 발생한다. 이에 오랜 기간 바이러스와 식물 간의 상호작용에 관한 연구를 바탕으로 새로운 바이러스 방제 방법들이 농가에 소개되고 있다. 그럼에도 불구하고 최근 들어 식물바이러스 피해는 점점 증가하는 실정이다. 이에 국제화로 인한 무역 다변화와 기후변화 등이 주요한 요인으로 지목되고 있다.

식물바이러스 병 방제는 농민뿐만 아니라 국가, 식물병리학자들, 소비자들에게도 매우 중요한 문제이다. 바이러스 병은 전세계적으로 다양한 작물에서 양적 및 질적으로 큰 피해를 야기한다. 비록 전세계적으로 바이러스 병에 의한 경제적 손실을 정확히 계산하기는 어렵지만, 매년 발생하는 경제적 손실액은 32조 550억원으로 추정된다. 가장 피해를 많이 야기시키는 바이러스 중 하나인 A 바이러스는 매년 아프리카, 인도, 스리랑카에서 2500만톤 이상 경제적 손실을 유발하며, B 바이러스로 인해 매년 미국과 영국에서 감자 손실액이 각각 1000억원과 640억원에 달하고 있다.

다년생 작물과 과수의 바이러스 피해는 작물의 생산량을 감소시킬 뿐만 아니라 재배 시간 및 비용 손해도 고려되어야 할 것이다. 종종 단독 바이러스 감염에서는 이상 징후가 드러나지 않아 크게 바이러스 병 피해가 없을 것이라 과소평가되고 있는 바이러스도 있지만 다른 병원균들과 복합감염이 되면서 큰 경제적 손실을 야기하는 경우도 있다. 더욱 중요한 것은 최근 기후변화로 인해 새롭게 출현한 병원균 중 50% 이상이 식물바이러스라는 점이다.

① 바이러스가 식물에 침입하면 식물의 생리적 불균형이 초래된다.
② 식물을 단독으로 감염시키고도 두드러진 증상을 보이지 않는 식물바이러스가 있다.
③ B 바이러스는 감자에 침입하여 감염을 일으키기도 한다.
④ 바이러스가 식물세포 안으로 들어가기 위해서는 식물에 난 상처를 통해 매개체와 함께 운반되어야 한다.
⑤ 기후변화는 새로운 병원균들이 출현 외에도 식물바이러스로 인한 피해 증가에 기여한다.

23. 다음 글에서 알 수 없는 것은?

인간이 만들어 낸 경이로운 구조물을 가리켜 '세계 불가사의'라고 부른다. 시대와 지역에 따라 다양한 사람들이 당대에 볼 수 있었던 경관들로 각자의 불가사의 목록을 만들었기 때문에 사람마다 알고 있는 구체적인 내용은 조금씩 다를 수 있다. 오늘날에는 세계 7대 불가사의가 널리 알려져 있다. 수많은 구조물들 중 일곱 개만이 꼽히는 이유는 불가사의를 선정하는 문화가 고대 그리스에서 시작되었기 때문이다. 기원전 4세기에 동서양을 잇는 헬레니즘 제국을 건설한 그리스인들은 발칸반도 외에도 이집트, 페르시아, 바빌로니아 문명에 접근할 수 있었다. 숫자 7은 그리스인들에게 완벽과 풍요를 상징하는 수였기에 접근 가능한 문명에서 경이로운 구조물을 일곱 개 선정해 목록으로 만든 것이다.

세계 불가사의라는 개념을 처음 제시했다고 전해지는 사람은 그리스의 역사가 헤로도토스이다. 하지만 이에 대한 기록이 남아 있지 않아 최초의 세계 불가사의 목록으로 인정되는 것은 그리스의 시인 안티파트로스의 '고대 7대 불가사의'이다. 오늘날 전해지는 고대 7대 불가사의에는 '기자 피라미드', '공중정원', '제우스신상', '아르테미스 신전', '마우솔로스 영묘', '로도스의 거상', '파로스 등대'가 포함되어 있다. 이는 6세기에 일부 수정된 것으로, 본래 안티파트로스는 파로스 등대 대신 '바빌론 성벽'을 목록에 포함시켰다. 20세기에는 몇몇 작가들에 의해 '중세 7대 불가사의'가 선정되었는데, '스톤헨지', '만리장성', '아야 소피아', '카타콤' 등이 포함되어 있다. 이 외에도 미국토목학회(ASCE), 뉴세븐원더스 재단 등에서 7대 불가사의를 선정하는 등 다양한 목록이 오늘날에도 만들어지고 있다.

오늘날 전해지는 고대 7대 불가사의 중에서 현존하는 것은 기자 피라미드뿐이고 나머지는 15세기 이전에 지진, 화재, 전쟁 등으로 파괴되었다. 아르테미스 신전의 경우 3세기 고트족의 침략으로 인해 물리적으로 파괴되어 기초적인 기능밖에 할 수 없게 되었고, 이후 6세기에 동로마 제국의 황제 유스티니아누스가 아야 소피아를 재건하는 데에 신전의 기둥과 대리석을 떼어가 재료로 사용하면서 완전히 사라지게 되었다. 불가사의 목록에 포함되었으나 파괴된 구조물들을 복원하려는 시도는 꾸준히 있어왔으나 완전하고 상세한 기록이 없다는 이유로 실행되지는 못했다.

① 안티파트로스는 기자 피라미드는 직접 볼 수 있었으나 제우스신상은 파괴되어 직접 볼 수 없었을 것이다.
② 중세 7대 불가사의 중에는 고대 7대 불가사의에 속한 구조물의 일부로 지어진 것이 있다.
③ 기록이 남아 있는 세계 불가사의 목록 중에는 안티파트로스의 것이 가장 오래되었다.
④ 중세 7대 불가사의인 카타콤은 20세기에도 존재했다.
⑤ 파괴된 불가사의가 복원되지 못하는 것은 이에 대한 기록이 부족하기 때문이다.

24. 다음 글에서 알 수 없는 것은?

힘들게 담근 김장 김치가 너무 써서 제대로 먹지도 못하는 경우가 종종 있다. 이는 김치의 '글루코시놀레이트'라는 성분 때문이다.

글루코시놀레이트는 김치 원료로 사용하는 배추, 무, 갓, 양배추, 브로콜리 등 십자화과 채소에 포함된 물질이다. 이 식물 화학물질은 곤충의 애벌레가 이를 섭취했을 때 생화학적 작용에 의해 체내에서 독성 물질로 바뀌는 기전이 있으나, 인간에게는 항암 작용을 하는 성질이 있다.

글루코시놀레이트는 특유의 톡 쏘는 향과 쓴맛이 있어 글루코시놀레이트 함량이 과도한 배추로 만든 김치에서는 쓴맛이 나기도 한다. 이처럼 글루코시놀레이트 함량 정도가 김치의 쓴맛에 영향을 주기 때문에, 김치의 쓴맛을 잡기 위해선 글루코시놀레이트에 대한 정확한 분석 기술이 요구된다.

기존의 글루코시놀레이트 분석 방법은 고성능 액체 크로마토그래피(HPLC)에 기반한 분석법이 널리 사용됐다. 하지만 복잡한 효소처리 과정으로 분석 시간이 18시간 이상 소요됐다. 최근 효소처리 과정이 생략된 질량분석법(MS)이 제시되고 있으나 이 역시 조작이 복잡하고 비용이 많이 들어 활용하는 데에는 한계가 있다.

그러나 최근 비색센서(CSA)를 이용해 효소처리 과정을 생략하면서도 글루코시놀레이트를 신속하고 정확하게 판별하는 기술이 새롭게 개발되었다. 비색센서는 화학반응에 의한 색 변화를 감지하는 센서로, 이 기술은 배추 등 8종의 십자화과 채소에서 수집한 총 10종의 글루코시놀레이트가 비색센서에 반응하는 차이를 분석하는 방식이다. 글루코시놀레이트의 종류 및 농도에 따라 비색센서가 이를 각각 다르게 인식하여 색깔로 구분된다. 특히 분석 소요 시간이 2시간 이내로 신속하고 조작법이 간편해 분석 비용도 경제적일 뿐만 아니라, 정확도가 94% 수준으로 신뢰도까지 확보했다. 세계김치연구소는 쓴맛 배추 선별 등 소비자 만족도를 높이기 위한 다양한 기술로서 활용이 기대된다고 밝혔다.

① 글루코시놀레이트는 대상에 따라 다르게 작용하기도 한다.
② 기존 글루코시놀레이트 분석 방법의 한계점은 효소처리 과정에 그치지 않는다.
③ 한 종의 채소에 2종 이상의 글루코시놀레이트가 함유된 경우가 있다.
④ 비색센서를 이용한 글루코시놀레이트 판별 방법은 복잡한 효소처리 과정이 필요하지 않으며 분석까지 걸리는 시간이 짧다.
⑤ 비색센서는 오직 글루코시놀레이트의 종류에 따른 화학반응에 의한 색 변화를 감지하므로 신속하고 조작법이 간편하며, 정확도가 높다.

25. 다음 글의 내용 흐름상 가장 적절한 문단 배열의 순서는?

(가) 딥보이스 기술의 발전은 예술의 창의적 가능성을 확대시키는 등 긍정적 전망을 보이는 반면, 원치 않는 부작용을 가져오기도 한다. 딥보이스 기술을 활용한 피싱 수법이 확산되면서 보이스피싱 범죄가 더욱 지능화되었다. 짧은 통화만으로도 피해자의 목소리를 녹음하여 이를 다른 텍스트와 결합해 새로운 음성을 만드는 데 사용한다. 이렇게 만들어낸 가짜 음성을 이용하여 피해자의 가족이나 친구를 속여 돈을 요구하는 등 다양한 범죄를 저지르는 것이다. 특히나 딥보이스 기술에 대한 지식이 보편화되지 않은 노년층의 범죄 피해 사례가 급증하고 있어 대응 마련이 시급히 요구된다.

(나) 딥보이스는 '딥러닝(Deep Learning)'과 '목소리(Voice)'의 합성어로, 인공지능(AI) 기반 음성합성기술을 통해 특정 인물의 목소리를 복제해 해당 인물이 하지 않은 말을 실제로 한 것처럼 만들어내는 기술이다. 즉, AI 기술을 활용해 특정인의 목소리를 똑같이 내는 기술을 말한다. 여기서 '딥러닝'은 컴퓨터가 인간처럼 판단하고 학습할 수 있도록 하고 이를 통해 사물이나 데이터를 군집화하거나 분류하는 데 사용하는 기술을 뜻한다.

(다) 최근 딥러닝 기반의 딥보이스 탐지 기술에 대한 특허가 나오면서 딥보이스 악용 방지 대책 마련에 대한 기대가 높아지고 있다. 이는 '인공지능 기반 음성탐지 서버 및 방법'에 대한 기술로서, 딥러닝 기반의 음성 추출 방식을 사용해 AI로 조작한 가짜 목소리, 이른바 딥보이스에 대한 탐지 성능 극대화가 핵심이다. 이를 이용해 음성의 주파수와 시간을 고려해 음성 합성 여부를 판별하고 AI를 이용해 자연스러운 목소리를 만드는 '보코더(vocoder)' 사용 여부를 판단하고, 추후에는 통화 중에도 음성의 진위 여부를 실시간으로 판별할 수 있도록 기술을 고도화할 계획이다.

(라) 점차 발전한 음성합성기술과 AI 기술은 2~3초가량의 짧은 샘플 데이터를 통해서도 특정 인물의 말투와 발음, 톤 등 자연스러운 음성을 구현할 수 있도록 해주었다. 아울러 감정과 개성도 녹여낼 수 있어 교육, 마케팅, 예술 등 다양한 분야에서 활용될 것으로 전망되고 있다. 현재 그 활용 사례로 대표적인 것은 AI 커버곡이 있다. AI 커버곡은 인공지능 기술을 이용하여 가수의 목소리를 합성하여 새로운 버전의 노래를 만드는 기술이다. AI 커버곡은 이처럼 예술 분야에 새로운 가능성을 제시하며 인기를 얻고 있다.

① (나) - (라) - (다) - (가)
② (라) - (가) - (나) - (다)
③ (나) - (라) - (가) - (다)
④ (라) - (나) - (가) - (다)
⑤ (다) - (나) - (라) - (가)

26. 다음 글에서 알 수 있는 것은?

패혈증(敗血症)은 미생물 감염으로 인한 염증반응 시 신체의 과다한 면역 반응이 전신적으로 나타나면서 세포 조직에 손상이 나타나는 증상을 뜻한다. 전 세계적으로 심장 발작이나 뇌졸중으로 사망하는 환자보다 더 많은 수가 패혈증으로 사망하며, 심혈관계통의 사망환자를 제외하면 중환자실에서 가장 흔한 사망 원인으로 보고되고 있다.

패혈증의 주된 기전 중 하나로 NF-κB 경로 활성화를 들 수 있다. NF-κB는 유전자 전사(轉寫)를 조절하고 사이토카인의 생성 및 세포 생존을 조절하는 단백질 복합체이다. 정상적인 상황에서 억제 유전자인 IκB는 NF-κB를 세포질 내에서 작동하지 못하게 꽉 잡고 있는 역할을 한다. 그런데 감염의 상황에서 면역 신호가 세포 표면에 있는 수용기를 자극하면 인산화효소가 활성화되어 IκB를 분해시킨다. IκB로부터 떨어져나간 NF-κB는 세포핵 내로 반입되고 다른 RNA 중합효소 및 보조활성인자와 결합한 후 DNA에 작용하여 각종 염증 프로세스를 담당하는 유전자를 과도하게 발현시킨다.

이 과정에서 염증성 사이토카인이 분비된다. 면역세포로부터 분비되는 신호전달 단백질인 염증성 사이토카인은 침입한 미생물을 파괴하는 대식세포의 증식을 유도하고 염증반응을 일으킨다. 대표적으로 인터류킨-1(IL-1), 인터류킨-6(IL-6), 종양괴사인자(TNF)등이 있다. NF-κB가 비정상적으로 조절되는 상황에서 과다 분비된 사이토카인은 전신적으로 과다한 염증반응을 야기하는데, 고열, 혈관 확장으로 인한 혈압 및 산소공급 저하, 세포자살 등을 동반한다. 이로 인해 신체의 여러 장기들이 조직 손상을 입게 되고, 결국 장기들이 동시에 기능이 저하되는 다발성 장기부전이 나타나 환자는 사망에 이르게 된다.

패혈증의 치료는 결국 다발성 장기부전이 나타나지 않도록 하는 것이다. 항생제를 사용해 감염원을 제거하고 승압제로 혈압을 일정 수준 이상으로 유지해 조직이 손상되지 않도록 하는 치료 방법이 많이 활용되고 있다. 최근에는 사이토카인의 분비를 억제해 과다한 염증반응을 막고 환자의 항상성을 유지하는 방식으로 패혈증 치료법도 활용되고 있다.

① 사이토카인 분비를 억제하면 패혈증으로 인한 다발성 장기부전을 막을 수 있다.
② IκB는 인산화효소로 인해 분해된 후 세포핵에서 보조활성인자와 결합한다.
③ 복수의 장기의 기능이 저하되면 사이토카인으로 인해 패혈증이 나타난다.
④ 과다한 염증반응은 혈압저하, 항상성 유지, 세포자살 등을 유발한다.
⑤ 체내의 NF-κB를 충분한 양 이상으로 유지한다면 패혈증으로 인한 사망을 막을 수 있다.

27. 다음 글에서 알 수 있는 것은?

한국의 저작권법은 문화 및 관련 산업의 발전향상을 목표로 하고 있다. 이러한 목표하에, 우리나라의 저작권법상 '저작물'이란 인간의 사상 또는 감정을 표현한 창작물을 의미한다. 저작권법은 어문, 음악, 사진 등 9가지 유형으로 저작물을 분류하는데, 9가지 유형은 예시일 뿐 저작물의 세 가지 성립 요건을 갖춘다면 여기에 해당하지 않아도 저작권법상 저작물로 보호받을 수 있다. 세 가지 요건은 '인간의 사상이나 감정', '표현', '창작성'이다.

첫째, 저작물에 '인간'의 생각이나 감정이 반영되어야 한다는 것이다. 이때 말하는 생각이나 감정은 일반인들의 보통 수준에 해당한다. 한편 인공지능이 노래를 작곡하는 경우, 행위의 주체가 사람이 아니기 때문에 훌륭한 예술성 및 작품성을 가졌다고 하더라도, 이러한 결과물은 저작물로 보호받지 못한다.

둘째, 사상 또는 감정은 외부에 객관적으로 '표현'되어야 한다. 이는 '표현'과 대조적으로 다뤄지는 '아이디어'를 살펴보면 그 의미가 명확해진다. 아이디어는 단순한 생각이나 관념에 해당하는데, 그 자체만으로는 저작물로 보호되지 않는다. 우리나라 저작권법상 아이디어는 표현되지 않는 한 저작물로 보호받을 수 없다. 즉, 표현되지 않은 타인의 아이디어를 무단으로 사용하더라도 저작권 침해에 해당하지 않는 것이다.

마지막으로 '창작성'이란 타인의 것을 베끼지 않고 저작자 자신의 고유한 표현을 나타낼 것을 요구하는 것이다. 이는 완벽히 독창적임을 의미하는 것이 아니며, 높은 수준의 예술성을 나타낼 필요 없이 타인의 저작물을 모방하지 않고 저작자 스스로 만들면 충분하다. 다만, 저작물에는 반드시 창의적인 표현이 반영되어야 한다. 만약 저작자의 표현이 드러나지 않는다면 저작권법상의 보호를 받을 수 없다.

① 인공지능이 인간의 사상과 감정에 준하는 저작물을 만든 경우 저작물로서 성립될 수 있다.
② 타인의 표현된 아이디어를 무단으로 사용한 경우, 우리나라 저작권법상 저작권 침해에 해당하지 않는다.
③ 우리나라 저작권법의 저작물 9가지 유형 중 하나인 어문 형태의 작품은 반드시 저작물에 해당한다.
④ 높은 수준의 예술성을 갖춘 저작물의 표현이 저작자의 것이 아니라면 저작권법상의 보호를 받을 수 없다.
⑤ 원숭이가 카메라로 예술성 있는 사진을 찍는 경우 저작물로 인정될 수 있다.

28. 다음 글과 <사례>를 통해 추론할 수 있는 것은?

현대 철학에서 정체성과 동일성에 대한 논의는 개인의 자아와 존재의 지속성에 대한 근본적인 질문을 제기한다. 특히, '테세우스의 배'로 알려진 고전적 사고 실험은 사물의 정체성이 어떻게 유지되는지에 대한 흥미로운 딜레마를 제공한다. 이 실험에서 배의 모든 부품이 하나씩 교체되어 원래의 부품은 남아 있지 않게 되었을 때, 그 배는 여전히 동일한 배인지에 대한 문제가 제기된다.

로크는 개인의 정체성을 심리적 연속성으로 설명하였다. 그는 의식과 기억이 개인의 동일성을 유지하는 핵심 요소라고 주장하였다. 따라서 물리적 변화에도 불구하고 심리적 연속성이 유지된다면 동일한 개인으로 간주될 수 있다. 그러나 이 접근은 기억의 오류나 왜곡, 그리고 복제된 의식과 같은 문제를 야기할 수 있다.

한편, 흄은 정체성이란 연속적인 인상과 지각의 집합에 불과하다고 보았다. 그는 자아라는 것은 지속적인 실체가 아니라 순간적인 경험들의 흐름이라고 주장하였다. 이는 개인의 동일성이 고정된 것이 아니라 변화하는 과정임을 시사한다.

또한, 현대 철학자들은 분열 사례를 통해 정체성에 대한 새로운 도전을 제기하였다. 예를 들어, 한 사람이 두 개의 복제인간으로 분열될 경우, 원래의 개인은 누구인가에 대한 문제가 발생한다. 이는 정체성이 일대일 대응이 아닐 수 있음을 보여준다.

결국, 정체성과 동일성에 대한 논의는 단순한 철학적 호기심을 넘어 윤리적, 법적 문제와도 연관된다. 예를 들어, 복제나 두뇌 이식과 같은 기술이 발전함에 따라 개인의 권리와 책임이 어떻게 정의되어야 하는지에 대한 문제가 대두된다. 이러한 논의는 인간 존재의 본질과 자아의 개념을 다시 고민하게 만든다.

<사 례>

어느 과학자가 자신의 두뇌를 완벽하게 복제하여 새로운 신체에 이식하는 실험을 하였다. 복제된 두뇌를 가진 새로운 신체는 원래 과학자의 모든 기억과 성격을 가지고 있다. 그러나 원래의 과학자도 여전히 살아 있다. 이때, 복제된 존재와 원래의 과학자 중 누가 진정한 '과학자 본인'인지에 대한 논쟁이 발생하였다.

① 로크의 이론에 따르면, 복제된 존재는 원래의 과학자와 동일한 인격체로 간주될 수 있다.
② 흄의 관점에서는 두 존재 모두 자아를 가지지 않으므로 동일성 문제는 무의미하다.
③ 분열 사례를 고려할 때, 원래의 과학자만이 진정한 본인으로 인정된다.
④ 정체성은 물리적 신체에 의존하므로, 로크에 따를 때 새로운 신체를 가진 존재는 다른 인물이다.
⑤ 복제와 이식은 윤리적 문제가 없기 때문에, 두 존재 모두 동일한 인물이다.

29. 다음 글에서 알 수 있는 것은?

인터넷 검색 엔진은 검색어를 포함하는 웹 페이지를 찾아 화면에 보여 준다. 웹 페이지가 화면에 나타나는 순서를 정하기 위해 검색 엔진은 수백 개가 넘는 항목을 고려한 다양한 방식을 사용한다. 대표적인 항목으로 중요도와 적합도가 있다.

검색 엔진은 빠른 시간 내에 검색 결과를 보여 주기 위해 웹 페이지들의 데이터를 수집하여 인덱스를 미리 작성해 놓는다. 인덱스란 단어를 알파벳순으로 정리한 목록으로, 여기에는 각 단어가 등장하는 웹 페이지와 단어의 빈도수 등이 저장된다. 이때 각 웹 페이지의 중요도가 함께 기록된다.

중요도는 웹 페이지의 중요성을 값으로 나타낸 것으로 링크 분석 기법으로 측정할 수 있다. 기본적인 링크 분석 기법에서 웹 페이지 A의 값은 A를 링크한 각 웹 페이지들로부터 받는 값의 합이다. 이렇게 받은 A의 값은 A가 링크한 다른 웹 페이지들에 균등하게 나눠진다. 즉 A의 값이 4이고 A가 두 개의 링크를 통해 다른 웹 페이지로 연결된다면, A의 값은 유지되면서 두 웹 페이지에는 각각 2가 보내진다.

하지만 두 웹 페이지가 실제로 받는 값은 2에 댐핑 인자를 곱한 값이다. 댐핑 인자는 사용자들이 웹 페이지를 읽다가 링크를 통해 다른 웹 페이지로 이동하지 않는 비율을 반영한 값으로 1 미만의 값을 가진다. 댐핑 인자는 모든 링크에 동일하게 적용된다. 가령 그 비율이 20%이면 댐핑 인자는 0.8이고 두 웹 페이지는 A로부터 각각 1.6을 받는다. 웹 페이지로 연결된 링크를 통해 받는 값을 모두 반영했을 때의 값이 각 웹 페이지의 중요도이다. 웹 페이지들을 연결하는 링크들은 변할 수 있기 때문에 검색 엔진은 주기적으로 웹 페이지의 중요도를 갱신한다.

사용자가 검색어를 입력하면 검색 엔진은 인덱스에서 검색어에 적합한 웹 페이지를 찾는다. 적합도는 단어의 빈도, 단어가 포함된 웹 페이지의 수, 웹 페이지의 글자 수를 반영한 식을 통해 값이 정해진다. 해당 검색어가 많이 나올수록, 그 검색어를 포함하는 다른 웹 페이지의 수가 적을수록, 현재 웹 페이지의 글자 수가 전체 웹 페이지의 평균 글자 수에 비해 적을수록 적합도가 높아진다. 검색 엔진은 중요도와 적합도, 기타 항목들을 적절한 비율로 합산하여 화면에 나열되는 웹 페이지의 순서를 결정한다.

① A를 링크한 웹페이지들로부터 각각 5, 7, 9를 받았다면 A값은 7이다.
② 웹페이지를 방문한 사용자 중 30%가 링크를 통해 다른 웹페이지로 이동하지 않았다면 댐핑인자는 0.3이다.
③ 댐핑 인자가 1에 가까울수록 웹 페이지를 읽는 도중 다른 웹페이지로 이동하는 사용자의 비율은 낮을 것이다.
④ 검색어가 많이 나올수록, 전체 웹페이지의 평균 글자수 보다 글자수가 적을수록 중요도가 높아진다.
⑤ 중요도와 적합도가 높을수록 웹페이지가 화면에 나타나는 순서는 빨라진다.

30. 다음 글의 A와 B에 대한 분석으로 적절한 것만을 <보기>에서 모두 고르면?

무선으로 전력을 주고받으면, 전원을 직접 연결하는 유선보다 효율은 떨어지지만 전자 제품을 자유롭게 이동하며 사용할 수 있는 장점이 있다. 이처럼 무선으로 전력을 주고받을 수 있도록 전자기를 활용하여 전기를 공급하거나 이용하는 기술이 '무선 전력 전송 방식'인데 대표적으로 A방식과 B방식 두 가지를 들 수 있다.

A : A방식은 변압기의 원리와 유사하다. 변압기는 네모 모양의 철심 좌우에 코일을 감아, 1차 코일에 '+, -' 극성이 바뀌는 교류 전류를 보내면 마치 자석을 운동시켜서 자기장을 형성하는 것처럼 1차 코일에서도 자기장을 형성한다. 이 자기장에 의해 2차 코일에 전류가 만들어지는데 이 전류를 유도전류라 한다. 변압기는 자기장의 에너지를 잘 전달할 수 있는 철심이 있으나, A방식은 철심이 없이 무선 전력 전송을 하는 것이다. 이러한 A방식은 전력 전송 효율이 90% 이상으로 매우 높다는 장점이 있다. 하지만 1차 코일에 해당하는 송신부와 2차 코일에 해당하는 수신부가 수 센티미터 이상 떨어지거나 송신부와 수신부의 중심이 일치하지 않게 되면 전력 전송 효율이 급격히 저하된다는 문제점이 있다. 휴대전화 같은 경우, 충전 패드에 휴대전화를 올려놓는 방식으로 거리 문제를 해결하였으나, 휴대전화는 직류 전류를 사용하기 때문에 1차 코일로부터 2차 코일에 유도된 교류 전류를 직류 전류로 변환해 주는 정류기가 충전 단계 전에 필요하다.

B : 다양한 소리굽쇠 중에 하나를 두드리면 동일한 고유 진동수를 가지는 소리굽쇠가 같이 진동하는 물리적 현상이 공명이다. 자기장에 공명이 일어나도록 1차 코일과 공진기를 설계하여 공진 주파수를 만든다. 이후 2차 코일과 공진기를 설계하여 공진 주파수가 전달되도록 하는 것이 B방식의 원리이다. 이러한 특성으로 인해 B방식은 A방식과 달리 수 미터 가량 근거리 전력 전송이 가능하다는 장점이 있다. 이 방식이 상용화된다면, 송신부와 공명되는 여러 전자 제품을 전원을 연결하지 않아도 사용할 수 있거나 충전할 수 있다. 그러나 현재 수준의 코일 크기로는 일반 가전제품에 적용할 수 없으므로 코일을 소형화해야 할 필요가 있다.

<보 기>

ㄱ. A방식과 B방식 모두 정상적으로 전력을 주고받기 위해서는 두 개 이상의 코일이 필요하다.
ㄴ. 2m 떨어진 위치의 다수 전자 제품을 동시에 충전하기 위해서는 A방식 보다 B방식이 유리하다.
ㄷ. 현재 일반 가전제품에 무선 전력 전송 방식이 사용되고 있다면, 이는 B방식 보다 A방식일 가능성이 높다.

① ㄱ ② ㄱ, ㄴ
③ ㄱ, ㄷ ④ ㄴ, ㄷ
⑤ ㄱ, ㄴ, ㄷ

31. 다음 글의 내용이 참일 때 희찬이가 가게 될 국가 수의 최솟값과 최댓값을 고르면?

> 희찬이는 유럽 여행을 계획하고 있다. 이와 관련하여 다음과 같은 사실이 알려져 있다.
>
> ○ 영국과 프랑스를 간다면 독일을 가지 않거나 체코를 간다.
> ○ 프랑스를 가지 않으면 영국을 간다.
> ○ 영국과 체코를 모두 가는 일은 없다.
> ○ 독일을 간다면, 그리고 오직 그 경우에만 이탈리아도 간다.
> ○ 영국, 프랑스, 독일, 체코, 이탈리아 중에서만 여행지를 선택한다.

① 최소 0개, 최대 3개
② 최소 1개, 최대 3개
③ 최소 1개, 최대 4개
④ 최소 2개, 최대 3개
⑤ 최소 2개, 최대 4개

32. 다음 글의 내용이 참일 때, 반드시 참이라고 할 수 없는 것은?

> 상점 A에서 절도 사건이 발생했고, 물건이 도난당했다는 사실이 알려져 있다. 갑, 을, 병, 정 네 사람 가운데 세 명이 범인이다. 이 네 사람은 각각 두 개의 진술을 하였는데, 적어도 하나의 진술은 참이다.
>
> 갑: 범인은 오토바이를 타고 달아났다. 병은 범인이 아니다.
> 을: 정은 진실만을 말한다. 갑이 범인이다.
> 병: 나는 범인이 아니다. 범인이 훔친 모든 물건은 순금으로 되어있지 않다.
> 정: 나는 범인이 아니고, 범인은 오토바이를 타고 달아나지 않았다. 범인이 훔친 어떤 물건은 순금으로 되어있다.

① 범인은 오토바이를 타고 달아났다.
② 범인이 훔친 어떤 물건은 순금으로 되어있다.
③ 을의 진술 중 참인 진술은 1개이다.
④ 병은 범인이 아니다.
⑤ 정은 범인이다.

33. 다음 글의 갑 ~ 병에 대한 분석으로 적절한 것만을 <보기>에서 모두 고르면?

갑: 과학 이론 P는 자연 현상을 설명하는 데 있어서 성공적인 이론이야. P는 현재의 과학기술로는 인간이 결코 그 존재 여부를 증명할 수 없는 미세한 입자 S의 존재를 가정하는데, S의 존재를 바탕으로 실제 자연 현상을 예외 없이 정확하게 설명해. P의 높은 설명력을 볼 때, 나는 S가 실제로 존재할 가능성이 크다고 생각해. 하지만 나는 S가 존재하지 않을 수도 있다는 가능성을 부정하는 것은 아니야. 다만, S가 존재하지 않는다는 것이 과학적으로 증명되기 전까지는 S가 존재한다고 가정할 뿐이야.

을: 나는 P가 자연 현상을 잘 설명하기 때문에 성공적인 이론이라는 점에 동의하지만, 미세한 입자 S가 실제로 존재한다는 점에는 동의하지 않아. P는 우리가 자연 현상을 예측하고 설명하는 데 유용한 도구일 뿐이야. 이론이 성공적이라는 것은 단지 그 이론이 우리가 관찰하는 현상들을 잘 설명한다는 것을 의미해. 그러므로 P가 성공적이라고 해서 S의 존재를 믿는 것은 섣부르다고 생각해.

병: 나도 P가 자연 현상을 잘 설명하는 성공적인 이론이라는 점에는 동의해. 하지만 을과 달리, 나는 어떤 이론이 성공적이라면 그 이론에서 가정하는 것들이 실제로 존재한다는 사실이 충분히 증명되었다고 생각해. 만약 P가 우리가 관찰하는 현상을 잘 설명하고 예측할 수 있다면, 그것은 그 이론에서 가정하는 미세한 입자 S가 실제로 존재하기 때문이야.

<보 기>

ㄱ. 갑과 병은 미세한 입자 S가 실제로 존재한다고 믿는다.
ㄴ. 어떤 이론의 가정이 참이라는 것이 증명되기 전까지는 해당 이론의 결론을 수용할 수 없다는 입장은 갑과 을의 입장에 동의하지 못한다.
ㄷ. 병은 이론이 성공적이라면 그 이론의 가정을 완전히 수용하지만, 갑은 그렇지 않다.

① ㄱ
② ㄴ
③ ㄱ, ㄴ
④ ㄴ, ㄷ
⑤ ㄱ, ㄴ, ㄷ

34. 다음 글의 빈칸에 들어갈 말로 적절한 것은?

우리는 흔히 화석 연료를 사용하는 공장이나 자동차 등을 지구 온난화의 주범이라고 생각해 왔다. 지구 온난화를 가속화하는 이산화탄소의 주요 배출원이 공장이나 자동차였기 때문이다. 그리고 지구 온난화 문제의 심각성을 알리기 위해 '탄소발자국'이라는 지표를 사용해 왔는데, 탄소발자국이란 인간의 활동이나 인간이 사용하는 상품의 생산과 소비 과정에서 발생하는 이산화탄소의 양을 의미한다.

최근 '디지털 탄소발자국'이 주목을 받고 있다. '디지털 탄소발자국'은 컴퓨터, 스마트폰, 태블릿 PC와 같은 디지털 기기를 사용할 때 발생하는 이산화탄소의 양을 의미한다. 국제환경 단체의 연구 결과에 따르면 스마트폰의 보급 이후 디지털 탄소발자국이 보급 이전에 비해 3배 이상 증가했다. 그리고 전체 탄소발자국 중 디지털 탄소발자국이 차지하는 비중이 현재 2% 정도에서 2040년에는 14%를 넘어설 것이라고 전망되고 있다.

그런데 디지털 기기 사용이 어떻게 이산화탄소 배출을 늘리는 것일까. 일반적으로 디지털 기기는 와이파이나 LTE, 5G와 같은 네트워크를 사용하는데, 이때 사용되는 다양한 유형의 디지털 정보는 모두 데이터 센터라는 곳에 저장된다. 그리고 데이터 센터에 저장된 정보를 처리할 때 발생하는 열을 냉각하거나 네트워크를 통해 정보를 송수신할 때 많은 전력이 소비된다. 이때 데이터 센터에 필요한 전기를 생산하는 과정에서 이산화탄소가 배출되는 것이다.

그러면 디지털 탄소발자국을 줄이기 위해 실천할 수 있는 방법은 무엇일까. 가장 핵심적인 방법은 [　　　　]. 이를 위해 이메일 계정이나 포털 사이트에 저장되어 있는 불필요한 이메일, 인터넷 게시물, 동영상 자료를 삭제하는 것이 바람직하다. 또 불필요한 전화 통화, 이메일이나 메시지의 송수신, 인터넷 검색 등을 줄여 네트워크 사용량을 감소시키는 것도 도움이 될 수 있다. 그리고 이러한 방법들의 실천을 생활화하여 환경을 고려한 디지털기기 이용 습관을 형성한다면 디지털 탄소발자국으로 인한 지구 온난화 문제를 개선하는 데 기여할 수 있을 것이다

① 화석 연료의 감축을 위해, 실생활에서 전력 사용을 줄고 대중교통을 이용하는 것이다.
② 와이파이나 LTE 따위의 네트워크를 사용하는 디지털 기기의 이용을 줄이는 것이다.
③ 데이터 센터의 전력 효율화 방안을 모색하는 것이다.
④ '디지털 탄소발자국'의 비중이 늘어났음을 홍보하고 대중의 관심을 끄는 것이다.
⑤ 데이터 센터에 저장되는 정보의 양과 데이터 센터를 통해 송수신되는 정보의 양을 줄이는 것이다.

35. 다음 글의 빈칸에 들어갈 내용으로 가장 적절한 것은?

기업의 구성원은 조직으로부터 자신이 원하는 것을 획득할 수 있다고 기대할 때 조직 생활에 만족하며 동기부여 된다. 기업 구성원들이 조직으로부터 무엇을 원하는지 결정해 주는 가장 근본적인 요인은 직무와 관련된 구성원들의 가치관이다. 직무와 관련된 가치관의 변화는 수익률 저하, 불량률의 증가, 이직 증가 등 기업경영 문제의 주요 원인으로 인식되어 경영자들의 관심 대상이 되고 있다.

직무관련 가치관은 내적·외적인 가치관 그리고 두 가지의 성격이 혼재된 것으로 분류된다. 내적 가치관은 일 자체에 대한 만족도와 자부심을 의미한다. 자기 일에 대해 자부심을 느끼고 조직에 대한 관심이 많다면 자신의 업무에 더욱 몰입하게 되고, 조직과 자신과의 관계에서 일체감을 느끼게 됨에 따라 업무와 관련된 성과는 높아지게 된다. 한편 일에 대한 외적인 가치관은 일 자체로써 만족하는 것이 아니라 일을 더 나은 목적을 달성하기 위한 하나의 수단으로 생각하는 것을 말한다.

이에 A 지역 기업 일반 사무직 및 생산직 구성원을 대상으로 한 실증 연구가 진행되었다. ___㉠___ 가치관과 직무관련성과의 관계를 분석한 결과, 경제적 수입에 관한 관심이 높을수록 직무만족도가 ___㉡___ 경향을 보였다. 경제적 수입에 가치관이 놓여 있는 사람은 담당하는 직무에 만족을 느끼지 못하고, 이로 인해 조직에 대한 몰입도가 낮아 결과적으로 기회만 생기면 조직을 떠나려는 의도가 강하다고 해석할 수 있다. 또한 사회적 지위에 대한 관심은 조직몰입과 ___㉢___ 관계가, 조직 내 신분상승에 대한 관심은 조직몰입과 ___㉣___ 관계가 성립한다. 높은 사회적 지위를 추구하는 사람일수록 단기적으로는 직무에 불만족을 느끼며 조직을 떠나고자 하나, 장기적으로는 조직에 잔류하며 조직에 관심을 두고 지속적으로 신분상승을 꿈꾸는 것을 의미한다고 해석된다.

	㉠	㉡	㉢	㉣
①	외적	낮아지는	반비례	비례
②	외적	높아지는	반비례	비례
③	외적	낮아지는	비례	반비례
④	내적	높아지는	비례	반비례
⑤	내적	낮아지는	비례	비례

36. A의 견해에 대한 평가로 적절한 것만을 <보기>에서 모두 고르면?

A에게 언어는 삶의 다양한 맥락에 따라 서로 다르게 혹은 유사한 모습으로 존재한다. 이에 따라 A는 언어를 이해하는 것은 그것이 어떻게 사용될 수 있는지를 이해하는 것이라는 '의미사용이론'을 제시한다. A는 언어를 배우는 것이, 일상 활동들의 맥락 속에서 언어를 어떻게 사용하고 또한 타인의 언어에 어떻게 반응해야 하는지를 배우는 것이라고 말한다. 가령 '빨강'이라는 단어의 의미를 배우는 것은 사전에 실려 있는 추상적 개념을 배우는 것이 아니라, 실제 미술 시간에 눈앞에 있는 빨간 사과를 그려 보라는 교사의 말에 물감 중 필요한 빨간색을 골라 사용할 수 있게 되는 일이다.

A는 이런 의미사용이론을 설명하기 위해 언어를 게임에 비유하여 설명한다. 예컨대 땅따먹기와 같은 게임의 규칙은 절대 불변의 법칙이 아니라 땅따먹기라는 게임을 원활하게 진행하기 위해서 만들어진 것이며, 이런 게임의 규칙은 그것에 참가한 사람들이 게임을 수행할 수 있도록 만드는 형식에 불과하다. 이렇게 언어를 게임에 빗대어 설명한다는 것은 곧 언어가 그것을 사용하는 사람들의 구체적인 활동과 관련해서만 의미가 있다는 것을 보여준다.

A는 언어가 사람들의 삶과 엉켜 있으면서 사람들의 삶을 반영한다는 것을 언어의 모호성을 통해서 설명하기도 한다. '크다'나 '작다'와 같은 표현들은 사람에 따라 의미가 다르게 사용되기 때문에 듣는 사람에게 모호하다는 느낌을 줄 수 있다. 하지만 이와 같은 표현이 없다면, 정확한 크기를 알 수 없는 경우에 대해서는 언급 자체를 할 수가 없게 된다. 더욱이 사람들은 간혹 의도적으로 모호한 표현을 사용하기도 한다. 따라서 A는 언어에 존재하는 많은 불명확성이 오히려 단점이 아닌 장점이 될 수도 있으며, 높은 수준의 명확성이 오히려 융통성의 여지를 없앨 수도 있다고 말한다.

<보 기>

ㄱ. 사전에 실려 있는 '노란색'의 추상적 의미를 이해할 수 있다면, A의 견해는 약화된다.
ㄴ. 현대에 사용되지 않는 고어가 그 자체로 학술적, 심미적 의미를 지니고 있다면 A의 견해는 약화된다.
ㄷ. 모호한 표현이 반드시 불명확성을 포함한다면, A의 견해는 약화된다.

① ㄱ
② ㄴ
③ ㄱ, ㄴ
④ ㄴ, ㄷ
⑤ ㄱ, ㄴ, ㄷ

37. 다음 갑~병의 견해에 대한 평가로 적절한 것만을 <보기>에서 모두 고르면?

북아메리카 원주민들에게는 독특한 방식으로 선물을 주는 '포틀래치(potlatch)'라는 관습이 있다. 행사를 연 마을의 수장은 자신이 쌓아온 재물을 초대받은 다른 마을의 수장들에게 무료로 나누어 주기도 하고, 심지어 그것을 파괴하기도 한다. 손님들은 선물을 받고 자기 마을로 돌아와 복수를 맹세하는데, 복수의 방법이란 그동안 선물을 준 사람들에게 '답례 포틀래치'를 열어 자기가 받은 것보다 더 많은 선물을 제공하는 것이다. 다음은 포틀래치와 관련한 다양한 견해 중 일부이다.

갑: 포틀래치라는 관습은 자신의 재산을 대가 없이 자발적으로 주는 일반적인 증여에 해당한다. 특히 복수의 방법으로서 답례 포틀래치와 같은 행위는 위신을 얻기 위해 재산을 탕진하는 비합리적인 생활양식으로 볼 수 있다.

을: 포틀래치가 자발성을 띤 증여로 보이지만 실제적으로는 교환의 성격을 지닌다고 할 수 있다. 왜냐하면 선물을 받은 사람은 의무적으로 답례를 해야 할 뿐만 아니라 더 많은 선물을 돌려주어야 하기 때문이다. 이러한 포틀래치는 집단 내부의 유대 관계를 고취하는 역할을 한다는 점에서 공동체의 결속력을 강화하는 사회적 효과를 지닌다.

병: 포틀래치에 나타나는 호혜적 교환은 사회가 성립되는 원리로 해석할 수 있다. 폐쇄적인 집단은 환경의 변화나 주변의 침략에 쉽게 무너질 수 있으므로, 인간은 생존하기 위해서 교환을 하며 다른 집단과 사회적 유대를 맺어야 한다. 이때 포틀래치와 같이 상대방에게 선물을 주는 행위가 상대방에게 부채감을 주고, 이 부채감이 다시 선물을 주는 행위로 이어지게 만들어 결국 교환이 이루어지도록 한다는 것이다. 특히 다른 집단과 동맹을 맺는 가장 좋은 방법은 그 집단과 결혼을 하는 것이므로, 집단 간 교환을 위해 '친족 간의 결혼 금지'가 만들어졌다. 친족 간의 결혼 금지로 인해 우리 부족의 사람이 다른 부족으로 넘어가고, 새로운 사람이 우리 부족에 들어오는 호혜적 관계가 형성되었으며, 이를 통해 부족 간의 호혜적 교환이 가능해져 사회적 공동체가 형성되었다.

<보 기>

ㄱ. 집단 간 반복된 포틀래치로 북아메리카 원주민 집단의 생활 수준 및 식량 수준이 낮아졌다면, 갑의 견해는 강화된다.
ㄴ. 포틀래치에 대한 갑의 견해가 참이라면, 을과 병의 견해는 약화된다.
ㄷ. 포틀래치가 공동체 형성의 충분조건이라면, 을의 견해는 강화되고 병의 견해는 약화된다.

① ㄱ
② ㄱ, ㄴ
③ ㄱ, ㄷ
④ ㄴ, ㄷ
⑤ ㄱ, ㄴ, ㄷ

38. 헌법과 관련한 갑, 을, 병의 견해에 대한 평가로 적절한 것만을 <보기>에서 모두 고르면?

갑: 헌법은 국가의 조직과 작용에 관한 근본 규범을 의미한다. 국가는 강제적 법질서이고, 헌법은 실정 법질서에서의 최상위 규범이며, 국민은 법질서에 복종하는 존재에 해당한다. 헌법학의 연구 대상은 헌법과 그 하위 법률만이 해당하며 존재적 요소인 도덕, 자연법 등은 배제되어야한다. 국민은 헌법학의 연구 대상이 되는 헌법 등에 반드시 따라야하며, 국민이 반드시 따라야 하는 것은 헌법과 그 하위 법률로 이 외에는 존재하지 않는다.

을: 헌법은 헌법 제정 권력의 근본적 결단을 의미한다. 주권자인 헌법 제정 권력자의 의지가 중요하며, 헌법은 내용적으로 올바르기 때문에 효력을 가지는 것이 아니라 정치적 의지의 힘을 가진 자, 곧 헌법 제정 권력자의 의사에 의하여 정립되었기 때문에 정당성을 가진다고 할 수 있다. 이러한 점에서 헌법의 현실적 배경으로서 정치세력들의 일정한 타협의 결과, 즉 정치 결단적 요소를 긍정할 수 있을 것이다.

병: 헌법은 국가 통합을 위한 법질서를 의미한다. 국가는 완전한 통일체가 아니며 지속적인 갱신의 과정으로 볼 수 있다. 적대적 정치세력으로 분열된 국가를 새로운 통일체로 형성하기 위한 도구가 헌법이며, 헌법이란 공감대적인 가치를 바탕으로 국가의 통합을 실현하고 촉진하기 위한 것이라고 할 수 있다. 결국 헌법은 완성물이 아닌 하나의 과정에 해당하며 오늘날의 민주주의적 상황과 다원적 산업 사회의 현실과 밀접하게 연관되어 있다.

<보 기>

ㄱ. '부도덕한 법도 법이므로 반드시 따라야 한다.'라는 철학자의 말이 참이라면, 갑의 견해는 강화된다.
ㄴ. 독재 권력의 독단적 헌법 창설로 인해 민주주의가 파괴되었다면, 을의 견해는 약화된다.
ㄷ. A 국가의 개정 헌법이 국민 통합을 달성해 정치세력의 파편화를 막았다면, 병의 견해는 강화된다.

① ㄱ
② ㄷ
③ ㄴ, ㄷ
④ ㄱ, ㄷ
⑤ ㄱ, ㄴ, ㄷ

[39 ~ 40] 다음 글을 읽고 물음에 답하시오.

갑: 인간은 선천적으로 부여받은 유전적 요소가 서로 다르다. 누군가는 그림을 잘 그리고 누군가는 운동을 잘하고 누군가는 사회적 관계형성을 잘하는 것은 선천적으로 잠재력을 타고 났기 때문이다. 학업성취도 또한 이와 같다. 선행연구에 따르면 지능은 학업성취도의 차이를 최대 50%까지 설명할 수 있다. 또한 지능의 차이는 유전 요인이 80%를, 환경 요인이 20%를 설명한다. 결국 특정한 집단 간의 학업성취도 차이가 나는 가장 중요한 원인은 집단이 공유하는 유전적 인자가 다르기 때문이며, 다른 원인들이 있다 하더라도 기회균등의 원리가 무너져서인 것은 아니다.

을: 학생들의 학업성취도를 논함에 있어 학생들이 처한 환경의 차이를 무시할 수 없다. 특히 문화에는 위계가 있어 학생들이 열등문화가 아닌 우수문화를 충분히 향유하고 있는가를 주의 깊게 살펴보아야 한다. 각자가 테어날 때부터 갖는 학습 잠재력은 대동소이(大同小異)하다. 오히려 문화적인 결핍이나 시기적 부적절성으로 인해 발생하는 지적 발달의 상실, 즉 문화실조가 학업성취도에 결정적인 영향을 미친다. 따라서 학업성취가 낮은 집단에 대해서는 부족한 문화 여건을 보장하는 것이 필요하다. 누구나 원하는 수준의 교육을 받을 수 있도록 차별하지 않는 것을 넘어 문화실조를 해소하기 위해 정책적으로 접근하는 것까지가 교육에 있어 진정한 기회균등인 것이다. 실제로 1960년대 미국에서는 흑인, 이민자 가정의 문화와 같이 열등문화에 놓인 학생들이 백인 가정의 문화와 같은 우수문화를 누린 학생들보다 학업성취도가 낮았고, 이를 해결하기 위해 학업 성취도가 낮은 학생들에게 우수문화인 백인 가정의 문화를 향유할 수 있도록 보상교육 프로그램이 시행되었다.

병: 학교를 빼고서는 학습에 관한 이야기를 할 수 없다. 특히 오늘날 학습에 대한 평가가 제도권 교육 내에서 이루어지는 교육과정과 그 내용을 바탕으로 이루어지기 때문에 교육과정을 통해 학생과 직접 상호작용하는 교사는 학생의 학업성취도에 차이를 가져오는 가장 중요한 요인이다. 블룸은 교수법만 적절하게 제시한다면 학급 안의 95%의 학생이 90% 이상의 학습효과를 달성할 수 있다고 주장한 바 있다. 교수법과 같이 공학적인 요인 외에도 교사가 개별 학생에 대해 갖고 있는 내적인 기대감, 인식 등이 학생의 학업성취도를 좌우할 수 있다.

39. 위 글에서 알 수 있는 것은?

① 갑은 학업성취도에 있어 환경적 요인은 작용하지 않는다고 본다.
② 특정 집단에 대한 정책적인 문화 여건 보장이 없어 학업성취도 차이가 발생한다면, 갑과 을 모두 기회균등이 제대로 이루어지지 않고 있다고 판단할 것이다.
③ 을은 오늘날 학생에 대한 학업성취 평가가 학생들이 향유하는 문화를 토대로 이루어진다고 보지만, 병은 제도권 교육과정을 토대로 이루어진다고 본다.
④ 갑과 달리 을과 병은 학업성취도의 차이가 나타나는 가장 큰 원인이 후천적인 요인에 있다고 본다.
⑤ 병에 따르면 학생과 직접 상호작용하는 교사가 학생에 대해 어떤 인식을 갖고 있는지에 따라 학급의 최대 95%의 학생이 학습효과를 볼 수 있다.

40. 위 글에 대한 평가로 적절하지 않은 것만을 <보기>에서 모두 고르면?

<보 기>

ㄱ. 흑인 가정의 자녀인 A가 문화적인 지원 없이도 백인 가정의 자녀 B보다 높은 학업성취도를 기록한 사례는 갑과 을의 주장을 모두 약화한다.
ㄴ. 동일한 온라인 강의를 수강한 학생들 사이에 학업성취도 차이가 존재한다는 사실은 갑의 주장을 강화하지만 병의 주장은 약화한다.
ㄷ. 1960년대 미국의 보상교육 프로그램이 시행된 결과 흑인, 이민자 가정의 자녀들의 학업성취도가 백인 가정의 자녀만큼 향상된 사례는 갑의 주장은 약화하지만 을의 주장은 강화한다.

① ㄱ
② ㄴ
③ ㄱ, ㄴ
④ ㄴ, ㄷ
⑤ ㄱ, ㄴ, ㄷ

현재 내 위치가 궁금하다면?

빠른 채점 및 성적 분석

https://labstandard.kr/eas

성적분석 서비스 + 통계표 확인

맞은 문제 수 / 푼 문제 수	맞은 문제 수 / 찍은 문제 수
(　　　)문제 / (　　　)문제	(　　　)문제 / (　　　)문제

총점:　　　　　점

✓ 전국에 있는 수험생들의 성적과 자신의 성적을 지금 바로 비교해 보세요!

2025년 국가공무원 5급 공채·국립 외교원·7급 지역인재 등 PSAT 대비

언어논리영역

1 교시

문제책형 **출**

응시번호	
성명	

응시자 주의사항

1. **시험시작 전에 시험문제를 열람하는 행위나 시험종료 후에 답안을 작성하는 행위를 한 사람**은 「공무원임용시험령」 제51조에 의거 **부정행위자**로 처리됩니다.
2. **답안지 책형 표기**는 **시험시작 전** 감독관의 지시에 따라 **문제책 앞면에 인쇄된 문제책형을 확인**한 후, **답안지 책형란에 해당 책형(1개)**을 **'●'**로 **표기**하여야 합니다.
3. 시험이 시작되면 문제를 주의 깊게 읽은 후, **문항의 취지에 가장 적합한 하나의 정답만을 고르며,** 문제내용에 관한 질문은 할 수 없습니다.
4. **답안을 잘못 표기하였을 경우**에는 **답안지를 교체하여 작성**하거나 **수정할 수 있으며,** 표기한 답안을 수정할 때는 **응시자 본인이 가져온 수정테이프만을 사용**하여 해당 부분을 완전히 지우고 부착된 수정테이프가 떨어지지 않도록 손으로 눌러주어야 합니다. **(수정액 또는 수정스티커 등은 사용 불가)**
   ■ **불량한 수정테이프의 사용과 불완전한 수정처리**로 발생하는 **모든 문제는 응시자 본인에게 책임**이 있습니다.
5. **시험시간 관리의 책임은 응시자 본인에게 있습니다.**
   ※ 시험지는 시험종료 후 가지고 갈 수 있습니다.

성적분석 및 이의제기 안내

1. **빠른 채점** 및 **성적분석** 서비스 (나의 위치 확인 및 통계 분석 결과 확인)
   ■ **시험지 뒷면** 및 **해설지**의 **QR코드** 확인 : https://labstandard.kr/eas
2. **답안지(OMR 카드) & 정오표** 다운로드, 문항 관련 문의
   ■ 랩스탠다드 홈페이지(https://labstandard.kr) "학습지원센터 - 자료실 & 정오표" 게시판 확인
   ■ 문항 관련 문의 : "학습지원센터 - 1:1 문의" 게시판 또는 이메일(labstandard@naver.com)

1. 다음 글에서 알 수 없는 것은?

국악의 장단이란 일반적으로 일정한 주기로 소리의 길이와 강약이 규칙적으로 되풀이되는 것을 말하며, 기본 단위인 '박'으로 구성된다. 박은 음의 길이를 재는 단위로, 기준이 되는 박을 '보통박'이라 하고 보통박을 더 작은 단위로 쪼갠 박을 '소박'이라 한다. 여러 개의 소박이 모여서 하나의 보통박을 이루며, 우리 민요 장단은 굿거리장단처럼 3개의 소박으로 이루어진 보통박이 4번 나타나는 3소박 4보통박으로 구성되는 경우가 많다. 이를 정간보에 나타낼 때는 아래와 같이 12정간(칸)이 필요하다.

소박	소박	소박	소박	소박	소박	소박	소박	소박	소박	소박	소박
보통박			보통박			보통박			보통박		

국악 연주에서 장단을 맡는 대표적인 악기는 장구로, 장단을 맞추기 위해 장구의 가죽 면을 치는 것을 점(點)이라 한다. 다음 정간보는 일반적인 굿거리장단의 기본 장구 장단을 나타낸 것이다. 장구 장단을 정간보에 기보할 때는 각각의 점에 해당하는 부호를 사용하며, 악기에서 울려 나오는 특징적인 소리를 입으로 흉내 낸 구음을 부호 아래에 첨가하기도 한다.

⦶		i	○	⁞		○		i	○	⁞	
덩		기덕	쿵	더러 러러		쿵		기덕	쿵	더러 러러	

장구 장단을 칠 때는 한 손으로 채를 잡아 채편을 치고 다른 손으로는 북편을 치는데, 장구의 채편과 북편을 동시에 치는 것을 '덩'이라 하고 정간보에 '⦶'로 표시한다. 이는 합장단이라고도 하며 주로 음악을 시작할 때 사용한다. 채편을 한 번 치는것을 '덕'이라 하고 'ㅣ'로 표시하며, 채편을 칠 때 짧은 꾸밈음을 붙여 치는 것을 '기덕'이라고 하고 'i'로 표시한다. '기덕'은 채편을 겹쳐 친다고 하여 겹채라고도 한다. 채의 탄력을 이용하여 채를 굴리며 채편을 칠 때는 '더러러러'라고 하고 '⁞'로 표시한다. '덕', '기덕', '더러러러'에서는 북편을 치지 않고 채편만 치며, 장구의 북편만 칠 때는 '쿵'이라 하고 '○'로 표시한다.

또한 정간보에는 점의 길이도 나타낼 수 있다. 한 정간에 점을 나타내는 부호 하나가 있으면 그 점은 한 소박이 되고, 한 정간에 점을 나타내는 부호 하나가 있고 그 다음 정간이 빈 칸으로 남아 있으면 그 점은 두 소박이 되는 식이다. 비어 있는 정간은 앞의 소리를 연장한다는 표시이기 때문이다. 위의 정간보에서 첫 번째 보통박의 '덩'은 두 소박, '기덕'은 한 소박이 된다. 또한 장단을 칠 때는 기본이 되는 장단을 흐트러트리지 않는 범위 내에서 악곡의 흐름이나 연주자의 해석에 따른 변주도 가능하다. 예를 들어 연주자에 따라 '기덕'을 '덕'으로 바꾸거나 '쿵더러러러'를 '쿵덕쿵'으로 바꾸어 변주할 수 있는 것이다.

① 표준적인 굿거리장단에서 겹채를 표현하는 점은 반드시 한 소박이 된다.
② 굿거리장단은 일반적으로 3소박 4보통박이 규칙적으로 되풀이 되는 장단을 의미한다.
③ 정간보는 항상 12정간으로 구성되며, 총 12소박과 4보통박을 표현할 수 있다.
④ 장구의 채편으로 표현할 수 있는 장단은 다양하며, 그 길이 또한 상이할 수 있다.
⑤ 굿거리장단에서 연주자는 3소박 4보통박의 장단을 흐트러트리지 않는 한 악곡의 흐름에 따라 채편의 변주를 할 수 있다.

2. 다음 글에서 알 수 있는 것은?

한국의 목칠공예 가운데 가장 이채롭게 발달한 '나전칠기'는 메소포타미아의 목화 기법에 기원을 두고 있다. 목화 기법은 나무 바탕에 다른 재질이나 색깔의 나무를 박아 넣어서 상감하는 표면 장식 기법으로 서양 미술의 모자이크와 유사한 면이 있다. 이 기법은 시간이 지나면서 나무 대신 자개를 가지고 장식하는 독창적인 기법인 '나전 기법'으로 발전하여 마침내 영롱한 나전칠기가 탄생하게 된 것이다.

나전칠기 제작의 첫 단계는 목공예품 위에 옻칠을 여러 번 되풀이한 다음에 광채가 나는 자개를 여러 가지 모양으로 만들어 옻칠한 목공예품에 박아 넣거나 붙이는 것이다. 그 다음에는 표면에 다시 옻칠을 하고 나서 자개 장식 위에 덮인 옻칠을 긁어낸다. 이 과정을 수십 번 반복한 다음 광을 내어 완성한다.

이처럼 나전칠기를 만들기 위해서는 단단한 자개를 오려 내기 위한 정밀한 세공 작업과 여러 번의 옻칠을 반복해야 하는 어려운 작업이 필요하다. 그럼에도 여러 번 옻칠을 반복하는 것은 짙은 바탕색을 만들어서 영롱하고 화사한 빛을 발하는 자개 무늬를 돋보이게 하는 동시에 그 보존 효과를 높이기 위해서이다.

나전 기법은 중국에서 시작되었고 당대(唐代)에 성행하여 한국과 일본에 전해진 것으로 보인다. 중국 당대에는 주로 백색의 야광패로 두껍게 만든 자개만을 사용하였다. 이것의 영향을 받아서 한국에서도 전래 초기에는 백색의 야광패를 사용하였으나, 후대에는 청록빛을 띤 오묘한 색상의 전복껍데기를 얇게 만들어 붙이는 방법이 발달하게 되었다. 이외에도 한국에서는 이전에 볼 수 없었던 끊음질 기법, 할패법 등의 다양한 표현 기법이 개발되어 나전 기법이 화려한 꽃을 피웠고 도리어 중국에 영향을 끼칠 정도로 성행하였다.

오늘날 중국과 일본의 나전은 쇠퇴하여 그 명맥이 끊겼지만, 한국에서는 여전히 자개를 상감하는 나전칠기가 계속 이어져 오고 있으며 그 섬세한 무늬와 신비스러운 빛으로 인해 오랜 세월 동안 우리 고유의 공예품으로 사랑받고 있다.

① 목공예품에 옻칠을 하고 긁어내는 과정을 반복할수록 자개의 바탕색은 짙어지고 보존효과는 높아진다.
② 나전칠기는 나무 바탕에 다른 재질이나 색깔의 나무를 박아 상감하는 모자이크 방식을 사용해 만들어졌다.
③ 중국에서 시작된 나전 기법은 한국에서 다양한 표현 기법이 개발된 후, 중국으로 다시 역수출되어 오늘날까지 성행하고 있다.
④ 나전 기법은 메소포타미아로부터 발전해 중국, 일본을 거쳐 오늘날 우리 고유의 공예품에 활용되고 있다.
⑤ 나전 기법의 전래 초기에 일본에서도 중국과 마찬가지로 백색의 야광패를 사용하였으나 나전의 쇠퇴에 따라 그 명맥이 끊기게 되었다.

3. 다음 글에서 알 수 있는 것은?

'추상표현주의'는 1940 ~ 50년대 나치를 피해 유럽에서 미국으로 건너온 화가들의 영향을 받아 성립된 회화 사조이다. 추상표현주의 작가들은 세계 대전의 참혹한 전쟁을 일으키게 한 이성에 대한 회의를 바탕으로 화가의 감정과 본능을 추상의 방법으로 표현하였다. 그들은 자유로운 기법과 행위 자체에 중점을 둔 제작 방법을 통해 화가 개인의 감정을 나타내고자 하였다.

이러한 추상표현주의를 대표하는 화가로 잭슨 폴록(Jackson Pollock)을 들 수 있다. 그는 회화에 어떤 의미를 담아야 한다는 회화적 관습을 과감하게 탈피하여 개인의 근원적이고 자유로운 무의식의 세계를 표현하려고 했다. 형태를 알아볼 수 있도록 그려야 한다는 사고를 초월하여 마음껏 자신의 내면세계를 표현하고자 했던것이다. 특히, 지각이 가능한 대상을 표현하지 않음으로써 그림에서 어떤 구체적 형상을 떠올리기 어렵게 만들었다. 그는 그림을 대상의 본질이나 의미를 전달하는 매개체로 인식하지 않고 그림을 그린다는 행위 자체에 절대 가치를 부여하였다.

특히, 폴록의 <No. 1> ~ <No. 32> 연작은 그의 작품 세계를 잘 보여 주는 작품들이다. 그는 이 작품들을 창작하면서, 대상의 외형을 재현하여 그 의미를 드러내려는 기존 방식의 드로잉을 거부했다. 그 대신에 화폭을 바닥에 놓고 막대기나 팔레트나이프로 에나멜페인트나 래커, 모래를 뿌리는 드리핑 방법을 통해 자유분방하게 자신의 감정을 표현했다. 폴록은 물감을 흘리고 뿌리면서 커다란 화폭을 돌아다니는 액션페인팅을 통해 자신의 내면세계를 표현했다. 순간적으로 떠올린 영감에 따라 물감을 흘리는 행위를 한다는 그의 말처럼 그의 액션페인팅은 행위 자체가 중요한 의미를 나타낸다.

폴록에 의하면 화가는 어떤 목적에 통제를 받지 않고 그림을 그리려는 순간의 영감을 통해서 '능동적 행위'를 하는 것이다. 폴록은 드리핑 작업에서 특정한 부분에 초점을 맞추지 않고 상하 구별이 없이 화면 전체를 균일하게 그리는 전면회화(All Over)를 구사했다. 그림으로써 화면과 벽면으로 구별되는 액자 형태의 그림과 달리 그림의 상하좌우를 규정짓는 구도를 약화시키고, 입체감이나 공간감을 통해 형성될 수 있는 어떤 관념도 배제했던 것이다.

폴록은 새로운 재료를 통한 실험적 기법, 창조 행위의 중요성 등을 강조하여 화가가 의도된 계획에 따라 그림을 그려나가는 회화 방식을 벗어나려고 하였다. 폴록으로 대표되는 추상표현주의는 과거 회화의 틀을 벗어나게 하는 계기를 마련하면서 회화적 다양성을 추구하는 현대 회화의 특성을 정립하는 데 중요한 역할을 하였다.

① 추상표현주의 화가들은 자유로운 기법과 행위를 통해 나치의 폭압을 고발하고 그에 저항하였다.
② 잭슨 폴록은 드리핑 방법과 액션페인팅을 통해 자유로운 무의식의 세계를 표현하고 자신의 감정을 나타냈다.
③ 잭슨 폴록은 감상자가 그림으로부터 구체적 형상을 떠올리기 힘들게 함으로써 행위 자체에 절대적 가치를 부여하였다.
④ 잭슨 폴록은 액자 형태의 전면회화를 통해 그림의 입체감과 공간감을 강조하였다.
⑤ 잭슨 폴록은 나치에서 유행하던 화가의 이성이 의도하는 데로 그려진 그림을 거부하고, 회화의 틀을 벗어나는 화조를 완성시켰다.

4. 다음 글에서 알 수 없는 것은?

'요소 회로'는 암모니아로부터 요소를 생성하는 일련의 화학 반응들로 구성된 순환형 대사 경로로, '오르니틴 회로'라고도 한다. 이러한 요소 회로를 사용하는 동물, 주로 양서류와 포유류를 요소 배출 동물이라고 한다.

요소 회로는 시트르산 회로가 발견되기 5년 전인 1932년에 한스 크렙스와 쿠르트 헨젤라이트에 의해 발견된 최초의 대사 회로였다. 요소 회로는 배설을 위해 독성이 강한 암모니아를 요소로 전환시키며, 산성인 이산화탄소 노폐물을 염기성인 암모니아와 결합하여 중성 pH를 유지하는 데 도움을 준다. 요소 회로는 주로 간에서 일어나며 정도는 덜하지만, 콩팥에서도 일어난다.

아미노산의 이화 대사의 결과로 노폐물인 암모니아가 생성된다. 모든 동물은 암모니아를 배설할 방법이 필요하다. 암모니아 배출 생물 또는 대부분의 수생생물은 암모니아를 다른 물질로 전환하지 않고 암모니아를 배출한다. 암모니아와 같은 질소 노폐물을 쉽고 안전하게 제거할 수 없는 생물은 주로 간에서 일어나는 요소 회로를 통해 독성이 강한 암모니아를 독성이 덜한 요소와 같은 물질로 전환한다. 간에서 생성된 요소는 혈류를 통해 콩팥으로 운반되어 궁극적으로 소변으로 배설된다. 또한 새와 대부분의 곤충에서 암모니아는 요산 또는 요산염으로 전환되어 고체 형태로 배설된다. 구체적인 방법은 각기 다르지만, 동물들이 암모니아를 배설하는 이러한 과정은 필수적이다. 질소나 암모니아가 체내로부터 제거되지 못하면 매우 해로울 수 있기 때문이다.

요소 회로의 전체적인 과정은 NH_4^+으로부터 1개, 아스파르트산으로부터 1개, 총 2개의 아미노기와 HCO_3^-로부터 1개의 탄소 원자를 상대적으로 독성이 덜한 노폐물인 요소로 전환하는 것이다. 이 과정에서 4개의 고에너지 인산 결합의 분해가 비용으로 발생한다. 암모니아에서 요소로의 전환은 5단계로 구성된다. 이 중 첫 번째 단계는 암모니아가 회로로 들어가기 위해 필요하고 나머지 네 가지 단계는 모두 회로 자체를 구성하는 부분의 일부이다. 회로로 들어가기 위해 암모니아는 카바모일 인산으로 전환된다. 요소 회로는 미토콘드리아에서 1가지와 세포질에서 3가지의 총 4가지 효소 반응으로 구성된다. 요소는 5가지 효소 반응을 통해 암모니아로부터 생성된다.

① 암모니아로부터 요소를 생성하는 일련의 화학 반응들로 구성된 순환형 대사 경로를 사용한다면 요소 배출 동물이다.
② 요소 회로는 최초로 발견된 대사 회로이며, 요소 회로가 일어날 수 있는 곳은 신체의 한 부위에 국한되지 않는다.
③ 암모니아를 배설하지 않는 동물은 없으며, 그 배설 방법은 각기 다를 수 있다.
④ 암모니아 배출 생물은 체내에서 암모니아를 카바모일 인산으로 전환시키는 과정을 거친다.
⑤ 암모니아가 요소로 전환되기 위해서는 요소 회로 외에도 1가지 효소 반응이 필요하다.

5. 다음 글에서 알 수 있는 것은?

> 유전자 치료란 유전자 이상으로 인해 손상된 세포 안에 치료용 유전자를 넣어 질병을 치료하는 방법을 말한다. 이러한 유전자 치료의 핵심은 치료용 유전자를 손상된 세포의 핵까지 안전하게 전달하는 것이다.
>
> 치료용 유전자를 핵까지 전달하는 데에 가장 문제가 되는 점은 유전자를 세포에 직접 넣게 되면 수초 내에 분해되어 사라져 버린다는 것이다. 이를 막기 위해 '벡터'를 활용한다. 벡터란 치료용 유전자를 핵까지 안전하게 운반하는 전달체이다. 핵에 도달한 치료용 유전자는 유전자 발현을 통해 질병을 치료한다. 벡터에는 바이러스를 이용하는 바이러스성 벡터와 고분자 등의 화학물질을 이용하는 비바이러스성 벡터가 있다.
>
> 바이러스성 벡터는 세포막과 잘 결합하고, 치료용 유전자를 핵까지 쉽게 전달할 수 있기 때문에 유전자의 발현 효율이 매우 높다. 그러나 바이러스는 원래 질병을 유발하는 물질이기 때문에 이를 벡터로 활용하기 위해서는 질병을 일으키는 기능을 최대한 억제시켜야 한다. 하지만 그럼에도 불구하고 언제든지 질병을 일으킬 가능성이 남아 있다는 문제점이 있다. 또한 바이러스성 벡터는 크기가 매우 작아 삽입할 수 있는 치료용 유전자의 크기에 제한이 있다.
>
> 이러한 문제점을 해결하기 위해 비바이러스성 벡터를 개발하고 있다. 비바이러스성 벡터는 바이러스의 도움 없이 유전자를 전달해야 하므로 세포 안으로 들어갈 수 있을 정도로 작아야 한다. 이때 고분자를 벡터로 주로 사용하는데, 그 이유는 고분자가 치료용 유전자와 결합하면서 치료용 유전자를 작게 압축할 수 있는 물질이기 때문이다. 작게 압축된 비바이러스성 벡터는 세포막을 통과하면서 세포막에서 떨어져 나온 세포막 주머니에 싸여 이동하는 중에 세포 보호를 위해 외부 물질을 분해하는 리소좀을 만나게 된다. 비바이러스성 벡터가 자신의 임무를 완수하기 위해서는 리소좀에 의해 분해되기 전에 세포막 주머니로부터 나와야 한다. 무사히 세포막 주머니에서 나온 벡터가 핵으로 이동하게 되고, 핵 안에 들어간 치료용 유전자가 유전자 발현을 일으킨다.
>
> 이렇게 비바이러스성 벡터가 핵까지 도달하는 것이 바이러스성 벡터보다 쉽지 않기 때문에 비바이러스성 벡터는 바이러스성 벡터에 비해 유전자 발현 효율이 낮을 수밖에 없다. 하지만 비바이러스성 벡터는 비교적 제조 방법이 간단하고 벡터에 실리는 유전자 크기에 제한이 없다는 장점이 있다. 특히 독성으로 인한 부작용과 질병 유발의 우려가 거의 없다는 점에서 비바이러스성 벡터에 대한 연구가 더욱 주목받고 있다.

① 유전자 치료란 유전자 이상으로 손상된 세포를 치료하는 것으로, 핵에 도달한 벡터는 유전자 발현을 통해 질병을 치료하게 된다.
② 바이러스성 벡터는 유전자 발현 효율이 높기 때문에 세포막과 잘 결합하며 전달체로서의 기능이 우수하다.
③ 비바이러스성 벡터는 바이러스성 벡터가 질병을 일으킬 가능성을 억제하여 독성으로 인한 부작용 문제를 해결할 수 있다.
④ 비바이러스성 벡터는 치료용 유전자와 결합하여 세포막을 통과해 치료용 유전자를 핵까지 운반한다.
⑤ 바이러스성 벡터는 비바이러스성 벡터에 비해 유전자 발현 효율이 높으며, 제조 방법이 간단하고 유전자 크기에 제한이 없다.

6. 다음 글에서 알 수 있는 것은?

> 토성은 태양계에서 가장 많은 145개 위성을 품고 있다. 토성의 위성들은 '태양계에 생명체가 존재할까?'라는 물음에 답을 줄 것으로 기대된다. 그 근거로는 '바다'가 있다. 바다의 존재가 곧 생명체의 존재를 의미하진 않지만, 과거 지구에서는 바다로부터 생명체가 탄생했기에, 바다가 존재한다면 생명체 존재의 가능성이 훨씬 커진다.
>
> 국제공동연구팀은 토성 위성 미마스(Mimas)에 지하 바다가 존재할 가능성이 높다는 연구 결과를 발표했다. 이번 연구는 NASA가 1997년 발사해 2017년 임무를 끝낸 토성 탐사선 카시니 호에서 보낸 관측 자료를 바탕으로 이뤄졌다. 미마스는 토성으로부터 18만 6,000 km 떨어진 10번째 위성이며, 지구의 달처럼 앞면이 행성을 향해 고정된 채로 0.9일 주기로 공전한다. 연구팀은 2014년 미마스가 자전과 공전을 하는 도중에 흔들리는 현상을 발견했는데, 이런 현상은 미마스 내부에 단단한 암석 핵이 있거나 액체 지하 바다가 있다는 증거다.
>
> 이후 추가로 자료를 분석한 결과, 카시니호가 토성을 탐사한 13년 동안 미마스 궤도가 약 10 km 이동한 것이 확인됐다. 연구팀은 이 결과를 토대로 미마스에는 암석 핵이 아닌 지하 바다가 존재한다고 추론했다. 연구를 이끈 파리 천문대 박사는 이번 연구 결과를 통해 태양계에서 중간 크기의 얼음 위성에는 물이 존재할 가능성이 크며, 생명의 흔적을 발견할 수도 있다고 말했다.
>
> 토성에서 14번째 떨어진 위성인 엔켈라두스 역시 지하 바다를 품고 있다. 엔켈라두스의 바다에는 마찰열로 생긴 뜨거운 물이 샘솟는 '열수 분출구'가 존재한다. 2005년 카시니 호는 열수 분출구를 통해 나온 물이 엔켈라두스 표면까지 뚫고 나와 형성된 거대한 기둥을 발견했다. 이 기둥의 성분분석 결과 메탄, 이산화탄소와 같은 유기화합물이 관찰됐다. 당시 카시니 호가 추정한 물기둥의 길이는 수백 km였는데, 이번에 제임스웹 우주망원경이 관측한 자료를 분석했더니 기둥의 길이가 약 1만 km에 달했다. 지구의 원시 바다에서는 열수 분출구에서 단백질을 포함한 유기물이 형성되며 생명체 탄생으로 이어졌다. 즉 엔켈라두스에 1만 km나 물을 내뿜는 에너지를 품고 있는 열수 분출구가 존재한다는 의미는 그만큼 생명체 존재의 가능성도 높다는 뜻이다.

① 미마스가 자전과 공전 시 흔들리는 현상과 미마스 궤도의 이동거리를 종합하여, 연구팀은 미마스 내부에 단단한 암석 핵이 아닌 액체 지하 바다가 있을 것임을 추론하였다.
② 토성의 위성인 미마스와 엔켈라두스에는 지하 바다가 존재하므로 생명체가 존재할 것임을 알 수 있다.
③ 지구의 달과 토성의 14번째 위성은 앞면이 행성을 향해 고정되어 0.9일 주기로 공전한다는 공통점이 있다.
④ 제임스웹우주망원경은 엔켈라두스의 열수 분출구를 최초로 관측하였으며, 열수 분출구의 존재는 엔켈라두스에 생명체가 존재할 가능성을 지지하는 근거로 볼 수 있다.
⑤ 국제공동연구팀은 직접 카시니 호를 발사하여 관측한 자료를 바탕으로 미마스에 지하 바다가 존재할 가능성을 밝혀냈다.

7. 다음 글의 핵심 논지로 가장 적절한 것은?

'범불안 장애'란 과도한 불안이나 걱정이 일상생활에 지속적인 영향을 미치는 상태를 의미한다. 범불안 장애의 뚜렷한 발생 원인은 밝혀지지 않았으나, 성물학적으로 보면 범불안 장애는 다른 정신 질환과 마찬가지로 결국 뇌의 기능 문제이다.

사소한 일상에서 불안이나 걱정을 느낀다는 점에서 범불안 장애를 스트레스와 혼동하기도 한다. 물론 어떻게 받아들이는지가 중요하다는 점에서 범불안 장애와 스트레스는 공통 분모를 지니며 서로 영향을 미친다. 그러나 범불안 장애는 하나의 질환이다. 사소한 부분에도 너무 과한 걱정을 하는 것, 근육 긴장, 불안, 초조 증상을 주 증상으로 하는 정신장애의 일종이다. 반면 스트레스는 우리가 살면서 일반적으로 광범위하게 자극받는 여러 상황을 말한다. 부정적인 상황만을 말하지 않으며, 긍정적인 상황 또한 스트레스로 작용할 수 있다.

그렇다면 일상에서 과도한 스트레스와 범불안 장애를 어떻게 구분할 수 있을까? 우리는 스트레스를 받으면 불안해지기도 하고 우울해지기도 하는 등 여러 가지 반응을 겪는다. 그러나 스트레스를 받아 생기는 걱정과 불안은 시간적인 요소가 작용한다면, 범불안 장애 환자가 느끼는 걱정과 불안은 오랫동안 지속된다는 점에 차이가 있다. 대개 3개월에서 6개월 이상 불안과 걱정이 지속되며, 스트레스와 관계없이 나타나기도 한다. 스트레스로 작용할 상황이 아님에도 사소한 부분에 지속하여 걱정하고 불안이 나타나는 현상을 범불안 장애로 볼 수 있다.

그러나 범불안 장애와 스트레스를 엄밀히 구분하는 것보다 더 중요한 것이 있다. 불안과 스트레스는 일상에서 피할 수 없는 일부일 뿐이다. 문제는 우리가 이러한 감정들을 지나치게 억제하거나 회피하려고 할 때 발생한다. 오히려 불안과 스트레스를 인정하고, 이를 효과적으로 처리하는 방법을 습득한다면, 삶의 원동력이 될 수도 있다. 결국 중요한 것은 불안과 스트레스를 경험하는 것 자체가 아니라, 그것들을 어떻게 건강하게 관리하고 자신에게 맞는 해결책을 찾느냐는 것이다.

혼자 있는 방 안의 전등 스위치를 생각해 보자. 해가 지면 스위치를 켜고, 자기 전에는 스위치를 꺼야 한다. 또한 전등이 필요 없는 밝은 낮이 되면 스위치를 끈다. 범불안 장애 환자는 한 번 켜진 스위치를 좀처럼 끌 수 없을 것이다. 그러나 그 방의 스위치를 끌 수 있는 사람은 오로지 범불안 장애 환자뿐이다.

① 방 안에 혼자 있는 범불안 장애 환자는 자기 전에 전등 스위치를 끄는 데 어려움을 겪는다.
② 범불안 장애와 스트레스를 명확하게 구분하는 것은 범불안 장애를 진단하는 데 있어 중요하다.
③ 일상에서 범불안 장애는 항상 스트레스와 동반되어 나타난다.
④ 범불안 장애 환자가 느끼는 걱정과 불안은 오랫동안 지속되는 반면, 스트레스를 받아 생기는 걱정과 불안은 일정 시간이 흐른 이후 사라질 수 있다.
⑤ 범불안 장애와 스트레스 중에 무엇을 겪고 있는지를 아는 것보다는 그들을 어떻게 수용하거나 극복할 것인지가 중요하다.

8. 다음 글의 ㉠과 ㉡에 들어갈 말로 적절한 것은?

바라는 욕구가 있지만 그것이 원만히 충족되지 못하는 경우에 우리는 긴장하거나 불편함을 느낀다. 이것이 우리가 흔히 말하는 스트레스이다. 운 좋게 스트레스가 저절로 해소될 수도 있지만 매번 이러한 요행을 바랄 수는 없으므로 스트레스를 해소할 수 있는 적절한 방법을 강구할 필요가 존재한다.

스트레스를 효과적으로 해소하려는 것을 '대처'라고 하는데, 여기에는 두 가지 방법이 있다. 하나는 '문제 중심적 대처 방법'이고, 다른 하나는 '정서 중심적 대처 방법'이다. 전자는 스트레스를 일으키는 상황을 적극적으로 변화시키거나 문제 상황을 직접 해결하기 위한 여러 가지 방법을 생각한 후 가장 적합한 방법을 선택하여 [㉠] 방법이다. 반면 후자는 스트레스를 주는 상황을 직접 해결하기보다는 스트레스 상황을 인식하는 방법을 바꾸어 스트레스를 해소하는 방법이다.

특히, 후자의 방법을 '방어기제(defense mechanism)'라고 부른다. 방어기제는 무의식적으로 사실을 왜곡함으로써 불안을 줄이고 자아를 보호하려는 것이다. 방어기제에는 고통스러운 생각을 의식에 떠오르지 않도록 하는 '억압', 불안을 일으키는 생각과 반대로 행동하거나 불안이 없다고 생각하는 '부인', 사회적으로 용납되지 않는 감정이나 행동에 대해 논리적으로나 사회적으로 그럴 듯한 이유를 붙여 자신의 행동을 정당화하고 보호하는 '합리화' 등이 있다. 합리화에는 몇 가지 유형이 있다. 어떤 목표를 달성하기 위해 노력했으나 실패했을 때, 원래 그 목표 달성을 원하지 않았다고 생각하는 '신 포도형', 현재의 불만족스러운 상황을 자신이 가장 원했던 것이라고 믿는 '달콤한 레몬형', 자신의 능력에 대해 허구적 신념을 가짐으로써 실패의 원인을 정당화하는 '망상형' 등이 그것이다. 이러한 방어기제는 거짓말이나 변명과 달리 무의식적으로 이루어진다.

한편 방어기제는 스트레스 상황에 대처하기 위해 사용하는데, 이를 사용한다고 해서 그 사람을 미숙하다고 볼 수는 없다. 때에 따라서는 문제 중심적 대처 방법보다 더 효과적으로 스트레스를 해소할 수도 있다. 방어기제는 대체로 실패에 따른 부정적 정서를 완화하여 긴장과 불안을 줄여 주기 때문이다. 그러나 방어기제를 사용한다 하더라도 [㉡]. 방어기제는 사실을 왜곡하고 자기를 기만하며 고통스런 상황을 일시적으로 벗어날 수 있게 할 뿐이다.

① ㉠: 스트레스의 상황 자체를 없애는
㉡: 스트레스를 주는 상황 자체를 바꾸지는 못한다
② ㉠: 스트레스의 원인이 되는 문제에 심리적으로 다르게 접근하는
㉡: 스트레스의 절대적 지수가 줄어드는 것은 아니다
③ ㉠: 스트레스의 원인이 되는 문제에 심리적으로 다르게 접근하는
㉡: 스트레스를 주는 상황 자체를 바꾸지는 못한다
④ ㉠: 스트레스의 상황 자체를 없애는
㉡: 스트레스의 절대적 지수가 줄어드는 것은 아니다
⑤ ㉠: 스트레스의 존재를 부정하는
㉡: 스트레스를 유발하는 문제의 해결은 불가능하다

9. 다음 글의 ㉠ ~ ㉤을 수정한 내용으로 가장 적절한 것은?

> 행동경제학은 기존의 경제학과 다른 시선으로 인간을 바라본다. 기존의 경제학은 인간을 철저하게 합리적이고 이기적인 존재로 상정하여, 인간은 시간과 공간에 관계없이 일관된 선호를 보이며 효용을 극대화하는 방향으로 선택을 한다고 본다. 그래서 기존의 경제학자들은 인간의 행동이 ㉠ 예측 가능하다는 것을 전제로 경제 이론을 발전시켜 왔다. 반면 행동경제학에서는 인간이 제한적으로 합리적이며 감성적인 존재라고 보며, 처한 상황에 따라 선호가 바뀌기 때문에 그 행동을 예측하기 어렵다고 생각한다. 또한 인간은 효용을 극대화하기보다는 어느 정도 만족하는 선에서 선택을 한다고 본다. 행동경제학은 기존의 경제학이 가정하는 인간관을 지나치게 이상적이고 비현실적이라고 비판한다. 그래서 행동경제학은 인간이 때로는 ㉡ 이타적이고 비합리적인 행동을 하는 존재라는 점을 인정하며, 현실에 실재하는 인간을 연구 대상으로 한다.
>
> 행동경제학에서 사용하는 용어인 '휴리스틱'은 인간의 ㉢ 제한된 합리성을 잘 보여준다. 휴리스틱은 사람들이 판단을 내리거나 결정을 할 때 사용하는 주먹구구식의 어림짐작을 말한다. 휴리스틱에는 다양한 종류가 있는데, 그 중 하나가 '기준점 휴리스틱'이다. 이것은 외부에서 기준점이 제시되면 사람들은 그것을 중심으로 제한된 판단을 하게 되는 것을 뜻한다. 가령 '폭탄 세일! 단, 1인당 5개 이내'라는 광고 문구를 내세워 한 사람의 구입 한도를 5개로 제한하면 1개를 사려고 했던 소비자도 충동구매를 하게 되는 경우가 많다. 이것은 5라는 숫자가 기준점으로 작용했기 때문이다. '감정 휴리스틱'은 이성이 아닌 감성이 선택에 영향을 미치는 경향을 뜻한다. 수많은 제품에 'new, gold, 프리미엄'과 같은 수식어를 붙이는 이유는, 사람들의 감성을 자극하는 감정 휴리스틱을 활용한 마케팅과 관련이 있다.
>
> 사람들은 불확실한 일에 대해 의사 결정을 할 때 대개 ㉣ 위험을 회피하려는 경향을 보인다. 행동경제학에서는 이를 '손실 회피성'으로 설명한다. 손실 회피성은 사람들이 이익과 손실의 크기가 같더라도, 이익에서 얻는 효용보다 손실에서 느끼는 비효용을 더 크게 생각하여 손실을 피하려고 하는 성향을 말한다. 예를 들어 천 원이 오르거나 내릴 확률이 비슷한 주식이 있을 경우, 많은 사람들은 이것을 사려 하지 않는다고 한다. 천 원을 얻는 만족보다 천 원을 잃는 고통을 더 크게 느끼기 때문이다. 이런 심리로 인해 사람들은 손실을 능가하는 충분한 이익이 없는 한, 현재 상태를 유지하는 쪽으로 편향(偏向)된 선택을 한다고 한다. 실험 결과에 따르면, 사람들이 손실에서 느끼는 불만족은 이익에서 얻는 만족보다 2배 이상 크다고 한다.
>
> 행동경제학자들의 연구는 심리학적 관점에서 인간의 경제 행위를 분석함으로써, 인간의 ㉤ 본성을 뛰어넘는 의사 결정을 하게 하는 좋은 단서(端緖)를 제공할 수 있을 것으로 기대된다.

① ㉠을 "예측 불가능 하다는 것"으로 수정한다.
② ㉡을 "이기적이고 합리적인 행동"으로 수정한다.
③ ㉢을 "완전한 합리성"으로 수정한다.
④ ㉣을 "위험을 선호하는"으로 수정한다.
⑤ ㉤을 "본성을 거스르지 않는 의사결정"으로 수정한다.

10. 다음 글의 주장 대한 평가로 적절한 것만을 <보기>에서 모두 고르면?

> 우리는 한 명의 조상으로부터 퍼져 나온 단일 민족일까? 역사적 사실에 근거할 때 반드시 그렇다고 보기는 어려울 것이다. 고대부터 고려 초에 이르기까지 대규모로 인구가 유입된 사례는 수없이 많다. 또 거란, 몽골, 일본, 만주족 등의 대대적인 외침 역시 무시할 수 없다.
>
> 고조선의 건국 시조로서 단군을 인정하는 것이 타당한가와는 별개로, 한민족 전체의 공통 조상으로서의 단군을 받드는 것은 옳지 않다. 각 성의 족보를 보더라도 자기 조상이 중국으로부터 도래했다고 주장하는 귀화 성씨가 적지 않다. 또한 한국의 토착 성씨인 김 씨나 박 씨는 그 시조가 알에서 태어났다고 주장하지 단군의 후손임을 표방하지는 않는다. 이는 족보 대부분이 처음 편찬된 조선 중기나 후기까지는 적어도 '단군'이라는 공통의 조상을 모신 단일 민족이라는 의식이 별로 없었다는 증거가 된다. 또 엄격한 신분제가 유지된 전통 사회에서 천민과 지배층이 같은 할아버지의 자손이라는 의식은 존재할 여지가 없다.
>
> 공통된 조상으로부터 뻗어 나온 단일 민족이라는 의식이 처음 출현한 것은 우리 역사에서 아무리 올려 잡아도 구한말(舊韓末) 이상 거슬러 올라갈 수 없고, 이런 의식이 전 국민적으로 보편화된 것은 1960년대에 들어와서일 것이다. 제국주의의 침탈과 분단을 겪은 20세기에 단일 민족 의식은 민족의 단결을 고취하고, 신분 의식 타파에 기여하는 등 긍정적인 역할을 수행했다.
>
> 이러한 관점에서 지금까지 단일 민족을 내세우는 것의 순기능이 필요하다고 생각할지도 모른다. 특히 이주노동자들보다 나은 대접을 받고 있다고 할 수 없는 조선족 동포들의 처지를 보면, 그리고 출신에 따라 편을 가르고 차별하는 지역감정을 떠올리면 같은 민족끼리 왜 이러나 하는 생각을 하게 된다. 갈라진 민족의 통일을 생각하면 우리는 한겨레라고 외치고 싶어진다.
>
> 그러나 같은 민족이기 때문에 차별해서는 안 된다는 논리는 유감스럽게도 다른 민족이라면 차별해도 괜찮다는 길을 열어 두고 있다. 물론 이러한 가능성이 늘 현재화되는 것은 아니지만, 단일 민족의식 속에는 분명 억압과 차별과 불관용이 숨어 있다.

<보 기>

ㄱ. 게르만 민족 의식의 강화를 위해 독일인과 유대인을 구분하여 유대인에 대한 차별을 실시한 나치의 정책은 본문의 견해를 강화한다.
ㄴ. 단일 민족 의식이 오늘날 한국의 지역감정을 해소하는 데에 효과적이라면 본문의 견해는 약화된다.
ㄷ. 단군이 아닌 기자조선이 고조선을 건국했다는 역사적 사료가 발견된다면 본문의 견해는 약화된다.

① ㄱ
② ㄱ, ㄴ
③ ㄱ, ㄷ
④ ㄴ, ㄷ
⑤ ㄱ, ㄴ, ㄷ

11. 다음 글에서 알 수 있는 것만을 <보기>에서 모두 고르면?

우리는 세계를 어떻게 이해하게 되는가? 우리가 어떤 것을 이해할 때 아무 것도 모르는 상태에서 새로운 이해에 도달하는 것은 불가능하며, 이해를 위해서는 이해의 배경이 되는 지식이 필요하다. 현대 해석학의 거장인 가다머는 '선이해'와 '지평 융합'의 개념을 도입하여 세계에 대한 이해를 설명하고 있다.

선이해란 어떤 대상에 대해 미리 판단하는 일종의 선입견을 의미한다. 이성적인 이해를 중시했던 계몽주의 학자들은 선입견을 올바른 이해를 가로막는 잘못된 생각이라 보았다. 그들에 따르면 선입견은 개인의 권위나 속단에서 비롯된 비이성적인 것이다. 이와 달리 가다머는 세계에 대한 이해를 위해서는 선입견이 반드시 필요하다고 주장하였다. 그가 제시하는 선입견이란 개인적 차원에서 임의로 만들거나 제거할 수 있는 편협한 사고가 아니라, 문화나 철학, 역사와 같이 과거로부터 전승되어 온 전통에 의해 형성된 사고를 뜻한다. 이러한 선입견은 이해의 기본 조건으로, 우리가 세계를 이해할 수 있도록 인도하는 역할을 한다.

가다머는 선이해를 기본 조건으로 하는 이해의 과정을 '현재 지평'과 '역사적 지평'이 결합되는 '지평 융합'이라는 개념으로 설명하고 있다. 그가 말하는 현재 지평이란 인식의 주체가 선이해를 바탕으로 형성한 이해로, 이해 주체의 머릿속에 형성된 지식이나 신념 등과 관련이 있다. 반면 역사적 지평이란 과거로부터 축적되어 온 이해의 산물로, 텍스트를 통해 전해 내려오는 수많은 지식들이 대표적인 예이다. 이해의 과정이란, 서로 다른 두 지평이 만나 새로운 지평을 형성해 나가는 과정이다. 현재 지평은 역사적 지평과의 융합을 통해 상호작용하면서 끊임없이 수정되고 확장되어 나간다. 따라서 두 지평이 융합된 결과 형성된 지평은 주체가 기존에 가졌던 현재 지평과 다른 새로운 것이 된다.

이와 같은 이해의 과정으로서 지평 융합은 일회적으로 끝나는 것이 아니라 반복적으로 이루어진다. 즉, 주체가 가진 현재 지평은 역사적 지평과 융합하여 새로운 지평이 되고, 이것이 다음 이해의 선이해로 작용하며 또 다른 이해로 이어지는 과정을 반복한다. 이와 같은 순환 과정을 고려할 때, 이해는 결과가 아니라 언제나 도상(途上)에 있다고 볼 수 있다. 결국 가다머가 말하는 세계에 대한 이해는 완성된 것이 아니라 과정에 있는 것이며, 고정된 것이 아니라 끊임없이 변화하고 확장되어 가는 것이다.

<보 기>

ㄱ. 가다머는 계몽주의 학자들이 부정적으로 본 개념을 세계를 이해하는 데에 필수적인 것으로 격상시켰다.

ㄴ. 가다머는 선입견과 선입견에 기반한 이해를 통해 전적인 무지 상태로부터 이해로 나아가는 과정을 설명한다.

ㄷ. 가다머의 입장에서 이해란 어떠한 결과가 아닌, 주체가 선입견으로부터 형성한 이해와 과거로부터 축적된 이해가 끊임없이 융합하는 과정을 의미한다.

① ㄱ

② ㄴ

③ ㄱ, ㄴ

④ ㄱ, ㄷ

⑤ ㄱ, ㄴ, ㄷ

12. 다음 논증에 대해 올바르게 평가한 사람은?

<논 증>

운동을 좋아하는 사람은 모두 활발한 사람이다. 그런데 활발한 사람 중 돈이 많은 사람이 존재한다. 따라서 운동을 좋아하는 사람 중에 돈이 많은 사람이 존재한다는 말은 사실이다.

① 갑: 내가 아는 A는 돈이 많은 데 운동을 좋아해. 따라서 위 논증은 타당하고 결론은 반드시 참이야.

② 을: 활발하지 않은 사람 중에 돈이 많이 없는 사람도 존재해. 논증의 전제가 거짓이므로 위 논증은 타당하지 않아.

③ 병: 위 논증의 전제를 모두 참이라고 하더라도 운동을 좋아하는 사람 중에 돈이 많은 사람은 없다는 명제를 배제할 수 없어. 따라서 위 논증은 타당하지 않아.

④ 정: B는 운동을 좋아하고, 활발하고, 돈도 많아. B의 경우에 위 논증의 전제와 결론이 모두 참이 되므로 위 논증은 타당해.

⑤ 무: 위 논증의 전제가 참이라는 것만 사실로 밝혀진다면 결론도 필연적으로 참이 되지. 따라서 위 논증은 타당해.

13. 다음 글의 내용이 참일 때, 절도 사건의 범인으로 가능한 조합은?

> ○ 절도 사건의 범인은 1명 또는 2명이다.
> ○ A 또는 B는 절도 사건의 범인이다.
> ○ 절도 사건의 범인이 2명이라면, 범인 중 한 명은 C 또는 D이다.
> ○ A가 범인이라면 C와 D는 범인이 아니다.
> ○ B가 범인이 아니라면 C와 D는 범인이다.

① A
② B
③ A, B
④ A, C
⑤ C, D

14. 다음 글의 내용이 참일 때 철수가 여행지로 선택하는 국가의 최솟값과 최댓값은?

> 철수는 5급 공채 최종 합격 후 유럽의 갑, 을, 병, 정, 무, 기 국가 가운데 몇 개의 국가를 여행지로 선택하고자 한다. 철수가 여행지를 선택하는 기준은 아래와 같다.
>
> ○ 정국이 선택되지 않는다면 무국이 선택된다.
> ○ 정국 또는 무국이 선택된다면, 기국은 선택되지 않는다.
> ○ 병국이 선택되지 않을 경우, 갑국이 선택되지 않는다는 말은 거짓이다.
> ○ 을국이 선택되지 않을 경우, 정국이 선택되거나 무국이 선택되지 않는다.
> ○ 을국이 선택될 경우, 갑국이 선택된다면 병국도 선택된다.

① 최소 1국, 최대 2국
② 최소 1국, 최대 3국
③ 최소 2국, 최대 3국
④ 최소 2국, 최대 4국
⑤ 최소 3국, 최대 4국

15. 다음 글의 (가)와 (나)에 대한 평가로 적절하지 않은 것만을 <보기>에서 모두 고르면?

(가) 정보 통신 기술의 발전은 개인이 정보를 빠르게 접근하고 공유할 수 있도록 하여 생활의 편리함을 증대시켰다. 그러나, 이러한 편리함의 이면에는 심각한 문제가 존재한다. 정보의 양이 급증함에 따라 개인은 정보 과부하를 겪게 되었고, 선택의 복잡성과 과도한 정보 속에서 적절한 결정을 내리기가 점점 더 어려워지고 있다.

(나) 정보 통신 기술의 혁신은 국가경제의 효율성을 극대화하고, 사회 내 모든 산업의 생산성을 향상시켰다. 더 나아가, 정보의 흐름이 자유로워짐에 따라 국경을 초월한 협업과 경제적 통합이 가능해졌고, 이는 세계 경제의 번영을 촉진했다. 이러한 발전은 다양한 문화와 지식의 교류를 활성화시켜, 국가 간의 상호 의존성을 강화하는 동시에 국제사회의 균형적인 발전을 이끌어 왔다.

<보 기>

ㄱ. 정보 통신 기술 발전이 국가 간 격차를 심화시키고 특정 계층만이 정보를 독점한다는 사실이 밝혀진다면, (나)는 약화되고 (가)는 강화된다.

ㄴ. 정보 통신 기술의 발전으로 기존 산업 중 일부가 시장에서 퇴출되었다면, (나)는 약화된다.

ㄷ. 다양한 문화와 지식의 교류 증대로 인한 정보 과부하가 개인의 정신 건강에 부정적 영향을 끼치고 있는 사례가 급증하고 있다는 연구 결과가 발표된다면, (가)와 (나)는 모두 강화된다.

① ㄱ
② ㄷ
③ ㄱ, ㄴ
④ ㄴ, ㄷ
⑤ ㄱ, ㄴ, ㄷ

16. 다음 글의 ㉠과 ㉡에 들어갈 말로 적절한 것은?

'알레고리'는 상징을 통해 어떠한 현상이나 상황, 사건에 대해 이야기하는 문학의 기법이다. 상징은 연상이나 유사성 등의 상관관계에 기대어 추상적인 사물이나 개념 따위를 구체적인 사물로 나타내는 일이나 그 대상물을 가리킨다. 그래서 알레고리는 겉으로 드러나는 이야기와 그 이야기를 통해 전달하고자 하는 또 다른 이야기라는 이중 메시지 구조를 갖게 된다. 그런데 이야기를 직접적으로 전달하기 어려운 미술에서는 [㉠] 알레고리를 표현한다.

미술에서 알레고리는 역사적 사건이나 인물에 관한 것보다는 아름다움, 정의, 평화, 사랑 등의 추상적인 개념이나 인간의 삶에 대한 교훈, 도덕적 가치를 드러내는 데 주력한다. 물론 미술의 알레고리가 역사적 사건이나 인물에 대해 전혀 이야기하지 않는 것은 아니다. 그럴 때도 그것은 상징을 통해 추상적인 가치를 드러내었다.

한 예로 18세기 러시아의 「예카테리나 여제-정의의 여신의 신전에 선 입법자」를 들 수 있다. 이 작품은 알레고리적 초상화라고 불리는데, 인물의 이미지 자체는 알레고리적 성격을 갖고 있지 않다. 하지만 여러 상징들이 동원돼 그 사람의 덕이나 위대성 등을 드러내고 있다. 여제가 손으로 가리키는 곳에는 조각상이 있다. 그것은 저울을 들고 있는 것으로 보아 정의의 여신상임을 알 수 있다. 조각상 앞 제단에는 잠의 신을 상징하는 양귀비가 타고 있는데, 이를 통해 평화가 도래했음을 보여주고 있다. 여제 곁에 서 있는 새는 번개를 쥐고 있는 것으로 보아 제우스의 독수리임을 알 수 있다. 이런 상징들을 통해 예카테리나가 제우스에 버금가는 위대한 통치자이자 평화의 수호자, 정의로운 입법자임을 표현하고 있다.

알레고리를 활용한 미술 작품은 현대에 들어와서는 많이 제작되지 않는다. 알레고리는 교훈적이거나 도덕적인 가치를 전달하기 위해 사용되는 경우가 많았다. 그래서 이러한 주제에서 벗어나 자유로움을 추구하는 현대 미술가들과는 맞지 않았다. 또한 점, 선, 면, 색과 같은 추상적 조형 요소로만 표현된 추상회화의 등장은 [㉡]이다.

① ㉠: 구체적 형상의 상징적 이미지를 조합하여
㉡: 추상적 개념과 구체적 사물 간 상관관계를 해체했기
② ㉠: 이중 메시지 구조를 파괴함으로
㉡: 알레고리적 표현을 위한 구체적 형상을 사라지게 했기 때문
③ ㉠: 이중 메시지 구조를 파괴함으로
㉡: 추상적 개념과 구체적 사물 간 상관관계를 해체했기
④ ㉠: 구체적 형상의 상징적 이미지를 조합하여
㉡: 알레고리적 표현을 위한 구체적 형상을 사라지게 했기 때문
⑤ ㉠: 추상적 요소를 활용한 표현법을 사용하여
㉡: 도덕적 가치를 표현하는 새로운 방법으로 떠올랐기 때문

17. 다음 글을 바탕으로 정부의 R&D 투자의 효과를 분석하기 위해 아래 <사례>를 활용하고자 할 때, 가장 적절한 방안은?

> 정부의 연구 개발(R&D) 투자는 국가의 과학기술 발전과 경제 성장을 촉진하는 중요한 역할을 한다. 정부가 직접 연구기관이나 대학에 자금을 지원함으로써, 기초 과학 연구부터 응용 연구까지 다양한 분야에서 혁신적인 성과를 도출할 수 있다. 이러한 투자는 민간 부문의 R&D 투자와는 다른 시너지 효과를 낼 수 있으며, 특히 고위험 고수익의 연구 프로젝트를 수행하는 데 필수적이다. 따라서 정부의 적극적인 R&D 지원은 국가 경쟁력을 강화하고 장기적인 경제 번영을 이끌어내는 데 결정적인 역할을 한다는 주장이 제기되고 있다.
>
> 그러나 일부 학자들은 정부의 R&D 투자가 항상 긍정적인 결과만을 가져오는 것은 아니라고 주장한다. 정부의 개입이 지나치게 되면 연구의 자유와 창의성이 제한될 수 있으며, 자금 지원의 효율성이 낮아지는 경우도 발생할 수 있다. 또한, 정부 자금이 정치적 목적이나 단기적인 성과에 치우칠 위험이 있기 때문에 R&D 투자에 대한 신중한 평가와 관리가 필요하다는 반론도 존재한다. 이러한 관점에서, 정부의 R&D 투자가 과연 장기적으로 지속 가능하고 실질적인 과학기술 발전에 기여하는지에 대한 논의가 활발히 이루어지고 있다.

<사 례>

ㄱ. 국가 A는 정부의 대규모 R&D 투자 정책을 통해 반도체 산업을 육성하였다. 초기에는 막대한 투자에도 불구하고 경쟁력이 약했으나, 장기적인 지원과 연구 개발을 통해 세계적인 반도체 제조업체로 성장하였다. 이는 정부의 지속적인 투자와 지원이 산업 발전에 기여한 사례로 평가받고 있다.

ㄴ. 국가 B에서는 정부가 신재생 에너지 기술 개발에 집중적으로 투자하였다. 그러나 일부 프로젝트는 예상보다 낮은 성과를 보였고, 자금이 효율적으로 사용되지 못해 경제적 부담이 가중되었다.

ㄷ. 국가 C는 정부와 민간 부문 간의 협력을 통해 인공지능 기술을 발전시켰다. 정부는 기초 연구에 자금을 지원하고, 민간 기업은 이를 응용하여 상용화에 성공하였다. 이로 인해 국가 C는 인공지능 분야에서 글로벌 리더로 자리매김할 수 있었다.

ㄹ. 국가 D는 정부의 R&D 투자 대신 민간 부문의 자율적인 연구 개발을 장려하였다. 그 결과, 혁신적인 스타트업들이 급증하였으나, 고위험 분야에서는 민간 투자자들이 참여를 꺼려 일부 중요한 기술 개발이 지연되는 문제가 발생하였다.

① ㄱ과 ㄴ을 정부의 R&D 투자가 긍정적인 결과를 가져온다는 주장을 강화하는 근거로 사용한다.

② ㄱ과 ㄷ을 정부의 R&D 투자가 산업 발전에 기여한 사례로 사용하고, ㄴ과 ㄹ을 그 한계를 보여주는 사례로 사용한다.

③ ㄴ을 정부의 R&D 투자가 산업 발전에 기여하면서도 일부 한계가 있음을 보여주는 사례로 사용하고, ㄷ과 ㄹ을 그 반례로 사용한다.

④ ㄱ과 ㄷ을 정부의 R&D 투자가 경제 발전에 중요한 역할을 했음을 보여주는 사례로 사용하고, ㄴ과 ㄹ을 정부의 투자가 실패할 수 있는 경우로 사용한다.

⑤ ㄴ을 정부의 R&D 투자의 한계와 위험성을 부각하는 사례로 사용하고, ㄹ을 정부의 R&D 투자의 필요성을 나타내는 사례로 사용한다.

18. 다음 글의 ㉠과 ㉡에 대한 평가로 적절한 것만을 <보기>에서 모두 고르면?

> 문학 작품은 시대와 사회를 반영하는 중요한 매개체로 여겨져 왔다. 이러한 측면에서 ㉠ <u>문학은 필연적으로 사회 변화를 촉진하는 역할을 한다.</u> 작가들은 자신의 작품을 통해 사회의 부조리나 문제점을 드러내고, 독자들은 이를 통해 의식을 고취시켜 변화의 동력이 된다. 예를 들어, 19세기 영국의 소설들은 산업화의 어두운 면을 조명하여 사회 개혁을 이끌었다.
> 그러나 ㉡ <u>문학이 항상 사회 변화를 일으키는 것은 아니다.</u> 일부 작품은 순수한 예술적 표현이나 개인적 감정의 발로에 그치며, 사회적 영향력을 갖지 못하기도 한다. 더구나 독자의 해석에 따라 문학의 영향력은 달라질 수 있으며, 동일한 작품이 상반된 사회적 반응을 이끌어내기도 한다.

<보 기>

ㄱ. 현대 문학 작품 중 일부가 사회적 이슈를 적극적으로 다루어 법 개정 운동을 촉발했다면 ㉠은 강화된다.

ㄴ. 어떤 문학 작품이 출간되었지만, 사회적으로 아무런 주목을 받지 못했다면 ㉡은 강화된다.

ㄷ. 문학 작품의 사회적 영향력이 독자의 교육 수준에 따라 크게 달라진다는 연구 결과가 발표된다면 ㉠과 ㉡은 모두 약화된다.

ㄹ. 문학 작품이 예술적 가치만을 추구하여 사회 문제를 다루지 않는 경향이 증가하고 있다면 ㉠은 약화되고 ㉡은 강화된다.

① ㄱ, ㄴ
② ㄱ, ㄷ
③ ㄴ, ㄷ
④ ㄴ, ㄹ
⑤ ㄱ, ㄴ, ㄹ

[19 ~ 20] 다음 글을 읽고 물음에 답하시오.

'염분차 발전'이란 해수와 담수의 염분 농도 차이를 통해 전기 에너지를 생산하는 기술로서, 대표적인 방법으로 '역전기투석 발전'이 있다. 역전기투석 발전기의 기본 구조는 두 개의 전극 사이에 음이온 교환막과 양이온 교환막이 여러 장 번갈아 설치된 형태이며, 다음과 같은 과정을 거쳐 전기 에너지가 생산된다.

먼저 가느다란 기공(구멍)이 뚫려 있는 교환막을 사이에 두고 한쪽은 해수를, 다른 한쪽은 담수를 흐르게 하면 농도 차에 의해 해수에 있는 나트륨 이온(Na+)과 염화 이온(Cl-)은 교환막의 기공을 통해 담수 쪽으로 확산되려고 한다. 이때 농도차가 클수록 이동하려는 이온의 양은 늘어난다. 그런데 교환막의 기공에 음전하를 지닌 작용기를 여러 개 설치하게 되면 나트륨 이온만을 교환막의 기공으로 끌어들이는 양이온 교환막이 되며, 양전하를 지닌 작용기를 여러 개 설치하면 염화 이온만을 교환막의 기공으로 끌어들이는 음이온 교환막이 된다.

이때 기공 내에 들어온 이온은 일단 한 작용기에 결합하지만 담수 쪽으로 확산하려는 힘에 의해 다시 떨어졌다가 다음 작용기에 재결합하는 과정을 반복한다. 이 과정을 거쳐 양이온인 나트륨 이온은 양이온 교환막을 통하여, 음이온인 염화 이온은 음이온 교환막을 통하여 해수에서 담수로 이동하게 된다. 이를 통해 담수에도 양이온과 음이온이 존재하게 되어, 양이온 교환막을 경계로 나트륨 이온의 농도 차가, 음이온 교환막을 경계로 염화 이온의 농도 차가 발생한다. 이러한 이온의 농도 차는 전기적 불균형 상태라고 할 수 있으므로 교환막을 사이에 두고 전위차, 즉 전압이 발생하게 되는 것이다.

이때 양이온 교환막과 음이온 교환막 한 쌍을 셀(cell)이라고 하는데, 두 교환막이 각각 전압을 띠고 있고, 그 사이에는 이온이 이동할 수 있는 전해질이 흐르고 있으므로 셀은 전지와 같은 역할을 하게 된다. 따라서 전극 사이에 셀을 여러 장 배열할수록 높은 전압을 얻게 되는데, 이는 전지 여러 개를 직렬로 연결시킨 효과와 같다. 또한 각 셀에서 발생한 전압은 모두 합쳐지게 되므로, 양 끝에 위치한 두 전극 사이에는 높은 전위차가 발생하게 된다.

일반적으로 두 전극 사이에 전위차가 발생하면 전자가 이동하게 된다. 그러나 배열된 셀들의 양 끝에 위치한 전극에 전위차가 생기더라도 두 극 사이를 이동할 수 있는 전자가 없으므로 전자를 만들어 주어야 한다. 이를 위해서는 '산화-환원 반응'이 일어나야 한다. 교환막에서 염화 이온이 이동하는 방향의 끝에 위치한 전극에서는 산화 반응이, 반대의 전극에서는 환원 반응이 잘 일어나게 된다. 따라서 이와 같은 특성을 활용하여 산화 반응이 잘 일어나는 전극에 철 2가(Fe^{2+}) 이온을 흘려주면 그 이온은 전극에 전자를 넘겨주고 철 3가(Fe^{3+}) 이온이 되고, 통로를 통해 반대 전극으로 이동한 후 다시 전자를 넘겨받아 철 2가(Fe^{2+}) 이온이 된다. 이와 같이 두 전극을 통해 전자를 넘겨주고 넘겨받는 과정이 반복됨으로써 전자는 활발하게 이동하게 되고, 따라서 전류가 발생하게 되는 것이다.

19. 다음 글에서 알 수 있는 것은?

① 역전기투석 발전기는 최소 두 장 이상의 교환막으로 구성된다.

② 기공에 설치된 작용기가 지닌 전하와 이를 통과하는 이온의 전하는 서로 동일하다.

③ 전지와 셀의 역할은 유사하며, 셀을 여러 장 배열하는 것은 여러 개의 전지를 병렬로 연결하는 것과 유사하다.

④ 역전기투석 발전기의 양 끝에 위치한 전극에 전위차가 발생한다면 반드시 전자의 이동이 발생한다.

⑤ 산화 반응이 잘 일어나는 전극에 철 2가 이온을 흘려주면 철 이온은 양전하를 얻어 철 3가 이온이 된다.

20. 다음 <그림>은 역전기투석 발전의 구조도이다. 본문을 바탕으로 <그림>을 분석한 것으로 적절하지 않은 것은?

<보 기>

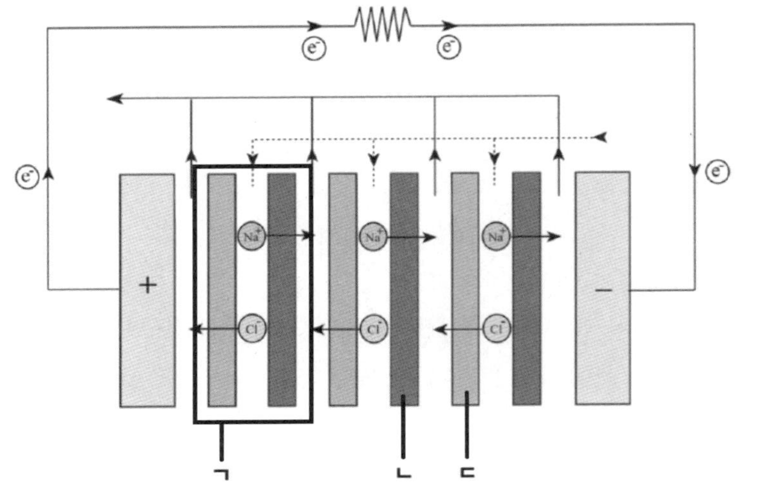

① ㉠의 수가 늘어날수록 양 끝 전극 사이에 높은 전위차가 발생하게 된다.

② ㉡의 기공에는 음전하를 지닌 작용기가 설치되어 있을 것이다.

③ ㉡의 기공에 양전하를 지닌 작용기를 설치한다면 교환막을 통과하는 이온의 종류와 수는 달라질 것이다.

④ ㉢을 경계로 해수와 담수의 농도차이가 크다면 실제로 이동하는 이온의 양은 늘어나고 염화 이온의 농도차는 항상 커진다,

⑤ ㉡과 ㉢에 작용기가 없다면 이온의 이동 자체는 가능하나 전기적 불균형 상태는 발생하지 않는다.

21. 다음 글에서 알 수 있는 것은?

> 한국 전통 건축의 여러 특징 중 하나는 구도의 비대칭성에 있다. 궁궐, 서원, 향교, 한옥 모두 전체 배치를 놓고 보면 철저하게 비대칭으로 구성되어 있다. 궁궐은 정전(正殿) 앞에, 서원과 향교는 대성전(大成殿) 앞마당에 부분적으로 대칭 구도가 나타나긴 하지만, 이 경우도 역시 전체의 배치를 놓고 보면 누군가가 일부러 건물들을 조금씩 옮겨 놓은 듯 주변으로 가면서 대칭구도는 여지없이 깨지고 있다.
>
> 건축을 인간 세계의 새로운 질서를 땅 위에 세우는 작업이라고 보았을 때, 대칭 구도는 가장 먼저 생각해 낼 수 있는 질서 가운데 하나이다. 이런 이유로 건물을 대칭으로 짓는 것이 세계 각국의 일반적인 현상이다. 특히 정형적 질서를 추구했던 서양 고전 건축의 경우에는 대칭 구도에 대한 선호가 강박관념에 가까울 정도로 심하게 나타난다.
>
> 이처럼 보편적 현상에 가까운 대칭 구도를 유독 한국 전통 건축에서 찾아보기 힘든 이유는 무엇일까? 무엇보다도 주변의 자연지세(地勢)에 순응했기 때문이다. 구릉이 흐르고 계곡이 파이며 때로는 물길이 나 있는 자연 지세에 건축물을 맞추다 보면, 대칭 구도는 자연히 피할 수밖에 없게 된다. 이것은 자연을 인간의 선인 직선으로 정지(整地)하고 재단함으로써 그 위에 인간만의 새로운 질서를 세우려 했던 서양 고전 건축의 자연관과는 분명히 구별되는 한국 전통 건축의 자연관에서 나온 현상이다.
>
> 이와 같이 친자연적 건축관(建築觀)은 한국 전통 건축이 비대칭적 경향을 띠는 이유 가운데 가장 많은 사람이 동의하고 있는 사항이다. 그러나 이것만이 전부는 아니다. 왜냐하면 평지에 지어진 건물의 경우에도 비대칭적 경향이 두드러지게 나타나기 때문이다. 물리적으로 보았을 때, 대칭이 허용되는 경우인데도 이처럼 비대칭적 경향이 나타나는 것은 한국 전통 건축에서 비대칭이 대칭보다 더 선호되었음을 의미한다.
>
> 그 이유는 '비대칭적 대칭'이라는 역설적인 개념으로부터 이끌어 낼 수 있다. 비대칭의 의미는 여러 가지로 해석될 수 있다. 대칭이라는 정형적 질서에 반대하여 의도적으로 질서를 흐트러뜨리려는 무질서를 의미할 수도 있다. 그러나 비대칭에 이러한 의미만 있는 것은 아니다. 비대칭에는 좌우 모습이 거울에 비치듯 똑같지는 않지만 전체적으로 보았을 때는 큰 균형감이 느껴지는 경우도 있다. 이것은 산만한 혼란으로 나타나는 무질서적 비대칭과 달리 그 나름대로 고도의 질서를 구성하는 또 하나의 대칭이다. 한국 전통 건축에 나타나는 비대칭이 바로 이런 경우에 해당한다.

① 정형적 질서를 추구한 서양 건축과 달리 한국 고전 건축 구조에서 대칭은 찾아보는 것이 불가능하다.
② 한국 전통 건축은 의도적으로 비대칭적 질서를 추구함으로 자연 지세와의 조화를 지향하였다.
③ 한국 전통 건축에서 비대칭은 대칭에 비해 선호되었으며, 이는 물리적 안정성과 친자연적 성향으로부터 비롯된다.
④ 한국 전통 건축은 일견 비대칭성만을 좇은 것으로 보일 수 있으나, 전체적으로 균형감 있는 질서를 추구한다고도 볼 수 있다.
⑤ 대성전 앞마당에 나타나는 대칭 구조는 자연을 인간의 기준으로 재단하여 고도의 질서를 정립한 것으로 볼 수 있다.

22. 다음 글에서 추론 가능한 것을 <보기>에서 모두 고르면?

> 무엇인가를 알아내는 사고 방법에는 여러 가지가 있는데 그 중 하나가 유추이다. 유추란 어떤 사물이나 현상의 성질을 그와 비슷한 다른 사물이나 현상에 기초하여 미루어 짐작하는 것을 말한다. 이는 학문 또는 예술 활동에서뿐만 아니라 일상생활에서도 흔히 행하고 있는 사고법이다.
>
> 유추는 알고자 하는 특성의 확정 → 알고 있는 대상과의 비교 → 결론 내리기의 과정을 통해 이루어진다. 동물원에 가서 백조를 처음 본 어린아이가 그것이 날 수 있는가의 여부를 판단하는 과정을 생각해 보자. 이 경우 알고자 하는 대상과 그 알고자 하는 특성을 확정하면 '백조가 날 수 있는가?'가 된다. 그런데 그 아이가 자신이 이미 알고 있는 비둘기를 떠올리고는 백조와 비둘기 사이에 '깃털이 있다', '다리가 둘이다', '날개가 있다' 등의 공통점을 발견하였다. 이렇게 공통점을 발견하는 것이 바로 비교이다. 그 다음에 '비둘기는 난다'는 특성을 다시 확인한 후 '백조가 날 것이다'고 결론을 내리면 유추가 끝난다.
>
> 많은 논리학자들은 유추가 판단을 그르치게 한다고 폄하한다. 유추를 통해 알아낸 것이 옳다는 보장이 없기 때문이다. 위의 경우 '백조가 난다'는 것은 옳다. 그런데 똑같은 방법으로 타조에 대해 '타조가 난다'라는 결론을 내렸다면, 이는 사실에 어긋난다. 이는 공통점이 가장 많은 대상을 비교 대상으로 선택하지 못했기 때문이다. 이렇게 유추를 통해 알아낸 것은 옳을 가능성이 있다고는 할 수 있어도 틀림없다고는 할 수 없다.
>
> 결국 유추를 통해 옳은 결론을 내릴 가능성을 높이는 것이 중요한데, '범위 좁히기'를 통해 비교할 대상을 선정함으로써 그 가능성을 높일 수 있다. 만약 어린아이가 새 중에서 비둘기가 아닌 타조와 더 많은 공통점을 갖고 있는 것, 예를 들면 '몸통에 비해 날개 크기가 작다'는 공통점을 하나 더 갖고 있는 닭을 가지고 유추를 했다면 '타조는 날지 못할 것이다'는 결론을 내렸을 것이다.
>
> 옳지 않은 결론을 내릴 가능성을 항상 안고 있음에도 불구하고 유추는 필요하다. 우리 인간은 모든 것을 알고 태어나지 않을 뿐만 아니라 어느 한 순간에 모든 것을 알아내지는 못한다. 그런데도 인간이 많은 지식을 갖게 된 것은 유추와 같은 사고법을 가지고 있기 때문이다.

<보 기>

ㄱ. 알고 있는 대상의 모든 특성을 정확하게 파악할 수 있다면, 유추를 통해 알아낸 것은 항상 옳다.
ㄴ. 알고자 하는 대상이 지니고 있는 특성과 비교되는 대상의 특성 사이에 공통점이 많을수록, 유추를 통해 옳은 결론을 내릴 가능성이 높아진다.
ㄷ. 유추는 그 결론의 오류 가능성에도 불구하고 알고자 하는 대상의 새로운 특성을 규명할 수 있다는 점에서 유용성을 지닌다.

① ㄴ
② ㄷ
③ ㄱ, ㄷ
④ ㄴ, ㄷ
⑤ ㄱ, ㄴ, ㄷ

23. 다음 글에서 알 수 있는 것은?

과학자들은 얼음 표면이 미끄러운 이유를 밝혀내기 위해 오랫동안 연구를 이어오고 있다. 19세기 중반, 윌리엄 톰슨은 압력으로 인해 얼음이 녹아 미끄러운 층이 생긴다고 주장했다. 이러한 '압력 가설'은 오랜 시간 가장 널리 받아들여졌지만, 실증연구를 통해 문제가 있다는 것이 밝혀졌다. 이후 여러 과학자에 의해 얼음 위를 움직일 때 생기는 마찰열이 얼음 표면을 녹여 미끄러운 층을 만든다는 가설이 제기되었다. 그러나 이러한 '마찰열 가설' 역시 마찰열이 발생하지 않는 경우에도 얼음 표면이 미끄럽다는 사실을 설명하지 못한 한계가 있다.

현재 가장 정설로 받아들여지는 가설은 얼음 표면에 원래부터 액체층이 있고, 이 층이 윤활유 역할을 해 얼음 표면의 마찰을 크게 줄여 미끄럽게 만든다는 '액체층 가설'이다. 이 가설은 1850년대에 영국의 물리학자인 패러데이가 처음 제안했는데, 1997년에야 실험으로 증명됐다. 1997년 미국의 연구팀은 얼음 표면에 전자를 쏘아 전자가 어떻게 튕겨 나오는지 정밀하게 관측했고, 영하의 온도에서도 전자가 고체인 얼음이 아니라 액체층과 충돌한다는 사실을 발견했다. 이 역시 얼음 속에 있는 액체층과 함께 '준액체층'이라고 불린다. 물과 비슷하지만 분자 구조가 액체 상태의 물과 정확히 같지는 않아 '준액체층'이라는 이름을 붙인 것이다.

이러한 준액체층은 어떻게 생기는 걸까? 물 분자는 산소 원자 하나와 수소 원자 둘로 이뤄져 있다. 얼음 상태의 물 분자들은 강한 수소결합을 통해 육각형의 규칙적인 결정 구조를 가진다. 하나의 물 분자는 3개의 다른 물 분자와 결합하는데, 표면에 있는 물 분자들은 가장자리에 있다 보니 최대 2개의 분자와만 결합할 수 있다. 이렇게 상대적으로 결합력이 약한 분자들이 준액체층을 이뤄 자유롭게 움직인다는 것이다. 2019년 프랑스 연구팀은 준액체층의 점성이 일반적인 물보다 50배나 크고, 탄성이 있어 훌륭한 윤활유가 되기 때문에 얼음이 미끄러운 것이라는 연구 결과를 발표했다.

① 윌리엄 톰슨이 주장한 마찰열 가설은 오랜 시간 통설로 여겨졌으나, 실증연구를 통해 오류가 발견되었다.
② 패러데이는 실험을 통해 얼음 표면에 액체층이 존재한다는 사실을 증명하였고, 이를 바탕으로 1850년에 '액체층 가설'을 제안하였다.
③ 얼음 상태의 물 분자들은 각각 3개의 다른 물 분자와 결합하여 강한 수소결합을 이루고 있다.
④ 얼음 속의 액체층은 얼음 표면의 액체층과 달리 분자 구조가 액체상태의 물과 동일하다.
⑤ 톰슨의 '압력 가설'과 패러데이의 '액체층 가설'은 19세기 중반에 제안되었다는 공통점이 있다.

24. 음악 교육과 관련한 갑 ~ 병의 견해에 대한 평가로 적절한 것만을 <보기>에서 모두 고르면?

갑: 음악이 영혼을 좌우하는 힘을 가지고 있기 때문에 인간의 성품을 얼마든지 개선할 수도 있고 타락시킬 수도 있다. 특정한 리듬이나 선법(旋法)은 특정한 도덕적 가치를 갖고 있으며 특정한 영혼의 상태와 상응한다. 예를 들면, 도리안 선법이 만들어내는 조화로운 기운이 그에 상응하는 인간 영혼의 조화로운 기운을 직접 이끌어낼 수 있다. 이처럼 음악에도 좋은 음악과 나쁜 음악이 있으므로 교육적으로 가치 있는 선법을 교육해야 하며, 음악의 목적은 윤리적 목적과 일치한다. 음악은 그것이 성품에 미치는 가치로 평가되어야하며, 가장 아름다운 음악은 동시에 도덕적으로 가장 훌륭한 음악이다.

을: 교육은 이상 국가 건설을 위해 국가에서 가르쳐야 할 것으로, 신체를 위한 교육과 영혼을 위한 교육이 존재한다. 훌륭한 영혼이 훌륭한 신체를 만들기 때문에 무엇보다도 영혼을 위한 교육이 중요하다. 그중에서도 음악이 어떤 예술보다도 인간의 영혼에 큰 영향을 미친다는 점에서 음악 교육의 강조가 필요하다. 이러한 점에서 예술은 그 자체로서의 미를 추구하는 것이 아니라 이상 국가 건설이라는 목적에 부합하는 것이어야 하며, 음악 교육도 도덕성을 확립하는 수단으로서 기능한다.

병: 덕스럽고 좋은 음악을 통해 선한 인간이 길러질 수 있다. 다만 선과 덕을 지향하는 음악만이 아닌 모든 종류의 음악이 나름의 필요성을 지닌다. 윤리적이고 교육적인 측면에서만 음악이 존재 의의를 지니는 것이 아니라, 오락과 지적 쾌락으로써의 음악적 가치 또한 중요하다. 인간은 누구나 공포나 광란 같은 격한 감정에 치우칠 때가 있으며, 그럴 경우에는 오히려 비슷한 성격의 음악을 듣고 동종의 감정을 자극하고 환기함으로써 그러한 감정을 배설하여 과도한 상태를 제거할 수 있다. 이런 맥락에서 모든 종류의 음악이 그 나름의 존재 가치가 있는 것이다.

<보 기>

ㄱ. 음악이 그 자체로서 독립적인 아름다움이자 목적에 해당한다면, 을의 견해는 약화된다.
ㄴ. 덕을 추구하는 음악이 사회에서 유행하는 현상이 바람직하다면, 을의 견해는 강화되고 병의 견해는 약화된다.
ㄷ. 인간의 성품이 태어나는 순간 고정되어 변화하는 것이 불가능하다면 갑, 을, 병의 견해는 약화된다.

① ㄱ
② ㄷ
③ ㄱ, ㄷ
④ ㄴ, ㄷ
⑤ ㄱ, ㄴ, ㄷ

25. 다음 글에서 추론 가능하지 않은 것을 <보기>에서 모두 고르면?

우기가 있는 지역이나 폭포가 있는 계곡에 서식하는 웅화반식물(Splash-cup plant)은 지름 3 ~ 5mm의 원뿔형 꽃 속에 작고 가벼운 씨앗이 있다. 이 식물은 평균 높이가 10cm 정도로 작지만 놀랍게도 그 10배의 거리까지 씨앗을 퍼뜨린다.

이 식물이 씨앗을 퍼뜨리는 과정을 분석하기 위해 꽃의 모양과 유사한, 아래로 향하는 원뿔 모형으로 실험을 실시하였다. 씨앗을 원뿔의 꼭짓점에 놓고 빗방울과 크기 및 속도가 같은 지름 2mm 정도의 물방울을 떨어뜨려 비가 오는 상황을 연출하였다. 그 결과 다음과 같은 사실을 확인할 수 있었다.

우선 원뿔 모형의 각도(Θ)를 30°에서 65°로 5°씩 변화시키며 8개의 모형으로 실험한 결과, 각도가 40°일 때 씨앗이 가장 멀리 날아갔다. 이는 에너지의 역학적 관계 때문이다. 원뿔형 구조이기 때문에 물방울은 모형의 경사면에 각도를 가지며 떨어진다. 경사면에 물방울이 닿는 순간에 물방울은 내부의 표면에 퍼지면서 역학적 에너지의 전환이 일어나게 된다. 이때 물방울이 가지는 중력의 힘으로 방향이 전환되어 내부에서 미끄러진다. 원뿔의 구조에 의해 물방울은 중앙을 향해 미끄러지게 되는데, 그러면 중앙에 있던 작고 가벼운 씨앗이 물과 함께 모형 밖으로 이동하게 된다. 이때 각도가 40°일 경우, 운동에너지로 전환되며 손실되는 에너지의 양이 가장 적어서 미끄러지는 속도가 빨라지게 되는 것이다.

또한 물방울이 중앙에 떨어졌을 때보다 경사면에 떨어졌을 때 씨앗이 더 멀리 날아갔다. 물방울이 원뿔의 정중앙에 떨어졌을 때에는 에너지가 사방으로 거의 동일하게 분산되면서 원형이 되지만, 경사면에 떨어졌을 때에는 에너지가 한 곳으로 집중이 되어서 비대칭 타원이 되기 때문이다. 경사면의 물방울은 비대칭적으로 퍼지면서 떨어진 위치의 반대 방향으로 더욱 멀리 튀어 나간다.

<보 기>

ㄱ. 웅화반 식물 씨앗은 아래가 뾰족한 원뿔 모양으로 생겼으며, 이러한 구조로 인해 씨앗에 떨어진 물방울은 중앙을 향해 미끄러지게 될 것이다.

ㄴ. 특정 원뿔 모형이 가장 멀리 날아갔다면 그 모형의 각도는 40° 일 것이다.

ㄷ. 꽃에 떨어진 물방울이 타원형이 될 때, 원형이 될 때보다 운동에너지로 전환되며 손실되는 에너지의 양이 가장 적어 씨앗이 멀리 튀어나가게 된다.

① ㄱ
② ㄴ
③ ㄱ, ㄷ
④ ㄴ, ㄷ
⑤ ㄱ, ㄴ, ㄷ

26. 다음 글에서 알 수 있는 것은?

르네상스 시기 예술가들은 일반적으로 감상자의 시선을 그림의 정면에 상정하여 사물을 표현하였다. 그래서 감상자가 그림을 매우 비스듬한 각도에서 보면 사물이 왜곡되어 보이기도 했다. 그들은 이러한 문제를 해결하기 위해 감상자의 위치를 적절히 고정하는 것을 중요하게 여겼다. 당대의 이론가였던 프란체스카는 감상자들의 시야가 그림의 정면에서 90도 각도 이내여야 한다고 하기도 하였다. 바로크 시기에 이르러 예술가들은 이러한 왜곡 현상을 바로잡아야 할 장애로 받아들이지 않고 '아나모르포시스'라는 독립된 회화 기법으로 발달시켰다.

아나모르포시스, 즉 '왜상'은 사물의 형상을 극도로 왜곡하여 표현한 것으로 정면에서 보게 되면 무엇을 그린 것인지 알기가 어려운 것을 말한다. 왜상의 종류에는 '사각왜상'과 '반사왜상'이 있다. 감상자가 특정한 지점에서 화면을 보았을 때 왜상이 바른 형상으로 보인다면, 그 지점은 화면을 기준으로 항상 직각이나 평각이 아닌 사각(斜角)에 위치하기 때문에 이러한 왜상을 사각 왜상이라고 한다. 또한 왜상의 주변에 원통형 거울을 놓았을 때 거울의 반사를 통해 형태가 제대로 보이는 왜상은 반사왜상에 해당한다.

그림을 정면에서 보는 방식에 익숙한 감상자는 왜상을 처음 보면 사물이 아닌 일종의 '얼룩'으로 지각하고 당황하게 된다. 그러나 자신의 위치를 이리저리 바꾸어 보거나 거울을 놓아 보게 되면 이 얼룩은 의미를 가진 형상으로 탈바꿈한다. 즉 감상자의 위치 혹은 감상자의 행위가 특정한 조건을 만족시킬 때 비로소 화가가 표현하고자 했던 본래 이미지가 나타나는 것이다. 화가가 왜상의 형태로 감추어 놓은 이미지는 감상자의 참여 없이는 드러나지 않는 것이어서, 감상자는 화가의 숨겨진 생각을 파악하기 위해 자신도 모르는 사이에 그림의 감상에 능동적으로 참여하게 된다. 그래서 니세론이라는 학자는, 왜상은 일상적인 감상법으로 보면 혼돈으로 여겨지지만 올바른 시점을 찾아내는 감상자는 숨겨진 진실을 알아볼 수 있다고 평가하기도 하였다.

아나모르포시스는 그 독특한 모습 때문에 지금까지 서양 미술사에서 특정한 사람들의 여흥 거리로만 여겨져 오기도 했다. 또한 특히 사각왜상의 경우 감상법의 측면에서만 본다면 앞서 설명한 르네상스 시기의 회화를 감상하는 방법과 큰 차이가 없다는 견해도 있다. 그러나 이러한 지적에도 불구하고, 정면이라는 고정된 위치에서 그림을 수동적으로 보기만 해왔던 감상자가 왜상을 감상하는 과정에서 상을 바르게 보는 데 적극적으로 참여하여 화가의 의도와 주제를 찾아내는 존재가 된다는 점에서 왜상의 의의를 찾을 수 있다.

① 르네상스 시기 예술가들은 사물이 왜곡되어 표현되는 것을 막기 위해 사물을 정면에 두고 그림을 그렸다.
② 정면에서 감상했을 때 무엇인지 알기 어려웠던 작품이 특정 위치에서 올바른 형상으로 보인다면, 그 위치는 항상 직각이 아니다.
③ 감상자는 왜상에 숨겨진 바른 형상을 찾아가는 과정에서 작품의 이미지를 새롭게 창조한다.
④ 왜상과 마주한 감상자는 작품에 숨겨진 이미지를 찾는 등 의식적으로 작품 감상에 참여한다.
⑤ 아나모르포시스는 감상자와 화가가 의견을 상호 교환하도록 만들어 감상자와 화가의 경계를 희미하게 만든다.

27. 다음 글에서 알 수 있는 것은?

단열재란 보온을 하거나 열을 차단할 목적으로 쓰는 재료를 말한다. 시중에는 수많은 단열재가 출시되어 있어 환경에 따라 알맞은 단열재를 사용하는 것이 중요하다. 가장 보편적으로 사용되는 단열재의 종류로는 비드법 단열재, 압출법 단열재, 글라스울이 있다.

비드법 단열재(EPS)의 원래 이름은 '발포 폴리스티렌'이며 상표명인 '스티로폼'으로 널리 불린다. 비드(Bead)란 구슬 모양의 폴리스티렌 알갱이로, 이를 어떻게 발포시키는지에 따라 단열재의 성능이 결정된다. EPS는 시공성이 좋고 가격이 저렴하며 시간의 경과에도 단열성능의 변화가 거의 없어 널리 사용되는 단열재 중 하나다. 하지만 물을 흡수하는 성질이 있어 지하나 기초 부위에 시공하는 것은 피해야 하고, 시공 전에 단열재가 충분히 안정화될 수 있도록 7주 이상의 숙성 과정도 필요하다. 또한 외벽이 과도하게 태양에너지를 흡수하지 않도록 마감 재료의 선택에도 주의를 기울여야 한다.

'압출법 단열재'는 원료를 녹여 연속으로 압축·발포시켜 만든 제품으로 XPS라는 약어로 많이 불린다. XPS는 물을 흡수하는 성질이 거의 없어 건물의 기초나 지하층의 시공에 매우 적합하다. XPS는 가격을 제외한 거의 모든 부분에서 EPS보다 뛰어나다고 평가된다. 그러나 XPS의 초기 열전도율은 시간의 경과에 따라 20 ~ 30%가량 떨어진다는 문제가 있다. 또한 단열재의 표면이 너무 미끄러워 마감 작업을 하는데 특별히 주의를 기울여야 한다. 따라서 XPS는 가급적 물과 직접 접촉하는 부위에만 사용하는 것이 바람직하다.

목조주택은 기둥을 일정한 간격으로 세우고 그사이에 단열재를 채우는 방식으로 벽체를 완성한다. 여기에 주로 사용되는 단열재가 바로 유리를 녹여 섬유 형태로 뽑아낸 '글라스울'이다. 글라스울은 가격 대비 성능이 뛰어날 뿐 아니라 재료의 규격이 목조의 시공에 최적화되어 있어 목조주택의 단열재로 가장 널리 사용된다. 그러나 일반적으로 단가 절감을 위해 저밀도 글라스울을 사용하는데, 이는 시간이 지날수록 아래로 처지거나 수축 후에도 복원이 되지 않아 벽체의 일부가 텅 빈 상태가 되기 쉽다. 이 경우 단열성능의 저하는 물론 결로수의 유입으로 단열재와 나무가 크게 상하는 2차 피해를 피할 수 없다. 저가 자재를 사용한 목조주택이 처음에는 따뜻한 것 같다가도 시간이 흐를수록 추워지는 이유도 바로 여기에서 찾을 수 있다.

① EPS와 XPS를 사용함에 있어, 마감단계에서 고려사항이 있다는 공통점이 있다.
② 압출법 단열재는 EPS보다 가격이 저렴하므로, 면적이 넓은 기초부위에 시공하기에 적합한 재료이다.
③ 모든 글라스울은 EPS와 달리, 시간이 지날수록 단열성능이 저하된다는 특징이 있다.
④ 글라스울은 유리를 녹여 연속으로 압축·발포시켜 만든 제품으로, 목조주택의 단열재로 주로 사용된다.
⑤ 비드법 단열재는 물을 흡수하는 성질이 있기 때문에, 시공 전 한 달 이상의 기간이 필요하다.

28. 다음 갑, 을의 견해에 대한 평가로 적절한 것만을 <보기>에서 모두 고르면?

'역사적 사실'은 과거에 일어난 개체적 사건 그 자체를 의미하기도 하고, 역사가에 의해 주관적으로 파악된 과거의 사실만을 의미하기도 한다. 역사가의 역사 연구 태도는 이러한 '역사적 사실'에 대한 두 가지의 개념 중 무엇을 강조하느냐에 따라 달라진다.

갑: 역사적 사실은 '신(神)의 손가락'에 의해 만들어진 자연계의 사물과 동일하다. 각 시대나 과거의 개체적 사실들은 그 자체로 완결된 고유의 가치를 지녔으며, 이는 시간의 흐름을 초월해 존재한다. 따라서 역사가가 그것을 마음대로 해석하는 것은 신성한 역사를 오염시키는 것이며, 과거의 역사적 사실을 있는 그대로 기술하는 것이 역사가의 몫에 해당한다. 이를 위해 역사가는 사료에 대한 철저한 고증과 확인을 통해 역사를 인식해야 하며, 목적을 앞세워 역사를 왜곡하지 말아야 한다.

을: 역사적 사실이란 어디까지나 역사가의 주관적 인식에 의해 학문적으로 구성된 사실에 해당한다. 객관적 사실을 파악하기 위한 사료 고증만으로는 과거에 대한 부분적이고 불확실한 설명을 찾아낼 수 있을 뿐이다. 역사는 단순히 과거 사건들의 집합으로 볼 수 없으며, 역사가의 임무는 객관적 사실들을 이해하고 해석하여 하나의 지식 형태로 구성하는 것이다. 그렇다고 해서 역사가가 임의로 과거의 사실을 이해하고 해석하는 것은 아니다. 역사가가 과거의 개체적 사실들 가운데 일부를 역사적 사실로 인식하는 과정에서, 역사가의 주관이 개입하기 이전에 결정적으로 작용하는 '범주로서의 역사'가 존재한다. 즉 역사가의 역사인식을 선험적으로 규정하는 '범주로서의 역사'가 존재한다는 것이다. 이때 역사인식의 범주를 형성하는 것은 '인륜적 세계'로 인간의 의지와 행위가 누적되어 만들어진 세계이다. 역사는 이와 같은 인륜적 세계 속에서 일어나며, 그것과의 연관 속에서만 파악될 수 있다.

<보 기>

ㄱ. 주어진 역사적 사실을 해석하는 능력이 뛰어난 역사가가 학계에서 주목받는다면, 갑의 견해는 약화되고 을의 견해는 강화된다.
ㄴ. 역사가에게 엄격한 사료 고증 능력과 확인 역량이 요구된다면, 갑의 견해는 강화되고 을의 견해는 약화된다.
ㄷ. 역사가가 서술하려는 역사적 사건이 세계와 무관하게 객관적으로 존재한다면, 갑의 견해는 강화되고 을의 견해는 약화된다.

① ㄱ
② ㄷ
③ ㄱ, ㄷ
④ ㄴ, ㄷ
⑤ ㄱ, ㄴ, ㄷ

29. 다음 글에서 알 수 있는 것은?

단풍은 계절변화로 인해 식물의 잎이 붉은 빛이나 누런 빛으로 변하는 현상, 또는 그렇게 변한 잎을 의미한다. 그렇다면 가을철에 단풍이 드는 원리는 무엇일까?

기본적으로 식물의 잎은 광합성을 담당하는 기관이므로 녹색을 띤다. 잎 안 세포 속에 있는 엽록소들이 빛의 파장 중 녹색파장의 빛만을 반사시키기 때문이다. 그러나 식물의 잎에는 엽록소 이외에 카로티노이드와 안토시아닌 등의 보조색소도 있다. 카로티노이드는 엽록소가 잘 흡수하지 못하는 다른 파장의 빛을 흡수하여 그 에너지를 엽록소에 전해준다. 노란색이나 황색을 띠는 이 보조색소는 나무가 왕성하게 자랄 때는 녹색의 엽록소에 가려 눈에 잘 띄지 않는다. 한편 엽록소와 함께 봄부터 잎 속에 합성되는 카로티노이드와는 달리 붉은 색소인 안토시아닌은 그 성분이 세포액에 녹아 있다가 늦여름부터 새롭게 생성되어 잎에 축적된다.

식물은 해가 짧아지고 기온이 낮아지면 잎자루에 코르크처럼 단단한 세포층(떨켜)을 만들어 월동 준비를 한다. 떨켜가 만들어지면 잎으로 드나들던 영양분과 수분이 더 이상 공급되지 않고, 그 결과 엽록소의 합성도 멈춘다. 이에 따라 잎 속에 남아 있던 엽록소는 점차 그 양이 줄어들어 녹색은 서서히 사라진다. 그에 반비례해서 분해 속도가 상대적으로 느린 카로티노이드와 안토시아닌은 일시적으로 제 색인 노란색과 붉은색을 내기 시작한다. 결국 우리 눈에 보이는 단풍은 나뭇잎 속에 함유된 이들 색소가 각기 다른 분해 순서에 따라 일시적으로 나타나는 발현 현상인 셈이다. 노랗고 붉은 단풍이 들게 만든 카로티노이드와 안토시아닌마저 분해되면 쉽게 분해되지 않는 타닌 색소로 인해 나뭇잎은 갈색으로 변한다. 단풍이 드는 현상은 다음 세 가지 요인이 관련되어 있다.

첫째, 엽록소가 파괴되면서 노란색과 붉은색이 드러나기 시작한다. 카로티노이드와 안토시아닌이 훨씬 더 느린 속도로 파괴되기 때문이다. 둘째, 가을이 되면 많은 식물의 잎이 안토시아닌을 대량으로 합성해 낸다. 안토시아닌은 물질의 산도에 따라서 빨간색에서부터 보라색까지 변하는 색소로서 식물세포에서 가장 넓은 부분을 차지하고 있는 액포 속에 들어 있다. 셋째, 많은 식물에서 볼 수 있는 복잡한 분자인 타닌 때문이다. 떡갈나무를 비롯한 여러 식물의 잎에 들어 있는 타닌은 잎이 갈색을 띠도록 하는데, 그 색은 대개 변하지 않고 안정된 성질을 띤다.

① 식물의 잎이 녹색을 띠는 시기에는, 잎에 녹색파장의 빛을 반사시키는 엽록소만이 존재한다.
② 붉은 빛을 띠는 안토시아닌은 늦여름부터 새롭게 생성되어, 가을에 대량으로 합성된다.
③ 단풍의 색은 나뭇잎 속 색소의 분해 속도에 따라 다르게 나타나며, 일반적으로 목격되는 잎의 색은 녹색, 노란색, 붉은색, 갈색 순이다.
④ 타닌 색소는 잎이 갈색을 띠게 하며, 식물세포에서 가장 넓은 부분을 차지하고 있는 액포 속에 들어있다.
⑤ 카로티노이드와 안토시아닌은 엽록소가 잘 흡수하지 못하는 노란색과 붉은색의 빛을 흡수하여 그 에너지를 엽록소에 전해준다.

30. 다음 글에서 알 수 있는 것은?

서울의 청계광장에는 스프링(Spring)이라는 다슬기 형상의 대형 조형물이 설치되어 있다. 이것을 기획한 올덴버그는 공공장소에 작품을 설치하여 대중과 미술의 소통을 이끌어내려 했다. 이와 같이 대중과 미술의 소통을 위해 공공장소에 설치된 미술 작품 또는 공공 영역에서 이루어지는 예술 행위 및 활동을 '공공미술'이라 한다.

1960년대 후반부터 1980년대까지의 공공미술은 대중과 미술의 소통을 위해 작품이 설치되는 장소를 점차 확장하는 쪽으로 전개되었기 때문에 장소 중심의 공공미술이라 할 수 있다. 이전까지는 미술관에만 전시되던 작품을 사람들이 자주 드나드는 공공건물에 설치하기 시작했다. 하지만 이렇게 공공건물에 설치된 작품들은 한낱 건물의 장식으로 인식되어 대중과의 소통에 한계가 있었기 때문에, 작품이 설치되는 공간은 공원이나 광장 같은 공공장소로 확장되었다. 그러나 공공장소에 놓이게 된 작품 중에는 주변 공간과 어울리지 않거나, 미술가의 미학적 입장이 대중에게 수용되지 못하는 일들이 벌어졌다. 이는 소통에 대한 미술가의 반성으로 이어졌고 시간이 지남에 따라 공공미술은 점차 주변의 삶과 조화를 이루는 방향으로 발전하였다.

1990년대 이후의 공공미술은 참된 소통이 무엇인가에 대해 진지하게 성찰하며 대중을 작품 창작 과정에 보조적으로 참여시키는 쪽으로 전개되었기 때문에, 참여 중심의 공공미술이라 할 수 있다. 이때의 공공미술은 대중들이 작품 제작에 미술가를 보조하여 참여하게 하거나, 작품을 보고 만지며 체험하는 활동 속에서 작품의 의미를 완성할 수 있도록 하여 미술가와 대중, 작품과 대중 사이의 소통을 강화하였다. 장소 중심의 공공미술이 완성된 작품을 어디에 놓느냐에 주목하던 결과 중심의 수동적 미술이라면, 참여 중심의 공공미술은 작품의 창작 과정에 대중이 참여하여 작품과 직접 소통하는 과정 중심의 능동적 미술이라고 볼 수 있다.

그런데 공공미술에서는 대중과의 소통을 위해 누구나 쉽게 다가가 감상할 수 있는 작품을 만들어야 하므로, 미술가는 자신의 미학적 입장을 어느 정도 포기해야 한다고 우려할 수 있다. 그러나 이러한 우려는 대중의 미적 감상 능력을 무시하는 편협한 시각이다. 왜냐하면 추상적이고 난해한 작품이라도 대중과의 소통의 가능성은 늘 존재하기 때문이다. 따라서 공공미술에서 예술의 자율성은 소통의 가능성과 대립하지 않는다. 공공미술가는 예술의 자율성과 소통의 가능성을 높이기 위해 대중의 예술적 감성이 어떠한지, 대중이 어떠한 작품을 기대하는지 면밀히 분석하며 작품을 창작해야 한다.

① 청계광장에 설치된 '스프링'은 청계광장의 장식으로서 청계광장과 대중의 소통을 촉발시켰다.
② 공공미술이 설치되는 장소는 공공건물에서 공공장소로 확장되었으며, 이는 작품과 주변 공간과의 조화를 항상 확대하였다.
③ 공공미술은 궁극적으로 작품과 대중의 소통을 중시하며 발전해왔으며, 이러한 소통은 예술가의 자율성과 양립 가능하다.
④ 1990년대 이후 대중은 직접 미술가가 되어 작품을 제작함으로 공공미술의 능동성이 강화되었다.
⑤ 공공미술의 관점에서 대중의 미적 감상 능력은 매우 뛰어나기 때문에 작품과 대중의 소통은 항상 가능하다.

31. 심리적 상담에 관한 갑, 을, 병의 견해에 대한 분석으로 적절한 것만을 <보기>에서 모두 고르면?

> 갑: 사람의 감정과 행동은 어떤 원인이 작용한 결과로 그 원인은 정신적인 것에 해당한다. 정신적 원인의 실체란 과거의 경험들로부터 형성된 무의식에 있으며, 인간은 이를 스스로의 힘으로 바꿀 의지와 능력이 부족한 수동적 존재에 해당한다. 따라서 심리적 상담은 상담자와 내담자가 오랜 시간 관계를 맺으며 과거의 경험과 감정을 거리낌없이 털어놓고 상담자가 그것에 담긴 의미를 해석해 주면, 내담자가 자신의 무의식을 타율적으로 이해하고 변화시키게 되어 심리적 문제를 해결하는 과정으로 볼 수 있다.
>
> 을: 인간은 수동적인 존재가 아니라 자신의 가능성과 잠재력을 발견하고 실현할 수 있는 존재에 해당하므로 인간중심적 상담이 요구된다. 사람은 외적으로 부여된 가치에 맞추어 살려고 하기 때문에 자기가 타고난 가능성과 잠재력을 발견하지 못하고 심리적 문제를 겪게 된다. 따라서 상담자는 내담자를 대할 때 가식이나 겉치레 없는 진솔한 태도를 보여야 하며, 어떠한 전제나 조건을 달지 않고 이야기를 들어주고 세심하고 정확하게 이해해 주는 공감적 태도를 취해야 한다. 상담자가 이러한 태도를 일관되게 유지하면, 내담자가 자기 자신을 의미 있게 만드는 것은 바로 자신이라는 것을 깨닫게 되어 외적으로 부여된 가치들을 스스로 해체하여 심리적 문제를 해결할 수 있다.
>
> 병: 심리적 상담을 할 때는 심리적 문제 그 자체에 초점을 맞추는 동시에 단기적인 해결이 필요하다. 사람은 감정이나 행동을 어떻게 인지하고 받아들이느냐에 따라 영향을 받기 때문에, 인간이 정서적 문제를 겪는 이유는 구체적인 사건들 때문이 아닌 그 사건을 인지하고 받아들이는 방식이 잘못되었기 때문이다. 이 잘못된 사고방식의 뿌리에는 비합리적 신념들이 깔려 있다. 비합리적 신념이란 '반드시~해야 한다.'나 '결코~할 수 없다.'와 같이 융통성이 없거나 현실적으로 실현 불가능한 생각을 말한다. 따라서 상담자는 상담 과정에서 내담자의 비합리적 신념을 찾아 그 부당성을 적극적으로 논박하여 합리적인 신념으로 변환시켜야 하며, 이런 과정을 통해 내담자는 정서적 건강을 되찾을 수 있다.

<보 기>

ㄱ. 인간이 수동적인 존재가 아닌 능동적이고 적극적인 존재라면, 갑의 견해는 약화되고 을의 견해는 강화된다.
ㄴ. 심리적 상담의 목표를 달성하기 위해 오랜 시간이 요구된다는 사실이 밝혀진다면, 갑의 견해는 강화되고 병의 견해는 약화된다.
ㄷ. 심리적 문제의 해결에 내담자의 적극성이 중요하다면, 을의 견해는 강화되고 병의 견해는 강화되지 않는다.

① ㄱ ② ㄱ, ㄴ
③ ㄱ, ㄷ ④ ㄴ, ㄷ
⑤ ㄱ, ㄴ, ㄷ

32. 다음 글에서 알 수 없는 것은?

> 우리는 TV나 신문 등을 통해 인간의 공격행동과 관련된 사건들을 흔히 접한다. 공격행동이란 타인에게 손상이나 고통을 주려는 의도와 목적을 가진 모든 행동을 의미하는데, 인간의 공격행동에 대해 심리학자들은 여러 가지 견해를 제시하였다.
>
> 프로이드(Freud)는 인간은 생존 본능을 지니고 있어서 자신의 생명을 위협 받으면 본능적으로 공격행동을 드러낸다고 설명했다. 그리고 달라드(Dollard)는 인간은 자신이 추구하는 목표를 획득하는 데에 간섭이나 방해를 받을 때, 욕구좌절을 느끼게 되고 그로 인해 공격행동을 드러낸다고 보았다. 그러나 그의 주장은 욕구좌절을 경험한 사람이라고 해서 모두 공격행동을 보이는 것은 아니며, 욕구좌절을 경험하지 않더라도 공격행동을 드러내는 경우가 있다는 점에서 한계가 있다.
>
> 그렇다면 공격행동이 일어나는 다른 이유는 없는 것일까? 이에 대해 반두라(Bandura)는 인간의 공격행동이 관찰을 통해 학습되어 나타난 것이라고 보고, 그 과정을 다음과 같이 제시하였다.
>
> 먼저 '주의집중 과정'에서는 타인의 공격행동을 관찰하면서 그것에 주의를 기울이게 된다. 이 과정에서는 공격행동을 관찰하게 되는 빈도가 높을수록, 관찰 대상과 연령이 비슷할수록 그와 같은 행동이 학습되기 쉽다는 특징이 있다. 다음으로 '파지과정'에서는 관찰한 공격행동을 머릿속에 기억하게 되는데, 이는 자신이 관찰한 것을 언어적 기호 또는 영상의 형태로 기억하는 인간의 인지 능력과 관련이 있다. 이 과정에서는 인지적 시연(試演)이 공격행동에 대한 기억에 영향을 미친다. 즉 관찰한 공격행동을 실제 행동으로 옮기지 않더라도 이를 머릿속으로 그려 보는 것만으로도 기억이 오래 남게 된다. 세 번째 '행동재생 과정'에서는 머릿속에 저장된 공격행동을 신체적 움직임을 통해 한번 실행해 보게 된다. 즉 관찰된 공격행동을 단순히 따라 함으로써 자신의 행동과 관찰 대상의 행동을 일치시키고자 한다. 이를 위해서 파지 단계와 마찬가지로 인지적 시연이 반복되기도 한다. 마지막으로 '동기부여 과정'에서는 공격행동에 대한 보상이 주어지면서 다음에도 동일한 행동을 반복하게 되는 동기가 부여된다. 즉 자신의 공격행동으로 무엇인가 보상을 받을 수 있다면 공격행동을 다시 표출하게 되는 것이다. 이때 자신의 공격행동에 대해 직접 보상을 받는 경우에도 동기가 부여되지만 다른 사람이 공격행동을 한 후 보상을 받는 것에 대한 관찰에 의해서도 동기가 부여될 수 있다.

① 강도에 의해 목숨을 위협받는 사람이 강도를 공격하는 행위가 자주 나타나는 것은 프로이드의 견해를 강화한다.
② 포교를 위한 집회가 저지되었음에도 평온한 상태를 유지하는 종교인의 모습은 달라드의 견해를 약화시킨다.
③ 소년원에 수감된 학생이 일반학생보다 공격행동을 더욱 뚜렷하게 나타낸다면 반두라의 견해는 강화된다.
④ 관찰한 공격행동을 실제로 따라할 때 가장 생생하게 기억할 수 있다면 반두라의 견해는 강화된다.
⑤ 타인에 대한 공격행동에 보상을 실시하는 사회에서 공격행동이 반복해서 발생한다면 반두라의 견해는 강화된다.

33. 다음 글의 내용이 참일 때, 반드시 참인 것만을 <보기>에서 모두 고르면?

> 모든 평화주의자는 대화 선호 성향을 지녔으며, 폭력을 거부한다. 대화 선호 성향이나 협상 선호 성향을 지닌 사람은 상호 이해와 공감을 바탕으로 갈등 해결을 시도한다.
>
> 대화를 거부하거나 폭력 선호 성향을 지닌 사람은 극단주의자이다. 모든 극단주의자는 폭력 선호 성향을 통해서만 자신의 극단 신념을 실현할 수 있다. 폭력적 수단을 정당화를 위해서는 극단 신념의 실현이 요구된다. 극단주의자들은 갈등 해결을 시도할 때, 상호 이해와 공감을 중요시 하지 않는다. 따라서 평화주의자의 관점에서 극단 신념의 실현은 궁극적으로 생명과 안전을 위협하며 사회의 갈등 심화를 초래하지만, 극단주의자의 관점에서 극단 신념의 실현은 궁극적으로 평화를 가져다준다. 어떤 신념의 실현이 궁극적으로 특정한 효과를 가져온다면, 그 신념을 추구하는 행위는 궁극적으로 그 효과를 지향한다고 볼 수 있다.

<보 기>

ㄱ. 폭력 선호 성향을 지닌 사람이라면 극단 신념을 실현한다.
ㄴ. 모든 극단주의자는 평화를 지향한다.
ㄷ. 대화 선호 성향을 지닌 모든 사람은 극단주의자가 아니다.

① ㄱ
② ㄷ
③ ㄱ, ㄴ
④ ㄴ, ㄷ
⑤ ㄱ, ㄴ, ㄷ

34. 다음 글의 내용이 참일 때, 반드시 참인 것만을 <보기>에서 모두 고르면?

> A카페는 신메뉴 출시 기념 행사로 온라인 커뮤니티에 후기를 작성해 줄 수 있는 홍보대사를 선정하려고 한다. A카페에서 요구하는 홍보대사의 네 가지 자질은 커피에 대한 전문지식, 다양한 카페 경험, 구독자 수, 후기 작성 능력이다. A카페는 네 가지 자질 중 적어도 두 가지 자질을 지닌 지원자를 모두 홍보대사로 선정할 것이다.
>
> A카페 행사의 홍보대사로 지원한 사람은 갑, 을, 병, 정이며, 각 지원자에 관한 정보는 다음과 같다.
>
> ○ 갑과 을이 지닌 자질 중 적어도 두 개는 일치한다.
> ○ 커피에 대한 전문지식은 정만 지닌 자질이다.
> ○ 갑, 병, 정만 후기 작성 능력을 지니고 있다.
> ○ 을은 구독자 수 자질을 지니지 못했다.

<보 기>

ㄱ. 을은 홍보대사로 선정되지 않고, 정은 홍보대사로 선정된다.
ㄴ. 갑과 을이 지닌 자질 중 세 개가 일치한다면, 갑은 홍보대사로 선정되지 않는다.
ㄷ. 만일 다양한 카페 경험 자질을 모두가 갖추고 있다면, 홍보대사는 3명이 선정된다.

① ㄱ
② ㄴ
③ ㄱ, ㄷ
④ ㄴ, ㄷ
⑤ ㄱ, ㄴ, ㄷ

35. 다음 글에서 알 수 있는 것은?

지구상의 모든 물체는 외부의 힘이 가해지지 않은 상태에서도 그 자체의 흔들림을 갖고 있다. 이를 고유 진동이라고 하는데 물체가 한 방향으로 흔들렸다가 제자리로 돌아오는 데 걸리는 시간을 '고유 진동 주기'라고 한다. 어떤 물체가 그 물체와 같거나 유사한 고유 진동 주기를 만나면 진폭이 갑자기 커지는 현상이 발생하는데 이를 공진이라 한다. 지진은 보통 단주기를 갖고 있는데, 대부분의 건물은 고유 진동 주기가 지진파의 진동 주기와 유사한 단주기인 경우가 많아, 지진이 일어나면 공진에 의해 큰 피해를 입는다.

면진 장치는 이러한 공진 현상을 막기 위한 장치로, 건물을 지지하면서 지진 발생 시 건물을 지반으로부터 격리시켜 준다. 지진이 발생하면 면진 장치는 건물을 움직여 건물의 고유 진동 주기를 장주기로 바꾸어서 공진을 피하게 하는 기능을 한다. 면진 장치는 주로 건물의 하중과 폭에 따라 설치한다. 이 장치는 지반과 건물 사이에 설치하는 경우도 있고, 층간에 설치하는 경우도 있다. 널리 사용되는 면진 장치로는 적층고무 받침, 납삽입 적층고무 받침, 마찰진자 지진격리 받침 등이 있다.

적층고무 받침은 고무와 철판을 교대로 겹겹이 쌓아 놓은 것에 위아래로 연결판이 붙어 있는 형태이다. 연결판은 건물과 면진 장치를 연결하는 기능을 한다. 지진이 발생하면 고무 사이사이의 철판은 수직의 하중을 지탱하며, 고무는 건물을 원위치로 복원시키는 데 주요한 역할을 하는 동시에 지진파의 진동을 감쇠(減衰)시킨다. 그러나 이 장치는 다른 면진 장치들에 비해 지진파의 진동을 감쇠시키는 기능이 떨어지므로 지진이 일어날 때 위의 세 가지 면진 장치 중에서 상대적으로 건물의 손상이 가장 크다.

납삽입 적층고무 받침은 적층고무 받침 가운데에 원형 구멍을 뚫고 납을 끼운 형태로 되어 있다. 납은 강도가 낮아 변형될 수 있으므로, 지진이 발생하면 납이 변형되어 고무받침의 고무와 함께 지진파의 진동을 감쇠시키는 역할을 한다. 그러나 마찰진자 지진격리 받침에 비해 감쇠력은 낮은 편이다.

마찰진자 지진격리 받침은 두 마찰판 사이에 곡면 형태의 마찰진자를 설치한 것이다. 지진이 발생하면 마찰진자가 마찰판에 미끄러지면서 지진파의 운동에너지가 마찰 에너지로 변환된다. 진동 후, 아래 마찰판의 곡면으로 인해 건물은 원위치로 돌아가게 된다. 이에 따라 건물은 수평 방향으로 어느 정도 흔들리다가 정지하게 된다. 이 장치는 마찰판의 미끄럼 정도를 제어하여 건물의 고유 진동 주기를 조절할 수 있다.

① 건물에 공진현상이 발생하는 경우 건물의 고유 진동 주기는 단주기에서 장주기로 변화해 큰 피해를 야기한다.
② 지진파의 진동을 효과적으로 감쇠시키고 지진으로 인한 건물 손상을 최소화하기 위해서는, 진자를 활용한 면진 장치를 설치하는 것이 바람직하다.
③ 적층고무 받침은 건물에 연결된 연결판이 건물을 고정시킴으로 지진파의 진동을 감쇠시킨다.
④ 납삽입 적층고무 받침에서 지진파의 진동을 감쇠시키는 역할은 고무받침 가운데 삽입된 납만이 담당한다.
⑤ 마찰진자 지진격리 받침의 진자는 지진파의 운동 에너지를 사라지게 해 지진으로부터 건물을 보호한다.

36. 다음 갑 ~ 병의 견해에 대한 평가로 적절한 것만을 <보기>에서 모두 고르면?

고대 그리스인들은 '정의(正義)'를 '조화(調和)'로 받아들였다. '조(調)'와 '화(和)'는 여러 가지 것들이 서로 잘 어울리는 것을 뜻하기 때문에 정의는 바로 그런 의미를 갖게 된다. 더 나아가 그들은 대립자들의 조화가 정의를 가져온다고 생각했다. 고대 그리스인들은 이 세계가 어둠과 밝음, 어른과 아이 등과 같은 대립자들로 구성되어 있다고 보고, 이들 사이에는 항상 갈등과 투쟁이 있다고 생각했다. 이것들이 어떻게 조화를 이루느냐에 대한 그들의 고민이, 정의 개념이 등장하게 된 기본적인 맥락이다. 다음은 정의 개념을 다양한 분야에 적용한 견해 중 일부이다.

갑: '우주의 질서'는 조화로서의 정의 개념을 반영한다. 우주를 구성하는 물, 불, 공기, 흙이라는 원소들이 비슷한 힘을 가지고 서로 역동적으로 작용하여 정의가 이루어진다. 힘의 균형이 깨지면 우주의 질서가 무너지게 되는데, 그것이 불의(不義)이다. 그런데 불의는 그 상태에 머물러 있지 않기 때문에 이전에 미약했던 것들은 강해지고 막강했던 것들은 약해져서 다시 우주의 질서가 돌아오며, 이것이 곧 우주가 정의를 되찾는 것이다.

을: '건강' 개념에도 조화로서의 정의 개념이 반영되어 있다. 건강은 몸 전체를 이루고 있는 부분들 사이의 조화에 해당한다. 이러한 관점에서 의학의 요점은 병이 났을 때의 치유 방법에 있다기보다는 식이요법을 통한 예방에 있다. 식이요법이란 몸의 조화를 잃지 않게 하는 것이다. 건강을 잃는다는 것, 즉 병을 얻는다는 것은 몸의 조화를 잃어버리는 것이다. 그렇게 조화를 잃어버리지 않도록 하는 것이 바로 몸의 정의를 찾는 것이다.

<보 기>

ㄱ. 오늘날 세계를 구성하는 대립자들 사이의 갈등이 고대 그리스 시대보다 심해졌다면 갑, 을의 견해는 약화된다.
ㄴ. 갑의 견해에 따를 때 우주의 질서 측면에서 정의와 불의는 연쇄적으로 순환할 수 있다.
ㄷ. 을은 병이 났을 때 사후적으로 치유하는 것은 불가능하며 식이요법을 통한 사전예방만이 몸의 조화를 유지하는 길이라고 주장한다.
ㄹ. 갑의 관점에서 우주가 불의로부터 정의를 되찾는 것은 을의 관점에서 식이요법과 유사한 개념에 해당한다.

① ㄱ, ㄷ
② ㄴ
③ ㄴ, ㄷ
④ ㄴ, ㄹ
⑤ ㄷ, ㄹ

37. 다음 빈칸에 들어갈 내용으로 가장 적절한 것은?

> 사람들이 어떠한 틀에 의해 상황을 인식하느냐에 따라 행동이 달라지는 것을 가리켜 '틀짜기 효과'라고 부른다. 선택과 관련한 문제를 여러가지의 다른 틀로 인식할 수 있으며, 그 가운데 어떤 틀에 의해 인식하느냐에 따라 행동은 달라질 수 있다.
>
> 다음은 틀짜기 효과와 관련한 실험이다. 어떤 나라의 방역당국은 정글 모기가 퍼트리는 신종 전염병에 맞서고 있다. 이 병을 방치하면 600명이 목숨을 잃는다. 당국은 두 가지 전략을 마련했다.
>
> 전략 1: A안에 따르면 200명이 살게 된다.
> B안에 따르면 600명이 다 살 확률이 1/3, 아무도 살지 못할 확률이 2/3다.
>
> 전략 2: A안에 따르면 400명이 죽는다.
> B안에 따르면 아무도 죽지 않을 확률이 1/3, 600명이 모두 죽을 확률이 2/3다.
>
> A, B안의 기대값은 동일하다. 위 실험에서 다음과 같은 틀에서 상황을 인식하였다. 전략 1에서 응답자들은 '몇 명이 사는가'라는 틀로 인식하여 위험회피 성향을 보였다. 두 번째 물음에서는 '몇 명이 죽는가'라는 틀로 인식하여 위험 추구 성향으로 바뀌었다. 각각의 틀에 따라 선택이 바뀌는 결과가 일어난 것이다.
>
> 즉, 전략 1의 경우 응답자 대부분이 [(가)]을 선택하였으며 전략 2의 경우 응답자 대부분이 [(나)]을 선택하였다. 첫 번째 물음에서 대부분 응답자가 선택한 [(다)]이 합리적이었다면, 두 번째 물음에서 [(라)]를 선택하는 것이 합리적이라 할 수 있다. 하지만 결과는 그렇지 못했다.

① (가) : A안 (나) : A안 (다) : B안 (라) : A안
② (가) : A안 (나) : B안 (다) : A안 (라) : B안
③ (가) : B안 (나) : A안 (다) : B안 (라) : B안
④ (가) : B안 (나) : A안 (다) : B안 (라) : A안
⑤ (가) : A안 (나) : B안 (다) : A안 (라) : A안

38. ㉠의 견해에 대한 분석으로 적절한 것만을 <보기>에서 모두 고르면?

> '자유의지'란 자신의 행동과 결정을 스스로 조절 및 통제하는 힘과 능력이다. 인간의 자유의지에 관한 실험 중 대표적인 것으로 리벳의 실험이 있다. 리벳 실험의 방식은 간단하다. 피실험자의 머리에 뇌파를 측정하는 장치를 부착하고 바로 앞에 놓인 버튼을 손가락에 누르는 방식이다. 다만, 피실험자는 자신이 버튼을 누르고 싶다는 생각이 들 때 특수한 타이머에서 점의 위치가 어디인지 보고해야 한다. 그리고 그가 버튼을 실제로 누르면 타이머의 점은 자동으로 표기된다.
>
> ㉠ 리벳은 '버튼을 눌러야지'라는 생각이 시간상 먼저 나오고, 그 후 뇌파가 감지되고, 실제로 버튼을 누르는 사건이 가장 나중에 나올 것이라고 예상했다. 이런 예상은 우리의 상식에 부합하기 때문이다. 일상에서 누구나
> 자신이 뭔가를 하려는 생각을 시간상 먼저 했기 때문에 그 일을 하게 된다고 생각한다.
>
> 그러나, 실험 결과는 달랐다. 뇌파가 먼저 감지되고, 버튼을 누르려는 생각이 따라 나오고, 버튼을 실제로 누르는 사건이 나온 것이다. 즉 '버튼을 눌러야지'라고 생각하기 전에 이미 두뇌는 활동하기 시작한 것이다. 이 시간 차이는 평균 0.5초 정도 된다. 리벳은 이를 무엇인가 생각하기 전에 약 0.5초 정도 전에 두뇌가 먼저 활동한다고 해석하였다. 즉 무의식의 뇌가 우리의 의식을 조정한다는 것이다.
>
> 이 실험을 통해 리벳은 우리의 결정이 무의식적으로 이루어지며 자유의지가 작용하지 않는다고 결론 내렸다. 우리가 자유롭다는 생각은 착각이며 실제로 물리법칙에 따르는 물질 덩어리인 두뇌 활동의 인과적 결과만 있다고 보았다.

<보 기>

ㄱ. '버튼을 눌러야지' 생각하기 이전의 뇌파 활동이 결정을 위한 의식적 준비 과정이라고 밝혀 진다면 ㉠의 견해는 약화된다.
ㄴ. 인간 행동의 결정이 모두 뇌에 의해 이루어지며, '나'는 뇌가 산출하는 일종의 시뮬레이션이라면, ㉠의 견해는 약화된다.
ㄷ. 뇌파 활동만이 '버튼을 눌러야지' 라는 생각과 실제 버튼을 누르는 행동의 엄격한 원인이 아니라면 ㉠의 견해는 강화되지 않는다.

① ㄱ
② ㄴ
③ ㄱ, ㄷ
④ ㄴ, ㄷ
⑤ ㄱ, ㄴ, ㄷ

[39 ~ 40] 다음 글을 읽고 물음에 답하시오.

조형의 원리란 작품에서 요소들을 유기적으로 묶어 어떤 특정한 효과를 얻기 위한 구성 계획을 말한다. 이때 가장 중요한 원리가 바로 '통일성의 원리'이다. 통일성이란 회화의 다양한 요소들이 하나의 작품 속에서 어떤 연관성을 가지는 것을 의미하며, 이를 통해 각각의 요소들은 의미 있는 하나의 작품을 구성하게 된다.

회화에서 통일성을 부여하는 대표적인 방법으로는 '인접'과 '반복'이 있다. 인접은 각각의 구성 요소들을 서로 가까이 놓거나 중첩시켜 회화에 통일성을 주는 방법이고, 반복은 여러 부분을 서로 연결시키기 위해 어떤 요소를 계속해서 반복시키는 것을 의미한다. 이 경우 같은 사물의 반복뿐만 아니라 회화 속의 색깔, 형태, 각도 등의 반복도 포함한다. 예를 들어, 드가의 작품 '모자 가게'에서는 모자와 꽃 등 원형(圓形)의 소재를 반복적으로 표현함으로써 형태적인 측면에서 전체적인 통일성을 부여하고 있다. 그런데 통일성은 작품에 대한 안정감을 부여하기도 하지만, 자칫 지나치면 감상자의 입장에서 그 작품은 답답하고 단조롭게 느껴질 수 있다.

화가는 이와 같은 단조로움을 피하고 자신의 의도를 부각시키기 위해 '강조'라는 원리를 사용한다. 강조란 특정한 부분을 강하게 하여 변화를 주는 것을 의미하며, 이를 통해 작품의 주제를 부각시켜 예술적 감흥을 효과적으로 끌어낼 수도 있다. 회화에서 일반적으로 사용되는 강조의 방법으로는 '대비'에 의한 강조가 있다. 이는 형태나 크기, 명암 등의 대비를 통해 특정 부분을 부각시키는 것인데, 직사각형들 사이에 원형을 그리거나, 어두운 사물 가운데에 밝은 사물을 그리는 것을 예로 들 수 있다. 또 다른 강조의 방법으로는 '분리'에 의한 강조가 있다. 분리에 의한 강조는 어떤 대상이 다른 대상들과 떨어져 있음으로써 부각되는 것이다. 이와 같은 사물 간의 배치를 통해 어떤 대상이 다른 대상들과 형태나 크기, 명암 등이 유사하더라도 그 대상을 부각시킬 수 있다. 따라서 이 방법은 군집과 독립의 대비라고도 할 수 있다. 이때 독립된 대상은 화면의 중심보다 가장자리에 배치되는 경우가 있는데, 감상자는 부각되는 대상만을 바라보다가 자칫 그림 감상을 마치게 될 수도 있다. 이 때문에 화가는 감상자의 시선이 군집으로 이어질 수 있도록 군집과 독립된 대상을 하나의 선으로 묶는 등의 방법을 활용하기도 한다.

그런데 한 작품 안에서 강조의 원리를 지나치게 많이 사용하면 오히려 그 효과는 줄어들 수 있으며, 감상자의 입장에서는 강조의 대상이 작품 속에서 조화를 이루지 못한다고 느낄 수 있다. 그러므로 중요한 것은 '[　　　　　　　　　　]'라는 점이다. 설령 어떤 대상을 부각하려 하더라도 주제나 소재, 표현 양식, 기법 등과의 긴밀한 연관성을 고려해야 한다.

39. 다음 글에서 알 수 있는 것은?

① 화가는 동일한 각도를 반복하는 강조의 원리를 통해 작품의 안정감을 부여하는 동시에 주제를 부각한다.
② 드가의 '모자 가게'를 단조롭게 느낀 한 작가가, 작품에 사용된 원형의 소재에 명암의 차이를 더한 모조품을 만든다면 감상자의 예술적 감흥을 이끌어낼 가능성이 존재한다.
③ 동일한 사물을 가까운 위치에 반복해서 배치시킴으로써 작품의 개방감과 복잡성을 증진시킬 수 있다.
④ 분리에 의한 강조에서 독립된 대상을 화면의 중심에 배치하는 경우, 감상자의 시선이 독립된 대상에서 군집으로 이어질 수 있다.
⑤ 분리에 의한 강조에 사용되는 대상은 언제나 거리상으로 인접해 있지 않으며, 상이한 속성을 지닌 대상만이 분리에 활용된다.

40. 다음 빈칸에 들어갈 말로 가장 적절한 것은?

① 강조의 원리를 자제하고 통일성의 원리를 최대한으로 활용하여야 한다.
② 강조의 원리를 한 번 사용하였다면 반드시 통일성의 원리를 그보다 많이 활용해야 한다.
③ 강조하려는 대상이 하나의 작품 속에서 유기적 통일성을 갖도록 해야 한다.
④ 다양한 강도의 강조를 활용함으로 작품의 주제를 효과적으로 부각시킬 수 있어야 한다.
⑤ 강조를 통해 안정감을 초월하여 감상자의 예술적 감흥을 극대화시킬 수 있어야 한다.

현재 내 위치가 궁금하다면?

빠른 채점 및 성적 분석

https://labstandard.kr/eas

성적분석 서비스 + 통계표 확인

맞은 문제 수 / 푼 문제 수	맞은 문제 수 / 찍은 문제 수
(　　)문제 / (　　)문제	(　　)문제 / (　　)문제

총점:　　　　점

✔ 전국에 있는 수험생들의 성적과 자신의 성적을 지금 바로 비교해 보세요!

2025년도 5급 공채·국립외교원 및 민간경력직 PSAT 대비

랩스탠다드 준기출 準 준할 준 PSAT 언어논리 실전 모의고사

1 ~ 6회

정답 및 해설

LAB STANDARD
기준을 연구하는 사람들

현재 내 위치가 궁금하다면?

빠른 채점 및 성적 분석

https://labstandard.kr/eas

성적분석 서비스 + 통계표 확인

기본 카메라 어플이나 QR 스캐너(앱) 등을 활용하여 위 QR코드를 확인해 보세요!
빠른 채점 서비스를 통해 간편한 채점뿐만 아니라,
나의 위치, 정답률, 풀이 속도, 체감 난도, 구간별 운영 등을 전국에 있는 다른 수험생들과 실시간으로 비교하고
유익하고 흥미로운 정보를 얻으실 수 있습니다!

★★★

한 과목만 응시해도 과목별 통계표가 제공되고
모든 과목을 응시한 분께는 언/자/상 통합 성적표까지 제공됩니다.

제 1회

1	2	3	4	5	6	7	8	9	10
③	④	②	④	①	④	③	③	④	③
11	12	13	14	15	16	17	18	19	20
④	②	①	①	②	⑤	④	⑤	③	⑤
21	22	23	24	25	26	27	28	29	30
①	②	⑤	⑤	②	①	③	④	⑤	③
31	32	33	34	35	36	37	38	39	40
④	⑤	①	③	③	①	⑤	②	②	⑤

문 1 유형: 일치부합추론 정답: ③

① × 여성 국극은 전쟁 이후 피폐한 사회의 혼란 속에서 연극계를 석권했으나, 이후 국극 단체의 난립과 함께 쇠퇴했다.

② × 진고개 일대 일본인 거주 지역에서 일본의 전통극과 신파극 등이 공연되었으나, 일본인 전용 극장이 설립되었는지는 알 수 없다.

③ ○ 신파극이 인기를 끈 당시에는 구연극 혹은 구파극으로 불렸다.

④ × 창극의 모든 작품에 도창자가 설정되는 것은 아니다. 도창자가 설정되지 않는 창극 또한 있으므로 판소리일 것으로 단언할 수 없다.

⑤ × 판소리 또한 창자와 고수의 2인극으로 진행될 수 있으므로 창극일 것으로 단언할 수 없다.

문 2 유형: 일치부합추론 정답: ④

① × 한 무제는 대월지, 오손과 같은 나라와 연합하여 중국 북방 변경 지대를 위협하고 있던 흉노를 제압하고 서아시아로 통하는 교통로를 확보하길 원했다.

② × BC 139년 장건(張騫)은 100여 명의 수행원을 데리고 타클라마칸 사막 북쪽 길을 이용하여 서역으로 향했다.

③ × 장건이 흉노에게 붙잡힌 후 탈출했을 당시 대월지국은 동맹을 원치 않았다.

④ ○ BC 60년에는 흉노마저 굴복시킴으로서 서역을 완전히 손에 넣게 되었다. 이때부터 중국의 비단은 본격적으로 로마까지 팔려 나갔다. 실크로드를 통해 중국에 기린, 사자와 같은 진귀한 동물과 말, 호두, 후추, 깨 등이 전해졌고, 유리 만드는 기술도 전해졌다.

⑤ × 한 무제는 장건의 귀국 보고를 통해 서역에는 명마가 있고, 중국(한)의 특산품인 칠기와 비단을 사고 싶어 하는 나라도 있다는 것을 알게 되었다.

문 3 유형: 일치부합추론 정답: ②

ㄱ. × HMD는 가상 공간과 물체의 입체감을 영상을 전달함으로 사용자가 느낄 수 있도록 하며, 가상 현실 장갑은 가상 공간의 물체에 대한 정보를 사용자가 느낄 수 있도록 한다.

ㄴ. ○ 사용자의 움직임을 아바타에게 전달하는 공간 이동 장치를 사용하면, 사용자는 몰입도 높은 메타버스 체험이 가능하다.

ㄷ. × 모션 트래킹 시스템은 사용자의 이동 동작에 따라 트레드밀의 움직임을 변경시키지만, 가상 공간의 변화에 따라 트레드밀이 변화하는 것은 모션 트래킹 시스템과 관계가 없다.

문 4 유형: 일치부합추론 정답: ④

① ○ 개인주의는 집단의 이익보다는 개인의 이익을 우선시하며 집단과는 분리된 자아정체성이 있다고 이해한다.

② ○ 개인에 앞서 집단의 목표를 추구하는 것으로 규정되는 집단주의는 집단에 대한 개인의 동조와 순응의 정도가 측정 대상이 된다.

③ ○ 자유주의의 기본 전제는 개인이 사적 이익을 추구하는 존재라는 점이며, 자유주의와 공동체주의는 개인과 집단의 관계를 철학적 가치에 따라 특정화시킬 때 나타난다.

④ × 자유주의는 개인으로부터 출발하여 공동체의 형성을 설명하며, 개인주의와 집단주의를 대립축으로 하는 분석틀은 심리학이나 비교문화 연구에서 활용되는 경향이 있다.

⑤ ○ 자유주의와 공동체주의를 대립하는 분석틀을 사용하는 경우 개인과 공동체의 관계를 사회적 현상으로 접근하며, 공동체주의는 개인이 공동체에 완전히 통합됨으로써 공동체의 도덕성을 공유하게 된다고 주장한다.

문 5 유형: 일치부합추론 정답: ①

ㄱ. ○ 고양이와 쥐의 사례에서 냄새는 신호, 배설물은 정보원이 된다. 부정 오류는 신호를 부정적으로 해석했지만 실제로는 정보원이 존재하는 경우이다. 즉, 쥐가 특정 냄새를 맡고 고양이의 배설물 냄새가 아닐 것이라고 부정적으로 해석했는데, 실제로는 배설물이 있는 상황인 것이다.

ㄴ. × 주어진 내용만을 고려할 때 '사회적 환경의 복잡성'이 '강건한 추적 체계'로의 진화에 영향을 미치는 것이지, '강건한 추적 체계'가 '사회적 환경의 복잡성'을 가져온다고는 할 수 없다.

ㄷ. × 긍정 오류와 부정 오류 사이의 트레이드오프 관계를 만드는 것은 '정보적 투명성이 낮은 상황'에서 '단일한 단서에 기반을 둔 탐지체계'이다. 2문단 2줄에서, 정보적으로 반투명 또는 불투명할수록 오류의 확률이 커진다고 했으므로, 오히려 정보적 투명성이 높은 환경에서 트레이드오프 관계가 깨질 가능성이 높다. 또한 정보적 투명성이 낮은 환경에서 '단일한' 단서를 고수한다면 양자의 관계는 유지될 수 있다.

문 6 유형: 일치부합추론 정답: ④

① × 유엔해양법협약은 내륙 지역이 아닌 해양을 둘러싸고 발생한 해당 협약에 대한 해석, 적용에 관한 분쟁 발생 시 평화적 분쟁 해결을 위해 노력할 것을 요구하고 있다.

② × 평화적 수단을 통한 분쟁해결이 이루어지지 않는 경우에만 국제적인 분쟁해결기구의 강제절차 과정이 수반된다.

③ × 분쟁 당사국들이 상이한 분쟁해결기구를 선택하는 경우 사건은 중재재판소에 회부되된다. 중재재판소는 항상 설치 되어 있는 상설기구가 아니라 필요할 때마다 당사국 간 합의를 통해 구성되는 임시기구에 해당한다.

④ ○ 본안 소송을 담당하는 재판소가 분쟁에 대한 최종 판결을 내리기 위해서는 관할권의 존재가 전제되어야 한다.

⑤ × 잠정조치의 효력은 해양 환경의 중대한 피해를 방지할 목적으로 내려지는 임시적인 것으로, 본안 소송의 최종판결이 내려지면 효력이 종료된다.

문 7 유형: 일치부합추론 정답: ③

① × 본문에 "비교적 낮은 속도로 디지털 정보를 무선 통신을 통해 주고 받는 용도로 사용되고 있다."라고 명시되어 있다.

② × 블루투스가 최초 개발된 시기는 1994년이다. 반면 블루투스 이름의 아이디어가 제안된 시기는 1997년이다. '개발 당시'가 아닌 '제안 당시'일 때 옳은 선지가 된다.

③ ○ 최초 프로모터로서 참가한 기업은 에릭슨, 인텔, IBM, 노키아, 도시바이다. 이후 4개 회사가 추가 참여하고 그 중 2개 회사가 바뀌었으나, 기존 5개 회사는 여전히 프로모터 기업으로 참가 중이다.

④ × 장비 제조사가 블루투스 장비로 인증을 받기 위해서는 SIG에서 제정한 표준 규격을 만족해야 한다. 블루투스의 규격이 IEEE에 등재되어 있으나 현재 블루투스는 SIG를 통해 관리된다는 것이 문단의 주제이다.

⑤ × "하랄드 블라톤 왕이 스칸디나비아를 통일했던 것처럼, '난립하는 여러 무선 통신 규격을 통합하자'는 염원이 담겼다고 한다."라고 명시되어 있다. 블루투스가 실제로 무선 통신 규격을 통합하였는지는 제시문을 통해서만은 알 수 없다.

문 8 유형: 빈칸·밑줄형 정답: ③

㉠ 상승하는 공기가 충분한 수분을 포함하고 있다면 공기 중의 수증기가 응결되면서 구름이 형성된다. 이를 토대로 공기가 상승하지 못하고 구름도 발달하기 어려운 상황은 수증기의 양이 충분하지 못할 때 발생함을 알 수 있다.

㉡ 일반적인 공기보다 더 높은 고도에서 새로운 구름들이 만들어지는 경우, 상승하는 과정에서 생성된 구름은 수직으로 쌓이게 된다.

㉢ 찬 공기에 비해 상대적으로 밀도가 낮은 따뜻한 공기는 상승한다.

㉣ 구름은 온도와 습도가 충분히 높을 때 형성 가능하며, 일반적으로 상승하는 과정에서 열을 흡수한다. 따라서 일반적인 적란운을 형성하는 공기보다 온도와 습도가 충분히 높을 경우, 더 낮은 고도에서 구름 형성이 가능하다.

문 9 유형: 빈칸·밑줄형 정답: ④

존 게이는 등장인물과 음악형식을 서민들에게 친숙적인 것으로 바꿈으로 사회의 부패상을 풍자하고자 하였다. 브레히트는 빈곤 계층의 삶을 오페라의 내용으로 삼아 노골적으로 사회를 비판하고 계급적 갈등과 사회적 모순을 고발하고자 하였다. 빈칸에는 이러한 두 극작가의 시도를 아우르는 '사회 부조리의 고발'을 포함한 내용이 오는 것이 타당하다.

문 10 유형: 일치부합추론 정답: ③

① × 패시브 하우스는 단열을 강화한 건물로, 건물 안으로 들어온 에너지와 안에서 발생한 에너지가 건물 안에 머물러 있도록 만들어졌다.

② × 열 교환 환기 장치는 공기가 들어올 때 에너지가 빠져나가게 되는 창문 대신 실내외 공기를 교환하는 장치이다.

③ ○ 열 교환 소자는 실내외의 공기가 나가고 들어올 때 열과 수분을 배출하지 않고 투과시켜 들어오는 공기와 함께 실내로 되돌아오게 함으로, 창을 열지 않고도 환기를 가능하게 한다.

④ × 열 교환 소자는 실내 공기의 주 오염원인인 CO2를 통과시켜 배출한다. 실외 황사, 꽃가루 등을 걸러 신선한 공기를 외부로부터 공급 받도록 하는 장치는 열 교환 소자가 아닌 공기 정화 필터이다.

⑤ × 2중 로이유리는 금속막이 씌워진 투명한 유리 세장을 겹쳐 만든 것으로, 유리로 햇빛을 통과시키는 동시에 겹쳐진 유리 사이에 있는 금속 막과 무거운 기체가 실내 에너지 손실을 방지한다. 유리의 두께와는 무관하다.

문 11 유형: 일치부합추론 정답: ④

① ○ 참가자들은 자율적으로 판단하고 행동할 수 있는 환경에 놓여 있었지만, 실험자의 권위가 그들의 행동을 사실상 지배했다.

② ○ 복종실험에서 실험자는 직접적인 명령 없이 미묘한 통제만으로 사람들의 행동을 통제하였다.

③ ○ 복종실험을 통해 사회적 맥락 속에서 권위가 사람들의 도덕적 판단을 왜곡하거나 약화시킬 수 있다는 사실을 추론할 수 있다.

④ × 복종실험에서 권위의 도덕적 타당성이 부족함에도 불구하고, 참가자들이 복종하는 모습을 보여준다.

⑤ ○ 제시문에 따를 때, 참가자들이 자율적으로 행동한다고 믿지만, 실제로는 권위자의 통제를 받을 수 있음을 알 수 있다.

문 12 유형: 빈칸·밑줄형 정답: ②

본문은 동중서에 의한 재이론의 체계화 과정과, 재이의 예언화 경향에 따른 비판 과정에 대해 설명하고 있다. 이에 송대에 이르러 재이를 자연현상으로 간주하게 되었으나, 그럼에도 군주에 대한 신하의 견제 수단이라는 재이론의 정치적 역할은 신하들의 필요에 의해 유지되었다. 따라서 빈칸에는 이를 포괄하는 '정치 현장에서 재이론의 수명은 계속해서 연장되었다.'가 들어가는 것이 타당하다.

문 13 유형: 논리퀴즈 정답: ①

주어진 진술을 정리하면

1) ~다공격수
2) 다미드필더 → (가공격수 & 나공격수)
3) 가, 나, 다는 다른 포지션
4) (가수비수 V 라수비수) → ~다수비수

1)을 중심으로 진술 2)를 살펴보면
만약 다미드필더가 참이라면 공격수가 2명 선발 되므로 주어진 조건에 부합하지 않는다.
따라서 ~다미드필더이며, 따라서 다는 수비수임을 알 수 있다.

다가 수비수이므로 4)에 의해 가와 라는 수비수가 아님을 알 수 있다.
3)에 의해 공격수에는 가 또는 나만이 들어갈 수 있다.
라는 수비수가 아니고, 공격수도 될 수 없으므로 라는 미드필더이다.

따라서 무는 수비수 임을 도출할 수 있다.

문 14 유형: 논리퀴즈 정답: ①

① ○ 원격근무를 하지 않는 사람은 승진 경험이 있다. 원격근무자는 모두 계약직이다. 따라서 계약직이 아니면 원격근무를 하지 않는다. 즉, 계약직이 아니면 모두 승진 경험이 있다. 본사 근무자는 모두 계약직이 아니다. 따라서 참이다.

② × 지사 근무자 중에는 정규직뿐만 아니라 계약직이 존재할 수도 있다. 계약직이면, 모두 2년 이상 근무한 경력이 없다.

③ × 원격 근무자가 아니라면 회사 내에서 승진한 경험이 있다. 따라서 이 경우 신입 직원이 아니다.

④ × 승진한 경험이 없으면, 원격근무를 하는 사람이고, 따라서 모두 계약직이다. 다만, 승진한 경험이 없다고 해도 신입 직원인지는 단정지을 수 없다.

⑤ × 2년 미만 근무한 직원은 계약직이다. 다만, 원격근무를 하는 직원이 계약직이라는 것은 알 수 있지만, 계약직이 모두 원격근무를 한다고는 볼 수 없다.

문 15 유형: 강화약화논증 정답: ②

① × 양자역학의 중요성을 언급하고는 있지만, "모든 현상을 설명할 수 있는 완벽한 이론"이라고 언급하고 있지는 않다.

② ○ 생명체들이 진화를 통해 양자역학적 원리를 매우 효율적으로 활용해왔음을 설명하고 있으며, 이는 특히 광합성 과정에서 중요한 역할을 한다고 강조하고 있다. 또, 박테리아 등도 양자현상을 이용하고 있다고 설명하고 있다. 이를 바탕으로 본다면, 핵심 논지로 적절하다.

③ × 광합성이 중요한 역할을 하였다는 언급은 있지만, 글의 핵심은 광합성보다는 양자역학이 생명체의 진화 과정에서 중요한 역할을 했다는 점에 초점이 맞춰져있다.

④ × 인간이 광합성의 원리를 정교하게 구현할 수 있는지는 딱히 나와 있지 않다. 오히려 인간이 구현하기 어려운 수준의 정교한 양자현상이 있다는 것을 알 수 있다.

⑤ × 몇 가지 양자 현상이 광합성에서 중요한 역할을 한다고 했을 뿐, 광합성 과정의 모든 화학 반응이 양자역학적으로 설명되는지에 대해서는 알 수 없다.

문 16 유형: 특수질문형 정답: ⑤

본문에 따를 때 '적정기술'이란 가난한 자들의 삶의 질을 향상시키는 기술로서 새로운 기술이 아닌 기존에 알고 있는 기술을 활용해 사회가 마주하는 문제를 해결하는 기술을 의미한다.

① × 새롭게 개발된 기술은 적정기술에 해당하지 않는다.

② × 지역이 직면한 특정한 문제를 해결하지 않는 기술은 적정 기술에 해당하지 않는다.

③ × 새롭게 개발된 기술은 적정 술에 해당하지 않는다.

④ × 빈자의 삶의 질을 향상시키지 못하는 것은 적정기술에 해당하지 않는다.

⑤ ○ 기존의 기술을 활용해 농촌 지역의 저소득 농민이 마주하는 물부족 문제를 해결한 적정기술의 사례에 해당한다.

문 17 유형: 강화약화논증 정답: ④

ㄱ. × 피브리노겐이 피브린이 아닌 또 다른 물질로 전환 가능하다는 사실이 밝혀지더라도, 혈액 응고 과정에 대한 A의 가설에는 영향을 미치지 않는다.

ㄴ. ○ X가 혈액 응고 인자의 활성화에 영향을 미친다는 점은 A의 가설을 강화한다(부분 강화)

ㄷ. ○ 혈전은 혈액 응고가 혈관 속에서 발생한 것으로, 이때 X의 농도가 높게 측정되었다면 A의 가설은 강화된다.

문 18 유형: 강화약화논증 정답: ⑤

ㄱ. ○ 갑은 절대적 존재의 본질을 규명함으로 실존적 불안을 해결하고자하며, 병은 절대적 존재의 본질을 규명할 수 없는 것으로 간주한다. 따라서 절대적 존재의 본질 규명이 불가능한 경우 갑의 견해에 따른 실존적 불안의 해결은 불가능해지므로 갑의 견해는 약화되며, 절대적 존재 규명의 불가능성을 전제로 하는 병의 견해는 강화된다.

ㄴ. ○ 갑은 절대적 존재의 본질 규명을 통해, 을은 다른 인간과의 관계에 기반한 집단적 가치를 통해, 병은 절대적 존재로부터 부여되는 카리스마를 통해 개체의 정체성이 형성되며, 이를 통해 실존적 불안의 해결이 가능하다고 본다. 따라서 개체의 정체성이 존재하지 않는다면 세 견해는 모두 약화된다.

ㄷ. ○ 을은 실존적 불안을 타인과의 수평적 관계를 통해 없앨 수 있는 것으로 보고 있으며, 병은 실존적 불안은 제거 대상이 아닌 단순한 완화의 대상으로 보고 있다. 따라서 실존적 불안의 완전한 소멸이 불가능하다면 을의 견해는 약화되고 병의 견해는 강화된다.

문 19 유형: 세트형 정답: ③

㉠ 이미지는 SxS개의 영역으로 구분되며, 각 영역은 N개의 경계상자로 나누어진다. 각 경계상자는 Bx, By, Bw, Bh, Pc 5개와 m가지 종류의 객체데이터를 표시하므로 데이터의 개수는 이들의 곱인 SxSxN(5+m)

㉡ IoU값과 임계값을 비교하는 과정을 반복함으로 신뢰도 점수가 가장 높은 경계상자 만이 최종적으로 남게 된다.

문 20 유형: 세트형 정답: ⑤

① ○ 개별 영역 당 출력되는 데이터의 개수는 $2 \times 10 = 20$이다.

② ○ 신뢰도 점수는 Pc와 C의 곱으로 나타나며, 신뢰도 점수가 가장 높은 개가 최종적으로 인식 될 것이다.

③ ○ 경계상자2의 신뢰도 점수가 더 높으므로, 경계상자 1보다 정확하게 객체를 탐지했다고 할 수 있다.

④ ○ 경계 상자의 개수가 많아질수록 탐지 속도는 느려진다.

⑤ × 개별 영역에 할당되는 경계상자의 개수는 2개이며, 따라서 경계상자의 총 개수는 $2 \times$영역의 수 $= 2 \times S \times S$로, <보기>의 조건만으로는 알 수 없다.

문 21 유형: 일치부합추론 정답: ①

① ○ 암 반응은 빛 반응에서 생성된 ATP와 NADPH를 사용하여 이산화탄소를 고정한다

② × 광합성에서 이산화탄소의 고정은 암 반응에서 이루어지며, 이는 ATP와 NADPH가 필요하다는 점에서 빛 반응과 무관할 수는 없다고 보아야한다. 또한, 애초에 암 반응 자체도 광합성 과정의 일부이다.

③ × 암 반응은 빛 에너지를 직접 사용하지 않고, 빛 반응에서 생성된 ATP와 NADPH를 사용한다.

④ × 광합성에서 산소는 빛 반응의 부산물로 생성되며, 암 반응과는 관련이 없다.

⑤ × 광포화 상태에 도달해도 이산화탄소 농도가 광합성 속도에 영향을 미칠 수 있다.

문 22 유형: 일치부합추론 정답: ②

① × 제품 확장 전략과 역포지셔닝 브랜드 전략 모두 경쟁 기업들이 해당 전략을 추종하는 경우 판매량 증가에 있어 한계와 마주하게 된다.

② ○ 제품 확장과 역포지셔닝 브랜드 중 어느 한 쪽을 고집하기보다, 소비자의 심리를 파악해 소비자의 만족도를 높일 수 있는 전략을 유동적으로 선택할 때 지속적인 판매량 증가가 가능하다.

③ × 제품 확장 전략은 기존 제품의 특성을 강화하거나 새로운 기능을 추가하여 판매량을 증가시키는 전략으로, 제품의 홍보와는 무관하다.

④ × 역포지셔닝 브랜드는 소비자들이 기본적이라고 여겨온 기능을 삭제하면서 새로운 기능을 추가하는 전략이다. 선지의 프리미엄 버스에서 기본적인 기능 삭제는 나타난 바 없으므로 역포지셔닝 브랜드에 해당하지 않는다.

⑤ × 역포지셔닝 브랜드 이후 사라진 기본적 기능을 다시 제공하는 상황에 대해서는 본문에 언급된 바 없다.

문 23 유형: 일치부합추론 정답: ⑤

① ○ 전통 철학은 의식과 신체는 독립되어 있고, 의식을 객관적 세계를 인식하고 반응하는 주체로 보았다. 이에 따를 때 전통철학은 자전거 타기에 관한 인식과 반응을 의식의 활동으로 간주할 것이다.

② ○ A는 몸이 지각의 주체이자 지각의 대상이 될 수 있다는 '애매성'을 지닌다고 말한다.

③ ○ A는 경험의 누적에 따라 습관적 몸의 층이 형성되며, 이렇게 형성된 습관적 몸의 층이 다시 세상과 반응한다고 말하고 있다.

④ ○ A의 '몸틀'은 몸의 대응 능력으로, 현실적 몸의 층의 누적으로 습관적 몸의 층이 형성될 때 생기는 것이라고 말한다.

⑤ × A는 몸의 애매성을 지적하며 몸이 지각의 대상이 될 수 있다고 주장하고 있다. 다만 이 경우에도 지각이란 몸의 지향성에 기인하는 것으로, 지각의 주체는 의식이 아닌 몸에 해당한다.

문 24 유형: 일치부합추론 정답: ⑤

① × 대뇌의 표면을 대뇌 피질이라 하고 피질 안쪽을 백질이라 한다. 대뇌피질 또는 대뇌겉질은 대뇌의 표면에 위치하는 신경세포들의 집합이다. 대뇌피질의 신경세포는 층상 구조를 이루고 있다. → 백질과 뇌량으로 연결되어 있는지 알 수 없다.

② × 인간의 대뇌피질은 다시 큰 신피질과 작은 이종겉질로 나뉘는데, 신피질은 대뇌피질의 약 90%를 차지한다. 신피질은 인지, 공간적 추론, 언어와 같은 고차원적 뇌 기능에 관여하며 동종피질이라 불리기도 한다. 이종겉질은 대뇌피질의 나머지 부분을 구성하고 있으며, 부등피질이라고 불린다. → 대뇌피질의 90%를 차지하는 신피질은 부등피질이 아닌 동종피질이다. 틀린 선지.

③ × 신피질은 근본적으로 계산에 바탕을 둔 처리 과정을 통해 복잡한 지능적 활동을 낳고 이끌어 간다. 뇌를 이루는 복잡한 계산 기계는 미리 작성해 둔 프로그램을 실행하게 되어 있지 않다.

④ × 신경세포는 세포체, 수상돌기, 축삭돌기로 구성되어 있는데 전기 신호는 세포체에서 축삭돌기를 지나 다음 신경세포의 수상돌기로 전달된다.

⑤ ○ 축삭돌기의 말단과 다음 신경세포의 수상돌기는 접촉한 상태가 아니고 약간의 틈새가 있으며, 이 틈새를 이어주는 전달 체계가 바로 화학신호이다. 축삭돌기 말단에 전기 신호가 도달하면, 신경 전달 물질이 축삭돌기 말단에서 방출되고, 수상돌기 쪽에서 그 물질을 받아들여 신호전달이 이루어진다.

문 25 유형: 일치부합추론 정답: ②

① × 원자가 흡수하는 Y광선의 에너지는 원자의 종류에 따라 고유한 흡수 파장을 가진다고 하였다.

② ○ Y 광선을 많이 흡수하는 시료는 투과되는 Y 광선이 적어지므로 영상에서 어두운 부분이 상대적으로 많아질 것이다.

③ × 어느 경우에 영상에서 밝은 부분이 더 많아지는지를 알아보면 된다. 하나의 원자로 구성된 경우, 시료의 투과율이 높을 가능성이 있다. 또한, 서로 두 종류의 원자로 구성된 시료의 경우 서로 다른 흡수파장을 지닌다는 전제하에 시료의 투과율이 상대적으로 더 낮을 것이다. 하지만, 이러한 전제가 선지에 없으므로 틀렸다. 예를 들어, 시료 A가 원자번호가 높은 일부 금속원자를 바탕으로 만든 시료라면 투과율이 낮을 수 있다. 따라서 섣불리 판단할 수 없다.

④ × 회절은 결정 내부의 원자 배열을 분석하는 기법이다. 시료의 경우로 확장할 수 있는지 여부를 떠나서 우선 '외부'에서부터 잘못된 선지이다.

⑤ × 시각화에서 투과된 영상은 시료 내부와 외부의 모든 흡수 물질에 대한 정보를 포함한다.

문 26 유형: 빈칸·밑줄형 정답: ①

① × ㉠은 수학적 지식을 바탕으로 연구한 결과 우주가 동적이라는 결과를 얻었으나, 우주가 정적인 상태로 존재해야한다는 믿음 하에 우주가 정적인 상태로 존재하도록 만드는 요소를 의도적으로 이론에 삽입하였다.

② ○ ㉡이 관측을 통해 우주가 팽창하고 있다는 사실을 발견함으로, 우주가 정적인 상태임을 전제로 한 이론은 반박되었다.

③ ○ ㉢은 ㉡의 관측 결과를 통해 '대폭발 이론'을 주장하였으나, 이는 '우주배경복사'의 관측 부재로 주장 당시에는 논쟁을 불러일으켰다.

④ ○ ㉣이 발견한 '우주배경복사'는 ㉢이 주장한 '대폭발 이론'을 뒷받침하는 증거가 되었다.

⑤ ○ 우주의 팽창이 느려질 것이라는 대다수 과학자들의 추측과 달리, ㉤의 연구는 우추의 팽창속도가 빨라지고 있다는 결과를 도출하였다.

문 27 유형: 일치부합추론 정답: ③

ㄱ. × 픽토리얼리즘을 추구하는 작가들이 회화의 속성인 수공적 방법을 통해 사진의 예술적 가치를 높이려고 노력한 것은 사실이나, 사진과 회화 사이의 우열에 관해서는 본문에 드러난 바 없다.

ㄴ. × 스트레이트 포토는 사진에 조작을 가하지 않고 작가의 의도를 표현하려한 사진을 의미한다. 이때 셔터, 프레임 등 사진이 갖는 고유한 기능은 활용 가능하며, A작가의 사진은 스트레이트 포토에 해당할 가능성이 높다.

ㄷ. ○ 디지털 기술을 활용한 디지털 픽토리얼리즘은 이미지의 합성 및 변조 등 사진의 다양한 표현을 가능하게 하였으며, 이는 작가들이 자신들의 주제의식을 효과적으로 표현할 수 있게 되었다는 점에서 새로운 예술적 가능성을 발견했다고 여겨진다.

문 28 유형: 일치부합추론 정답: ④

ㄱ. ○ 핑크 잡음과 백색 잡음의 영향이 교차하는 모서리 주파수가 존재한다는 제시문 내용에 따라, 교차점에서는 두 잡음의 영향이 동일하다고 추론할 수 있다.

ㄴ. × 제시문에 따르면 주파수가 낮을수록 핑크 잡음의 영향이 크고, 백색 잡음은 주파수에 관계없이 일정하다. 따라서 측정 주파수가 A보다 작을 때는 핑크 잡음의 영향이 더 크다고 할 수 있다.

ㄷ. ○ 주파수를 높이는 데 한계가 있다면, 즉 어느 수준 이상 주파수를 높일 수 없다면 주파수와 반비례 관계에 있는 핑크 잡음은 그 영향을 어느 수준까지만 줄일 수 있을 것이다.

문 29 유형: 일치부합추론 정답: ⑤

① × 셰일 가스는 오래전부터 엄청난 매장량이 확인 되었으나, 다른 천연가스에 비해 채굴이 어렵다는 이유로 사람들의 관심 밖에 있었다.

② × 모래와 특수 화학 약품이 혼합된 물을 분사하는 방식은 수압 파쇄법에 해당한다.

③ × 혈암은 유체가 투과되기 어려우며, 균열되기는 쉽지만 균열이 잘 유지되지 않는 특성을 지닌다. 이러한 두 가지 특성이 수직으로 시추공을 뚫는 방식으로 가스 회수를 어렵게 하는 것은 사실이나, 유체가 투과하기 어렵다는 사실이 균열과 관련한 혈암의 특성의 원인에 해당하지는 않는다.

④ × 수압 파쇄법은 시추공의 맨 끝부분에서 시작하여 진입점 쪽까지 단계적으로 나눠, 시추공 전체에 균열을 만든 다음 셰일 가스를 추출하는 방식이다.

⑤ ○ 수압 파쇄법에서 모래와 특수 화학 약품이 혼합된 물을 분사해 만들어진 균열은 새로운 균열을 만드는 데 필요한 수압을 유지하기 위해 마개로 막히게 된다. 이후 시추공 전체에 균열을 만든 다음 셰일 가스 회수를 위해 마개를 없애게 된다.

문 30 유형: 일치부합추론 정답: ③

① ○ 촘스키가 제안한 언어습득 모형은 어린이가 언어습득장치(LAD)를 가지고 태어나는 것으로 가정하고 있다.

② ○ 어린이가 타고나는 언어습득장치의 내적 구조는 언어보편성에 의해 주어진다. 촘스키는 언어보편성을 실체적인 것과 형식적인 것으로 나눈다.

③ × 브라운은 어린이가 어머니의 말을 모방할 때에 그 문자의 길이는 2 내지 4 형태소에 국한되는데, 이것은 어휘의 한계도 기억의 한계도 아니라고 하였다.

④ ○ 이때의 단어선택은 무작위가 아니라 지극히 체계적이다. 대체로 보유되기 쉬운 형태는 세 가지의 커다란 개방(open)부분인 명사, 동사, 형용사이며, 이 유목에 속하는 단어는 의미상의 내용을 지니기 때문에 '내용어'라고 불리기도 한다. 생략되기 쉬운 형태는 적고 폐쇄된(closed) 유목에 속하는 접미사, 조동사, 관사, 전치사 그리고 접속사로서 '기능어'라고 불린다.

⑤ ○ 문맥상의 일반화란 문장의 형태소, 단어, 구절 등 단편이 일정한 위치나 문맥 속에서 발생하는 것을 체험한 어린이는 다른 문맥에서도 그 단편들을 반드시 같은 위치에 놓는 경향이 있다는 것이다. 이 때 그 단편의 문맥은 일반화 되었으며, 그 어린이는 문맥상의 일반화를 일으켰다고 일컬어진다. 그에 의하면 학습된 것은 단위들의 위치이며 형태소들 짝 사이의 현상이다.

문 31 유형: 일치부합추론 정답: ④

① ○ 사고 체계의 변화가 지적 진보의 핵심임을 쉽게 알 수 있다.

② ○ 철학적 탐구는 인간이 자신의 한계를 인식하고 이를 극복하려는 본질적인 의지에서 출발한다는 점에서 철학적 탐구는 단순한 호기심을 넘어서 인간의 본질적 욕구에서 비롯되었음을 알 수 있다.

③ ○ 기존의 이론을 재검토하고, 필요시 수정해 나가는 과정을 통해 유연성을 발휘해왔음을 추론 가능하다.

④ × 새로운 개념과 방법론을 수용하고 기존 이론을 재검토하면서 지식의 지평을 넓혔다는 것은 사실이나, 기존의 이론을 모두 포기해야 한다고 볼 수는 없다. 또한, 기존의 이론을 재검토하고 수정한다는 것 자체가 모두 포기하는 것에 해당하지 않는다.

⑤ ○ 복잡한 인과관계와 논리구조를 이해하는 것이 철학적 탐구를 더욱 심화시켰음을 직접적으로 추론할 수 있다.

문 32 유형: 강화약화논증 정답: ⑤

이 글의 논지는 인간 뿐만 아니라 동물 또한 사회적 학습으로 인한 전통, 즉 문화를 향유한다는 것이다. 그에 대한 근거로는 1) 다양한 동물군에서 사회적 학습이 관찰되었다는 점, 2) 사회적 학습의 기제도 다양하다는 점을 들었다.

ㄱ. ○ 동물도 사회적 학습을 한다는 주장 자체를 강화하는 주장이다.

ㄴ. ○ 첫 번째로 제시된 근거를 강화하는 내용이다. 침팬지의 특정 행동들을 통해 타이 (Tai) 숲 출신임을 추론했기 때문이다.

ㄷ. ○ 두 번째로 제시된 근거를 강화하는 내용이다. 특히 3문단 5줄에서 언급된 '후각을 이용하여 학습이 이루어지는 경우'에 해당한다.

문 33 유형: 논리퀴즈 정답: ①

자신의 지역에 대한 예측이 틀린 탐험가를 경우를 나눠서 생각해야한다.
자신의 지역에 대한 예측이 틀린 탐험가가 갑인 경우, 나머지 탐험가의 모든 발언은 참이다. 무에 따를 때, 을이 서부이고 무는 동부이다. 따라서 병은 동부이다. 병이 동부이므로 정은 북부이다. 따라서 자신의 지역에 대한 예측이 틀린 탐험가가 갑이라면 갑은 동부에 가서는 안된다. 만약, 갑이 남부로 간다면 모순이 전혀 발생하지 않는다. 따라서 갑이 자신의 지역에 대한 예측이 틀린 탐험가이

자신의 지역에 대한 예측이 틀린 탐험가가 을인 경우, 나머지 인원의 모든 발언은 참이다. 무에 따를 때, 을은 서부, 무는 동부이다. 하지만 이미 이 진술은 을의 진술이 거짓일때와 상충된다. 따라서 모순이다.

한편, 자신의 지역에 대한 예측이 틀린 탐험가가 정인 경우, 을은 서부이고 무는 동부이다. 무가 서부에 가지 않으므로 병은 동부에 갈 것이다. 정이 북부에 가면 갑은 병과 같은 지역에 갈 것이다. 또한, 정이 북부에 가지 않으면 병은 동부에 갈 것이다. 따라서 갑은 반드시 동부에 갈 것이다. 이 경우에는 모든 지역에 1명 이상의 탐험가가 배치되지 않으므로 모순이다.

문 34 유형: 논리퀴즈 정답: ③

ㄱ. ○ 세계평화기구의 의장국은 다른 모든 국가에서 방문을 허용하는 국가이다. 그리고 국가에서 방문을 허용하는 경우는 오직 두 국가 간에 전쟁이 없었을 때만 가능하다. 따라서, 세계평화기구의 의장국은 다른 모든 국가의 방문도 허용한다.(모든 국가와 전쟁을 하지 않았기 때문이다.)

ㄴ. × C국에서 D국을 방문할 수 있다면, 이는 C국과 D국 사이에 전쟁이 없었다는 뜻이다. 그리고 전쟁이 없었음은 잠재적인 위험이 아니라고 생각하기 위한 필요조건이다. 따라서 충분조건이 아니므로, C국에서 D국을 방문할 수 있다는 사실만으로 D국이 C국을 잠재적인 위험이 아니라고 생각한다고 볼 수는 없다.

ㄷ. ○ 한 번도 다른 국가와 전쟁을 하지 않았던 유일한 국가는 B국이다. 따라서 옳다.

문 35 유형: 강화약화논증 정답: ③

ㄱ. ○ B는 배터리 재활용 기술의 발전과 전기차의 긴 수명을 근거로 전기차가 환경적으로 더 나은 선택이라고 주장하고 있다. 만약 재활용된 배터리의 품질이 새 배터리와 크게 차이가 없다는 연구 결과가 발표된다면, 배터리 재활용의 효과가 더욱 강조될 것이므로 B의 주장이 강화된다.

ㄴ. × B는 A의 주장에도 불구하고 배터리 재활용 기술의 발전과 전기차의 긴 수명을 고려하면 전기차가 여전히(배터리 생산시 다량의 탄소를 배출하더라도) 환경적으로 더 나은 선택이라고 주장하므로, B의 주장은 약화되지 않는다.

ㄷ. ○ 만약 전기차 제조 회사들이 재활용된 배터리를 활용하기 꺼려 새 배터리만을 선호한다면 배터리 재활용 기술 발전에도 불구하고 새 배터리를 계속 만들어야 하는 상황이 지속될 것이다. 그렇게 되면 지속적으로 탄소 배출이 이뤄지게 되므로, 배터리 재활용 기술의 발전을 이유로 전기차가 환경적으로 나은 선택이라고 주장하고 있는 B의 주장은 약화된다.

문 36 유형: 강화약화논증 정답: ①

ㄱ. ○ A의 주장은 치유제의 방출이 균열 부위를 메워서 구조적 완전성을 회복시킨다는 주장이다. 따라서 균열 부위를 메우는 과정이 없다는 것이 밝혀지면 A의 주장은 약화된다.

ㄴ. × A, B 모두 X가 '외부 자극으로 인해 발생한 미세한 균열을 스스로 복구할 수 있는 능력을 지니고 있는지'에 대해 주장을 펼치고 있는 상황이다. 따라서 '외부 자극이 없는 상황'에 어떤 작용이 일어나는지는 B의 주장을 강화할 수 없다.

ㄷ. × B의 주장은 극한의 온도 범위를 전제한다. 따라서 적정 온도 범위 내의 실험 결과는 B의 주장과 무관하다.

문 37 유형: 강화약화논증 정답: ⑤

ㄱ. × 갑은 감각적 욕구는 감각적 인식능력에 의해 선으로 인식된 것을, 지적 욕구는 지성에 의해 선으로 이해된 것을 추구한다고 주장한다. 갑은 감각적 욕구와 지적 욕구가 추구하는 선이 일치할 필요성에 대해 언급한 바 없으므로, 선지의 내용이 참이더라도 갑의 견해는 강화되지 않는다.

ㄴ. × 을은 이성이 인간에게 의무로 부여한 도덕법칙에 따라 행할 때 도덕적 존재가 될 수 있다고 주장한다. 을은 이러한 법칙의 위배 가능성에 대해서는 부정한 바 없으며, 선지의 내용과 같은 인간은 단순히 도덕적 존재가 되지 못한 인간에 해당한다. 을의 주장은 약화되지 않는다.

ㄷ. × 갑은 인간의 욕구를 감각적 욕구와 지적 욕구로 구별하며, 두 가지 욕구에 의한 추구를 설명하고 있으나, 이것이 행위의 동기에 해당하는지에 대해서는 설명한 바 없다. 따라서 선지의 내용이 사실일 경우 갑의 견해는 강화되지 않는다. 을은 감성적 차원의 욕구와 같은 감정이 아닌 도덕법칙에 따르려는 의무가 동기가 되는 행위를 실천하여야 한다고 주장하고 있다, 다만 을은 욕구에 의한 추구가 동기가 되는 행위 자체에 대해서는 부정한 바 없으므로, 을의 견해는 약화되지 않는다.

문 38 유형: 강화약화논증 정답: ②

ㄱ. ○ 책을 읽는 사람이 모두 여유를 가지고 저자가 의도한 이치를 발견한다면 첫 번째 병통과 두 번째 병통이 발생할 수 없으므로, '갑'의 견해는 약화된다.

ㄴ. ○ 앎을 확장한 경우 반드시 실천하게 된다면, 세 번째 병통이 발생할 수 없으므로 '갑'의 견해는 약화된다.

ㄷ. × '갑'은 독서에 온 마음을 다한다고 해도 늘 이치에 다다를 수 있는 것은 아니라고 말하고 있다.

문 39 유형: 세트형 정답: ②

① × 유물론적 인간관하에서도 자유의지 긍정에 대한 견해가 상이하게 나타나며, 본문에서 종교적 인간관의 자유의지에 대한 견해는 언급된 바 없다.

② ○ 욕구 충족적 자유의지의 경우 선택이 사전에 결정되어 있더라도 자유의지의 산물일 수 있다.

③ × 반자유의지 논증은 유물론적 인간관으로, 비물리적 실체인 영혼의 존재를 부정한다.

④ × 선결정되지 않는다는 것은 자유의지가 존재하기 위한 필요조건이 되지만, 선결정 된다는 것은 자유의지가 존재하기 위한 필요조건은 아니다.

⑤ × 반자유의지 논증을 비판하는 입장은 선결정되지 않은 무작위로 일어난 임의의 선택에 대하여만 선택의 주체성을 인정하여, 자유의지를 긍정한다.

문 40 유형: 세트형 정답: ⑤

① × 반자유의지 논증은 선결정 가정과 무작위 가정을 통해 자유의지가 없다고 결론짓는다.

② × 반자유의지 논증을 비판하는 견해는, 무작위 가정하에서 자유의지가 존재하는 경우가 존재하므로 반자유의지 논증의 결론을 받아들일 수 없다고 주장한다.

③ × 반자유의지 논증을 비판하는 견해는 선결정 가정 하에서의 선택은 자유의지 조건에 위배되므로 자유의지가 존재하지 않는다고 결론 내리며, 이는 반자유의지 논증의 결론과 동일하다.

④ × 후술되는 선택과 관련한 뇌의 신경 사건의 발생은 유물론적 인간관의 견해에 해당한다.

⑤ ○ 무작위로 일어난 선택이 선결정 된 것이 아닌 경우, 갑은 신경 사건을 선택한 주체에 해당한다.

제 2회

1	2	3	4	5	6	7	8	9	10
⑤	⑤	①	②	⑤	②	④	③	①	⑤
11	12	13	14	15	16	17	18	19	20
④	③	②	③	②	①	③	⑤	②	③
21	22	23	24	25	26	27	28	29	30
⑤	①	⑤	③	⑤	②	④	⑤	④	①
31	32	33	34	35	36	37	38	39	40
④	⑤	③	④	③	②	③	①	③	③

문 1 유형: 일치부합추론 정답: ⑤

① × 청나라의 정치적 안정과 그들의 발달된 문물을 도입하자는 주장 사이의 인과관계에 대해 본문에서 설명한 바 없다.

② × 홍대용이 청나라의 문물과 청나라를 구별하여 청나라 문물 수용을 주장한 것은 사실이나, 이때까지 그는 조선이 중화의 계승자라는 인식으로부터 벗어나지 못하였다.

③ × 홍대용의 지구설은 땅이 모나다는 전통적인 천지관을 비판하고 땅이 둥글다고 주장하는 것이다.

④ × 홍대용이 지구와 같은 땅이 몇 개나 되는지 알 수 없다는 무한 우주설을 주장함은 사실이나, 지구설을 바탕으로 주장하였는가는 본문에 나타난 바 없다.

⑤ ○ 홍대용은 중화사상으로부터 벗어나, 오랑캐와 중화의 구별이 상대적임을 주장하고 사람들의 존재 가치를 생각하게 되었다.

문 2 유형: 일치부합추론 정답: ⑤

① × 조선시대 형법의 일반법인 단죄인율령조가 죄명을 확정할 때는 반드시 율령을 따르고 이를 위반할 경우 벌을 준다고 하였으나, 그 목적이 죄형 법정주의를 지키기위함은 아니다.

② × 인율비부에 따라 죄명을 결정한 후 형조에 보고하고 임금에게 아뢰는 절차는 죄를 결정하는데 율조가 없는 경우에 이루어지며, 그 외 구체적 처벌의 절차에 대해서는 본문에 언급된 바 없다.

③ × '인율비부'는 사건을 적용할 때 대응되는 규정이 없어 법률의 흠결이 생긴 경우에 적용하는 것이지, 모든 흠결에 적용하는 것은 아니다.

④ × 단죄인율령조는 죄명의 확정시 반드시 율령을 따르고 이를 위반할 경우 벌을 준다고 하였으며, 이러한 규정의 공정성 때문에 법관이 외부의 압력으로부터 영향을 받지 않을 수 있었다.

⑤ ○ '인율비부'는 자유적인 유추 개입으로 인해 조선시대 형법이 죄형법정주의에 위배된다고 보는 입장의 근거가 되기도 하며, 정형주의의 한계를 극복하기 위한 특수한 해석론으로서 죄형법정주의를 위한 필연적 근거로 보기도 한다.

문 3 유형: 일치부합추론 정답: ①

① ○ 정조는 독서의 실용성을 강조하며, 책에서 배운 지식을 삶에서도 실천하여 독서를 통해 삶의 정답을 찾아야 한다고 말했다.

② × 정조는 통치자의 시각에서 실용성을 중시하는 독서를 강조했다.

③ × 정조가 역사서의 실용성을 인정한 것은 사실이나, 세상을 다스리는 데에 도움이 되는 것인지 본문만으로는 확실치 않으며 또한 경전과의 우선순위에 대해 논한 바 없다.

④ × 정조가 틀에 매이는 독서를 사법으로 규정하여 멀리한 것은 사실이나, 다독 자체를 사법으로 여긴 것은 아니다.

⑤ × 정조는 많은 책을 읽기보다 한 권을 반복해서 치밀하게 읽어야 한다고 말했다. 이와 별개로 단번에 전체를 알려고 하기보다 대요를 먼저 파악하는 것이 중요하다고 말하였다.

문 4 유형: 일치부합추론 정답: ②

① × 식물 신품종 보호법은 열매의 수확을 목적으로 하는 과수 등 모든 식물을 품종보호의 대상으로 삼고 있다.

② ○ 반복 증식에 따른 품종 특성 변화여부를 의미하는 '안정성'은 종자의 직접 재배를 통해 심사하며, 직접 재배로 이를 판단하기 때문에 1년, 2년의 시간이 소요될 수 있다.

③ × 신규성은 해당 품종이 품종보호 출원일 이전 일정기간 동안 상업적 이용이 없을 때에 인정된다.

④ × 품종보호 출원일의 적용은 우리나라에 출원한 날이 아닌 최초의 출원일을 품종보호 출원일로 인정한다.

⑤ × 출원품종이 품종 보호 요건을 위반하고 있음을 발견한 이라면 누구든지 이의신청이 가능하며, 이의신청이 없는 경우 심사관이 출원품종의 품종 보호 요건 충족 여부를 심사하게 된다.

문 5 유형: 일치부합추론 정답: ⑤

① × 에틸렌은 메티오닌이 아닌 구리를 포함하는 단백질과 결합하여 과일의 숙성을 촉진하는 식물 호르몬이다. 틀린 선지.

② × 화학센서는 분석하고자 하는 물질에 직접 접촉하지 않고 특정 화학물질을 측정할 수 있는 방법이다.

③ × 농산물 분야에서 화학센서 기술은 연구개발단계에 머물러 있으며, 응용되고 판매되는 중인지에 대한 정보는 나와 있지 않다. 틀린 선지.

④ × 화학센서 기술을 수입과일에 적용하는 것은 어려우므로, 수입국 생산자와 국내 소비자 사이의 신뢰를 쌓을 수 있다는 설명은 옳지 않다. 틀린 선지.

⑤ ○ 과일의 신선도 관리가 가능하여 수출 시 빈번하게 발생하는 수입국의 클레임을 최소화할 수 있다. 이는 수출과일에 대한 차별성 확보로 이어져 수출경쟁력에 긍정적인 신호를 보낼 것이다.

문 6 유형: 일치부합추론 정답: ②

① × 영양분을 필요로 할 때 섭식 중추는 식욕을 느끼도록 자극하며, 그에 따라 침의 분비와 같은 무의식적 행동이 촉진된다.

② ○ 인슐린은 시상 하부로 이동하여 포만 중추의 작용을 촉진하고 섭식 중추의 작용을 억제함으로 식욕을 억제하며, 지방산은 시상 하부로 이동하여 섭식 중추의 작용은 촉진하고 포만 중추의 작용은 억제함으로 식욕을 촉진시킨다.

③ × 탄수화물이 소장에서 분해되어 포도당으로 변해 혈액 속으로 흡수되며, 혈중 포도당 농도가 높아질 때 췌장에서 인슐린이 분비된다.

④ × 식욕은 인간이 살아가는 데 필요한 영양분을 얻기 위해 발생하며, 영양분의 섭취와 관계없이 취향이나 기분에 좌우되는 식욕 또한 존재한다. 다만 이러한 식욕의 진실성에 대해서는 본문에 언급된 바 없다.

⑤ × 식욕의 원인과 무관하게 식욕의 조절에는 섭식 중추와 포만 중추가 기능한다.

문 7 유형: 일치부합추론 정답: ④

ㄱ. ○ 자외선 감지 방식은 용접 불꽃 등에서 나오는 자외선에 오작동을 하기 때문에, 선지와 같이 용접을 전문으로 하는 철물점에 불꽃 감지기를 설치하는 경우 이러한 오작동을 막기 위해 적외선 감지 방식을 설치하는 것이 바람직하다.

ㄴ. × 플리커 검출 방식은 자외선 감지 방식이 아닌 적외선 감지 방식의 한 종류에 해당한다.

ㄷ. ○ 2파장 검출 방식은 두 개 이상의 파장을 동시에 검출하는 방식으로, 두 번 이상의 강한 에너지 방사를 보이는 불꽃을 화재로 판단한다. 따라서 2파장 검출 방식은 두 번의 방사를 보이는 LPG 가스의 불꽃을 화재로 판단할 것이다.

문 8 유형: 빈칸·밑줄형 정답: ③

㉠ '단순성의 원리'는 원재료에 가까운 사용이라는 매개의 최소화를 의미한다. 이를 통해 감상자는 대상을 신속하게 인지할 수 있으며, 보편적 현상에 근접하게 대상을 인지할 수 있게 된다.

㉡ '확장성의 원리'란 작품이 놓인 공간이 단순한 배경으로서 존재하는 것이 아니라, 작품이 놓인 공간의 맥락에 따라 작품이 감상되는 원리를 의미한다. 즉 감상자는 작품과 이를 둘러싼 배경을 감상의 대상으로서 총체적으로 인식하는 것을 의미한다.

문 9 유형: 빈칸·밑줄형 정답: ①

㉠ 호론 계열의 학자는 성리학을 근간으로 하여, 만물에 부여된 순수한 원리로서 이와 이를 구현하는 매체로서 기를 말한다. 성리학에 의할 때 만물은 이와 기가 결합된 상태로 존재하며, 이때의 이가 본성이라는 것이다. 여기서 나아가 호론 계열의 학자는 만물이 동일한 이를 보유하지만 사람만이 동물과 구별되는 빼어난 기를 가진 덕에 완전한 이를 갖췄으며, 동물과 차이나는 본성을 보유하였다고 주장하였다. 즉 호론 계열 학자들은 기가 결합하기 전 이는 만물이 동일하나 서로 다른 기가 결합하여 구분되어진 이를 본성으로 보았다.

㉡ 호론 계열의 학자들은 기가 발한 이를 본성으로 보고, 완전한 이를 갖춘 명나라 및 조선과 불완전한 이를 갖춘 청나라로 구분하여, 동물과 같은 청나라의 문물 수용을 거부하였다. 이와 달리 낙론 계열의 학자들은 기의 결합 여부와 무관하게 만물이 부여받은 이를 항상 동일한 것으로 보고, 만물의 본성을 동일한 것으로 보았다. 이러한 관점에서 청나라, 명나라 및 조선의 본성은 그 기의 상이함과는 관계없이 동일한 이, 동일한 본성을 보유한 같은 인간에 해당한다. (단순히 이와 기를 가졌다는 것만으로는 적절치 않다)

문 10 유형: 특수질문형 정답: ⑤

① × 후술하는 윤리학의 핵심 과제로서 정당화 과제와 동기화 과제를 도출하기 위해, ㉠에는 행위(실천)의 가치에 관한 문제와 행위의 동기 사이의 관계를 다루는 문장이 오는 것이 타당하다.

② × 2, 3문단에서 시대의 흐름에 따라 동기화 문제에서 정당화 문제로 윤리학의 관심사가 옮겨가고 있음을 알 수 있다. 이를 토대로 윤리학의 주력 과제는 윤리학의 핵심 과제 중 한가지로 치우쳐 있음을 알 수 있다.

③ × 근대 이전의 윤리학은 행위를 이끌어 내는 동기로서, 전통과 관행에 의해 성립된 규범과 윤리에 주목하였다. 즉 근대 이전의 윤리학은 공동체의 전통과 관행의 권위를 인정하고, 이를 근거로 실천을 유도하는 동기화 과제에 주목하였다.

④ × 안정된 공동체의 해체로 인해 기존에 행위의 동기로서 기능하던 전통과 관행이 무너지고 새로운 공동체가 형성된 경우, 새로운 규범체계로서 행위의 기준을 마련하는 정당화 과제가 중요해진다.

⑤ ○ 도덕적 행위가 지니는 정당화 측면과 동기화 측면을 고려할 때, 양자 중 하나에 치중하기보다 양자를 균형 있게 다루는 것이 타당하다.

문 11 유형: 논리퀴즈 정답: ④

① × C시가 A시와 자매 결연이 있다고하여, 반드시 A시에게 위탁하여 처리할 필요는 없다. 자매 결연은 협약 조건 중 하나일 뿐이다.

② × 경제적 거래만으로도 협약을 체결하는 경우가 있으므로, 자매 결연이 없는 도시의 존재를 배제할 수 없다.

③ × 음식물 쓰레기를 자체적으로 처리하는 도시들끼리는 서로 '음식물 쓰레기 처리에 관한 상호 협약'을 맺지 않는다. 따라서, E시는 A시 또는 B시 둘 중 하나와만 '음식물 쓰레기 처리에 관한 상호 협약'을 맺을 수 있다. 즉, E시가 음식물 쓰레기 처리 설비를 보유한 도시라면 B시와 협약을 맺을 가능성이 있을 것이고, 음식물 쓰레기 설비를 보유하지 않은 도시라면 A시와 협약을 맺을 가능성이 있다. 하지만, 어떠한 경우에도 A시와 B시 각각과 협약을 맺을 수는 없다.

④ ○ 음식물 쓰레기를 위탁 처리하려면 반드시 해당 도시는 음식물 쓰레기를 처리하는 도시와 '음식물 쓰레기 처리에 관한 상호 협약'을 맺어야 한다. 상호 협약이 이루어지려면 두 도시 간에 경제적 거래가 존재하거나 사전에 자매 결연이 맺어져 있어야 한다. 따라서, 경제적 거래의 존재나 자매 결연의 존재는 음식물 쓰레기 위탁 처리의 필요조건이다.

⑤ × 협약 체결의 필요조건은 경제적 거래 또는 자매 결연이므로, 경제적 거래가 없을 가능성을 배제할 수 없다. 2번 선지와 같은 맥락이다.

문 12 유형: 논리퀴즈 정답: ③

한 사람은 일자만 맞혔다. 따라서 나희가 주장한 4일이 참이라면, 가희와 다희 모두가 일자를 틀렸기 때문에 모두 맞힌 사람 또는 일자만 맞힌 사람이 존재할 수가 없다. 따라서 회의는 반드시 3일에 열릴 것이다. 회의가 반드시 3일에 열리기 때문에 자연스럽게 나희는 모두 틀린 사람이 된다. 따라서 가희와 다희 중 한 명이 모두 맞혔다면, 나머지 한 명은 일자만 맞힌 사람이 된다. 그렇기 때문에, 다음 회의와 관련된 사실로 참일 수 있는 조합은 12월 3일 대강당 혹은 11월 3일 소강당이 가능하다.

문 13 유형: 일치부합추론 정답: ②

① × 소음저감장치는 방음벽 상단의 끝 부분에서 회절되는 소음을 흡수, 감소시킴으로 도로에서 발생하는 소음을 줄인다.

② ○ 간섭형 소음저감장치는 두 개의 소리가 중첩되는 파동의 간섭 현상을 활용, 파동의 위상이 반대인 두 소리가 중첩될 때 진폭이 작아지면서 소리의 세기가 작아지는 상쇄 간섭을 활용해 소음을 감소시킨다.

③ × 흡음재는 내부로 유입된 소음과 내부 섬유소와의 접촉 과정에서, 소음의 진동에너지를 섬유소의 진동에너지로 전환시킴으로 소음을 흡수한다.

④ × 방음벽에 설치하는 소음저감장치 중에는 회절음의 감소 효과를 높이기 위해 흡음형과 간섭형을 혼합한 소음저감장치가 존재한다. 다만 흡음형과 간섭형이 소음을 감소시키는 비중에 대해서는 본문에 언급된 바 없다.

⑤ × 간섭형 소음저감장치에서 간섭 통로를 거친 회절음은 이를 거치지 않은 회절음과 중첩되어 상쇄 간섭 현상이 발생하게 된다. 흡음형 소음저감장치는 별도 파동의 위상 변화 없이 소음의 진동에너지를 섬유소의 진동에너지로 전환시키는 방식을 통해 소음을 저감시킨다.

문 14 유형: 병렬형 정답: ③

ㄱ. ○ 갑은 '범죄를 저지른 이후' 그에 상응하는 대가를 받아야한다는 점을 강조하는 반면, 병은 '범죄를 저지르기 이전' 사형제도에 대한 인식을 통한 억지효과를 강조하고 있다. 따라서 옳다.

ㄴ. × 을은 사형제도에 있어서는 자신의 행동과 동일한 형벌이 필요하다는 주장에 동의하지 않을 것이다.

ㄷ. ○ 병은 죽음에 대한 공포는 보편적인 현상이기 때문에 만약 사람들이 흉악한 죄를 자행할 경우 사형을 당하게 될 것이라는 생각을 하게 된다면 자연히 극악한 행동을 삼갈 것이라고 주장하고 있다. 이는 암묵적으로 공포를 느끼는 대상을 인간들이 피하고자 할 것임을 전제하고 있는 것이므로 병은 이러한 주장에 동의할 것이다.

문 15 유형: 일치부합추론 정답: ②

ㄱ. × 고흡수성 수지는 3차원 망상 구조라는 구조적 특성에 더해, 친수성 작용기를 가진 분자 특성으로 인해 자기 무게의 1000배 이상의 물을 흡수 가능하다. 또한 고흡수성 수지는 자기 무게보다 수천배의 물을 저장할 수 있는 것이지, 펄프나 면의 수천 배의 무게를 저장할 수 있는지에 관해서는 본문에 나타난 바 없다.

ㄴ. × 고흡수성 수지의 구멍의 크기는 천연 펄프보다 미세하게 만들 수 있으나, 구멍의 크기를 언제든지 조절해 상황에 다라 최적의 흡수 속도와 흡수력을 얻을 수 있다. 이를 토대로 고흡수성 수지의 구멍의 크기가 항상 천연 펄프보다 크다고 할 수는 없다고 봄이 타당하다.

ㄷ. ○ 이온화 경향이 더 높은 카르복시기 분자를 사용할 경우 물 뿐만 아니라 염도가 있는 액체에도 우수한 흡수력을 나타내게 되므로, 염분이 있는 바닷물의 흡수에 더 유리하다.

문 16 유형: 강화약화논증 정답: ①

ㄱ. ○ 회사 A는 정기적인 온라인 회의와 가상 팀빌딩 활동을 도입하여 일부 경영자에 의해 제기된 직원 간의 협업 저해 문제점을 극복하였다. 한편, 회사 B의 경우 일부 경영자에 의해 제기된 업무 집중도 문제점을 극복하고자 시도하였으나 결과적으로 프라이버시 침해 우려 등의 새로운 문제를 겪었다는 점에서 원격 근무의 부정적 효과 극복의 어려움을 잘 보여준다고 평할 수 있다.

ㄴ. × 회사 C의 경우에도 회사의 혁신성과 다양성을 증진하는 데 기여했다고 나와있으므로 회사 차원의 긍정적 효과를 강조하는 사례로 활용가능하다.

ㄷ. × 회사 B는 원격근무로 인한 업무집중도 저하의 문제점을 해결하고자 모니터링 소프트웨어를 도입하였다고 볼 수 있다. 하지만, 이로 인한 부작용이 나타났다는 사실만 알 수 있을 뿐, 업무 집중도와 책임감 측면에서 어떤 결과가 나왔는지는 알 수 없다.

문 17 유형: 병렬형 정답: ③

ㄱ. ○ 갑1은 AI가 대체할 수 있는 일자리의 60%가 전문직에 집중돼 있어 전문직 위험이 큰 것으로 나타났다고 하였으며, 을2는 AI기술은 숙련된 근로자보다는 경력이 비교적 많이 필요하지 않은 일자리를 대체하는 효과가 크다고 했으므로 숙련된 근로자가 아닌 비숙련 근로자를 대체할 것이라고 볼 것이다.

ㄴ. × 을2는 AI로 인한 일자리 대체효과를 부정하고 있지 않다. 오히려 대체효과가 창출효과보다 클 것으로 보고 있어 대체효과 자체는 존재한다고 보고 있는 것으로 판단하는 것이 적절하다.

ㄷ. ○ 갑1은 전문직 위험이 클 것임을 예측하면서 이러한 AI의 노동 대체 양상은 과거 로봇이 생산직 일자리를 대체한 것과 매우 다를 것임을 언급했다. 을2는 '예컨대'라는 말과 함께 여러 일자리 창출 가능 사례들을 나열하고 있다.

문 18 유형: 강화약화논증 정답: ⑤

ㄱ. ○ A의 주장은 오직 언어만이 감정과 지각의 원인이 된다는 것이다. 반면 ㄱ의 내용은 언어능력이 상실되더라도 긍정 감정에 있어서는 언어능력이 상실되지 않은 사람과 비슷한 범주화 능력을 가지고 있다는 내용이다. 따라서 적어도 긍정 감정에 있어서는 언어 외의 다른 감정 지각의 원인이 있을 것이라고 추론할 수 있다. 즉 A의 주장은 강화되지 않고 약화된다.

ㄴ. ○ B는 감정과 생리적 반응이 일대일로 연결되므로 얼굴 표정만 가지고도 모든 감정들을 구분할 수 있다고 주장하고 있다. 그러므로 B의 주장이 타당하기 위해서는 같은 감정에 대해서는 같은 표정이 드러나야만 한다. ㄴ에서 가정한 사실은 감정은 같지만 표정이 다른 경우이므로, B의 주장을 약화한다

ㄷ. ○ C의 주장은 비록 감정과 감정 인식에 다른 요인들이 존재하기는 하나, 감정 단어가 없으면 특정 감정은 지각하고 경험할 수 없다는 것이다. 따라서 감정에 해당하는 특정 단어가 없지만 감정을 지각하는 실험결과는 C의 주장을 약화한다.

문 19 유형: 세트형 정답: ②

(가) 허블 주경의 반지름은 1.2m이므로 지름은 2.4m정도임을 예상할 수 있다. 그러므로 제임스웹 주경의 지름인 6.5m는 허블의 약 2.7배로, 2.5배 이상임을 알 수 있다. (가)는 '2.5배'가 들어가야 한다.

(나) 유클리드 주경의 지름은 1.2m이므로 허블 주경의 지름인 2.4m보다 작다. ㉡은 '보다 작고'가 들어가야 한다.

(다) 3문단에서 허블은 저궤도인 고도 약 515km 상공에서 관측 임무를 수행하고 있음을 알 수 있다. 4문단에서 라그랑주 L2 지점은 지구에서 150만km 떨어진 지점임을 알 수 있으므로, 라그랑주 L2지점은 허블보다 멀다. ㉢은 '보다 먼'이 들어가야 한다.

문 20 유형: 세트형 정답: ③

① × 지구에서는 특수 장치인 우주망원경이 있더라도, 대기에 의해 차단되는 적외선과 자외선을 직접 관측하기는 어려울 것이다. 틀린 선지.

② × 허블이 제임스웹 우주망원경과 달리 저궤도에서 우주를 관측하는 것은 맞으나, '최초의 우주망원경'이 아니다. 틀린 선지.

③ ○ 허블, 제임스웹 우주망원경 역시 우주망원경이므로, 우주망원경의 장점을 공통으로 가진다. 맞는 선지.

④ × 허블과 제임스웹은 모두 적외선을 관측할 수 있다. 틀린 선지.

⑤ × 허블은 정비를 받았으므로, 우주망원경이 정비를 받을 수 없다는 부분이 틀린 선지

문 21 유형: 일치부합추론 정답: ⑤

① × 질량수가 큰 하나의 원자핵이 질량수가 작은 두 개의 원자핵으로 쪼개지는 것을 핵분열이라고 하며, 질량수는 원자핵을 구성하는 양성자와 중성자의 개수를 더한 값에 해당한다.

② × 우라늄-235 핵분열 발전에서 우라늄 원자핵에 중성자를 흡수시키면 중성자를 방출하며 원자핵들로 분열되는데, 방출된 중성자가 다시 우라늄 원자핵에 흡수되는 것을 연쇄 반응이라 한다. 중성자와 원자핵의 융합이 일어나는 것은 아니다.

③ × 원자핵의 질량은 그 원자핵을 구성하는 개별 핵자들의 질량을 모두 더한 것보다 작으며, 이는 질량수와는 구분된다.

④ × 태양의 핵융합 과정에서 원자핵의 융합에 따라 질량은 줄어들며 줄어든 질량은 에너지로 전환된다. 이때 전환된 에너지는 원자핵의 결합 에너지와 그 크기가 동일할 뿐 원자핵의 결합 에너지에 해당하지는 않는다. 원자핵의 결합 에너지는 원자핵을 개별 핵자들로 분리할 때 가해야 하는 에너지를 의미한다.

⑤ ○ 핵자들의 결합에서 줄어든 질량은 에너지로 전환되는데, 이 에너지는 원자핵의 결합에너지와 그 크기가 같다. 따라서 핵자들의 결합에서 줄어든 질량이 클수록 전환되는 에너지가 커지고, 이는 원자핵의 결합에너지도 커짐을 뜻한다. 이때, 결합에너지 원자핵을 개별 핵자들로 분리할 때 가해야 하는 에너지임을 염두에 둔다면 옳은 선지임을 알 수 있다.

문 22 유형: 일치부합추론 정답: ①

① ○ 사물의 상징은 기호체계에 따라 유동적이며, 욕구 또한 사회적 사징체계의 변화에 따라 변화할 수 있는 것이다.

② × 기표와 기의의 관계가 아닌, 기호들 간의 관계인 기호 체계에 의해 기호의 의미가 결정된다.

③ × 대중매체는 기호 체계가 아닌 기의에 영향을 미침으로 욕구를 강제한다.

④ × 대중매체는 현실 그 자체가 아니라 다른 기호와 조합될 수 있는 기호로서 추상화된다.

⑤ × 보드리야르는 자본주의 사회를 소비사회로 명명하고, 소비가 인간에 미치는 영향을 성찰해야한다고 주장했다. 보드리야르가 소비의 존재 자체를 부정한 것은 아니다.

문 23 유형: 일치부합추론 정답: ⑤

① × 비판이론가들은 계몽주의의 이성을 도구적 이성으로 규정하며, 자연과 인간의 고유 가치를 망각하게 하는 이성의 폭력성을 지적한다. 비판이론가들이 계몽주의 이성을 통한 과거 종교적 세계관으로부터의 극복에 대하여 의견을 드러낸 바는 없다.

② × 계몽주의는 신 중심의 종교적 세계관으로부터 벗어나 이성과 합리성을 통해 인간 해방을 추구한다. 이러한 계몽주의의 합리적 사고가 자연과학의 성립을 달성하게 한 것이지, 자연과학이 계몽주의를 성립시킨 원인에 해당하는 것이 아니다.

③ × 하버마스의 의사소통적 이성은 사회구성원들이 함께 문제를 인식하고 공론화하여 사회적 합의를 가능하게 함으로 진정한 사회의 진보를 달성하게 한다. 다만 의사소통적 이성이 종교적 세계관의 극복에 도움이 되는지 여부는 본문에 언급된 바 없다.

④ × 비판이론가와 하버마스가 계몽주의의 일방적인 이성주의, 도구적 이성에 대해 부정적 입장을 드러낸 것은 사실이나 이성 자체의 존재를 부정하지는 않았다.

⑤ ○ 하버마스는 비판이론을 계승하여 계몽주의의 일방적 이성주의를 부정적으로 보면서도, 이성의 긍정적 측면으로서 의사소통적 이성을 제안한다. 하버마스는 의사소통적 이성이 '이상적 담화 상황'을 전제로 나타난다고 주장하고 있다.

문 24 유형: 일치부합추론 정답: ③

① × A에 따를 때 인간만이 존재란 무엇인가를 생각하는 현존재에 해당하며, 현존재는 불안을 활용해 스스로의 위상을 확고히 할 수 있다.

② × 도구 연관은 세계의 모든 것들이 서루 수단과 목적 관계로 이루어져있으며 이러한 관계가 반복적으로 이어짐을 의미한다. 따라서 세계와 현존재의 관계는 일방적으로 유지되지 않고 수단으로서의 위상과 목적으로서의 위상이 반복해서 교대되어 나타난다.

③ ○ 현존재의 퇴락이란 현존재가 사물에 얽매여 목적으로서의 위상을 지니지 못하고 도구에 종속되는 것으로, 이 재 현존재는 세계 속의 도구와 수단 속에서 사라지게 된다.

④ × A가 주장하는 불안은 현존재의 퇴락으로부터 현존재가 벗어날 수 있도록 하는 것으로, 구체적 대상에 대한 것이 아닌 인간의 삶이 지니는 유한성으로부터 비롯되는 것이다.

⑤ × A는 현존재가 불안을 통해 현존재의 퇴락으로부터 벗어나 본래성을 회복할 수 있다고 주장하고 있다. 다만 이는 여전히 도구 연관, 즉 세상과의 관계 속에서 이루어지는 것으로 현존재가 목적으로서의 위상을 달성함을 의미하지 세상과의 단절을 의미하는 것은 아니다.

문 25 유형: 일치부합추론 정답: ⑤

① × 최초의 AR 안경은 1960년대에 등장했으므로 최근 새롭게 개발되는 디스플레이 장치가 아니라, 1960년대부터 등장한 장치로 볼 수 있다. 틀린 선지.

② × 서덜랜드의 AR 안경 역시 사용자의 시선을 감지해 이미지를 조절할 수 있었다. 틀린 선지.

③ × 회절 방식의 구조가 단순한지에 대한 정보를 알 수 없고, 인과관계도 불분명하다. 틀린 선지.

④ × 이는 광학 기술 가운데에서도 반거울 방식과 관련된 설명이다.

⑤ ○ 회절 방식은 빛의 회절과 간섭을 이용하는 방식이다. 특정 파장대의 디스플레이 빛은 격자에서 회절하며 간섭이 일어나 디스플레이 이미지가 현실 세계와 함께 우리 눈에 보이게 할 수 있다.

문 26 유형: 실험가설형 정답: ②

ㄱ. × 제안자가 응답자에게 일정 금액을 보낸 이후, 응답자가 자신에게 주어진 금액을 독차지 하는 경우 제안자는 10,000원보다 적은 금액을 최종적으로 갖는 상황이 발생한다. 또한 제안자가 최초에 받은 10,000원을 독차지 하는 경우도 존재한다.

ㄴ. ○ 제안자가 응답자에게 일정 금액을 보내는 것은, 금액은 받은 응답자가 다시 제안자에게 일정 금액을 되돌려 줄 것이라는 믿음에 의한 것으로 해석할 수 있다. 따라서 선지의 상황은 사회적 자본에 의해 효용의 극대화가 달성되는 상황으로 해석 가능하다.

ㄷ. × 사회적 자본이 발달한 사회일수록 제안자와 응답자간 신뢰를 바탕으로 상호간 금액을 주고받을 가능성이 클 것이다. 다만 그 금액의 크기와 사회적 자본 사이의 관계에 대해서는 알 수 없다.

문 27 유형: 빈칸·밑줄형 정답: ④

(가) : 밀도가 작은 매질(우주공간)에서 큰 매질(대기권)로 빛이 투과할 때는 법선 쪽(대기권 안쪽)으로 빛이 꺾이게 된다.

(나) : 지표면에 가까워질수록 밀도가 커지기 때문에 빛이 굴절되는 정도는 커지게 된다.

(다) : 지표면에 가까워질수록 대기권 안쪽으로 굴절된 빛을 지상의 관측자가 보게 되는데, 이 때 관측자는 빛이 굴절되는 것을 볼 수 없다. 따라서 관측자는 굴절되어 눈으로 들어온 빛의 직선방향에 별이 있는 것으로 인지하게 되며, 이는 대기층에 들어올 때의 고도보다 더 높은 위치에 있는 것처럼 별을 보게 된다.

(라) : 일출 때 태양이 지평선과 이루는 각도는 4°로, 태양빛은 더 두꺼운 대기층을 통과해 더 크게 굴절하게 된다. 이는 대기층에 태양빛이 들어올 때 태양과 지평선이 이루는 각도보다 더 큰 각도를 이루고 있는 것처럼 인식해 태양이 더 빨리 뜨는 것처럼 보이게 된다.

(마) : 일몰 때 태양이 지평선과 이루는 각도는 일출 때와 같은 4°로, 대기층에 태양빛이 들어올 때 태양과 지평선이 이루는 각도보다 더 큰 각도를 이루고 있는 것처럼 인식해, 관측자가 인식하는 태양과 지평선의 각도는 4°보다 더 크다. 따라서 관측자는 일몰 때 태양을 더 늦게 지는 것처럼 인식하게 된다.

문 28 유형: 빈칸·밑줄형 정답: ⑤

ㄱ. ○ 철수는 고유 명사에 해당하여 특정대상을 지시한다. 한편 시간은 기술의 대상으로서 문장과 분리할 경우 불완전한 기호에 불과하다.

ㄴ. ○ ㉠이 허구 세계에 진술이며, 허구의 세계에 대한 진술도 존재를 타낸다라는 명제가 참이라면 현재 프랑스왕은 존재한다는 것이 참일 경우 전체 명제 ㉠은 의미 있을 수 있다. 옳은 선지이다.

ㄷ. ○ ㉡은 고유 명사로서 있는 것의 대상을 있는 것으로 지시한다. 그 자체로 의미를 함축하기도 한다. 옳은 선지이다.

문 29 유형: 일치부합추론 정답: ④

① × 매직 랜턴에 대한 최초의 기록은 예수회 사제인 안타나시우스 키르케르의 저서에 나타나 있으나, 그가 매직 랜턴을 최초로 개발한 사람인지에 대해서는 알 수 없다.

② × 초기에 종교적, 교육적 목적으로 활용되던 매직 랜턴은 18~19세기를 거치며 다양한 목적으로 광범위하게 활용되었으나, 기본적으로 장거리 영상 정보라는 디스플레이의 조건을 충족하지는 못하였다. 매직 랜턴은 단순히 작은 면적 속 그림을 스크린 위에 큰 면적으로 펼치는 기능만을 지녔다.

③ × 매직 랜턴은 오늘날 프로젝션 디스플레이와 유사하며 디스플레이 시스템의 수신기에 해당한다고도 할 수 있으나, 이들이 디스플레이 시스템의 수신기로 발전 선상에 놓여있는 것은 아니다.

④ ○ 베인은 송신기 쪽 진자 아래 금속판에 그려진 송신할 패턴에 따라 전류를 생성하여 이를 수신기로 전송한 후, 전류에 반응해 색이 변하는 화학물질을 활용해 송신기의 패턴을 수신기에 복제함으로 영상 정보를 원거리로 송신하는 기술의 아이디어를 제시하였다.

⑤ × 영상 정보를 원거리로 송신하는 베인의 발명품은 1843년 영국 특허를 취득하였으며 디스플레이 기술에 탄생에 필요한 개념을 제시하였으나, 상용화에는 실패하였다.

문 30 유형: 일치부합추론 정답: ①

ㄱ. ○ 내용증명은 우편이 발송되었다는 사실을 입증할 뿐 문서내용의 진위까지 담보하지는 않는다. 따라서 A가 B에게 채무이행에 관한 내용증명을 발송하였더라도, 그 채무가 반드시 존재한다고는 할 수 없다.

ㄴ. × 소멸시효의 중단은 내용증명을 보낸 시점에 이루어지나, 소멸시효의 재개시는 중단 사유가 종료된 때로부터 기산한다.

ㄷ. × 내용증명은 동일한 내용의 문서 3부를 발신인, 수신인, 우체국이 소지하게 되며, 이 문서가 언제 누구에게 발송되었는지를 우체국장이 증명하는 것이다.

문 31 유형: 빈칸·밑줄형 정답: ④

㉠ : 본문에 따를 때 모든 물체는 열복사를 통해 전자기파를 방출한다. 다만 방출하는 전자기파의 파장은 물체에 따라 상이한데, 그 중 인간이 빛으로 볼 수 있는 파장의 길이는 가시광선 영역에 해당한다. 따라서 인간의 피부가 빛나는 것을 볼 수 없는 이유는 피부가 방출하는 전자기파 파장의 길이가 가시광선 영역에 해당하지 않기 때문이다.

㉡ : 흑체복사 곡선은 흑체의 구성 물질, 성질, 크기 등과 무관하게 흑체의 온도에만 영향을 받아, 흑체의 온도가 높을수록 그래프의 면적은 넓어지고 에너지 세기의 최고점이 높아지면서 파장은 짧은 쪽으로 이동하게 된다. 이를 고려할 때 태양보다 파장이 더 짧은 영역에 해당하는 파장 분포를 보이는 별들은, 태양의 표면 온도인 5000K보다 높은 온도를 지닐 것이다.

문 32 유형: 강화약화논증 정답: ⑤

① × 전통적 언론이 정보를 제공하고 주요 사회 문제에 대한 여론을 형성하는 것을 의제설정 기능이라고 한다.

② × 역의제설정 현상이 전통적 언론에 의해 주도되는 의제 설정의 치우침, 편향성을 보완할 수 있음은 사실이나, 그러한 의제설정은 일반 시민에 의해 주도된다.

③ × 역의제설정 현상은 시민들의 문제제기와 그에 따른 언론의 보도 현상을 의미한다. 역의제설정 현상에도 전통적 언론의 보도 기능은 여전히 수행된다.

④ × SNS의 등장에 따라 일반 시민들이 자유롭게 문제를 제기하고, 이후 역으로 전통적 언론에서 그 문제에 대해 보도하는 현상이 생기는 등 전통적 언론의 영향력은 약화되고 있다. 다만 시민들이 기존 언론이 설정한 의제에 대해 반감을 드러냈는지 여부는 본문에 나타난 바 없다.

⑤ ○ SNS 발달에 따른 역의제설정 현상에 따라, 시민은 정보의 제공자로서 여론 형성에 대한 책임의식이 요구되는 동시에 정보의 수용자로서 판단력과 선별력이 요구된다.

문 33 유형: 논리퀴즈 정답: ③

확정된 정보는 아래와 같다.

가영	나영	다영	라영	마영
피자		피자		
		사이다		콜라

따라서 이 경우, 피자를 먹고 싶은 사람의 숫자가 홀수여야 하기 때문에 반드시 1명 더 피자를 선택해야만 한다. 또한, 햄버거와 피자를 먹고 싶은 사람의 숫자는 반드시 1이어야 한다. 한 쌍이 선택할 수 있는 패스트푸드는 피자가 유일하다. (ㄱ. 참)

그리고 콜라를 먹고 싶은 사람의 수가 사이다를 먹고 싶은 사람의 수보다 한 명 더 많기 때문에, 분배한다면 3:2가 될 것이다. 만약, 가영이 사이다를 먹고 싶은, 먹고 싶은 패스트푸드와 음료가 모두 동일한 한 쌍은 반드시 가영과 다영이 된다. 이 경우 아래와 같다. (ㄴ. 참)

가영	나영	다영	라영	마영
피자		피자		
사이다	콜라	사이다	콜라	콜라

또한, 가영이 먹고 싶은 음료가 콜라라고 하더라도 먹고 싶은 패스트푸드와 음료가 모두 동일한 한 쌍은 가영과 마영이 아닐 수 있다.(ㄷ. 거짓)

가영	나영	다영	라영	마영
피자	피자	피자	햄버거	치킨
콜라	사이다	사이다	콜라	콜라

문 34 유형: 논리퀴즈 정답: ④

가능한 경우의 수는 두 가지뿐이다.

	A	B	C	D	E
case 1	×	×	○	○	×
case 2-1	○	○	×	○	○
case 2-2	○	×	×		

따라서 반드시 D는 지각을 하였음을 알 수 있다.

첫 번째 조건에 따라, A가 지각하지 않았다고 가정하면, B도 지각하지 않았다. 이 경우, 두 번째 조건에 따라 C와 D는 반드시 지각을 해야한다. 세 번째 조건과 네 번째 조건을 반영하면 표의 첫 번째 경우가 된다.

이제 A가 지각을 했다고 가정해보자.

이 경우에는 다시 두 가지 경우의 수가 나뉜다. B가 지각을 한 경우와 그렇지 않은 경우가 그것이다.

case 2-1에서 B와 A가 모두 지각을 했다고 본다면, C와 D중 한 명은 추가로 지각을 해야한다. 이때, A는 지각을 했으므로 세 번째 조건에 의해서 반드시 C가 지각을 하지 않아야한다. 따라서 D가 지각을 해야 한다.

case 2-2의 경우를 보면, 두 번째 조건과 세 번째 조건이 서로 모순이다. C는 지각을 하여야 함에도 동시에 지각을 하지 않아야하기 때문이다. 따라서 이 경우는 모순이다.

결국 가능한 모든 경우에 있어서 D는 반드시 지각을 해야만 한다.

문 35 유형: 강화약화논증 정답: ③

① ○ 지구 내부는 지각, 맨틀, 외핵, 내핵의 층상 구조를 이루고 있으며 외핵은 높은 온도로 인해 액체 상태로 존재한다.

② ○ 맨틀을 통과한 상승류는 지표면 가까이에 있는 판에 부딪치게 되며, 일반적으로 판은 매우 단단한 암석으로 이루어져있어 쉽게 뚫리지 않는다. 간혹 상승류가 판을 뚫고 지표면으로 나오는 곳을 열점이라고 한다.

③ × 상승류가 판을 뚫고 올라오는 곳(열점)과 상승류로 인해 판이 갈라져 새로운 판을 형성하는 곳, 밀도가 낮아 가라앉은 판이 용융되어 지표면으로 다시 상승하는 곳에서 화산 활동이 활발하게 일어난다. 판의 소멸과 화산 활동의 관계에 대해서는 본문에 언급된 바 없다.

④ ○ 밀도가 높아진 판은 이미 존재하던 밀도가 낮은 판과 충돌할 때 아래로 가라앉게 된다. 이때 맨틀을 통과한 판은 외핵의 한 부분을 누르게 되며, 이는 새로운 상승류의 시작을 야기한다.

⑤ ○ 맨틀의 상승류와 하강류는 흘러가는 동안 여러 장애물을 만나게 되는데, 현대 과학 기술로 이러한 장애물의 성질과 상태를 모두 밝혀내기 어렵다는 점이 화산과 같은 자연 현상을 쉽게 예측할 수 없게 한다.

문 36 유형: 강화약화논증 정답: ②

ㄱ. × 갑은 인간의 성적 본능등 원초적 욕구가 어린 시절 좌절되어 무의식 속에 억압되어 있다가 신경증을 유발한다고 한다, 따라서 신경증은 아파트에 대한 욕망과 같은 2차적 욕구와는 무관하다.

ㄴ. × 갑은 인간 무의식에 억압된 인간이 원초적 욕구가 존재함을 토대로 신경증을 설명하고 있으며, 을 또한 인간 무의식에 이러한 욕구가 있음을 부정하지는 않는다.

ㄷ. ○ 삶의 목적이 변화할 수 없다면, 올바른 삶의 목적을 설정하여 부적절한 동기와 행동을 변화시켜 심리치료를 하여야 한다는 병의 견해는 약화된다.

문 37 유형: 강화약화논증 정답: ③

① × 감각적 경험과 인식이 환경에 의해 유동적으로 재구성된다는 (다)의 주장이, 감각의 중요성을 강조하는 (가)의 주장과 상호 배타적이라고 보기 어렵다. (가)는 감각적 경험이 중요하지만 그 자체로는 불완전함을 인정하기 때문이다.

② × (나)가 감각적 경험에 선험적 개념을 추가로 사용해야 한다는 점에서 (가)를 부분적으로 강화한다고 볼 수 있지만, 근본적으로 다른 시각을 제시하고 있어 정답이 아니다.

③ ○ (가)의 주장은 감각적 경험의 중요성을 강조하면서도 그 한계를 인정한다. (라)는 기술 발전이 인간 감각의 한계를 보완하고 확장할 수 있음을 보여주는 예시이므로, (가)의 주장을 보완하는 사례가 된다.

④ × 기술 발전이 감각을 보완한다고 주장하는 (라)와 기술이 감각적 경험을 약화시킬 수 있다는 (마)의 주장은 상호 배타적이지 않다.

⑤ × 감각적 경험의 변화를 설명하는 (다)의 주장이 (마)의 기술에 대한 회의적인 관점을 약화시키지 않는다.

문 38 유형: 강화약화논증 정답: ①

ㄱ. ○ 갑은 인간의 자기 자각과 훈련에 의해 이룩한 도를, 병은 인간이 제정한 법을 통한 도를 주장한다. 즉, 갑과 병은 인간에 의해 만들어진 인위적 도를 주장하고 있으므로, 선지의 내용이 사실인 경우 갑과 병의 견해는 약화된다.

ㄴ. × 을은 인위적 규범성을 부정하고 있으며 자연 그 자체를 도로서 간주하고 있다. 다만 을은 인간이 자연으로서 도에 위배되는 행위를 하더라도 이를 자연이 규제한다고 언급한 바 없다. 따라서 선지의 내용이 사실이더라도 을의 견해는 강화되지 않는다.

ㄷ. × 병은 인간을 이기적인 존재로 보아 법을 통한 제어가 필요함을 주장하고 있으므로, 선지의 내용이 사실인 경우 병의 견해는 약화된다. 그러나 을은 인간 본성에 대해 언급하지 않고 있으므로, 선지의 내용이 사실이더라도 을의 견해는 강화되지 않는다.

문 39 유형: 세트형 정답: ③

① × 만족도란 상품의 어떤 속성이 얼마나 만족스러운가에 대해서 소비자가 느끼는 주관적 정도에 해당한다. 그 크기는 숫자로 표현되나, 반드시 정수로 표현되어야 하는지는 본문에 제시된 바 없다.

② × 중요도란 소비자가 상품의 특정 속성에 대해 중요하다고 느끼는 정도로, 제품별로 동일하게 적용된다.

③ ○ 기업은 속성 만족도-중요도 모델의 관점에서 소비자의 만족도와 중요도를 자사에 유리하게 변화시키는 전략을 사용하여, 자사 제품에 대해 갖는 태도 변화를 통해 소비를 제고할 수 있다.

④ × 속성 만족도-중요도 모델의 태도 점수는 각 속성에 대한 만족도와 각 속성에 대한 중요도의 곱을 더한 값으로 도출한다. 이때 만족도가 크더라도 해당 속성의 중요도가 작거나 음수인 경우, 태도 점수는 작아질 수 있다.

⑤ × 본문에서 소비자가 특정 상품에 대하여 지니는 속성 만족도와 중요도 사이의 관계에 대해서는 언급된 바 없다.

문 40 유형: 세트형 정답: ③

① ○ A = (5x4) +(3x2) + (4x0) + (2x(-3)) = 20
B = (5x2) + (3x1) + (4x1) + (2x2) = 21
C = (5x1) + (3x3) + (4x1) + (2x2) = 22

② ○ C제품의 온도에 대한 만족도 = 1 < 2 = 디자인에 대한 만족도이다.

③ × 철수는 온도(5), 가격(4), 제습(3), 디자인(2) 순서로 에어컨의 속성을 중요시 한다.

④ ○ B, C 제품의 디자인에 대한 만족도가 양수인 것과 달리, A제품의 디자인에 대한 만족도는 음수로 철수는 다른 두 제품에 비해 A제품의 디자인에 대해 불만족하고 있다.

⑤ ○ A제품을 생산하는 기업은 낮은 디자인 만족도를 제고하여 자사 제품에 대한 태도 점수를 높이기 위해, 디자인 혁신 전략을 사용할 가능성이 존재한다.

제 3회

1	2	3	4	5	6	7	8	9	10
③	⑤	③	①	⑤	①	①	①	②	④
11	12	13	14	15	16	17	18	19	20
②	①	②	④	⑤	②	⑤	②	②	①
21	22	23	24	25	26	27	28	29	30
④	②	④	④	⑤	⑤	④	②	⑤	③
31	32	33	34	35	36	37	38	39	40
③	①	①	②	⑤	④	④	①	③	③

문 1 유형: 일치부합추론 정답: ③

① × 1문단 8줄에서 제사를 봉행함에 있어 사(私)가 있어서는 안 되며 그 결과인 복 또한 사적인 목표를 위한 것이 아님을 언급하고 있다. 그러나 제시문에서 로버트슨 스미스가 희생제의의 사적 목표를 긍정하는지 부정하는지에 대해서 언급하는 바가 없다.

② × 로버트슨 스미스는 희생제의의 핵심인 살육과 섭취를 통해 사회적 결속을 강화할 수 있다고 본다. 낸시 제이 또한 부계 사회에서 희생제의가 필연적인 것이 질서와 결속을 유지하기 위함이라고 본다. 양자 모두 희생제의의 결속 기능을 긍정한다.

③ ○ 로버트슨 스미스는 인간 사회가 구성원의 성분에 영향을 미치는 요인들로 인해 물리적 동질성이 변질될 위험이 있고, 그러한 한계를 극복하기 위해 희생제의가 필요함을 역설한다. 낸시 제이는 부계 사회에서는 자연적 확실성을 갖지 못하는 한계를 지적하고, 사회의 질서와 결속을 위해 희생제의가 필요함을 강조한다.

④ × 1문단을 통해 희생제의가 동양과 서양 모두에 존재함은 알 수 있다. 그러나 그 이유가 희생물을 생명의 자양분으로 삼는 과정이 있기 때문인지는 알 수 없다.

⑤ × 「예기」는 제사음식을 먹는 과정을 통해 임금과 신하 사이의 위계성을 보이고 있다. 그러나 로버트슨 스미스가 신과 인간 사이의 위계성을 긍정하는지는 주어진 글에서는 알 수 없다.

문 2 유형: 일치부합추론 정답: ⑤

① × 18세기 밭농사 투입량에 대한 정보는 알 수 없다. 옳지 않은 선지이다

② × 17세기의 모내기는 노동 투입을 줄이는 방향이었으며, 김매는 횟수를 줄이는 방향이었다. 옳지 않은 선지이다.

③ × 18세기의 호당 평균 경작지의 크기는 17세기에 비해 감소하였다. 옳지 않은 선지이다.

④ × 중앙정부는 모내기 농법 확산에 소극적이었으며, 지주와 농민들이 소규모 수리 사업을 추진하였다.

⑤ ○ 모내기 농법이 보편화되던 18세기 인구 증가율은 조선시대를 통틀어 가장 빠른 인구 증가율을 보였다. 옳은 선지이다.

문 3 유형: 일치부합추론 정답: ③

① × 기억 T세포는 애초에 걸렸던 코로나19의 경증, 중증 여부와는 상관없이 회복자들에게서 공통적으로 약 10개월 동안 유지되었으므로 틀린 선지이다. 1문단 8줄의 중증 코로나19로의 진행 방지 역할과 헷갈릴 수 있도록 유도하는 선지이다.

② × 중화항체는 기억 T세포와 함께 방어 면역을 구성하지만 선행 연구에 따르면 이는 시간이 지남에 따라 감소하므로 10개월 동안 유지된다는 추론은 옳지 않다.

③ ○ 줄기세포 유사 기억 T세포는 장기간에 걸쳐 기억 T세포들의 숫자를 유지하는 재생기능을 가진 세포이므로 10개월 동안 기억 T세포가 유지되도록 하는 데 큰 역할을 한다고 추론할 수 있다.

④ × 기억 T세포는 코로나19 회복 직후부터 발생하므로 감염과 동시에 발생한다는 설명은 틀린 것이다.

⑤ × 기억 T세포는 코로나19 회복자가 다시 바이러스에 노출됐을 때 방어면역 기능을 할 뿐, 처음 노출됐을 때부터 감염 자체를 예방하지는 못하므로 틀린 선지이다.

문 4 유형: 일치부합추론 정답: ①

① ○ 이중차분법은 평행추세 가정을 기반으로 사건의 효과를 평가한 것이다. 따라서 이중차분법이 성립한다면 평행추세 가정은 반드시 충족된다.

② × 이중차분법은 동일한 크기의 변화가 비교집단과 시행집단간 발생했음을 가정한다. 이러한 평행추세 가정이 성립한다면 사건전의 상태가 반드시 평균적으로 같게 구성될 필요는 없다.

③ × 평행추세 가정이 충족되지 않을 때, 집단 간 표본의 통계적 유사성을 높이는 것이 반드시 가정의 충족을 보장하지는 못한다. 집단 간 통계적 유사성 외에 변화 발생의 동시성과 같은 요소들이 가정의 충족에서 더 중요할 가능성이 존재한다.

④ × 고용과 경기변동의 관계처럼, 집단 간 표본의 통계적 유사성보다 변화 발생의 동시성이 이중차분법 분석에서 더욱 중요한 경우가 존재한다.

⑤ × 비교집단 각각에 이중차분법을 적용한 평균결과가 같음은 평행추세 가정이 충족됨을 의미하며, 표본의 통계적 유사성이 높은 비교집단 구성을 통해 평행추세가정의 위협 가능성을 줄일 수 있다.

문 5 유형: 일치부합추론 정답: ⑤

① × "방사광은 빛의 속도로 상대성 운동을 하는 가벼운 하전입자가 운동 방향에 대하여 횡방향으로 가속을 받으면 발생한다."라고 명시되어 있다.

② × "전자총에서 발생된 전자는 선형가속기 가속관을 지나고 고출력 고주파 발생장치를 통과하면서 빛의 속도에 가깝게 가속된다."라고 명시되어 있다.

③ × "저장링은 전자의 궤도를 원형으로 만들어주어 횡방향의 가속을 담당한다."라고 명시되어 있다.

④ × "전자는 선형가속기 끝단에서 전송관과 입사장치를 통해 저장링에 입사된다."라고 하였으므로 입사장치는 저장링이 아니라 선형가속기의 구성 요소로 봄이 옳다.

⑤ ○ 휨자석은 가시광선, 극자외선, 엑스선 뿐 아니라 알파선, 베타선, 감마선과 같은 방사선을 포함한 방사광을 발생시킨다. 이러한 방사광은 빔라인으로 보내진다.

문 6 유형: 빈칸·밑줄형 정답: ①

본문에서 장자는 바닷새 이야기를 통해 성심이 일으키는 문제를 묘사한다. 성심이란 치우친 마음으로 자신의 입장을 극대화하여 자신의 관점을 고집하는 것으로, 타자와의 소통과 조화를 방해하는 문제를 야기한다. 바닷새 이야기에서 임금은 바닷새를 자신의 목적 달성을 위한 수단으로 여겼다거나 바닷새를 죽이려 하지 않고, 바닷새를 위한 대접한다. 그러나 임금은 성심에 빠져 새의 특성을 고려하지 못한 채 자신의 관점에 따라 관계를 맺으려 했기 때문에, 바닷새와의 관계 맺음에 실패한 채 바닷새는 죽고 마는 것이다.

문 7 유형: 일치부합추론 정답: ①

① × 엘리트 군 지도자들은 원로원을 따돌려 놓고 행동하였고, 마침내 우위를 겨루었다. 엘리트 군 지도자와 원로원 간의 내전은 알 수 없다.

② ○ 원로원 의원이 속주 총독으로 기용되었으며, 속주 총독의 임의적 정복활동은 억제되었다.

③ ○ 공화정으로는 방대한 제국의 효율적 관리가 불가능했는데, 이는 속주 총독이 짧은 임기로 교대된다는 점 등 때문이었다.

④ ○ 내전의 진통 끝에 일인자가 된 아우구스투스는 제국을 관리할 인력을 확보하기 위해 원로원을 전적으로 배제하지 않았다.

⑤ ○ 황제는 중앙정부의 중요한 세입원인 속주세 징수를 속주 총독에게 맡겼고, 대신 중앙의 고위직에 승진할 기회를 제공하였다.

문 8 유형: 빈칸·밑줄형 정답: ①

이 글은 은유의 개념 및 은유 이해 과정을 설명하는 유추에 대해 설명하고 있다. 구체적으로 1문단에서는 은유와 은유 이해와 관련된 용어를 설명하며, 2문단에서는 은유 이해의 매커니즘으로서 유추에 대해 처음 언급한다. 마지막으로 3문단에서는 유추에 기반한 은유 이해의 과정을 구체적 모형과 예시를 통해 설명한다. 2문단에서 '은유 이해의 유추 기반 이론들은 ~ 속성 사이의 유사성을 바탕으로 은유표현을 이해한다'라고 언급하였다. 또한 3문단에서 '목표 및 근원 영역 사이의 일치하는 속성보다 각 영역에서의 관계가 유추과정에서 더 중요하다'고 하며 같은 문단에서 '침대와 과학이 인간과 맺는 관계의 유사성'을 보여주는 것이라고 언급하였다. 따라서 해당 문단을 결론 짓는 빈칸에는 은유의 이해가 관계적 유사성을 통해 이루어진다는 내용이 들어가야 한다.

문 9 유형: 빈칸·밑줄형 정답: ②

5문단에서 자율주행 자동차의 상용화 조건으로 센서(HW) 및 데이터를 인식하고 판단할 수 있는 기술(SW)을 언급하고 있다. 그런데 (2문단)에서 현재 자율주행 자동차의 HW기술은 완성 수준에 도달하였음을 알 수 있다. 그러므로 현 시점에서 전자(HW)는 문제되지 않을 것이나, 후자인 SW기술의 발전이 필요하다고 볼 수 있다. 따라서 빈칸에 가장 적절한 내용은 'HW기술에 상응하는 SW기술의 발전'이다

문 10 유형: 일치부합추론 정답: ④

① ○ 플라즈마 질화는 350℃ 정도의 저온에서도 열처리가 가능함에 반해, 침탄공정은 900℃이상의 온도를 요구한다. 따라서 그 사이의 온도에서는 플라즈마 질화가 가능하지만 침탄공정은 불가능할 수 있다.

② ○ 열처리는 재료의 강도 및 내마모성을 향상시킨다. 타프트라이드법은 열처리 방법 중에서도 질화공정인 염욕질화에 해당하는 공법으로 재료의 강도 및 내마모성을 향상시킬 수 있다.

③ ○ 염류를 용해한 액체를 이용하는 것은 염욕질화이며, 가스를 이용한 질화공정은 가스질화이다. 2문단 11줄에 따르면 가스질화가 염욕질화에 비해 처리시간이 길다. 따라서 염욕일화는 가스질화보다 처리시간이 짧다.

④ × 3문단 마지막에서는 제조업 회사와 열처리 업체의 협조로 적극적인 시장 확대와 기술의 저변화를 주문하고 있다. 협조를 통해 시장의 확대를 도모할 수 있는 것이지, 시장의 확장이 협조를 촉진하는 것이 아니다.

⑤ ○ 플라즈마 질화와 달리 다른 질화 방법은 스테인레스강에는 적용이 어렵다. 전 세계적으로 가장 많이 쓰이는 질화공정은 가스질화로 스테인레스강에는 적용이 어렵다.

문 11 유형: 일치부합추론 정답: ②

① × 비잔틴 미술은 성서의 이야기를 효과적으로 전달하기 위해 종교적 이미지를 배치하였다. 이러한 목적과는 별개로 비잔틴 미술은 인물 표현에 있어 분명한 좌우대칭과 작위적인 시선 표현을 특징으로 한다.

② ○ 비잔틴 미술의 영향을 받은 13세기 유럽의 일반적인 화가들은 인물을 표현할 때 분명한 좌우대칭과 앞뒤 인물 간 비슷한 크기, 정면을 바라보는 모습 등의 표현을 사용하였다.

③ × 조토는 헬리 혜성의 모습을 관찰하여 이를 바탕으로 아레나 성당에 그려진 작품에 나타난 별을 그렸다. 그가 인물에 대해 관찰한 것을 그림에 반영한 것은 사실이나, 본 작품에서 동방박사를 실제로 관찰하였는지 여부는 알 수 없다.

④ × 조토가 인물의 입체감과 생생한 표정 묘사로 인해 13세기 유럽 미술의 기존 화가들과 구분된 것은 사실이나, 이러한 그의 표현이 비잔틴 미술에 대한 반발에 기초하는지 여부는 본문에 드러난 바 없다.

⑤ × 조토는 인물과 사물을 겹쳐서 표현하는 중첩법을 통해 거리와 깊이를 표현하였으나, 중세의 분위기로부터 완전히 탈피하지는 못했다.

문 12 유형: 논리퀴즈 정답: ①

주어진 조건을 정리하면 다음과 같다.

㉠ (병 V ~기) → 갑
㉡ ~을 → (~정 V ~무)
㉢ (갑 V 을) → (~병 V 기)
㉣ (갑 V 병 V 기) → 을

㉢으로부터 갑 → ~병, ㉠으로부터 병 → 갑 이므로 ~병
㉣로부터 기 →을, ㉢으로부터 을 → ~기 이므로 ~기
~기 이므로 ㉠으로부터 갑이 도출된다. 갑이 확정되면 ㉣로부터 을이 도출된다.
정과 무의 선택 여부는 불분명하므로 선택되는 여행지는 최소 2개, 최대 4개이다.

문 13 유형: 논리퀴즈 정답: ②

주어진 조건을 정리하면 다음과 같다.

1) (정 V 을) → 병
2) ~을 → (정 → ~무)
3) 갑 → (을 V 병)
4) 무 V 갑

위 진술들이 모두 거짓이라고 가정하면
1-1) (정 V 을) & ~병
2-1) ~을 & 정 & 무
3-1) 갑 & ~을 & ~병
4-1) ~무 & ~갑

이 때 4-1)은 3-1) 및 1-1)과 양립이 불가능하므로
4-1)과 3-1), 1-1)의 진리값은 반대이다.
이 때 명제 중 하나만이 참이 될 수 있으므로 참인 명제는 4)이다.
정리하면 4), 2-1), 3-1), 1-1) 이 참이므로
갑, ~을, ~병, 정, 무로 갑, 정, 무가 차출된다.

문 14 유형: 일치부합추론 정답: ④

① ○ 숙주는 새로운 면역체계를 구축하고, 기생충은 면역체계를 피하거나 파괴하는 방법을 찾으면서 끊임없이 경쟁해왔다. 인간 역시 기생충에 감염될 수 있음을 제시문에서 알 수 있으므로 기생충과 인간의 관계에서 양자 모두 변화를 지속해왔음을 알 수 있다.

② ○ 일본은 유럽 학자들의 연구를 토대로 연구와 퇴치사업을 진행했다. 한국은 일본의 영향을 받은 기생충 박멸운동을 전개했다.

③ ○ 기생충은 동물의 체내 또는 피부에 기생하는 미세한 생물을 의미한다. 따라서 체내의 기생충을 모두 박멸했다 하더라도 피부에 기생하는 기생충은 남아 있을 수 있다.

④ × 1960년대에 대변검사 및 구충제 복용 등 의미 있는 구충사업이 실시된 것은 사실이다. 그러나 일제강점기에도 주기적으로 구충제를 복용하여 기생충을 퇴치하고자 하는 노력이 있었다. 이를 고려하지 않더라도, 제시문 만으로는 언제 한국에서 구충제가 처음 사용되었는지는 알 수 없다.

⑤ ○ 1문단에 따라 '숙주에 기생하며 살아가는 미세한 생물'을 '생물인 기생충'이라고 할 수 있다. 동의보감에서는 생물이 아닌 삼시충도 기생충의 종류로 언급되고 있으므로, 생물인 기생충이 아니더라도 문헌의 기록에는 기생충으로 분류될 수 있음을 알 수 있다.

문 15 유형: 특수질문형 정답: ⑤

① ○ 좌위 20의 위치와 결과값을 통해 3번 염색체 하단부에 'GCAT' 배열이 8번-4번 반복됨을 알 수 있다.

② ○ 좌위 3의 위치와 결과값을 통해 5번 염색체 하단부의 11.4 염색대 위치에 'GCAT'가 2-7인 유전형을 가지고 있음을 알 수 있다.

③ ○ 비교 샘플의 DNA프로필의 동일성을 판단하기 위해서는 최소 20개의 좌위 분석이 요구되며, 이 때 좌위3과 20을 통해 5번 염색체가 2회 분석에 활용됨을 알 수 있다.

④ ○ 상동염색체는 부계와 모계로부터 각각 하나씩 물려받으므로, 좌위 3과 20에서 부계로부터 물려받은 'GCAT'의 최대 반복 횟수는 7과 8의 합인 15이다.

⑤ × 20개의 좌위에서 DNA프로필이 모두 동일한 경우 100% 동일인으로 판단할 수 있다.

문 16 유형: 강화약화논증 정답: ②

ㄱ. × 만약 출석률 증가를 학습 효과의 증대나 '자신의 학습 속도에 맞춰 공부할 수 있음'을 뒷받침하는 자료로 활용하게 된다면 A의 주장에 긍정적인 요소이지만, 성취도가 하락했다는 사실은 A의 주장과 모순되는 결과이다. A는 학습 효과를 강조하고 있으므로 결과적으로 성취도 하락은 A의 주장을 오히려 약화한다.

ㄴ. ○ B는 온라인 교육이 학생 간 상호작용이 부족하고 협업에 한계가 있다고 주장하였다. 하지만 협업 프로젝트가 더 효과적이라는 연구 결과는 B의 주장과 상반된 결과이므로, B의 주장을 약화한다.

ㄷ. × 온라인 교육과 관련된 기술 유지비용의 증대로 인해 혼합형 교육 방식의 비용이 높다는 사실은 혼합형 교육 방식도 관리가 복잡할 수 있다는 B의 주장과 결을 같이 할 뿐만 아니라, B의 다른 논거와 상충 되지 않는다. 따라서 적어도 B의 주장을 약화하지는 않는다.

문 17 유형: 병렬형 정답: ⑤

ㄱ. × 을은 이 실험이 인간 본성에 일반화될 수 없다는 점을 명확히 언급하고 있다. 하지만, 병은 A 실험에 대해 인간의 본성을 잘 보여주었다는 점에는 동의하고 있으나 실험의 윤리적 문제로 인해 실험으로 얻어진 결론을 재평가해야 한다고 하고 있을 뿐, 이를 인간의 본성에 일반화할 수 있는지 아닌지에 대하여 명확한 입장을 표명하고 있지는 않다. 따라서 병의 입장은 알 수 없다.

ㄴ. × 갑은 권위에 대한 복종이 비윤리적 행동으로 이어질 수 있음을 경계해야 한다고 말하고 있다. 병 또한 이 실험이 윤리적으로 문제가 있다고 지적하며, 권위에 따른 비윤리적 행동 가능성을 인정하고 있다.

ㄷ. × 을은 A 실험이 특정한 실험 환경에서 이루어졌기 때문에 그 결과가 인간 본성에 일반화될 수 없다고 주장하고 있다. 그러나 갑은 그러한 환경적 변수에 대해 언급하지 않으며, 실험이 인간 본성에 대한 중요한 통찰을 제공한다고 생각하고 있다. 따라서 갑이 실험 환경의 변화에 따라 결과가 달라질 것이라는 점에 동의한다고 보기 어렵다.

문 18 유형: 빈칸·밑줄형 정답: ②

㉠ : 맹자는 형제의 부인이 물에 빠진 상황에 처했을 때, 생명을 살리려는 마음에 기반하여 실제 생명을 살릴 수 있는 유일한 방법으로서 형제의 부인을 손으로 구하는 것을 권도로서 긍정하고 있다. 이는 권도의 정당성을 판단함에 있어 행위의 동기와 결과를 동시에 고려하는 맹자의 모습을 나타낸다.

㉡ : 특수한 상황에 적용되는 권도는, 물에 빠진 형제의 부인의 손을 잡아 구할 때와 같이 상도와 어긋날 때가 있지만 상도를 기반으로 활용되는 상황윤리에 해당한다.

문 19 유형: 세트형 정답: ②

① × 영구자화설은 지구 내부 온도가 큐리 온도보다 높다는 점에서 설득력을 잃게 되었다. 다만 지구 내부 온도는 지구 내부 구성 물질과는 무관하게 결정된다.

② ○ 자기장이 없다면 태양으로부터 쏟아지는 전기성을 지닌 입자들을 막지 못할 것이며, 이로 인해 대기층이 손상되어 생명체가 살지 못할 것이다.

③ × 외핵을 이루는 철, 니켈 등의 물질은 액체 상태로 존재하며 이들이 순환하는 과정에서 지구 외부로부터의 자기장(1차적인 자기장)의 영향에 의해 지구 자기장(2차적인 자기장)을 형성하게 된다.

④ × '다이나모'에서 2차적인 자기장이 일단 형성되면 1차적인 자기장이 없다고 하더라도 중심축이 계속 돈다면 자기장은 유지된다. 중심축이 멈추는 경우 전류 순환이 멈춤에 따라 자기장 또한 사라질 것이다.

⑤ × 지구 외핵을 구성하는 철, 니켈등의 물질이 액체 상태로 존재하여 자전운동에 따라 순환하는 것은 사실이나, 이는 큐리 온도와는 무관하다.

문 20 유형: 세트형 정답: ①

ㄱ : 지구의 자전축으로, 다이나모에서는 회전판을 돌게하는 '중심축'에 해당한다.

ㄴ : 외핵으로, 다이나모에서는 회전을 통해 전류가 생성되는 '회전판'에 해당한다.

ㄷ : 지구 자기장으로, 다이나모에서는 코일을 타고 흐르는 전류에 의해 생성된 '2차적인 자기장'에 해당한다.

문 21 유형: 일치부합추론 정답: ④

① ○ 만족지연의 정의로부터 도출할 수 있는 내용이다.

② ○ 만족지연이 이루어지기 위해서는 만족에 대한 신뢰뿐만 아니라 미래에 있을 보상의 주관적 가치의 우위와 적절한 지연 기간의 조건이 모두 갖추어져야 한다. 이 중 하나라도 갖추지 못한다면 만족지연이 이루어지지 않을 수 있다.

③ ○ 지연 기간이 너무 긴 보상에 대해서는 아동의 만족지연이 이루어지지 않을 수 있다는 설명에 대한 사례로 충분히 추론해낼 수 있다.

④ × 미셸의 실험은 만4세의 아동을 대상으로 이루어졌는데 지연의 원칙을 완전히 이해하는 시기는 11~12세이다. 따라서 1문단의 만족지연 능력 발달 단계를 고려할 때 실험 대상이 된 아이들의 행동에 차이가 나타난 것은 지연 원칙의 이해 여부 때문이라고 볼 수 없다.

⑤ ○ 실험으로부터 14년 후 참가자들의 삶을 비교한 결과로 제시된 대학수학능력평가시험(SAT) 평균 점수의 차이와 충동조절장애, 약물중독, 사회 부적응 등의 문제점 발생 사례 등을 고려할 때 추론 가능한 선지이다.

문 22 유형: 일치부합추론 정답: ②

① ○ 고려시대의 『향약구급방』에서는 복약중이라는 특정 상황에서의 금기식품을 규정하고 있다.

② × 게를 먹으면 분만할 때 아기가 옆으로 나온다는 속설은 근거가 없는 것이 맞으나, 인삼은 모유분비량이 감소된다는 것이 동방의약법에서 논증되었고, 무김치는 고추의 자극성 때문으로 풀이되므로 임신 중의 금지식품으로서 인삼과 무김치는 논리적 근거가 있다.

③ ○ 향약구급방』에 약을 먹을때의 금기식품으로 규정된 무, 돼지고기 등은 오늘날에도 한약을 먹을 때 금기식품으로 규정하고 있다.

④ ○ 『규합총서』와 『부인필지』에서는 상극식품으로 막걸리와 국수를 예시하고 있으나, 제시문에서는 "이상의 상극식품은 ... 대개는 거의 지켜지지 않고 있다."라고 명시하고 있다.

⑤ ○ 금기식품은 동물보호 측면에서, 혹은 공동식 전통의 측면에서 정하기도 하였다.

문 23 유형: 일치부합추론 정답: ④

① × 도핑은 반도체의 전기적 특성을 조절하기 위해 특정 불순물을 웨이퍼에 첨가하는 과정이다.

② × 패키징 공정도 반도체의 성능에 영향을 미친다. 패키징은 반도체 소자의 안정성과 내구성을 결정짓는 중요한 단계이다.

③ × 후공정에서의 패키징 문제가 전공정에서 제작된 소자의 성능을 저하시킬 수도 있다.

④ ○ 전공정에서는 산화 공정을 통해 웨이퍼 위에 산화막을 형성하여 반도체 소자와 외부환경을 차단(분리)한다. 또한, 후공정에서는 패키징 공정에서 반도체 소자를 외부 충격과 환경으로부터 보호하기 위해 분리한다.

⑤ × 소자의 기능을 검사하는 테스트 공정은 후공정이다. 테스트 공정에서 각 소자가 설계된 대로 작동하는지 확인한다.

문 24 유형: 일치부합추론 정답: ④

① × 미국은 방송에 대한 일반적 합의가 이루어지지 않았다. 옳지 않은 선지이다.

② × BBC는 중앙집권적 방송의 성격을 지녔는지 알 수 없다. 독일, 이탈리아, 소련의 공영방송은 중앙집권적 선전기구 였다라는 사실만 알 수 있을 뿐이다. 옳지 않은 선지이다.

③ × 거대 광고 대행사와 광고주는 TV 위성채널을 독점하여 견해와 관점의 다양성을 감소시켰다. 옳지 않은 선지이다.

④ ○ 상업 영화를 제작하였던 할리우드 스튜디오들로부터 전수 받은 제작기술, 노하우, 인프라 등은 미국의 상업 TV 세계화를 가능하게 한 요인에 해당한다. 옳은 선지이다.

⑤ × 서유럽 국가들이 영리 사업에 동참하였는지 알 수 없다. TV방송을 비영리의 공공서비스 차원에서 설립 운영하였다. 옳지 않은 선지이다.

문 25 유형: 일치부합추론 정답: ⑤

① ○ "이 기준계에서는 강우량이나 지리적 특성이 고려되지 않으므로, 3등급 열대저기압이 주요 도시에 미치는 피해가, 5등급 열대저기압이 외딴 지역에 입히는 피해보다 클 수도 있다."라고 명시되어 있다. 위 문장의 본질은 등급의 높낮이와 다르게 피해량에는 또다른 변수가 있을 수 있다는 것이므로, 3등급을 1등급으로 치환하더라도 문장은 그대로 성립한다.

② ○ 제대로 방비해놓은 창문이 파손될 가능성이 높으므로, 제대로 방비해놓지 않은 창문이 파손될 가능성은 더욱 높다. '방비'라는 단어 자체가 파손의 가능성을 낮춘다는 의미를 담고 있으므로, 방비의 수준이 낮아질수록 창문이 파손될 가능성은 높아진다고 보는 것이 타당하다. '무방비 상태의 창문'이 언급되지 않아 알 수 없다는 판단은 틀린 판단이다.

③ ○ "해안의 침수로 인해 소형 건축물이 파괴되고, 이로 인해 떠내려가는 파편들로 인해 대형 건축물들이 크고 작은 피해를 입는다."고 하여 대형 건축물도 피해를 입는다고 명시하고 있다.

④ ○ "해안 지역에 큰 침식이 일어나며, 내륙 지역에서도 침수가 발생한다." 라고 하여 해안지역과 내륙지역 모두가 피해를 입는다고 명시하고 있다.

⑤ × "이 기준계에서는 강우량이나 지리적 특성이 고려되지 않으므로"라고 하였으므로, 5등급 허리케인이 반드시 가장 많은 강우량을 동반하는 것은 아니다.

문 26 유형: 특수질문형 정답: ⑤

① × (1문단) 유류분은 상속 개시 당시 피상속인이 가졌던 재산의 가치에 이미 무상 취득자에게 넘어간 재산의 가치를 더하여 산정한다.

② × (2문단) 상속 받은 이익이 있는 상속인은 유류분에 해당하는 이익의 일부만 반환이 가능하다.

③ × (2문단) 반대급부 없이 처분된 재산이 돈 이외의 재산인 경우, 이것이 반환 가능한 경우에는 유류분권자와 취득자의 합의가 있을 때 돈으로 반환하는 것이 가능하다.

④ × (4문단) 반대급부 없이 처분된 물건에 있어, 유류분 부족액 계산 시기는 상속 개시 당시의 시기를 기준으로 한다.

⑤ ○ (4문단) 지분의 계산시에는 시가 상승의 원인과 무관하게 상속 개시 당시의 시가를 기준으로 한다.

문 27 유형: 일치부합추론 정답: ④

① × 우리 민족이 절기에 따라 떡을 먹으며 자신의 건강과 공동체의 안녕을 빈 것은 사실이나, 이것이 송편인지는 본문에 나타난 바 없다.

② × 시루에 찐 떡을 증병이라 하며 증병을 절구에 다시 친 것을 도병이라 한다. 도병 중 인절미는 시루떡을 절구에 다시 친 것으로, 시루떡은 시루에 찐 떡(증병)의 한 종류에 해당한다. 따라서 증병을 절구에 다시 친다고 해서 반드시 인절미를 만들 수 있는 것은 아니다.

③ × 조선시대에 다양한 재료로 맛과 색깔, 모양이 다른 떡이 만들어진 것은 사실이나, 서울 가게에서 이러한 모양의 떡들을 판매하였는지는 알 수 없다.

④ ○ 떡은 현대에 서구화의 물결과 간편식의 발달로 사람들의 관심에서 멀어졌으나, 최근 한류 콘탠츠나 한식의 인기에 힘입어 세계인의 관심을 받고 있다.

⑤ × 떡의 온라인 판매 시장이 확장된 것은 사실이나, 건강식으로 재조명 받게 됨이 그 이유에 해당하지는 않는다.

문 28 유형: 실험가설형 정답: ②

ㄱ. × 아빠 고양이는 XOY 염색체를 가지고 있으므로 주황색 고양이이다. 만약 부모에게서 각각 XO 유전자를 받는다면 XOXO 염색체를 가진 딸 고양이가 태어나는 것이 가능하다. XOXO 염색체를 가진다면 둘 중 어떤 염색체가 불활성화되든 XO 유전자가 활성화되므로, 딸 고양이는 주황색 고양이가 된다. 이는 리옹 가설과 일치하는 내용이므로 ㉠을 약화하지 않는다.

ㄴ. ○ 새끼 고양이가 검은색 털과 주황색 털이 섞인 얼룩무늬 고양이가 되려면 각각 X+XO 염색체를 보유해야 한다. 이때, X+는 암컷 고양이(X가 두 개 있는 고양이)에게만 있으므로, XO는 수컷 고양이로부터 왔음을 알 수 있다. 따라서 ㉠은 강화된다.

ㄷ. × <실험>에서 태어날 수 있는 고양이는 얼룩무늬 암컷 고양이(X+XO), 주황 암컷 고양이(XOXO), 검은 수컷 고양이(X+Y), 주황 수컷 고양이(XOY)이다. 따라서 얼룩무늬 고양이가 태어났다면 암컷, 검은 고양이가 태어났다면 수컷일 것이다. 그러므로 X 염색체가 보유한 유전자량 자체는 얼룩무늬 고양이가 검은 고양이보다 2배 많을 수 있으며, 이는 리용 가설에 부합하는 내용이다. 다만 리용 가설에 따르면 얼룩무늬 암컷 고양이와 검은 수컷 고양이의 X 염색체의 발현된 유전자량, 그리고 이로 인해 생성된 단백질의 양은 비슷해야 할 것이다. 따라서 ㉠을 약화하지 않는다. 한편 아주 낮은 확률로 검은 고양이가 모든 체세포에서 X+ 유전자만 발현한 X+XO 암컷 고양이일 수 있는데, ㄷ은 얼룩무늬 고양이의 X 염색체 유전자량이 2배 더 많은 경우, 즉 검은 고양이가 수컷인 경우를 상정하고 있으므로 고려할 필요 없다.

문 29 유형: 강화약화논증 정답: ⑤

ㄱ. ○ 1문단의 내용을 강화한다. 실제로 국어사전에 등재된 윤리 개념이 우리의 일상적인 언어 직관에 부합하기 때문이다.

ㄴ. ○ 2문단의 내용을 강화한다. AI의 기능 향상이 원인이 되어 사회적 수준의 혼란이 야기되었다는 점은 AI 윤리에서 다루는 내용이며 사회적 수준에서 문제를 파악하고 해결해야 하기 때문이다.

ㄷ. ○ 3문단의 내용을 강화한다. 서양의 ethics의 사전적 정의가 한국의 윤리 개념과 달리 사회적 의미를 포함하기 때문에 글에서 언급된 바와 같이 AI 윤리 관련 국제 논의 참여에 어려움이 있을 것이라는 예측과 일맥상통한다.

문 30 유형: 강화약화논증 정답: ③

ㄱ. ○ ㉠은 '감정'과 '감정을 느끼는 것'을 구분하고 있다. 감정을 느끼는 것은 영혼의 영역이고 이것 없이도 물질, 즉 몸의 생리 기능은 기계적인 과정만 거치면 얼마든지 가능하다고 본다. 그런데 보기는 감정을 느끼는 것 없이는 그에 따른 행동이 나타날 수 없다고 주장하고 있으므로 ㉠의 주장과 양립할 수 없다. 따라서 약화한다.

ㄴ. ○ ㉠은 동물에게 영혼이 없음을 전제하고 있다. 또한 영혼 없이는 감정에 대한 사유가 불가능하다고 본다. 따라서 '사유→영혼'의 명제가 참이다. 그런데 원숭이인 '루비'는 두려움에 대한 사유를 할 수 있으므로 ㉠의 추론에 따르면 영혼이 있다는 결론이 도출된다. 이는 ㉠의 전제와 모순이므로 보기의 내용은 ㉠의 주장을 약화한다.

ㄷ. × ㉠은 감정에 대해 사유하거나 감정을 느끼는 등 영혼의 작용이 인간에게만 가능하다고 주장하고 있다. 그에 앞선 '감정' 그 자체는 생리 기능의 일종으로 동물과 인간 모두에게 가능하다고 본다. 따라서 인간이 감정에 대한 사유에 앞서 감정을 갖는다는 사실이 밝혀져도 ㉠의 주장을 약화하지 않는다.

문 31 유형: 빈칸·밑줄형 정답: ③

㉠ 쥐의 시뮬라크르인 미키마우스는 시뮬라시옹 현상으로 인해 그 자체로서 실재를 대신하게 되며, 이는 실제를 넘어서서 더 실재적이고 우월한 '초과실재'가 된다,

㉡ 시뮬라시옹 현상에 의해 일상적 사물이 미학적인 것이 될 때, 역설적으로 예술 그 자체의 가치가 사라지게 된다.

문 32 유형: 강화약화논증 정답: ①

ㄱ. ○ 제시문은 국가 간의 지속적인 상호작용이 이주 흐름을 구성한다고 주장한다. 이주민들 사이에 이루어지는 정보 교환인 '피드백 메커니즘'도 흐름에 영향을 미친다고 본다. 그런데 보기의 경우 '피드백 메커니즘'에 대해서는 이주 흐름에 영향을 미친다는 것을 인정하지만 국가 사이의 상호작용에 대해서는 부정한다. 따라서 위 글의 주장을 약화한다.

ㄴ. × 제시문은 국제이주를 분석한 예로 중국에서 라오스로 이주한 '신화교'의 사례를 들고 있다. 라오스에서 중국으로 이주하는 청년들에 대해서는 언급한 바 없다. 따라서 보기는 제시문의 주장과는 무관한 사례로 이를 약화하지 않는다.

ㄷ. × 제시문은 '국제이주'가 구조적 제약을 받은 개인의 결정에서 비롯된 것임을 역설한다. 한 국가 내의, 지방에서 수도권으로의 이동은 제시문이 논하고자 하는 바가 아니다. 따라서 보기는 제시문과 무관한 것으로 글의 주장을 강화하지 못한다.

문 33 유형: 논리퀴즈 정답: ①

참여자들의 진술을 정리하면 다음과 같다,

갑a : 병3 → 정1

갑b : 을5 → ~정1

을a : ~갑1 → 병1

을b : ~병3 → ~정2

병a : 갑1 → 을3

병b : ~병2 → 갑4

정a : 갑4 → ~정3

정b : 을2 → ~병1

정의 결과는 1이거나 1이 아니므로, 갑a와 갑b의 후건 중 하나는 참이 된다. 특정 명제의 후건이 참인 경우 명제 전체의 진리값은 참이다. 이를 통해 ~갑1임을 알 수 있다.

~갑1이므로 병a의 전건은 거짓이 된다. 전건이 거짓일 때 명제 전체의 진리값은 참이므로, ~병1임을 알 수 있다.

~병1이므로 정b의 후건이 참이 된다. 후건이 참인 경우 명제 전체의 진리값은 참이므로, ~정1임을 알 수 있다.

~갑1, ~병1 이므로 을a의 진리값은 거짓이 된다. 따라서 을1임을 알 수 있다. 이때 을b의 진리값 또한 거짓이므로, ~병3과 정2를 도출할 수 있다.

정2이므로 ~병2이며, 병b의 진리값이 참이므로 갑4이다.

따라서 갑4, 을1, 병5, 정2 이며, 3을 던진 사람은 아무도 없으므로 정답은 ①

문 34 유형: 특수질문형 정답: ②

① × 제품의 품질에 대한 고객의 불만족을 불러일으키는 욕구는 기본적 욕구에 해당할 수도, 정상적 욕구에 해당할 수도 있다.

② ○ 정상적 욕구는 충족되면 될수록 고객의 만족을 높이는 욕구에 해당한다.

③ × 기본적 욕구가 충족되었다고 해서 고객이 만족감을 느끼는 것은 아니다.

④ × 감동적 욕구는 충족되지 않더라고 크게 상관없다고 생각하는 욕구로, 불만족을 유발하지 않는다.

⑤ × 특정 욕구를 감동적 욕구로 지닌다고 해서 다른 기능을 감동적 욕구로 지닌다는 내용은 본문에 언급된 바 없다. 본문은 기본적, 정상적, 감동적 욕구의 우열에 대해서만 논하고 있다.

문 35 유형: 일치부합추론 정답: ⑤

① × 고려시대에 이미 호구조사 제도가 더욱 정교하게 발전되면서 매년 실시된 적이 있다.

② × 통일신라시대에는 지역별로 호구를 정리하였다는 내용을 알 수 있으나, 그 이상을 알 수는 없다.

③ × 갑오개혁 이후 3년에서 1년으로 변경되었다. 따라서 틀렸다.

④ × 기존에 일본이 실시하던 호구조사는 오직 호구 수 파악에만 충실했다는 한계가 있어 '민적조사'라는 이름의 새로운 호구조사의 도입을 새롭게 추진하였을 뿐 이전보다 더 철저하게 '민적조사'를 시행했다는 것은 옳지 않다.

⑤ ○ 조선 후기로 접어들면서 호구정책은 두 차례 중대한 변화를 겪게 되는데, 두 번의 변화는 모두 더 정밀한 인구 파악을 목표로 했다고 볼 수 있다. 특히 호구조사세칙은 제시문에서 명시적으로 언급하고 있으며, 통감부 시기에 추진한 민적조사도 제시문에서 기존의 호구조사보다 더 정확한 파악을 위해 시행되었다는 사실을 알 수 있다.

문 36 유형: 일치부합추론 정답: ④

① × 콘티를 작성하는 단계는 '시나리오 작성 단계'가 아닌 '스토리보드 작성 단계'이다. 틀린 선지.

② × 조명단계에서도 예술적인 표현요소가 있어야만 좋은 3D 애니메이션을 제작할 수 있다. 틀린 선지.

③ × 메타몰포시스는 3차원의 물체의 모양이 점점 다른 모양으로 변형되어 가는 것을 말한다. 이런 3차원 메타골포시스 방식은 처음 상태의 물체의 정점과 변형되는 물체의 정점이 서로 대응되어야만 가능하다. → 모양이 유사하지 않아도 물체의 정점이 대응되는 경우에 가능하므로, '서로 모양이 유사해야만 한다'는 조건은 필요조건이 아니다. 틀린 선지.

④ ○ 파티클 시스템은 시간에 따라 불꽃을 표현하거나 떨어지는 물, 물체의 폭파 등의 여러 특수효과를 제작할 때 사용되는 방식이다. 파티클 시스템의 장점은 실제적인 대기현상인 바람, 중력 등과 같은 다이내믹한 효과를 적용할 수 있어 보다 사실적인 표현이 가능하다는 것이다.

⑤ × 후반작업에서는 합성 등의 방식을 통해 카메라로 촬영할 수 없는 장면을 연출할 수 있다고 하였을 뿐, 합성의 대상이 카메라로 촬영된 장면으로만 제한되는지 여부를 알 수 없다. 틀린 선지.

문 37 유형: 강화약화논증 정답: ④

ㄱ. × 인공지능이 창작한 작품이 인간 예술가의 작품보다 예술 시장에서 더 높은 가치를 평가받고 거래되기 시작했다면, 이는 B의 주장에 힘을 실어준다. B의 주장은 인공지능이 인간 예술가의 창작 영역을 위협하고 예술의 가치를 상실시킬 위험이 있다고 주장한다. 만약 AI가 만든 작품이 더 높은 가치를 인정받고 있다면, 이는 인간 예술가의 자리를 위협하고 있다는 증거로 작용할 수 있다. 반면, A의 주장은 인공지능이 예술의 범위를 확장하고 다양한 창작 가능성을 열어준다고 말하고 있는데, AI 작품이 인간 작품보다 더 높은 가치를 인정받는 것은 A의 주장과 충돌할 수 있다. 따라서 A의 주장을 강화하지는 않는다.

ㄴ. ○ C는 인공지능이 창작한 작품이 저작권과 관련된 복잡한 법적 문제를 야기할 수 있다고 주장한다. 그러나 법적 문제가 없다는 판결이 누적된다면, C의 주장은 그 타당성을 잃게 된다.

ㄷ. ○ A의 주장은 인공지능이 예술의 범위를 확장하고 새로운 창작 가능성을 열어준다는 것이다. 따라서 협업이 성공을 거두고 있다면 이는 A의 주장에 힘을 실어준다. 반면, B의 주장은 인공지능이 예술의 본질을 위협하고 인간 예술가의 창작 영역을 줄일 것이라고 말하고 있다는 점에서 B의 주장은 약화된다.

문 38 유형: 강화약화논증 정답:①

ㄱ. ○ 위 글의 논지는 로봇세의 도입을 찬성하는 것이다. 현 과세체계 하에서 로봇세의 도입이 조세 형평성에 어긋난다는 주장은 로봇세 자체의 정당성을 부정하는 것으로 위 글의 논지를 약화시킨다.

ㄴ. × 위 글은 기본소득으로 기능할 수 있다는 점에서 로봇세 도입을 찬성하고 있다. 로봇세를 통해 사회적 불평등 심화, 공동체 의식 저해, 소비자 감소로 인한 이윤 및 효용 감소 등을 완화할 수 있다는 것이다. 보기의 사례는 기본소득이 로봇세 세수 증가를 가져온다는 주장을 뒷받침할 수는 있을지언정 로봇세가 어떻게 위의 문제들을 해결할 수 있는지와는 무관하다.

ㄷ. × 저출산·고령화는 산업계에서 로봇을 신속하게 투입하고자 하는 배경이 될 뿐이다. 위 글은 로봇세를 통해 급속도로 무분별하게 이루어지는 로봇 투입(변화)을 조절하여 사회적 충격을 완화할 수 있음을 로봇세 도입 찬성의 근거로 제시하고 있다. 로봇세를 통해 저출산·고령화를 해결하자고 주장하는 글이 아니다. 즉, 무관한 보기이다.

문 39 유형: 세트형 정답: ③

① × 개별적 채권 추심이 허용되는 경우 채무자의 재산 송상이 발생할 수 있다.

② × 표절이 금지되는 이유는 사후적 효율이 아닌, 사전적 효율 측면에서 창작이 일어나지 않을 수 있기 때문이다.

③ ○ 사후적 효율 측면에서 절도의 문제점은 사회 구성원의 후생관계가 불분명해 사회 전체의 후생 감소를 야기할 수 있기 때문이다.

④ × 원본의 복제 비용이 비싸 사회 후생이 감소하더라도, 사전적 효율을 고려할 때 법이 필요할 수 있다.

⑤ × 사전적 효율과 사후적 효율의 충돌시 판단 기준에 대해서는 본문에 언급된 바 없다.

문 40 유형: 세트형 정답: ③

① ○ 100원의 손해를 A가 모두 부담하게 된다면, 얻게 될 손해를 고려한 A에게 계약을 파기하지 않으려는 유인책이 발생한다.

② ○ A가 계약을 지키지 않은 경우, A와 B가 동일한 금액에 대해 동일한 후생을 지니므로 사회 전체에 100원만큼의 후생 감소가 확정적으로 발생한다.

③ × A와 B가 동일한 금액에 대해 동일한 후생을 지니므로, A의 손해 부담 비율과 무관하게 사회 전체적으로 100원만큼의 손실이 발생한다.

④ ○ 사회가 A와 B로만 구성되어 있으므로 계약법에 따라 B의 사회적 후생은 150원만큼 증가해, 사회 전체의 후생은 50 증가하게 된다.

⑤ ○ 0보다 아주 조금 손해를 부담하기만 해도, 사전적 효율 측면에서 A의 후생은 0보다 작아져 계약을 파기 하지 않을 것이다.

제 4회

1	2	3	4	5	6	7	8	9	10
②	②	⑤	②	④	⑤	⑤	②	①	③
11	12	13	14	15	16	17	18	19	20
③	②	②	①	③	④	⑤	①	③	①
21	22	23	24	25	26	27	28	29	30
⑤	①	③	⑤	③	②	④	⑤	⑤	②
31	32	33	34	35	36	37	38	39	40
④	②	③	④	⑤	①	⑤	③	⑤	③

문 1 유형: 일치부합추론 정답: ②

① X 제1차 연도에는 법과, 경제과, 문과, 이과의 4개 대학을 설치하고, 제2차 연도에는 공과를 증설하고 (이과는 증설이 아닌 충실을 기하는 것), 제3차 연도에는 의과와 농과를 설치하여 최소 7개 대학을 계획한다.

② ○ 전라남북도뿐만 아니라 경기도 안성에서도 기금이 모금되었다.

③ X 자연적인 여건이 민립대학설립운동에 불리한 조건을 안겨주었으나, 실패하게 된 주된 원인으로 평가되는지는 알 수 없다. 오히려 일제 총독부의 탄압이 주된 원인으로 평가된다고 볼 수 있다. 또한 기성회가 정식으로 결성된 해는 1922년이나 본문의 자연적인 여건들은 1923년부터 발생하기 시작했다.

④ X 고등교육 기관인 대학 설립 계획서를 확정하였다. 고등학교 설립 계획서를 확정하였는지는 알 수 없다.

⑤ X 민립대학설립운동의 일환으로 실력 양성 운동이 행하여진 것이 아니라, 실력 양성 운동의 일환에서 혹은 실력 양성의 기치 아래, 민립대학설립운동이 행하여졌다고 볼 수 있다.

문 2 유형: 일치부합추론 정답: ②

ㄱ. X 오현 중 제주에 유배된 학자는 김정, 정온, 송시열이다. 김상헌과 송인수는 유배로 제주에 간 것이 아니고 제주에서 안무어사와 제주 목사를 역임하였다. 이들이 '각기 다른 사회적·역사적 위상'을 보인다는 서술에서 한번 더 유추할 수 있다.

ㄴ. ○ 1578년 김정이 처음 배향된 후로 117년 후인 1695년에 송시열이 마지막으로 배향되었음을 알 수 있다.

ㄷ. X 오현단이 아니라 오현이 배향된 '귤림서원'이 1871년에 대원군의 서원철폐령으로 철폐되었을 뿐이다. 오현단은 1892년에 유림들의 건의에 의해 처음 설립되었으므로 오현단이 철폐되었다가 복원되었다는 서술은 틀린 것이다.

문 3 유형: 일치부합추론 정답: ④

① X 신경가소성은 어떤 유전자형의 발현이 특정한 환경 요인을 따라 특정 방향으로 변화하는 성질을 가리키기도 하나, 유전자의 변화를 가리킨다는 것은 알 수 없다. 유전자형의 발현과 유전자는 다르다.

② X 학습은 신경세포 연결의 제거를 통해 일어날 수 있고, 가소성은 바로 이러한 학습과 관계가 있으므로 신경세포 연결의 제거는 가소성과 관계가 있다.

③ X "노년기에는 약간 감소하지만, 여전히 새로운 언어나 운동기술을 어느 정도의 수준까지는 습득할 수 있는 일정한 수준의 뇌신경 가소성을 일생동안 유지한다." 라고 명시되어 있다.

④ ○ 20세기에 들어와서도 뇌의 하부 신피질 영역의 구조는 아동기 이후로 불변이라고 생각되었으며, 해마와 치상돌기 회와 같은 영역에서는 큰 가소성을 지닌다는 것이 대다수의 의견이었다.

⑤ X "새로운 언어나 운동기능의 습득이 왕성한 유년기때 사용되는 새로운 신경회로의 활동성이 최대치를 보인다."라고 명시되어 있다. 오히려 성년기에는 신경회로의 활동성이 약간 감소한다.

문 4 유형: 일치부합추론 정답: ②

① X "질량이 없고, 파장이 매우 짧기 때문에 대부분의 물질을 투과하는 성질" 등으로 엑스선의 성질이 제시되어 있다. 비록 엑스선이 기존의 지식으로 알 수 없는 성질이라는 뜻을 내포하고 있으나, 이후의 발견과 지식으로도 그 성질을 알 수 없는 것은 아니다.

② ○ 엑스선은 전자가 가속될 때 발산하는 전자기파 중에서 특정한 파장대의 빛을 말하고, 여기서의 가속은 속력의 감소를 포함한다.

③ X 최초 뢴트겐이 사용했던 진공관 엑스선은 브램슈탈룽 방사에 의해 발생된 것이다.

④ X 브램슈탈룽 방사에 의해 발생된 엑스선은 큰 발산각 때문에 의료/산업용으로 널리 사용되는 것이다. 퍼짐각이 작은 엑스선은 쌍극자 방사에 의해 생성되는 엑스선이고, 이는 과학 분야 연구용으로 사용하기에 적합하다.

⑤ X "전자빔의 가속전압, 즉 전자빔의 에너지에 따라, 그리고 금속 소재에 따라 발생하는 엑스선의 스펙트럼도 변하게 된다."라고 명시되어 있으나 이는 브램슈탈룽 방사에 의해 발생된 엑스선에 대한 설명이다. 쌍극자 방사에 의해 생성된 엑스선의 경우에도 해당되는지는 주어진 글만으로는 알 수 없다.

문 5 유형: 일치부합추론 정답: ④

ㄱ. ○ 물권인 소유권은 채권인 임차권에 우선하는 효력이다. 따라서 임차임의 임차권은 새로운 소유권보다 후순위 권리로서, 임차인은 이를 주장하지 못할 가능성이 존재한다.

ㄴ. X 주택임대차보호법은 임차인이 일정한 요건을 갖춘 경우 임차권에 물권적 효력을 부여하고 있다. 다만 이는 임차인의 지위를 강화하고자 임차권에 대항력을 부여하는 것으로, 전세권과는 상이한 내용이다.

ㄷ. ○ 대항력과 확정일자가 갖추어진 날로부터 임차인의 우선변제권이 성립하며, 임차인은 우선변제권 성립보다 뒤에 설정된 물권에 우선하여 보증금을 변제받을 수 있다.

문 6 유형: 일치부합추론 정답: ⑤

① X 휴민트는 대표적인 정보수집방법의 하나로 합법여부와 상관없이 정보요원이나 외교관, 내부협조자 등 사람에게서 얻은 정보를 통칭한다. 대표적인 휴민트로는 스파이의 첩보 활동이 있다.

② X 정보수집방법 중 가장 원시적이지만 어떤 유형의 정보수집 방법보다 치명적으로 작용할 수 있는 것이 휴민트이다. 그럼에도 어떠한 방법으로도 정보접근이 어려울 경우 적은 비용으로 정보를 획득할 수 있기 때문에 과학기술이 발전한 현재에도 적극적으로 활용하고 있다.

③ X 우리나라에서 통상적으로 휴민트는 안보와 관련된 정보를 수집하는데 많이 활용되었다. 이러한 휴민트는 안보와 관련된 상황 이외에도 각 기관에서 필요한 정보를 수집하는데 효과적으로 이용되고 있다.

④ X 국가정보기관이나 민간정보업체에서 수집하는 정보의 종류에는 휴민트뿐 아니라 신문이나 서적 등 이미 공개된 출처를 가진 정보인 오신트가 있다.

⑤ ○ 무형의 정보인 휴민트는 기존의 정보와 달리 전달되는 속도가 빠르고, 상대의 은밀한 의도까지 파악할 수 있으며, 기계를 사용하지 않는 경우가 많기 때문에 인간의 오감을 이용한 정보획득이 가능한 장점을 가지고 있다. 그러나 정보 자체에 대한 불확실성이 높고, 출처를 정확하게 파악하기 곤란하며, 인간의 기억력과 전달력에 의존하는 문제점이 있다.

문 7 유형: 일치부합추론 정답: ⑤

① × 최근 온실가스 배출 저감 기술의 하나로서 전 세계적으로 이산화탄소 포집 및 저장기술(CCS)이 주목받고 있다고는 했으나, 널리 '이용'되고 있는지는 알 수 없다.

② × 특히 국내에서는 육상의 공간이 부족하여 해양의 퇴적층을 대상으로 한 이산화탄소 지중저장기술이 연구되고 있을 뿐, 장래 이산화탄소의 활용가능성을 이유로 하는지 알 수 없다.

③ × 누출되는 이산화탄소의 양은 매우 적음에도 용존 이산화탄소의 농도가 증가하게 되는 결과가 초래될 수 있다고 하고 있다. 따라서 옳지 않다.

④ × 해양에 누출된 이산화탄소는 비록 확산 속도가 느리지만, 장기적으로나마 심해에 사는 해양 생물에게 피해를 초래할 수 있다.

⑤ ○ 해양 환경으로의 고농도 이산화탄소의 유입은 해수의 화학적 조성을 변화시켜 산호나 석회조류와 같이 탄산염을 이용하여 석회질의 몸체를 구성하는 생물들에게 심각한 피해 영향을 미칠 수 있다는 연구 결과가 나온 바 있으며, 이산화탄소 자체가 생물에 흡수되어 세포 내 pH 감소와 생화학적 특성 및 기능에 부정적인 영향을 미칠 수 있다고 보고하고 있다.

문 8 유형: 빈칸·밑줄형 정답: ②

핵심은 2문단에 있다. '살신성인의 정신', '도를 따르는 자를 곁에 둠', '자신의 실수에 부끄러움을 느낄 줄 앎'을 모두 갖춘 자는 마땅히 성인의 자질을 갖춘 것이므로, ㉠을 도출하기 위해서는 공자가 위 셋을 모두 갖추어야 한다.

제시문은 공자의 노력이 '살신성인의 정신'이라고 보았으며(6줄), 또한 안회의 대답을 통해 공자가 자신의 실수를 깨닫고 부끄러움을 느꼈다고 했으니 '자신의 실수에 부끄러움을 느낄 줄 앎'이 충족된다(9줄). 그렇다면 '도를 따르는 자를 곁에 둠'이 충족된다면 ㉠이 도출되는데, 안회가 곧은 정신과 맑은 심성으로 뜻을 실천한다고 했으므로, '맑은 심성으로 뜻을 실천하는 자는 도를 따르는 자이다'라는 명제가 추가된다면 '안회는 도를 따르는 자이다'라는 명제가 도출된다. 공자는 안회를 곁에 두었으므로 '도를 따르는 자를 곁에 둠'의 조건도 충족된다.

문 9 유형: 일치부합추론 정답: ①

① × Cas9은 RNA가 아닌 단백질이다. 한편 FokI 제한효소의 분자량에 대한 명시적 정보가 없다. 양자의 분자량을 비교할 수 없다.

② ○ 인식할 수 있는 염기 서열은 아연집게 구조 3개, TALE DNA 결합모듈은 1개이다.

③ ○ ZFN에 쓰이는 아연집게 DNA 결합모듈 제작을 위해 아연집게 구조는 3개 필요하다. 아연집게 구조에 하나씩 대응하여 FokI 제한효소가 필요하다면 그 개수는 마찬가지로 3개이다.

④ ○ RNA의 분자량은 단백질에 비하여 현저하게 적어 조작에 유리하다고 한다. 따라서 gRNA 역시 마찬가지이다.

⑤ ○ 크리스퍼는 박테리오파지에 '대항'하는 세균의 방어체계를 응용하였다. 세균이 박테리오 파지를 복제하는지는 알 수 없다.

문 10 유형: 강화약화논증 정답: ③

ㄱ. ○ A는 민주주의, 자본주의, 자유무역 정책을 채택하지 않은 것이 더딘 경제발전의 원인이라고 하였으나 민주주의가 채택되지 않음에도 경제발전을 이룬 국가가 있다는 것은 A를 강화하지 않는다.

ㄴ. × B는 산업화가 더딘 국가들이 수입대체화 산업을 통해 유치산업을 보호하여 경제발전을 이루고, 이후 무역 정책을 채택하여 국제시장을 공략해야 한다는 주장을 하고 있다. 따라서 산업화가 더뎠던 국가들 중 자유무역정책을 우선 채택한 국가가 경제발전을 이루었다는 점은 B를 강화하지 않는다.

ㄷ. ○ C는 빠른 경제성장을 위해 국가의 역할을 강조하고 있다. 따라서 실제 동아시아 사례에서 적극적 정부개입을 통해 빠른 경제발전을 이루었다는 점은 C를 강화한다.

문 11 유형: 일치부합추론 정답: ③

① × 지도가 1:1에 가깝게 제작되었다면 이는 실제 크기를 거의 그대로 반영한 것이므로 축소율이 작을 것이다. 다만 이는 기존에 인간이 운전하는 과정에서 자연스럽게 습득할 수 있는 정보를 디지털화하기 위함이다. 인간 운전자의 입장에서 지도의 축소율이 작을수록 그 지도가 자연스럽다고 느끼는지는 알 수 없다.

② × 라이다가 전파에 비해 파장이 짧은 펄스 레이저를 활용하는 것은 맞지만, 차량의 실시간 위치 정보가 아닌 실시간 3차원 지도 정보를 수집하므로 옳지 않은 선지이다.

③ ○ 정적 정보는 고정되어 쉽게 변하지 않는 정보로서 표지판, 교량의 위치 등은 정적 정보에 해당한다. 3문단에서는 고정밀 지도가 정적 정보 외에도 동적 정보를 전달한다고 서술하고 있다. MMS 역시 카메라 등 하드웨어 센서를 통해 지형지물을 측량하고 지도 정보를 수집하므로 정적 정보를 인식할 수 있다고 추론할 수 있다.

④ × 위치 기반 로컬라이제이션 시스템은 고정밀 지도의 정보와 GPS 센서가 감지한 실제 차량 위치를 비교하여 보다 정확한 정보를 전달하고, 이를 토대로 오류를 교정하는 역할을 한다. GPS 센서의 오류를 교정하는지 여부는 알 수 없다.

⑤ × 데이터를 취득할 때는 여러 대의 자동차가 동일한 도로에서 여러 번 주행한 데이터를 수집하며 수집 횟수가 많아질수록 고정밀 지도의 품질이 높아진다. 동일한 자동차가 다양한 조건의 도로에서 여러 번 주행한 데이터를 합산했을 때 지도의 품질이 높아지는지는 알 수 없다.

문 12 유형: 강화약화논증 정답: ②

ㄱ. × A국과 한국의 인구 규모 차이가 줄어들더라도, A국보다 한국의 규모가 더 큰 이상 을의 견해는 약화되지 않는다. 갑의 경우 인구 규모와 무관하게 온라인 투표가 적용가능하다고 주장하고 있다.

ㄴ. × 사전투표 시행으로 투표권 보장이 폭넓게 이루어져 투표율이 상승했다면 병의 견해는 강화된다. 다만 사전투표와 관련한 갑의 견해는 본문에 나타난 바 없다.

ㄷ. ○ 기술 발달로 온라인투표에 요구되는 비용이 감소한다면, 선거 비용의 추가지출을 말하는 정의 견해는 약화된다.

문 13 유형: 논리퀴즈 정답: ②

㉠ ~갑 ∨ ~을 ∨ ~병
㉡ ~병 → (~갑 ∨ ~을)
㉢ ~갑 → ~을
㉣ 정 → (~무 ∧ 을)
㉤ ~정 → (갑 ∨ 을)

㉡의 대우명제는 다음과 같다.
(가 ∧ 나) → 다

이때 위 명제가 참인 경우 갑, 을, 병이 모두 선발되게 된다.
그러나 ㉠으로부터 갑, 을, 병 중에 적어도 한 명은 선발되지 않으므로 대우명제의 전건이 거짓임을 알 수 있다.
따라서 (~갑 ∨ ~을)가 확정된다.

위 명제와 ㉣로부터 '~을'를 도출할 수 있으며 '~정'를 도출할 수 있다.
㉤으로부터 '갑'이 도출되며 병과 무의 선발 여부는 확정할 수 없다.
따라서 선발 가능 인원은 최소 1명, 최대 3명이다.

문 14 유형: 논리퀴즈 정답: ①

위에서부터 차례대로 1번 조건이라고 하자. '7번 조건'에 따라 민수는 국어를 수강하지 않았고 지태는 수학을 수강했다.

	국어	수학	사회	과학
민수	X			
지태		O		
찬호				

위와 같이 표를 완성한 뒤, '3번 조건'을 중심으로 경우의 수를 나눈다. 만약 찬호가 과학을 수강하지 않는다면 '3번 조건'에 따라 지태도 과학을 수강하지 않았다. 그런데 본문에 따라 최소한 한 학생은 과학을 수강해야 하므로 민수가 과학을 수강한 것이 된다. 민수가 과학을 수강했다면 '5번 조건'에 따라 사회도 수강한다. 한 사람이 최대 두 과목을 수강할 수 있으므로, 민수는 국어와 수학을 수강하지 않는다.

그렇다면 '1번 조건'에 따라 민수가 사회를 수강했으므로 지태는 수학을 수강했고 찬호는 국어를 수강하지 않았다. 국어 역시 민수와 찬호 모두 수강하지 않았으므로 지태가 수강하게 된다. 지태는 국어와 수학을 수강하게 되므로 사회와 과학은 수강하지 않고, '2번 조건'에 따라 찬호가 수학을 수강했다. 이를 정리하면 다음과 같다.

	국어	수학	사회	과학
민수	X	X	O	O
지태	O	O	X	X
찬호	X	O	?	X

해당 결과에 따르면 ②, ③, ④번은 틀린 선지임을 알 수 있다.

다음으로 찬호가 과학을 수강하는 경우를 검토한다. 찬호가 과학을 수강했다면 '6번 조건'에 따라 지태는 국어를 수강하지 않았다. 따라서 '4번 조건'에 따라 민수는 수학을, 지태는 사회를 수강했다. 그렇다면 국어는 최소 한 명은 수강해야 하므로 찬호가 국어를 수강한 것이고, 지태는 수학과 사회를 수강했으므로 국어와 과학을 수강하지 않았으며 찬호는 수학과 사회를 수강하지 않았다. 마지막으로 '1번 조건'에 따라 민수는 사회를 수강하지 않으므로 '5번 조건'에 따라 과학도 수강하지 않았다. 이를 정리하면 다음과 같다.

	국어	수학	사회	과학
민수	X	O	X	X
지태	X	O	O	X
찬호	O	X	X	O

이상의 결과에 따르면 지태는 어느 경우에도 두 과목을 수강했다.

문 15 유형: 특수질문형 정답: ③

③ ○ 전체 작업에 비추어 어떠한 의미를 지니는지는 전체구조를 아는 사람인 튜링이 할 수 있다. 이는 즉 해체하는 것이 아닌 전체를 연결할 수 있을 때 전체의 의미를 알 수 있다. 따라서 수정된 것으로 적절한 선지이다.

문 16 유형: 병렬형 정답: ④

ㄱ. ○ (가)는 촬영음 의무화 규제가 있더라도 무음카메라 앱 등을 이용해 규제를 회피하여 불법 촬영 범죄를 저지를 수 있다는 사실을 근거로 들며 규제의 효과가 충분히 나타나지 않는다고 주장한다. 이는 규제가 미치지 않는 사각지대로 인해 규제의 실효성이 낮다는 점을 비판하는 것으로 볼 수 있다.

ㄴ. ○ (가)는 촬영음 규제의 범죄 방지 효과가 미약하다고 하여 부정적으로 평가하는 반면, (나)는 불법 촬영 범죄를 방지하기 위해서는 강력한 촬영음 규제가 필요하다고 주장하며 규제의 범죄 방지 효과를 긍정적으로 평가하므로 옳은 선지이다.

ㄷ. × (다)는 불법 촬영 범죄 예방을 위해 촬영음 규제보다는 강력한 처벌이 더욱 중요하다고 하여 처벌 강도를 높이는 데 동의할 것이다. 하지만 (나)는 범죄 예방을 위한 촬영음 의무화 규제의 필요성에 대해서만 언급하고 범죄의 처벌 강도에 대해서는 별도로 언급하지 않았으므로 알 수 없을 뿐, 동의하지 않는다고 볼 근거가 없다.

문 17 유형: 강화약화논증 정답: ⑤

ㄱ. 약× 글의 주장은 촉법소년의 연령 하향화와 관련한 것으로, 촉법소년 범죄율을 낮출 다른 방법이 존재한다는 내용을 담은 ㄱ은 '무관한 진술'이므로 글의 주장을 약화하지 않는다.

ㄴ. 약 지문에서는 촉법소년의 연령 하향화를 주장하며 그 근거로 성인 재소자에 비해 2배 이상 높은 촉법소년의 재범률을 제시한다. 따라서 해당 수치들 사이의 절대적인 비교가 무의미하다는 ㄴ은 글에 제시된 근거의 타당성을 부정하는 것으로서 글의 주장을 약화한다.

ㄷ. 약× 중대한 범죄가 발생하기 전에 미리 촉법소년 연령을 낮추는 것이 바람직하다는 글의 주장과 같은 방향의 여론조사 결과는 최소한 글의 주장을 약화하지는 않는다.

문 18 유형: 강화약화논증 정답: ①

ㄱ. ○ 다른 조건이 일정할 때, 이산화탄소 농도가 증가해도 기온이 오르지 않는다면 인간 활동의 영향력이 미미하다는 뜻이다. 이는 A의 주장의 논거에 상반된 결과이고 동시에 B의 주장의 논거를 뒷받침하는 상황이다.

ㄴ. × 다른 조건이 일정할 때, 태양 활동이 감소하는데도 불구하고 기온이 상승한다면, 태양에서 방출되는 에너지가 감소하였음에도 지구의 기온이 올랐다는 뜻이므로 B의 주장은 약화 된다.

ㄷ. × 다른 조건이 일정할 때, 인간 활동이 급격히 감소했음에도 불구하고 기온이 상승한다면, 이는 A의 논지와 상반되므로 A의 주장을 약화한다. 하지만, C의 주장은 인간의 활동이나 자연적 요인 중 어느 하나를 단독적으로 고려해서는 안된다는 주장이다. 이런 맥락에서 다른 조건이 일정할 때 인간의 산업활동이 감소하였음에도 지구 평균 기온이 상승하였다는 사실은 인간의 산업활동 이외의 요소를 추가적으로 고려하거나 여러 요인 간의 복합적인 관계를 분석해야 한다는 주장을 뒷받침하기 때문에 C의 주장을 강화한다고 보는 것이 타당하다.

문 19 유형: 세트형 정답: ③

① × 코드 테이블이란 코드와 문자 간의 대응체계를 의미한다. 그런데 조합형 한글코드의 경우 초성, 중성, 종성 각각에 코드를 부여하는 반면, 완성형 한글코드는 조합된 글자에 코드를 부여하므로 양자가 대응하는 양상이 항상 같다고 할 수는 없다.

② × 조합형 한글코드는 초성, 중성, 종성에 각각의 코드를 부여한다. 즉, 초성과 종성이 같은 자음이라 할지라도 서로 다른 코드가 부여된다. 제시문의 내용에 따르면 중성 'ㅗ' 코드는 01101, 종성 'ㅇ'의 코드는 10111이다. '옹'이라는 글자에서 'ㅇ'이 두 번 사용되었다 할지라도, 초성의 'ㅇ'을 나타내는 코드가 없다면 '옹'이라는 글자를 표현할 수 없다.

③ ○ 풀 키형은 자판의 버튼과 글자가 하나씩 대응되는 방식을 의미한다. 따라서 풀 키형으로 한글의 모든 글자를 표현하기 위해서는 초성, 중성, 종성을 조합한 모든 경우의 수만큼의 버튼이 필요하다. 그런데 3문단에서 현대 한글이 사용하고 있는 초성, 중성, 종성을 조합하면 1만 개 이상이라고 했으므로, 풀 키형으로 현대 한글의 모든 글자를 표현하기 위해서는 1만 개 이상의 버튼이 필요하다.

④ × 만약 문자코드에서 지원하지 않는 문자가 있는 경우 인간인 사용자는 이를 컴퓨터에 정보화할 수 없다. 따라서 컴퓨터 간 통신뿐만 아니라 인간과 컴퓨터 사이의 관계에서도 문자코드는 영향을 미칠 수 있다.

⑤ × 알 수 없다. 3문단에서 조합형 한글코드가 비용이 많이 든다고 언급한 것은 국제표준이 조합형을 지원하지 않기 때문에 해외에서 완성형으로 만들어진 하드웨어와 소프트웨어를 수정해야 하는 점을 고려한 것이다. 주어진 내용만으로는 조합형이 완성형보다 많은 비용을 요구하는지는 알 수 없다.

문 20 유형: 세트형 정답: ①

ㄱ ○ 기존 한글코드와 확장완성형 코드 모두 '완성형 한글코드'에 해당한다. 조합형 한글코드는 초성, 중성, 종성을 활용한 모든 한글 글자를 표현할 수 있으므로 기존 한글코드와 확장완성형 코드로 표현할 수 있는 모든 한글 글자를 표현할 수 있다.

ㄴ × 확장완성형 코드는 완성형 한글코드이므로 낮은 표현성과 높은 호환성을 지닌다.

ㄷ × 제어코드 일부까지 문자를 표현하는 데에 사용하는 것은 조합형 한글코드이다. 완성형 한글코드가 제어코드 일부까지 문자를 표현하는 데에 사용하는지는 알 수 없다.

문 21 유형: 일치부합추론 정답: ⑤

① × 엄밀하게 말하자면 알 수 없는 내용이다. 차는 처음 음료수나 약용으로 등장했으나 기호식품화 되었다. 제시문에서는 「다경」을 다도의 시작으로 언급하고 있으나, 해당 문헌이 저술될 당시 차가 약용으로만 쓰였는지는 알 수 없다.

② × 일본 다도에서 주인과 손님이 인사를 나누고, 도구를 준비하고 난 뒤에 비로소 차를 끓이기 시작한다. 이 때 주인은 손님에게 과자를 권하는데, 이는 인사를 나누기 전부터 준비되어 있던 것이다. 따라서 주인과 손님이 인사를 나누기 전 다도에 필요한 도구는 없을지라도 과자는 준비되어 있을 것이다.

③ × 다도가 이루어지는 공간은 다실, 다도에 필요한 도구를 미리 준비하는 공간은 '미즈야'라고 부른다. 따라서 손님은 다실에서 우린 차를 마시게 된다.

④ × 일본 다도는 센노리큐의 계보를 잇는다. 따라서 그의 다도에 뿌리를 두고 있는 것은 맞으나, 유파마다 예법이 조금씩 다르다고 했으므로 모두 같은 방식으로 이루어지는 것은 아니다.

⑤ ○ 다도에는 말차, 즉 가루차를 일반적으로 사용하고 이를 담아두는 통을 '나츠메'라고 한다. 손님은 차를 마신 후 나츠메의 형태와 색 등을 묻는데, 이는 주인이 차를 대접하면서 쏟은 수고에 대한 고마움을 표하는 과정이다.

문 22 유형: 일치부합추론 정답: ①

① ○ 가구통계는 가구의 총수와 특성에 대한 정보를 제공한다. 따라서 주택 보급률 산출과 주민의 삶의 질을 평가하는데 활용될 수 있다.

② × 인구정태통계는 특정 시점에서의 인구 구조를 나타내기 때문에, 출생 및 사망 데이터가 이 통계에 반영된다. 즉, 현재 인구의 연령 분포, 성비, 총인구수 등은 출생과 사망에 의해 형성된 것이다. 따라서 인구 동태통계에만 영향을 끼친다고 볼 수 없다..

③ × 법무부의 출입국자통계는 주민등록인구통계에 포함된다. 뿐만 아니라 통계청에서 이를 주관하는지에 대해서는 정확하게 알 수 없다. 따라서 옳지 않다.

④ × 이 설명은 가구정태통계가 아니라 인구정태통계에 부합하는 설명이다.

⑤ × 주민등록인구통계는 보고통계의 하위 범주이다. 따라서 보고통계에는 주민등록인구통계 외에 추가적인 통계가 포함될 것이므로, 적어도 주민등록인구통계가 가장 다양한 종으로 구성되었다고는 볼 수 없다.

문 23 유형: 일치부합추론 정답: ③

① × 남일의 돌연변이로 수원542가 탄생했고, 수원542를 조평과 교배하여 가루미2, 즉 바로미2가 개발되었다.

② × 습식제분으로 만들어진 쌀가루는 수분함량이 건식제분으로 만든 쌀가루보다 높아 저장 및 유통 비용이 높다.

③ ○ 기본영양생장성은 알맞은 온도와 조건 하에서 이삭을 맺기까지 걸리는 기간을 의미한다. 조평은 27일, 가루미2는 34일이므로 동시에 벼를 심고 각각 적절한 조건이 주어진다면 조평이 먼저 이삭을 맺을 것이다.

④ × 바로미2로 만든 가루는 다른 '쌀가루'에 비해 단백질 함량이 높다. 밀가루보다 높은지는 알 수 없다.

⑤ × 바로미2와 달리 수원542호는 도열병에 저항성이 없다. 또한 바로미2의 경도는 2.9kg이고 수원542의 경도는 3.3kg이다. 2문단에서 경도가 낮으면 보다 적은 에너지로 분쇄가 가능함을 알 수 있으므로, 바로미2의 분쇄에 더 적은 에너지가 필요하다.

문 24 유형: 일치부합추론 정답: ⑤

① × 초기 면역반응은 주로 몸의 표면을 보호하는 것, 즉 피부, 위액, 기도의 섬모작용, 각종 분비물 및 점막에서 일어나는 반응으로 적응성 면역반응과는 상관없이 일어난다고 했으므로 옳지 않다.

② × 초기 면역반응이 아닌 적응성 면역반응에 대한 설명이다.

③ × '항체매개'가 아닌 '세포매개'이므로 옳지 않다.

④ × B림프구는 수행되는 운동의 형태나 강도에 따라 다르게 나타난다.

⑤ ○ 일회성의 강하고도 격렬한 운동은 림프구의 감소를 유도하고 T림프구와 B림프구의 증식반응을 감소시키는 것으로 알려져 있다. 즉, 불규칙적이고 간헐적인 운동은 운동스트레스를 유발하여 면역반응에 중요한 림프구의 수와 증식반응을 감소시키고, 상기도 감염, 천식 및 결핵과 같은 감염률을 증가시킨다.

문 25 유형: 일치부합추론 정답: ③

① ○ 1문단을 통해 알 수 있는 내용이다. 옳은 선지이다.

② ○ 인공적 합성 형태는 자연적으로 발생하는 글리세린과 화학적으로 동일하다. 신체는 천연 유도 글리세린을 처리하는 것과 동일한 방식으로 합성 유도 글리세린도 처리한다.

③ × 글리세린은 FDA의 화장품 자발적 등록 프로그램을 통해 '보고된' 화장품 원료 중에서 물 다음으로 가장 자주 사용되는 성분이다. 예컨대 FDA의 자발적 화장품 등록 프로그램에 등록되지 않았으나 글리세린보다 많이 사용되는 성분이 있을 수 있으므로 옳지 않은 선지이다.

④ ○ "미국식품의약국(FDA)은 일반적으로 안전하다고 인정되는 물질로 검토된 식품첨가물 목록 및 승인된 직접식품첨가물과 간접식품첨가물 목록에 글리세린을 포함시켰다.", "글리세린의 안전성은 미국 화장품원료검토위원회(CIR) 전문가 패널에 의해서도 평가되었다." 등으로 명시되어 있다.

⑤ ○ "천연 글리세린 및 합성 글리세린을 모두 2년 동안 경구 투여한 여러 실험 연구에서, 종양 발생률 증가에 대한 증거는 찾아볼 수 없었다." 라고 명시되어 있다. '종양 발생률 증가에 대한 증거는 없으나 사실 종양 발생률을 증가시키는 것은 아닌가?' 라고 생각할 수 있으나, 6문단 전체를 보면 '유전적 돌연변이=종양'임을 맥락상 파악할 수 있다. 첫 문장에서 글리세린은 유전적 돌연변이를 일으키지 않는다고 했으므로, 위 글에 따랐을 때 글리세린이 종양 발생률을 증가시키지 않는다고 치환할 수 있다.

문 26 유형: 빈칸·밑줄형 정답: ②

㉠, ㉡ : 증발에 의한 기화현상은 일반적으로 습도가 낮고 수온이 높을수록 더 빠른 속도로 일어난다. 그러므로 동일한 습도에서는 ㉠고온의 물이 ㉡저온의 물보다 증발이 활발하게 나타날 것이다.

㉢ : 과냉각이란 액체나 기체의 온도를 고체가 되지 않는 상태에서 어는점 아래로 낮추는 과정이나 상태를 의미한다. 즉 과냉각 현상이 나타나면, 온도가 내려가더라도 물이 결빙되지 않아 결빙 시기가 늦춰진다는 것을 알 수 있다. 그러므로 과냉각이 작게 일어나면 결빙시기가 빨라진다는 점을 도출해낼 수 있다.

㉣ : 대류란 유체 내에서의 분자들이 확산 등을 통해 이동하는 현상이다. 뜨거운 물의 경우 보다 활발한 대류가 일어난다고 하였다. 온도가 높은 물이 온도가 낮은 외부와의 접촉으로 열을 잃을 경우 물 내부에는 온도차로 인한 대류가 발생하게 되는데, 뜨거운 물의 경우에는 초기에 보다 활발한 대류가 일어나서 냉각속도에 영향을 미칠 가능성이 있다. 그러므로 수온이 높을수록 물이 냉각되면서 발생하는 대류가 보다 ㉣활발해진다고 보는 것이 자연스럽다.

문 27 유형: 일치부합추론 정답: ④

① × 정전기는 전위차가 '일정 수준'을 넘으면 발생하며, 3000V 이상의 전위차가 나타나면 '따끔함을 느낄 정도의 정전기'가 발생한다.

② × 가벼운 알갱이인 양전하가 구름의 윗부분으로 올라간다는 것을 알 수 있다.

③ × 구름이 성장하면서 전하가 쌓이다가 전위차가 커지면 순간적으로 전류가 흐르는 방전 현상, 즉 번개가 치게 된다. 공기에는 보통 전류가 흐르지 않는데, 전위차가 커서 순간적으로 전류가 흐르게 되는 것이므로, 공공기 중에는 보통 전류가 흐르고 있지 않다.

④ ○ 구름 속에서 치는 번개가 전체 빈도의 약 90%를 차지하므로, 구름과 지면사이의 번개인 낙뢰는 최대 10% 이하일 것이다.

⑤ × 소리의 속도는 초당 300m, 빛의 속도는 초당 30만㎞ 정도로 큰 차이가 난다. → 빛의 속도를 m로 환산하면 초당 300,000,000m이므로 소리의 속도인 300m보다 약 100만 배 빠르다.

문 28 유형: 일치부합추론 정답: ⑤

① × 수양갱과 만드는 법이 유사한 것은 연양갱이다. 연양갱에 비해 설탕이 적게 쓰이고 수분이 더 많다는 특징을 갖는다. 한편 연양갱과 증양갱은 한천의 사용 유무 등 제조방법에서 큰 차이를 보이므로 증양갱에 설탕을 줄이고 수분을 더 많이 함유시킨다고 해서 수양갱이 되는지는 알 수 없다.

② × 중국에서 점심으로 먹던 양갱과 만두에 고기 재료를 대체한 것이 일본식 양갱과 만주이다. 따라서 양자 모두 육류가 재료로 사용되었다는 것을 알 수 있다.

③ × 한천이 들어간 양갱은 19세기에 탄생했다. 그런데 연양갱은 한천이 재료로 들어가야 한다. 따라서 14세기에 일본에서 점심으로 먹던 양갱 건더기는 연양갱이라고 할 수 없다.

④ × 양갱의 경우 녹는점이 높아 야외 스포츠 시 비상 간식으로 활용하기 좋다고 추론할 수 있다. 그러나 초콜릿의 경우 양갱의 높은 녹는점을 보이는 비교에 활용되었을 뿐, 선지의 내용을 추론하기 위한 정보를 찾을 수 없다.

⑤ ○ 오늘날의 양갱은 단맛을 특징으로 한다. 18세기 이전까지 일본에서는 왕만이 단맛의 양갱을 먹을 수 있었다. 따라서 오늘날 먹는 양갱은 18세기 이전 일본 서민들이 먹던 양갱의 맛과는 다르다는 것을 알 수 있다.

문 29 유형: 병렬형 정답: ⑤

ㄱ. ○ A는 선택의 자유의 존중을 가장 우선시 한다. 개인은 자신의 편익구조하에 최선의 선택을 할 수 있기 때문이다. 이때 K의 결정으로 개인의 편익구조가 훼손된다면 A는 K의 결정에 반대할 것이다. 옳은 선지이다.

ㄴ. ○ B는 선택의 자유를 존중과 개인의 선 증진을 위한 타자의 개입이 양립할 수 있다고 본다. 이때 K의 결정으로 편익의 증가만 유도하였을 뿐 비용편익 구조 자체를 훼손하지 않는다면 선택의 자유를 존중하며 건강 증진 목적으로 타자를 개입한 것이다. 따라서 (1)과 (2)의 가치가 양립하므로 찬성할 것이다. 옳은 선지이다.

ㄷ. ○ 음식점 1을 폐지한다면 백화점에 음식점 2만 남게 된다. 이는 선택의 여지를 없앤 결정에 해당한다. 따라서 선택의 자유를 존중하였다고 볼 수없으므로 A, B 모두 이러한 K의 결정에 반대할 것이다.

문 30 유형: 빈칸·밑줄형 정답: ②

필자는 실천적인 언행이 학자들에 의해 지식화, 학문화된 상황을 경계한다. 사색과 행동이 따르지 않는 지식은 지양되어야 하며 스스로에 대한 고민 없이 지식인을 흉내내는 것, 지식에 대한 맹목적인 좇음은 지양되어야 한다는 것이다. 이러한 관점에서 법정은 지식의 양은 중요하지 않으며, 배움에 따른 실천으로서 행함이 없는 '무학'을 경계하고, 지식을 실천할 것을 요구한다. 따라서 빈칸에는 알고 있는 지식을 실제로 행하는 것이 중요하다는 내용이 타당하다.

문 31 유형: 일치부합추론 정답: ④

① × 테크네를 활용해서 만들어내는 활동이 포이에시스이다. 테크네가 포이에시스의 원동력이 되는지는 차치하더라도, 1문단에 따라 테크네에서 아르스가 온 것이지 아르스가 테크네의 어원이 되는 것은 아니다.

② × 3문단 2줄의 문장을 해석하면 뮤지케가 개인적 생각의 소산이자 영감의 소산이면서 물질적 의미의 제작이 아닌 것이라는 점에서 포이에시스와 구분되었으므로, 포이에시스는 법칙의 소산, 기술의 소산, 물질적 의미의 제작을 의미한다.

③ × 고대 그리스인들은 들리는 것에 의해서 광란과 황홀에 빠진다고 생각했다. 그래서 뮤지케를 듣는 예술로 생각하고, 뮤지케만이 광란과 황홀을 가져온다고 보았다. 듣는 예술로 분류되는 뮤지케는 음악뿐만 아니라 시와 무용도 포함하므로 시와 무용 또한 듣는 예술이다.

④ ○ 보 자르는 시, 회화, 음악, 조각, 무용을 일컫는다. 이 중 시, 음악, 무용은 뮤지케이고 회화와 조각은 포이에시스이다.

⑤ × 시를 음악보다는 낮지만 조각보다는 높은 가치를 지닌다고 본 것은 피타고라스의 사상을 이어받은 플라톤이다.

문 32 유형: 빈칸·밑줄형 정답: ②

위 글은 사이버 공격의 증가로 인한 문제를 해결하기 위해 사이버 공간에 국가책임을 적용한 국제사회의 시도를 비판하고 있다. 국가책임을 인정하기 위해서는 일정한 요건이 충족되어야 하는데(2문단) '국가에 의해 감독되거나 통제된 공격'의 경우에는 피해자의 입증이 요구된다(3문단).

마지막 문단의 사례는 피해자가 이를 입증하기 어렵고 때문에 의심되는 배후국이 있다 하더라도 책임을 추궁할 수 없었음을 보여준다. 이는 국가책임을 통해 사이버 공격을 해결하려는 국제사회의 시도에 한계가 있음을 잘 보여준다.

문 33 유형: 특수질문형 정답: ③

① ○ '면각 일정의 법칙'에 따라 면각이 일정해지는 이유는 결정 내부의 규칙성 때문이다. 동일한 광물의 결정을 이루고 있는 내부 원자들은 동일한 배열 상태를 지닌다.

② ○ '면각 일정의 법칙'에 따라 같은 광물의 결정일 경우 결정면들이 이루는 면각은 동일하다.

③ × 용액이 오른쪽에서 더 많이 공급됨에 따라 (나) 결정의 오른쪽 결정면이 빠르게 성장, 결정면이 좁아지는 것은 사실이다. 다만 '면각 일정의 법칙'에 따라 면각은 동일할 것이다.

④ ○ '면각 일정의 법칙'에 따라 같은 광물의 결정일 경우 결정면들이 이루는 면각은 동일하다.

⑤ ○ 용액 공급 차이에 따른 (나) 결정 오른쪽 결정면의 빠른 성장과 그에 따른 이상결정화에 근거할 때, 동일한 광물의 결정 모양은 주변 환경의 영향에 따라 이상결정 상태로부터 상이하게 성장할 가능성이 존재한다.

문 34 유형: 논리퀴즈 정답: ④

진술을 기호화하면 다음과 같다.
- A → 귀걸이 ∨ 목걸이
- 영희 : A
- (귀걸이 ∧ 반지) → ~시계
- (목걸이 ∧ ~반지) → 시계
- (목걸이 ∧ 반지) → 향수
- ~반지 ∨ 머리띠 ≡ 반지 → 머리띠

영희는 A 학원에 다니고 있으므로 귀걸이 또는 목걸이를 착용하고 있다는 점과, 머리띠를 착용하고 있지 않으므로 반지를 착용하고 있지 않다는 점이 도출된다. 나머지는 선지 대입을 통해 확인할 수 있다. → ~귀걸이(≡목걸이) → 시계, 네 번째 진술을 통해 알 수 있다. 따라서 정답은 ④번이다.

문 35 유형: 논리퀴즈 정답: ⑤

1) ~갑3 → 무5
2) ~을1 → ~(~을3 ∨ ~정3)
3) ~정4 ∨ ~병2
4) ~무5 → ~을4

2) 명제는 ~을1 → (병3 ∧ 정3)과 동일하다.
이때 각 동의 동장은 반드시 한 명이므로 을은 1동의 동장이다.
4) 명제의 후건이 참이므로, 4) 명제는 반드시 참이된다.
전제에서 나의 진술과 다른 한명의 진술만이 참이라고 하였으므로
1) 명제와 3) 명제는 거짓이다.
따라서 ~갑3 ∧ ~무5 이며
정4 ∧ 병2 이다.
종합하면, 을은 1동 동장, 병은 2동 동장, 정은 4동 동장이며
1) 명제로부터 갑은 5동 동장, 무는 3동 동장이 됨을 알 수 있다.

문 36 유형: 강화약화논증 정답: ①

ㄱ. ○ A는 현재 사용되고 있는 암호화 방식을 근본적으로 무력화 시킬 수 있음을 우려하고 있기 때문에, 이에 대한 대응 기술의 발전과 보안 대책 마련을 필요하다고 볼 것이다. 또한, B도 양자 컴퓨팅이 정보 보안에 미치는 영향이 과장되었다고 주장하고 있지만, 그 이면에는 이미 개발중인 양자 저항성 암호화 알고리즘 등이 논거로 활용된다는 점에서 ㉠의 필요성 자체를 부정하는 것이 아니라 오히려 ㉠의 필요성을 동의하는 입장이라고 볼 수 있다.

ㄴ. × A는 기존의 암호화 체계에 대한 무력화를 우려하고 있다. 즉, A의 주장은 현재 개발 중인 양자 저항성 암호화 알고리즘과 무관하다. 따라서 A의 주장을 강화한다고 보기 어렵다.

ㄷ. × 제시문에 따를 때, 양자컴퓨팅은 실현되지 않은 기술은 아니다. 단지 실용화까지 상당한 시간이 필요할 뿐이다. 따라서 실현되지 않은 기술에 대한 지나친 걱정이라는 주장은 A를 공격할 수 없다.

문 37 유형: 강화약화논증 정답: ⑤

이 글은 간헐적 단식이 장 줄기세포의 재생능력 향상과 대장암 위험 증가라는 양면성을 가지고 있다는 주장을 하며, 장 줄기세포의 재생능력 향상에 관해서는 A팀, 대장암 위험증가에 관해서는 B팀의 연구결과가 주장을 뒷받침하고 있다.

ㄱ. ○ 간헐적 단식을 한 쥐의 세포가 가장 빠르게 증식했다는 점은 장 줄기세포의 재생능력이 향상된다는 ㉠을 강화한다.

ㄴ. ○ B팀의 연구결과에 따르면 단식 후 음식을 섭취한 쥐가 정상적으로 먹거나 단식만 한 쥐가 전암성 용종의 발생위험이 더 높다. 따라서 ㄴ의 내용은 ㉠을 강화한다.

ㄷ. ○ A, B팀 모두 쥐를 이용하여 ㉠을 강화하는 실험결과를 도출하였다. 따라서 쥐의 암 돌연변이 발생 메커니즘을 인간에게 적용시킬 수 없다는 점이 밝혀진다면 ㉠이 강화되지 않는다.

문 38 유형: 강화약화논증 정답: ③

ㄱ. × 주어진 연구결과는 운동의 유무에 따른 기억유지시간에 관한 연구결과이다. 따라서 이는 가설 A의 주장과 무관하기 때문에 A를 강화하지 못한다.

ㄴ. × 가설 B는 충분한 수면시간과 기억의 상관관계에 관한 주장이다. 반면 실험결과는 모두 적정수준보다 모자라거나 많은 수면시간을 통해 얻은 결과이다. 따라서 어느 것이 더 적정하지 못한지에 관해서 가설 B의 입장이 명확하지 않기 때문에 실험결과는 B를 약화시키지 못한다.(*이상하게 생각하는걸 방지하기 위해 일부러 5시간이 아니라 10시간이 더 우월한 결과를 얻었다고 설정함)

ㄷ. ○ 스트레스 수준이 높은 상태에서 반복 복습을 병행했지만, 스트레스를 받지 않은 상태에서 단 한 번 학습한 그룹보다 기억력이 더 떨어졌다는 결과는 가설 C의 주요 주장인 스트레스가 학습을 저해할 뿐만 아니라 반복 학습의 효과도 현저히 줄어든다고 하는 주장에 부합한다. 따라서 가설 C를 강화한다.

문 39 유형: 세트형 정답: ⑤

① ○ 동일한 영업레버리지도를 보이더라도 사업 전망에 따라 손익 기대가 다르게 나타날 수 있다.

② ○ 영업위험은 기업의 성격이나 영업비의 성격으로 인해 발생하는 위험으로, 기업의 성격에 따라 달라질 수 있다.

③ ○ 기업의 영업비는 원재료 구입비와 같은 영업변동비와 시설 확장을 포함하는 비유동자산에 대한 금액인 영업 고정비로 구성된다.

④ ○ 영업비의 구성비를 통해 영업변동비와 영업고정비를 알 수 있으며 이를 토대로 영업레버리지도를 계산하는 것이 가능하다.

⑤ × 매출액이 감소하면 영업고정비의 부담이 증가하여 영업이익의 감소폭이 커지는 것이지, 영업고정비의 부담 증가가 매출액 감소의 원인인 것은 아니다.

문 40 유형: 세트형 정답: ③

① ○ 사업 전망을 부정적으로 예측한다면, 생산 방식을 전환할 때 레버리지도가 높아져 손실이 높아질 것으로 판단할 것이다.

② ○ '가' 생산 방식의 영업고정비가 동일하므로, 판매량이 변하더라도 영업레버리지도는 1로 동일하다.

③ × 기업의 이익, 손실에 대한 영업레버리지도 효과의 판단은 사업 전망과 관련하여 평가해야 한다.

④ ○ 영업 이익은 매출액에서 영업변동비와 영업고정비를 제한 금액으로, 판매량이 동일할 때 두 방식에서 동일하게 나타난다.

⑤ ○ 생산 방식을 '나' 로 전환한 경우 영업레버리지도는 100 - 70 / 100 - 70 - 20 = 3이다. 이는 10%의 매출액 증감이 있을 때 영업이익은 그 3배인 30%가 증감함을 의미하며, '나' 방식에서 판매량의 증감율과 매출액의 증감율은 동일하게 나타난다.

제 5회

1	2	3	4	5	6	7	8	9	10
②	③	④	④	②	①	④	②	⑤	④
11	12	13	14	15	16	17	18	19	20
⑤	③	④	①	⑤	①	⑤	①	⑤	⑤
21	22	23	24	25	26	27	28	29	30
②	④	①	⑤	③	①	④	①	③	⑤
31	32	33	34	35	36	37	38	39	40
③	①	④	⑤	①	②	②	④	④	③

문 1 유형: 일치부합추론 정답: ②

① × "평상시에는 수원부 치소로 사용되었다"고 명시되어 있으므로 옳지 않다.

② ○ "행궁에서 정당에 해당하는 '봉수당'"이라고 하여 정당은 봉수당을 의미한다. 또한 "정당 향우측에는 낙남헌이 있다."고 하여 정당 향우측의 건물은 낙남헌을 지칭함을 알 수 있다. 마지막으로 "신풍초등학교가 들어서면서 낙남헌 건물이 초등학교 교사로 사용되기도 했다."고 했으므로 정당 향우측의 건물이 초등학교 교사로 사용되었음을 알 수 있다.

③ × 원래 읍치건물 중 남군영, 비장청은 신풍루 향좌측, 북군영은 신풍루 향우측에 있다. 또한 외정리소, 서리청, 집사청 등이 성곽축조 때 지어졌다고 되어 있는데 외정리소과 서리청은 신풍루 향좌측에, 집사청은 신풍루 향우측에 있다고 되어있다. 따라서 신풍루 향좌측의 건물이 일괄적으로 나중에 지어졌다고는 할 수 없다.

④ × 수원 최초의 서양식 의료기관인 자혜의원은 1910년 세워졌고, 이때 행궁 일부가 파손되었다는 사실만 확인 가능하다. 따라서 자혜의원이 세워지며 행궁의 지붕이 파손되었는지는 알 수 없으며, 지붕을 수리한 것은 1874년이므로 1874년 이전에 지붕이 파손되었을 것이라는 추론만이 가능하다.

⑤ × "장락당 향좌측의 복내당은 ... 5량 18칸 건물이다. 복내당 앞에는 ... 5량가의 8칸 건물이 있다."고 되어있다. 주어진 제시문에서는 복내당 앞에 복내당보다 칸수가 많은 건물이 있는지 알 수 없다.

문 2 유형: 일치부합추론 정답: ③

① ○ 개화사상은 군주가 모든 통치권을 갖는 전제 군주제를 입헌군주제 또는 공화제로 개혁하는 것을 목표로 했다.

② ○ 개화사상은 신식 학교를 널리 설립해 신교육을 실시해야 한다고 주장함과 동시에 구식 군대를 신식 군대로 개편하여 근대적 병기로 무장시키고자 했다.

③ × 개화사상은 종래 중국의 경서·사서·시문 중심의 교육을 근본적으로 개혁하여 국민 중심의 근대적 과학 문화를 수립하고자 했지만, 한국의 개화사상이 도입될 때 중국으로부터 들여온 신서 등의 도움을 받았기에 중국의 서적을 배격했다고 볼 수 없다.

④ ○ 초기 개화사상은 주로 양반 출신과 중인 출신의 소수의 청년 지식인들만이 갖고 있던 사상이었기에 등장과 동시에 주류적 사상으로 인정받았다고 볼 수 없다.

⑤ ○ 2문단 전체적으로 보아 개화사상이 추구한 정치체제, 경제, 교육과 사회 측면의 변화를 아울러 고려할 때 적절한 서술이다.

문 3 유형: 일치부합추론 정답: ④

① × 1문단에 의하더라도 마호메트의 승천과 아브라함이 아들을 제물로 바친 시점을 특정할 수 없어 옳지 않은 선지이다.

② × 2문단과 4문단에 의하면 바위의 돔을 건립한 칼리프 알 말리크가 바위의 돔 앞에 자신의 이름을 새긴 비석을 세운 바 있으나 이로부터 관습을 도출해낼 수는 없다. 따라서 옳지 않다.

③ × 4문단에 의하면 사원 내부 장식은 이슬람 지도자와 단체들의 기부에 의해 추가된 것이므로 옳지 않다.

④ ○ 2문단에서 순례자를 위한 성지라는 전통이 오늘날까지 이어져오고 있다 하였고, 마지막 문단에서 이슬람 재단이 관리하고 있다는 내용을 확인할 수 있으므로 가장 적절한 추론에 해당한다.

⑤ × 2문단에 의하면 바위의 돔은 691년 완공되었다. 이 당시가 십자군 전쟁 때인지는 이 글만으로는 추론할 수 없다. 따라서 옳지 않다.

문 4 유형: 일치부합추론 정답: ④

① × 연주자 스스로 음높이를 기억하여 조율을 해야 하는 경우에는 기준음이 되는 2번 현부터 먼저 조율해야 한다.

② × 줄감개를 풀면 음이 낮아지므로 가장 높은 1번 현의 음과 더욱 멀어질 것이다.

③ × 만돌린은 총 네 개의 음으로 조율된다.

④ ○ 만돌린을 혼자서 연주하는 경우 한 쌍의 복현을 정확하게 같은 음으로 조율하는 것이 중요하며, 현을 새로 교체한 경우에는 줄감개를 서서히 조이면서 원하는 음높이까지 높이도록 주의해야 한다.

⑤ × 가장 정확하고 일반적인 방법이 전자 튜너를 이용하는 것이지, 만돌린 연주자들 가운데 가장 선호되는지는 알 수 없다.

문 5 유형: 빈칸·밑줄형 정답: ②

① × 도착언어를 번역물로 느껴지지 않아야 좋은 번역으로 인정 받는 것은 의미중심적 번역에 해당하므로 벤야민 관점의 진정 좋은 번역이 아니다.

② ○ 벤야민의 진정한 번역은 구문을 직역하는 것, 원문의 표현방식이 번역 언어 속에 체화되도록 하는 것이다. 빈칸은 이에 대한 재진술에 해당한다.

③ × 벤야민의 언어관은 사물을 지시하는 것을 언어의 본래적 기능이라고 보지 않는다.

④ × 의미중심적 번역은 도착언어가 출발언어에 비해 우위이다. 선지와 같이, 도착언어에 비해 출발언어의 지위가 우위가 아니다. 이를 전복시킨다고 하였으므로 옳지 않다.

⑤ × 출발언어의 형식을 배제해서는 안된다. 출발언어의 표현방식이 번역 언어 속에 체화되도록 해야하므로 옳지 않다.

문 6 유형: 일치부합추론 정답: ①

ㄱ. ○ 일 최고기온은 30℃ 이상이고 밤 최저기온이 25℃ 이하여서 트로피컬 데이에는 해당하지만 트로피컬 나이트(열대야)에는 해당하지 않는 경우가 존재할 수 있으므로 글의 내용에 부합하는 선지이다.

ㄴ. × 초열대야 현상은 밤 최저기온이 30℃ 이상인 경우를 말한다. 이때 밤의 기준은 '당일 오후 6시 1분부터 다음날 오전 9시까지'이다. 따라서 2013년 8월 7일 오후 6시 1분부터 당일 오후 12시까지는 반드시 30℃ 이상의 기온이 유지된 것이다. 그러므로 해당 날짜의 일 최고기온은 30℃ 이상임이 확실하므로 반드시 트로피컬 데이에 해당한다.

ㄷ. × 열대야 증후군은 높은 습도와 높은 기온 때문에 나타나는데, 체내 온도 조절 중추를 흥분시키는 데 영향을 미치는 요인은 '높은 기온'에 해당한다. 따라서 '높은 습도'가 영향을 미친다는 선지는 알 수 없거나 글의 내용과 부합하지 않는 선지이다.

문 7 유형: 일치부합추론 정답: ④

① ○ 태장형은 형판에 죄인의 팔, 다리, 허리 등을 밧줄로 묶은채 시행하였다.

② ○ 태와 장은 모양과 길이에 큰 차이가 없고 굵기만 약간 차이가 난다.

③ ○ 수령과 방백 등 지방관이 직접 처벌할 수 있는 권한을 가진 형벌은 태형이며, 태형과 장형 모두 육체적 고통과 치욕을 감내해야 했다.

④ × 윗부분의 두께가 2분 7리인 회초리를 사용하는 형벌은 태형이며, 장형은 중범죄로 수령과 방백이 결안을 작성해 보고하면 형조를 거쳐 국왕의 재가를 받아 처벌하였다. 따라서 옳지 않다

⑤ ○ 60회에서 100회 사이의 매질 횟수는 장형에 속한다. 또한 세종 재위 시기에 양반 관료가 십악, 살인, 장물, 행군 등 중대 범죄를 저질렀을 경우는 선처인 벌금형의 예외이므로 그가 해당 중대 범죄를 저질렀음을 알 수 있다.

문 8 유형: 일치부합추론 정답: ②

① × 해밍 거리가 크더라도 오류가 충분히 많다면 오류의 수정이 불가능하다.

② ○ 규칙 A에 따를 때 원시부호에 대한 확인부호 1의 개수는 짝수이다.

③ × 해밍 거리는 데이터 간 거리를 나타낸 것으로, 추상적 거리를 나타낸다.

④ × 이진수 000과 111의 해밍거리는 3이나, 두 데이터 간 거리는 두 수의 차인 7이다.

⑤ × 전송부호에 몇 자리의 오류가 존재하는지 알 수 없으므로 정확한 전송부호를 알 수 없다.

문 9 유형: 빈칸·밑줄형 정답: ⑤

(가) : 주택이 부족한 상황에서 정부 등이 양질의 주택을 저렴한 가격으로 저소득층에게 임대하는 것이 성공하기 위해서는, 공공 임대 주택의 공급 물량이 일정하게 유지되는 것이 논리적으로 타당하다. 공공 임대 주택의 일정한 감소는 장기적으로 주택 부족 현상을 심화시켜 주거권 침해를 야기할 것이다.

(나) : 공공 임대 주택이 전국적으로 분산되어 공급 되지 않고 특정 지역에 집중적으로 공급될 때, 지역과 관련한 실질적 선택권이 보장되지 않는다.

(다) : 바우처 제도의 정의가 임대료에만 쓸 수 있는 보조금을 주는 것에 해당한다는 것과 임대료가 특정 상품(물건)을 빌리는 것에 대한 댓가를 의미함을 고려할 때, 기존에 있는 민간 주택 시장을 활용한다고 보는 것이 논리적으로 바람직하다.

(라) : 일반적인 수요-공급 원리를 고려할 때, 초과 수요가 나타나거나 거래가 원활하게 이루어지지 않는 상황에서는 주택 임대료가 상승한다고 봄이 타당하다.

문 10 유형: 빈칸·밑줄형 정답: ④

위 실험은 침몰 시간과 인양속도를 변수로 진행되었다. 제시문에는 X를 이용한 실험만 진행되어서 선박의 무게나 모양에 따른 이탈력을 측정할 수 있는 정보가 없다. 따라서 보기 ①의 결론을 도출하기에는 한계가 있다.

<실험1>과 <실험2>를 비교하면 침몰 시간에 따른 해저면 이탈력을 비교할 수 있는데, <실험2>의 결과값이 더 크므로 침몰 시간이 길수록 더 큰 해저면 이탈력이 발생함을 알 수 있다. 이는 <실험3>과 <실험4>를 비교하여서도 확인할 수 있다.

한편 <실험1>과 <실험3>을 비교하면 인양속도에 따른 해저면 이탈력의 변화를 살펴볼 수 있다. <실험3>의 결과값이 더 크므로 인양속도가 빠를수록 해저면 이탈력이 더 크게 발생함을 알 수 있다. 이는 <실험2>와 <실험4>를 비교해서도 확인할 수 있다.

문 11 유형: 논리퀴즈 정답: ⑤

주어진 정보를 정리하면
1) (~가 → 다) & (바 → 가)
2) (~마 → 라) & (라 → 마)
3) ~라 V ~바
4) 가 V 나
5) (~나 → 바) & (~다 → 나)
6) (가 & 나) → ~마

2)에서 ~마 → 라 → 마 모순이므로, 마가 참임을 알 수 있다. '마'가 확정됐으므로 6)을 통해 (~가 V ~나)를 도출 할 수 있으며 이를 통해 가와 나 둘 중 하나만을 구매함을 알 수 있다.

i) 가 & ~나 의 경우
~나이므로 5)를 통해 바와 다가 참임을 도출할 수 있다. 또한 3)을 통해 '~라'가 확정된다..

ii) ~가 & 나 의 경우
~가 이므로 1)을 통해 다와 ~바를 도출할 수 있다. 이때 라의 구매 여부는 확정되지 않는다. 따라서 최소 3개, 최대 4개로 정답은 ⑤이다.

문 12 유형: 논리퀴즈 정답: ③

◦ A의 진술을 통해 갑은 2, 3, 4등 중 하나임을 알 수 있다.
◦ B의 진술을 통해 정은 4등임을 알 수 있다. 갑은 2등 혹은 3등으로 좁혀진다.
→ 여기서 갑은 2등, 정은 4등인 경우와 갑은 3등, 정은 4등인 경우를 유추할 수 있다. 을과 병의 경우 언급되지 않았으므로 둘의 순위는 알 수 없다.
◦ C의 진술을 통해 구구는 2승을 하고 우승을 하였음을 알 수 있다.
◦ D의 진술을 통해 두두는 첫 경기에서 졌음을 알 수 있다. 3~4위 전에 출전하였으며, 3위 혹은 4위일 것으로 경우를 좁힐 수 있다.
◦ E의 진술을 통해 루루는 2위 혹은 3위임을 알 수 있다. 2위인 경우 첫 경기 승리, 두 번째 경기 패배이며 3위인 경우 첫 경기 패배, 두 번째 경기 승리이다.
◦ F의 진술을 통해 루루와 누누는 경기를 하였음과, 루루가 승리했음을 알 수 있다.
→ 이상의 정보를 통해 루루와 누누가 첫 경기에서 만나 구구가 1위, 루루가 2위, 두두 혹은 누누가 각각 3, 4위임을 알 수 있다. 두두와 누누의 최종 순위는 주어진 정보만으로는 확정되지 않는다.
→ 루루와 누누가 두 번째 경기(결승전 혹은 3~4위전)에서 만날 수 없는 이유를 살펴 보면 다음과 같다. 첫째, 결승전에서 만날 수 없는 이유는 결승전에는 반드시 구구가 진출해야 하기 때문이다. 둘째, 3~4위 전에서 만날 수 없는 이유는 3~4위 전에는 반드시 두두가 출전해야 하기 때문이다.

① × 병 혹은 을이 우승자가 될 수 있으므로 주어진 정보만으로 반드시 병이 우승자라고 할 수는 없다.
② × 갑이 2등이 되는 경우와, 갑이 3등이 되는 경우가 있을 수 있다. 주어진 정보만으로는 어느 경우인지 확정할 수 없다.
③ ○ 갑이 누누를 플레이했다면 갑은 2등 혹은 3등이고 누누는 3등 혹은 4등이므로 갑&누누 조합은 반드시 3등이 되고, 정은 4등이고 두두는 3등 혹은 4등이므로 정&두두 조합은 4등이 된다.
④ × 병이 구구를 플레이 했고 정이 두두를 플레이 한 경우가 있을 수 있고, 이러한 경우라면 4강전에서 병과 정이 경기를 한다(4강 갑vs을, 병vs정)
⑤ × 을이 루루를 플레이 했다면 1위는 병(구구), 2위는 을(루루)로 확정된다. 3위는 갑, 4위는 정이지만 캐릭터는 확정되지 않는다. 만약 정이 두두를 플레이 했다면 을(루루)은 첫 번째 경기에서 반드시 누누와 맞붙어야 하므로, 갑과 맞붙는다.

문 13 유형: 병렬형 정답: ④

① ○ 갑과 을 모두 다수결제도가 중도적 선호에 도달하는 것 자체에 동의한다. 논쟁에 대한 분석으로 적절하다.
② ○ 갑은 권위주의 체제의 재정적인 지원과 추진력이 예술의 질적 다양성 향상의 요인이라고 본다. 논정에 대한 분석으로 적절하다.
③ ○ 을은 민주정부의 예술 정책 지원이 보조금 위주라는 것에 동의한다. 또한 이러한 보조금을 받기 위해 예술가들 사이에 질적인 경쟁이 이루어진다고 본다. 경쟁은 다양한 작품이 탄생하는 계기라고도 본다. 논쟁에 대한 적절한 분석이다.
④ × 갑과 을 모두 예술 정책 자체가 친정부적이고 획일화된 예술품을 만든다고 보지는 않는다. 예술 정책이 권위주의 또는 민주 정치 체계 하에서 이루어지는 가에 따라 질적인 다양성이 차이가 있다고 본다. 논쟁에 대한 적절한 분석이 아니다.
⑤ ○ 을은 예술 작품이 거대 유산만을 의미하지는 않는다고 보았다. 거대 유산 자체가 예술품이 아니라고 언급하지는 않았다. 거대 문화 유산 역시 예술 작품의 범주에 포함된다고 볼 수 있다. 논쟁에 대한 적절한 분석이다.

문 14 유형: 병렬형 정답: ①

ㄱ. ○ 을1은 실제로 한 은행에서 딥보이스로 흉내 낸 대기업 임원의 전화를 받고 420억 원에 달하는 금액을 송금한 딥보이스피싱 피해가 발생했다. 한 교수는 "내가 잘 아는 사람의 목소리가 보이스피싱에 활용된다면 신뢰감 확보가 훨씬 쉬워져 피해 사례가 더 커질 수 있다."며 딥보이스의 악용 위험성을 지적하기도 했다.
ㄴ. × 갑1은 캠페인이나 콘텐츠 제작 사례를 들어 딥보이스 기술에 찬성하고 있다. 을2는 을2는 현재 규제의 미비를 들어 딥보이스 기술에 반대하고 있으나, 사회적 합의와 약속이 선행되는 경우 딥보이스에 찬성할 여지가 있으므로 딥보이스의 허용가능성을 '전적으로' 부정하는지는 알 수 없다.
ㄷ. × 갑2는 성우의 목소리로 녹음하는 경우 기간이 길어지고 비용이 많이 든다는 점을 지적하였다. 그러나 딥보이스를 활용하면 제작 기간이 단축된다는 점만 언급하였을 뿐, 비용에 대한 이점은 제시되지 않았다. 비용이 감축되는지에 대한 사실은 알 수 없다.

문 15 유형: 일치부합추론 정답: ⑤

① × 표현주의는 대상의 사실적 표현을 거부하고 감정의 묘사에 집중한다.
② × 표현주의는 화가의 감정을 표현하는데 중점을 두기 때문에 대상의 색과 형태가 왜곡되어 나타나는 것이지, 그 역관계의 성립 여부에 대해서는 본문에 소개된 바 없다.
③ × 이성을 맹신한 결과 물질문명의 병폐를 경험함에 따라, 이성에 대한 회의감과 인간의 실존 문제가 주목받게 되었다.
④ × 표현주의는 기존 사실주의 회화와 달리 작가의 감정이나 내면을 표현하려고 하였다, 이러한 점으로 인해 표현주의를 아방가르드 운동의 일종으로 볼 수 있을 뿐 표현주의 자체가 아방가르드 운동을 위한 수단으로서 표현 대상을 내면으로 설정한 것은 아니다.
⑤ ○ 표현주의는 조형 요소를 통해 작가의 감정을 표현하는 현대 추상 미술의 기반이 되었다.

문 16 유형: 강화약화논증 정답: ①

① 육류 섭취가 제한적인 사람에게도 필수 아미노산 섭취가 중요하다는 점은 배양육을 통해 이들에게 결핍된 영양보충이 가능하다고 언급한 글의 논지를 약화하지 않는다.

② 배양육을 보편화하기에는 금전적 어려움이 따른다는 점은 배양육 보편화에 긍정적인 입장인 글의 논지를 약화한다.

③ 실질적으로 배양육에 대한 평가는 부정적이며 수요가 많지 않을 것이라는 점은 논지를 약화한다.

④ 배양육의 배양과정에서 에너지 소모량이 많다는 점은 글에서 '에너지 소모량을 대폭 감소시킬 수 있다는 내용과 상충되어 논지를 약화한다.

⑤ 배양육을 통해 생명윤리 논란에서 벗어날 수 있다고 언급한 글의 논지를 약화한다.

문 17 유형: 강화약화논증 정답: ⑤

첫 문단에서 뇌물죄를 통해 우리 법이 달성하고자 하는 목표가 있을 것임을 암시하고, 이후 직접적인 보호법익에 대해서는 판례를 인용하며 설명하고 있다. 판례를 통해서 '공정에 대한 사회의 신뢰에 기한 직무행위의 불가매수성'을 보호법익으로 한다는 것을 알 수 있고, 이는 공무의 공정에 대한 사회 일반의 신뢰도 보호법익에 포함됨을 알 수 있게 한다.

한편, 알선수뢰죄에 대한 설명으로도 우리나라 뇌물죄의 직접적인 보호법익에 대한 해석을 제공하는데, '시민들이 공정한 공무집행을 더 이상 믿지 못하는 상황을 막기 위해' 알선수뢰죄까지도 우리 법에서는 처벌하고 있다는 것을 통해 '종합설'에 따라 해석해야 함을 알 수 있다.

문 18 유형: 강화약화논증 정답: ①

ㄱ. ○ A는 인간의 본성을 본연지성과 기질지성으로 설명하는 가운데, 인간이 하늘로부터 순수하고 선한 본연지성을 부여받는다고 주장하였다. 따라서 연쇄살인마의 악한 행위는 선한 본연지성에 악한 기질이 더해진 것으로, A의 견해는 약화되지 않는다.

ㄴ. × B는 인간과 동물 모두가 각각의 기호를 본성으로 갖는다고 보았으나, 도덕적 욕구를 인간만이 지니는 욕구로 본 바는 없다. 따라서 B의 견해는 약화되지 않는다.

ㄷ. × A는 인간의 본성인 본연지성을 선천적인 것으로 본다. B는 인간의 본성을 기호로 보고, 인간의 기호는 감각적 욕구 또는 도덕적 욕구로부터 비롯되는 것으로 전자를 제어하고 후자에 따를 때 선한행위가 나타난다고 말한다. A는 본성의 변화 가능성에 대해 언급한 바 없으나, B는 자유의지에 의한 기호의 변동 가능성을 긍정한다. 따라서 선지의 내용이 사실일 때 A의 견해는 약화되지 않으나, B의 견해는 강화된다.

문 19 유형: 세트형 정답: ⑤

① ○ 모두 A에 대한 서술로 옳다.

② ○ 도핑의 공정성 논의로는 어떤 도핑약물을 금지하거나 허용할지, 그리고 왜 도핑이 문제인지에 대해 설명하지 못한다고 보는 B는 스포츠의 가치와 의미에서 도핑 규제의 필요성을 찾는다.

③ ○ C는 외적 불평등이 도핑의 허용으로 풀 수 있는 문제가 아니라고 하며, 선수를 인간의 탁월성의 도덕적 추구를 구현하는 자유로우면서도 책임있는 도덕 주체로 정의한다.

④ ○ 도핑이 공정한 경기를 막는 불공정한 행위라고 보는 C는 도핑이 비난받을만한 인공적인 시도라고 주장한다.

⑤ × 도핑 허용을 통해 유전적 불평등을 해소할 수 있다고 주장하는 입장은 A에 해당하며, 사이클 선수들의 저압실 훈련의 정당성에 대한 공부정은 지문을 통해 알 수 없다.

문 20 유형: 세트형 정답: ⑤

ㄱ. ○ A는 에로 맨튀란타와 같이 ACE를 보유한 사람들의 운동 능력이 더욱좋다는 점을 이유로 특정 유전자로 인해 발생하는 유전적 불평등을 해소하고자 도핑을 허용해야 한다고 주장한다. 그러므로 에로 맨튀란타가 훈련을 열심히 했다는 점은 A를 강화하지 않는다.

ㄴ. ○ B는 도핑이 불공정하다는 판단은 도핑 금지 규칙을 제정한 뒤 내릴 수 있는 것이라 주장하므로 B를 약화한다.

ㄷ. ○ A, C 모두 유전학적 내용을 통해 주장을 펼치고 있는데, 이러한 유전학을 논의하는 방식이 틀린 것이 분명하다고 차후에 밝혀진다면 A, C 주장이 모두 약화된다.

문 21 유형: 일치부합추론 정답: ②

① × 의천이 유학을 결심하였음을 알 수 있으나 어떤 것들을 배우리라 기대하였는지는 알 수 없다. 따라서 옳지 않다.

② ○ 의천이 1085년 유학을 떠났고 6문단에서 1086년 귀국하였음을 알 수 있으므로 2년이 채 되지 않는 기간 동안 유학하였음은 옳고, 4문단에서 천태사상을 전수받았다는 내용을 통해 선지의 후단도 옳음을 알 수 있다.

③ × 의천은 철종으로부터 하사받은 금은보화로 인쇄한 경전을 모두 혜인선원에 기증했다. 따라서 옳지 않다.

④ × 무종은 불교를 탄압한 당나라의 왕이다. 선종은 그러한 국서를 선종에게 전달했다. 따라서 옳지 않다.

⑤ × 왕자 후가 의천이라는 자를 사용하였고 2문단에 의하면 <청입대송구법표>는 의천이 문종에 보낸 문서이다. 따라서 옳지 않다.

문 22 유형: 일치부합추론 정답: ④

① ○ 바이러스의 식물체 침입은 다양한 작물에서 생리적 불균형을 야기한다.

② ○ 종종 단독 바이러스 감염에서는 이상 징후가 드러나지 않아 과소평가되는 바이러스도 있다.

③ ○ B 바이러스로 인해 미국과 영국에서 감자 손실이 발생한다고 언급하고 있다. 옳은 선지이다.

④ × 기주식물 자체의 물리적 장벽 때문에 바이러스는 상처 혹은 매개체를 통해 식물 세포 안으로 이동한다. 매개체와 함께 상처 안으로 운반되는지는 알 수 없다.

⑤ ○ 식물바이러스 피해가 증가하는 실정의 주요한 요인으로 지목된 것은 국제화로 인한 무역 다변화와 기후변화 등이 있으며, 최근 기후변화로 인해 새롭게 출현한 병원균 중 50% 이상이 식물바이러스라는 점을 통해 알 수 있다.

문 23 유형: 일치부합추론 정답: ①

① × 알 수 없는 내용이다. 주어진 내용만으로는 제우스신상이 언제 파괴되었는지 알 수 없다. 오히려 1문단에 따라 '당대에 볼 수 있었던 경관'을 불가사의 목록에 포함시켰음을 고려한다면, 안티파트로스는 제우스신상을 볼 수 있었다고 보는 것이 타당하다.

② ○ 아야 소피아는 중세 7대 불가사의에 포함되는데, 재건하는 과정에서 고대 7대 불가사의에 포함된 아르테미스 신전의 일부가 사용되었다.

③ ○ 헤로도토스의 불가사의에 대한 기록이 남아 있지 않아 안티파트로스의 목록이 최초의 세계 불가사의 목록으로 인정되고 있다. 따라서 기록이 남아 있는 목록 중에는 안티파트로스의 것이 가장 오래되었음을 알 수 있다.

④ ○ 카타콤은 20세기에 선정된 중세 7대 불가사의에 포함되어 있는데, 1문단에 따르면 불가사의 목록은 당대에 볼 수 있었던 것을 대상으로 한다. 따라서 20세기에도 카타콤을 볼 수 있었고, 카타콤이 존재했다는 것을 알 수 있다.

⑤ ○ 꾸준한 시도에도 불구하고 파괴된 구조물들을 복원하지 못하는 것은 완전하고 상세한 기록이 없기 때문이다.

문 24 유형: 일치부합추론 정답: ⑤

① ○ 글루코시놀레이트를 곤충의 애벌레가 이를 섭취했을 때 생화학적 작용에 의해 체내에서 독성 물질로 바뀌는 기전이 있으나, 인간에게는 항암 작용을 하는 성질이 있다고 명시되어 있다.

② ○ "효소처리 과정이 생략된 질량분석법(MS)이 제시되고 있으나 이 역시 조작이 복잡하고 비용이 많이 들어 활용하는 데에는 한계가 있다."라고 하여 효소처리 과정을 생략하여도 나름의 한계가 존재한다는 것을 확인할 수 있다.

③ ○ "이 기술은 배추 등 8종의 십자화과 채소에서 수집한 총 10종의 글루코시놀레이트가 비색센서에 반응하는 차이를 분석하는 방식이다. "라고 하여 8종의 채소에 10종의 글루코시놀레이트가 존재함을 확인할 수 있다. 비둘기집의 원리를 생각하였을 때 2종 이상의 글루코시놀레이트를 포함하는 채소가 반드시 한 종류 이상 있다.

④ ○ 비색센서를 이용해 효소처리 과정을 생략하면서도 글루코시놀레이트를 신속하고 정확하게 판별하는 기술이 새롭게 개발되었으므로 옳다.

⑤ × "글루코시놀레이트의 종류 및 농도에 따라 비색센서가 각각 다르게 인식하여 색깔로 구분된다."라고 하여 글루코시놀레이트의 종류뿐만 아니라 농도에 따라서도 비색센서가 각각 다르게 인식한다.

문 25 유형: 특수질문형 정답: ③

(나) : 지문 전체를 포괄하는 핵심 키워드인 '딥보이스'의 정의를 내용으로 한다. '딥보이스', '딥러닝'과 같이 이 문단에서 설명한 기술 용어들이 (라), (가), (다)에서 자연스럽게 등장하는 점을 볼 때도 해당 문단이 첫 번째로 오는 것이 자연스럽다.

(라) : (나)에서 정의한 딥보이스 기술의 발전 및 이를 통한 기술의 활용과 관련한 최근 동향을 소개한다. 그중에서도 AI 커버곡을 예시로 들며 비교적 긍정적인 전망 및 활용 사례를 제시한다.

(가) : 첫 문장에서 언급된 '예술의 창의적 가능성 확대'를 통해 직전 문단이 (라)임을 짐작할 수 있다. (가)는 직전 문단인 (라)와는 반대되는 딥보이스 악용과 관련한 내용을 담고 있다. 특히 보이스피싱 등의 범죄를 이야기하며 마지막 문장에서는 딥보이스를 활용한 범죄에 대한 대응 마련을 촉구한다.

(다) : (가)의 마지막 문장과 연결하여 딥보이스 악용 방지 대책으로서 최근 특허가 나온 '딥보이스 탐지 기술'을 소개한다.

즉, 해당 지문은 딥보이스에 대한 정의를 소개하고 그 기술 발전 및 활용 동향과 긍정적인 사례, 그리고 이어서 악용 사례와 그에 대한 대책을 제시하는 흐름으로 전개된다.

문 26 유형: 일치부합추론 정답: ①

① ○ 최근에는 사이토카인 분비를 억제해 패혈증을 치료하려는 시도가 있다. 패혈증의 치료가 결국 다발성 장기부전을 막는 것이므로 사이토카인 분비 억제가 패혈증으로 인한 다발성 장기부전을 막을 수 있다.

② × 인산화효소는 IκB를 분해시킨다. 그러나 그 후 세포핵에서 보조활성인자와 결합하는 것은 NF-κB이다.

③ × 알 수 없다. 제시문을 통해서 알 수 있는 것은 사이토카인으로 인한 패혈증 시 복수의 장기 기능이 저하된다는 것이다. 장기 기능이 저하될 경우 패혈증이 나타나는지는 알 수 없다.

④ × 과다한 염증반응은 고열, 혈압 및 산소공급 저하, 세포자살 등을 동반한다. 그러나 항상성 유지를 동반하는지는 알 수 없다. 더욱이 4문단에서 항상성을 유지하는 것이 패혈증 치료법 중 하나라는 것을 통해 항상성 유지가 과다한 염증반응과는 반대의 위치에 있음을 추론할 수 있다.

⑤ × 패혈증은 NF-κB가 DNA에 작용하여 염증 프로세스를 담당하는 유전자를 과도하게 발현시키는 데에서 생긴다. NF-κB를 충분하게 유지하는 것이 패혈증에 부정적인 영향을 미칠지언정, 패혈증으로 인한 사망을 막을 수 있는지는 알 수 없다.

문 27 유형: 일치부합추론 정답: ④

① × 인공지능이 인간의 사상과 감정에 준하는 저작물을 만들어도, 인공지능은 '사람'이 아니므로 틀린 선지이다.

② × 타인의 표현된 아이디어의 경우, 표현되지 않은 아이디어와는 달리 무단으로 사용한 경우 저작권 침해에 해당한다. 따라서 틀린 선지이다.

③ × 어문 형태의 저작물이 9가지 유형에 해당하는 것은 맞다. 그러나 어문 형태의 작품이 저작물이 되기 위해서는 저작물의 성립 요건 3가지를 충족해야 한다. 틀린 선지이다.

④ ○ 높은 수준의 예술성을 갖춘 저작물의 표현이라도, 저작자 스스로의 표현이어야 한다. 저작자의 표현이 드러나지 않는다면 저작권법 상의 보호를 받을 수 없다. 맞는 선지이다.

⑤ × 원숭이는 인간이 아니다. 즉 '인간'의 사상 또는 감정일 것 이라는 저작물의 성립요건에 해당하지 않는다. 틀린 선지이다.

문 28 유형: 일치부합추론 정답: ①

① ○ 2문단의 로크의 이론에 따르면, 기억과 의식의 연속성이 동일성의 핵심이므로, 복제된 존재가 원래 과학자의 모든 기억과 성격을 가지고 있다면 동일한 인격체로 간주될 수 있다.

② × 3문단에 따르면 흄은 자아를 지속적인 실체로 보지 않았으므로, 동일성 문제에 대한 논쟁이 무의미하다고 볼 수 있다. 그러나 두 존재 모두 자아를 가지지 않는다고까지 단정하기는 어렵다.

③ × 4문단에 따르면 분열 사례는 정체성이 한 사람과의 일대일 대응 관계가 아닐 수 있음을 보여주므로, 복제된 존재와 원래의 과학자 모두 본인으로 인정될 수 있다.

④ × 2문단의 로크의 심리적 연속성 이론에 따르면 신체보다 의식과 기억이 중요하다.

⑤ × 5문단에 따르면 복제와 이식이 윤리적, 법적 문제와 연관될 수 있음을 제시문에서 알 수 있다. 따라서 문제가 없다고 단정지을 수 없을 뿐만 아니라, 윤리적 문제인지 여부는 두 존재의 동일성을 구별하는 기준이라고 볼 수 없다.

문 29 유형: 일치부합추론 정답: ③

① × 웹페이지들로부터 각각 5, 7, 9를 받았다면 A값은 21이며, 웹페이지에 보내지는 값은 각각 7이다.

② × 30% 사용자가 링크를 통해 다른 웹페이지로 이동하지 않았다면 댐핑 인자는 0.7이다.

③ ○ 댐핑 인자는 사용자들이 웹페이지를 읽다가 링크를 통해 다른 웹페이지로 이동하지 않는 비율을 반영한 값이다.

④ × 검색어가 많이 나올수록, 웹페이지의 평균 글자수보다 글자수가 적을수록 적합도가 높아지게 된다.

⑤ × 웹페이지의 나열 순서는 중요도, 적합도와 기타 항목들을 적절한 비율로 합산하여 결정된다.

문 30 유형: 병렬형 정답: ⑤

ㄱ. ○ A방식과 B방식 모두 전력을 전달하는 1차 코일에 해당하는 송신부와, 전력을 전달받는 2차 코일에 해당하는 수신부가 존재할 때 무선으로 전력을 주고받는 것이 가능하다.

ㄴ. ○ B방식은 A방식과 달리 수 미터 가량 근거리 전력 전송이 가능하다는 장점이 있으며, 여러 전자 제품을 전원을 연결하지 않아도 동시에 충전할 수 있는 장점을 지닌다.

ㄷ. ○ B방식은 현재 코일 크기의 한계로 일반 가전제품에 이용할 수 없으므로, 만약 일반 가전제품이 무선 전력 전송 방식이 사용되고 있다면 이는 A방식에 해당할 가능성이 높다.

문 31 유형: 논리퀴즈 정답: ③

제시문을 요약하면 다음과 같다.

1. 영∧프 → ~독∨체
2. ~프 → 영
3. ~영∨~체
4. (독 → 이)∧(~독 → ~이)

최소 0명의 보기가 있으니 모두 가지 않는 경우를 먼저 검토한다. 이 경우 '2번 조건'에 따라 프랑스를 가지 않으면 영국을 반드시 가야 한다. 따라서 최소 0개국은 될 수 없다. 한편 영국과 체코를 기준으로 경우를 나누어보자. 만약 영국을 간다면 체코를 가지 않는다. 그렇다면 '1번 조건'에 따라 프랑스를 가지 않거나, 독일을 가지 않는다. 이에 따라 경우를 다시 나누고 '4번 조건'을 결합하면 다음과 같은 경우의 수가 도출된다.

영	프	독	체	이
O	O	X	X	X
	X	O		O
	X	X		X

다음으로, 체코를 가는 경우를 판단한다. 체코를 간다면 영국을 가지 않는다. 그렇다면 '2번 조건'에 따라 반드시 프랑스를 가야한다. 영국, 프랑스, 체코의 여행 여부가 결정되었으므로 '4번 조건'을 이용해 다음과 같은 경우의 수를 도출할 수 있다.

영	프	독	체	이
X	O	O	O	O
		X		X

마지막으로 영국과 체코 모두 가지 않는 경우를 판단한다. 그렇다면 '2번 조건'에 따라 반드시 프랑스를 가야한다. 이후 '4번 조건'에 따라 경우를 나누면 다음과 같다.

영	프	독	체	이
X	O	O	X	O
		X		X

따라서 희찬이는 최대 4개, 최소 1개의 국가를 여행한다.

문 32 유형: 논리퀴즈 정답: ①

1) 갑의 두 번째 진술과 병의 첫 번째 진술이 참인 경우

병은 범인이 아니므로 을의 두 번째 진술은 참이고 정의 첫 번째 진술은 거짓이다. 적어도 하나의 진술이 참이므로 정의 두 번째 진술은 참이다. 따라서 병의 두 번째 진술은 거짓이고 을의 첫 번째 진술은 거짓이다. 즉, 갑, 을, 정이 범인이고 범인이 훔친 어떤 물건은 순금으로 되어있으며, 범인이 오토바이를 타고 달아났는지는 알 수 없다.

2) 갑의 두 번째 진술과 병의 첫 번째 진술이 거짓인 경우

갑의 첫 번째 진술과 병의 두 번째 진술이 참이므로 정의 첫 번째 진술은 거짓이고 정의 두 번째 진술은 참이어야 한다. 그러나 병의 두 번째 진술과 정의 두 번째 진술은 동시에 참일 수 없으므로 성립하지 않는다.

따라서 갑, 을, 병, 정 각각의 진술은 ?,T/F,T/T,F/F,T 이며, 갑, 을, 정이 범인이고 범인이 훔친 어떤 물건은 순금으로 되어있다. 범인이 오토바이를 타고 달아났는지는 알 수 없다.

문 33 유형: 병렬형 정답: ④

ㄱ. × 갑은 미세한 입자 S의 존재를 가정할 뿐, 실제로 존재한다고 완전히 믿고 있지는 않다. 존재할 가능성이 크다고 생각할 뿐이다.

ㄴ. ○ 이 입장은 갑의 입장과 달리 가정이 증명이 되어야 수용할 수 있다는 입장이다. 따라서 갑의 입장에 동의하지 못한다. 또한, 을 역시도 S의 존재에 대해서 동의하지 않고 있기 때문에 이론의 가정을 부정하면서 이론의 결론에 대해서는 수용적 태도를 취하는 을의 입장에도 동의하지 못할 것이다.

ㄷ. ○ 병은 이론이 성공적이라면 그 이론이 가정하는 것들이 실제로 존재한다고 믿음으로서 가정을 수용하지만, 갑은 존재할 가능성이 크다고 생각하는 선에서 그친다. 따라서 옳다.

문 34 유형: 빈칸·밑줄형 정답: ⑤

데이터센터에 필요한 전기를 생산하는 과정에서 이산화탄소가 배출되어 디지털 탄소 발자국이 늘어남을 알 수 있다. 빈칸 후문의 디지털 탄소 발자국을 줄이기 위한 구체적 실천 방안들을 고려할 때, 빈칸에는 데이터 센터의 전력 소모를 줄이기 위해 송수신되는 데이터의 양을 줄인다는 내용이 들어가는 것이 바람직하다.

문 35 유형: 빈칸·밑줄형 정답: ①

㉠의 경우, 경제적 수입에 가치관이 놓여 있는 것을 의미하므로 일 자체에 대한 자부심과 만족도를 의미하는 '내적' 가치관이 아닌 일을 수단으로 생각하는 '외적' 가치관에 해당한다.

㉡의 경우, 3문단 4줄에 경제적 수입에 치관이 놓여있는 사람은 담당 직무에 만족감을 느끼지 못한다고 언급된 것으로 미루어 보아 '낮아지는'이 해당된다.

㉢과 ㉣의 경우, 우선 3문단 6줄에 의해 직무 만족도 낮음→조직 몰입도 낮음→조직을 떠나려고자 함을 알수 있다. 이를 통해 3문단 마지막줄에 언급된 바와 같이 '높은 사회적 지위를 추구하는 사람일수록 ~ 조직을 떠나고자'하므로 ㉢은 '반비례'가, '장기적으로는 조직에 잔류하며 ~ 지속적으로 신분상승을 꿈꾸'므로 ㉣에는 '비례'가 들어가야 한다.

문 36 유형: 강화약화논증 정답: ②

ㄱ. × A는 언어를 배우는 것을 일상 활동들의 맥락 속에서 언어를 사용하고 반응하는지를 배우는 것이라고 주장할 뿐, 추상적 개념의 인지 자체를 부정하는 것은 아니다. 따라서 선지와 같이 사전에 실려 있는 노란색의 추상적 개념을 이해하는 것은 A가 주장하는 언어를 배우는 것과 무관하며, A의 견해는 약화되지 않는다.

ㄴ. ○ A는 언어가 그것을 사용하는 사람들의 구체적 활동과 관련하여만 의미를 지닌다고 말한다. 선지의 주장이 사실이라면 언어는 인간 활동과 무관하게 의미를 지니는 것으로, A의 견해는 약화된다.

ㄷ. × A는 언어의 모호함이 제공할 수 있는 표현의 용이함을 지적하며, 언어의 불명확성이 융통성의 여지를 넓히는 장점을 제공할 수 있다고 말하고 있다. 이러한 관점에서 A는 언어가 불명확성을 포함하지 말아야 한다고 주장한 바 없으며, 선지의 내용이 사실이더라도 A의 견해는 약화되지 않는다.

문 37 유형: 강화약화논증 정답: ②

ㄱ. ○ 갑은 포틀래치를 자발적인 증여 행위로 보아, 그에 대한 답례 포틀래치는 재산을 탕진하는 비합리적인 생활양식으로 간주한다. 답례 포틀래치와 같은 비합리적 반응으로 실제 원주민들의 생활 수준이 선지와 같이 하락하였다면, 이는 갑의 주장을 강화하는 예시에 해당한다.

ㄴ. ○ 갑의 견해와 같이 포틀래치가 자발적인 증여 행위에 해당하는 경우, 포틀래치를 호혜적 교환 행위로 전제하는 을과 병의 견해는 약화된다.

ㄷ. × 포틀래치가 공동체 형성의 충분조건이라면, 포틀래치는 공동체의 형성 이전에 나타나는 행위이다. 을은 포틀래치가 이미 형성된 공동체의 결속력을 강화하는 것으로 보고 있으므로, 선지의 내용의 사실인 경우 을의 견해는 강화되지 않는다. 반면 병은 포틀래치에서 나타나는 호혜적 교환이 사회적 공동체를 형성시킨다고 말하고 있으므로, 적어도 병의 견해가 약화되지는 않는다.

문 38 유형: 강화약화논증 정답: ④

ㄱ. ○ 갑은 국민이 반드시 법에 따를 것을 주장하고 있으며, 동시에 헌법학의 대상에서 도덕적 요소를 배제하고 있다. 이러한 점에서 어떠한 도덕적 가치 판단 없이 법에 따를 것을 요청하는 철학자의 말이 참이라면 갑의 견해는 강화된다.

ㄴ. × 을은 헌법 제정에 있어 제정 권력자의 의지를 중요시하고 있다. 따라서 헌법이 제정 권력자로서 독재자의 의사에 의해 정립된 경우, 그 결과와 무관하게 정당성을 지닌다고 할 수 있으므로, 을의 견해는 약화되지 않는다.

ㄷ. ○ 병은 헌법이 지니는 사회 통합 기능과 정치 세력 사이의 조화를 주장한다. 이러한 점에서 선지의 사례는 병이 주장하는 헌법의 기능의 예시로, 병의 견해를 강화한다.

문 39 유형: 세트형 정답: ④

① × 갑은 학업성취도에 있어 지능이 50%까지 설명할 수 있고 지능의 20%는 환경 요인이 설명할 수 있다고 주장한다. 따라서 환경적 요인이 일부 작용한다고 보는 입장이다.

② × 을은 학업성취도의 차이를 해소할 수 있는 문화 여건 보장이 정책적으로 필요하다고 보며, 그것이 진정한 기회균등이라고 본다. 그러나 갑은 학업성취도의 차이가 유전 인자가 다르기 때문일 뿐, 기회균등의 원리가 무너져서는 아니라고 본다. 따라서 선지와 같이 학업성취도에 차이가 존재하더라도 갑은 기회균등이 제대로 이루어지지 않고 있다고 생각하지는 않는다.

③ × 병은 학습에 대한 평가가 제도권 교육과정을 토대로 이루어진다고 본다. 그러나 을은 이에 대해 어떠한 입장인지 주어진 내용만으로는 알 수 없다. 을은 '평가'가 문화에 기초하여 이루어진다는 것이 아니라, '평가 결과'가 문화에 따라 달리 나올 수 있다는 것을 주장한다.

④ ○ 갑은 선천적으로 부여받은 유전 인자를, 을은 학생들이 처한 환경(문화)을, 병은 교사를 주요 요인이라고 본다.

⑤ × 병은 '블룸'을 인용하여 적절한 '교수법'이 있다면 학급의 최대 95%의 학생이 학습효과를 볼 수 있다고 했다.

문 40 유형: 세트형 정답: ③

ㄱ. × 을은 흑인 가정의 문화를 열등문화, 백인 가정의 문화를 우수문화로 보면서 이것이 집단 간 학업성취도의 차이를 만들었다고 본다. 그런데 흑인 가정의 문화에서 자란 A가 문화적인 지원 없이도 B보다 더 높은 학업성취도를 기록했으므로 을의 주장의 반례가 된다. 따라서 약화한다.
한편, 갑은 유전적 요인이 지능을 결정하고, 지능이 학업성취도를 결정한다고 본다. 보기의 A와 B의 사례만으로는 갑의 주장을 평가하기 어렵다. 따라서 무관한 내용이다.

ㄴ. × 보기 ㄱ과 마찬가지로 보기의 사례만으로는 갑의 주장을 판단할 수 없다. 동일한 온라인 강의를 들었음에도 학업성취도에 차이가 존재하는 경우 이것이 을의 주장처럼 '문화'의 문제인지, 학생의 '동기부족'의 문제인지 알 수 없다. 같은 이유로 '선천적인 지능'의 차이인지도 알 수 없다.

ㄷ. ○ 갑은 유전적 요인이 학업성취도의 차이를 가져온다고 본다. 이에 따르면 보상교육의 유무와 상관없이 흑인, 이민자 가정의 자녀들의 학업성취도가 더 낮아야 한다. 그럼에도 보기에서는 보상교육을 통해 백인 가정의 자녀만큼 성취도가 향상되었다고 했으므로 갑의 주장을 약화한다.
한편, 우수문화의 향유를 통해 학업성취도가 향상되었으므로 문화실조가 학업성취도에 영향을 미친다고 본 을의 주장은 강화하는 사례가 된다.

제 6회

1	2	3	4	5	6	7	8	9	10
③	①	②	④	④	①	⑤	①	⑤	①
11	12	13	14	15	16	17	18	19	20
④	③	②	③	⑤	④	⑤	⑤	①	④
21	22	23	24	25	26	27	28	29	30
④	④	⑤	③	⑤	②	①	②	②	③
31	32	33	34	35	36	37	38	39	40
⑤	④	②	③	②	②	⑤	③	②	③

문 1 유형: 일치부합추론 정답: ③

① ○ 일반적인 굿거리장단에서 겹채를 표현하는 '기덕'은 한 정간에 점을 나타내는 부호가 하나만 존재하여 한 소박에 해당한다.

② ○ 국악의 장단은 일정한 주기로 소리의 길이와 강약이 규칙적으로 되풀이되는 것을 말하며, 굿거리장단은 우리 민요 장단의 예로 3소박 4보통박으로 구성된다.

③ × 보통박이 4번 나타나는 3소박 4보통박으로 구성된 장단을 표현하기 위해 12정간이 필요한 것이지, 정간보가 반드시 12정간으로 구성되는 것은 아니다.

④ ○ 장구의 채편으로 덕, 기덕, 더러러러 등의 표현이 가능하며, 이러한 표현은 다음 정간에 나타나는 빈칸의 유무에 따라 한 소박, 두 소박 등 다양한 길이를 나타낼 수 있다.

⑤ ○ 굿거리장단은 3소박 4보통박으로 구성되며, 연주자는 악곡의 흐름이나 스스로의 해석에 따라 기본 장단을 흐트러트리지 않는 범위 내에서 변주가 가능하다.

문 2 유형: 일치부합추론 정답: ①

① ○ 나전칠기 제작의 첫 단계는 목공예품 위에 옻칠을 여러 번 되풀이 하는 것으로 시작되는데, 이러한 옻칠을 반복하는 것은 짙은 바탕색을 만들고 그 보존 효과를 높이기 위해서이다.

② × 나무 바탕에 다른 재질이나 색깔의 나무를 박아 넣어 상감하는 표면 장식 기법은 목화 기법으로, 이는 서양의 모자이크와 유사한 면이 존재한다. 나전칠기는 이러한 목화 기법을 발전시킨 나전 기법을 사용해 만들어진다.

③ × 중국에서 시작된 나전 기법은 한국등으로 전해졌으며, 한국에서는 다양한 표현 기법이 개발되어 중국에 다시 영향을 끼치게 되었다. 다만 오늘날 중국의 나전은 쇠퇴하여 그 명맥은 끊겨있는 상황이다.

④ × 나전 기법은 메소포타미아의 목화 기법을 발전시킨 독창적인 기법으로, 오늘날 우리 고유의 나전칠기에 사용되고 있다.

⑤ × 중국에서 시작된 나전기법은 당대에 주로 백색의 야광패로 두껍게 만든 자개만을 사용하였으나, 일본이 이러한 자개를 전승하였는지에 대해서는 본문에 언급된 바 없다.

문 3 유형: 일치부합추론 정답: ②

① × 추상표현주의는 나치를 피해 건너온 화가들이 자유로운 기법과 행위 자체에 중점을 둔 제작 방법을 통해 개인의 감정을 나타내고자 한 회화 사조이다. 다만 이들이 나치의 문제를 고발하고 저항하였는지는 본문에 나타난 바 없다.

② ○ 잭슨 폴록은 자유로운 기법(드리핑 방법)과 행위 자체에 중점을 둔 제작 방법(액션페인팅)을 통해 자신의 자유로운 내면 세계와 감정을 표현하였다.

③ × 잭슨 폴록은 지각이 가능한 대상을 표현하지 않음으로 그림에서 구체적 형상을 떠올리기 어렵게 만들었다. 또한 그림을 그린다는 행위 자체에 절대 가치를 부여하였다. 다만 본문에서 양자 간의 인과관계에 대해서는 언급한 바 없다.

④ × 폴록은 화면 전체를 균일하게 그리는 전면회화를 구사함으로, 액자 형태의 그림과 달리 상하좌우 구도를 약화시키는 한편 입체감과 공간감을 통해 형성되는 모든 관념을 배제 하였다.

⑤ × 폴록은 화가가 의도된 계획에 따라 그림을 그려나가는 회화 방식으로부터 벗어나려고 하였다. 다만 폴록이 벗어나려고 한 회화 방식이 나치에서 유행하였는지에 대해서는 본문에 드러난 바 없다.

문 4 유형: 일치부합추론 정답: ④

① ○ 1문단의 내용을 통해 그대로 확인할 수 있다.

② ○ 요소회로는 발견된 최초의 대사 회로이며, 주로 간에서 일어나지만 콩팥에서도 일어난다.

③ ○ 모든 동물은 암모니아를 배설할 방법을 필요로 하므로 암모니아를 배설하지 않는 동물은 없음을 유추할 수 있다. 동일 문단 이하의 내용에서 각기 다른 암모니아의 배설 방법을 설명하고 있다.

④ × "암모니아 배출 생물은 암모니아를 다른 물질로 전환하지 않고 암모니아를 배출한다."라고 명시되어 있다. 암모니아를 카바모일 인산으로 전환시키는 과정은 요소 배출 생물에게서 일어난다.

⑤ ○ "요소 회로는 미토콘드리아에서 1가지와 세포질에서 3가지의 총 4가지 효소 반응으로 구성된다. 요소는 5가지 효소 반응을 통해 암모니아로부터 생성된다."라고 명시되어 요소회로에서 일어나는 4가지 효소 반응 외에도 1가지의 효소 반응이 필요함을 알 수 있다.

문 5 유형: 일치부합추론 정답: ④

① × 유전자 치료란 유전자 이상으로 인해 손상된 세포 안에 치료용 유전자를 넣어 질병을 치료하는 방법을 말한다. 이때 벡터는 치료용 유전자를 핵까지 운반하는 전달체로, 유전자 발현을 통해 질병을 치료하는 것은 벡터가 아닌 치료용 유전자이다.

② × 바이러스성 벡터는 세포막과 잘 결합하며, 치료용 유전자를 핵까지 쉽게 전달할 수 있기 때문에 유전자의 발현 효율이 높다.

③ × 바이러스성 벡터가 바이러스를 이용한다는 점에서, 질병의 발생 가능성이라는 문제를 지닌다는 것은 사실이다. 다만 비바이러성 벡터는 이러한 바이러스성 벡터를 보완해주는 것이 아닌 대체하는 벡터로, 독성으로 인한 부작용과 질병 유발이라는 문제를 해결한다.

④ ○ 비바이러스성 벡터에는 주로 고분자가 사용되며, 고분자는 치료용 유전자와 결합해 치료용 유전자를 압축시킨 후 세포막을 통과해 핵까지 도달한다. 이후 핵 안에 들어간 치료용 유전자가 유전자 발현을 통해 유전자를 치료하게 된다.

⑤ × 바이러스성 벡터는 비바이러스성 벡터에 비해 유전자 발현 효율이 높으며, 제조 방법이 어렵고 벡터에 실리는 유전자 크기에 제한이 존재한다.

문 6 유형: 일치부합추론 정답: ①

① ○ 연구팀은 2014년 미마스가 자전과 공전을 하는 도중에 흔들리는 현상을 발견했는데, 이런 현상은 미마스 내부에 단단한 암석 핵이 있거나 액체 지하 바다가 있다는 증거다. 이후 추가로 자료를 분석한 결과, 카시니호가 토성을 탐사한 13년 동안 미마스 궤도가 약 10km 이동한 것이 확인됐다. 연구팀은 이 결과를 토대로 시뮬레이션을 한 뒤 미마스에는 암석 핵이 아닌 지하 바다가 존재한다고 추론했다.

② × 토성 위성인 미마스와 엔켈라두스에는 지하 바다가 존재하지만, 바다의 존재만으로 생명체의 존재를 단정할 수는 없다고 말하고 있다. 바다의 존재와 생명체의 존재는 필연적인 관계가 아니므로 틀린 선지.

③ × 미마스는 토성의 14번째가 아닌 10번째 위성이므로 틀린 선지.

④ × 2005년 카시니호가 이미 열수 분출구와 이를 통해 나온 물기둥을 발견하였음을 알 수 있으므로, 제임스웹우주망원경이 열수 분출구를 최초로 발견한 것이 아니다. 틀린 선지.

⑤ × 국제공동연구팀은 NASA가 보낸 카시니호의 관측 자료를 통해 연구하였으므로 틀린 선지.

문 7 유형: 강화약화논증 정답: ⑤

⑤ 본 글의 핵심 논지는 범불안 장애와 스트레스를 구분하는 것보다도 이들을 어떻게 소화하고 처리하느냐가 중요하다는 것이다. 이와 관련하여 2문단 2줄은 '물론 어떻게 받아들이는지가 중요하다는 점에서'라고 서술하고 있으며, 4문단 1줄에서 '그러나 범불안 장애와 스트레스를 엄밀히 구분하는 것보다 더 중요한 것이 있다'라고 서술하면서, 이하에서는 스위치의 비유를 드는 등 스스로 불안과 스트레스를 관리할 수 있는 해결책을 찾아가는 것의 중요성을 강조한다.

문 8 유형: 빈칸·밑줄형 정답: ①

㉠ 문제 중심적 대처 방법은 스트레스를 주는 상황은 그대로 둔 채 스트레스에 대한 인식을 변화함으로 스트레스를 경감시키는 정서 중심적 대처 방법과 다른 방법이다. 따라서 빈칸에는 스트레스의 원인이 되는 상황을 직접적으로 해결한다는 내용이 오는 것이 바람직하다.

㉡ 방어기제는 정서 중심적 대처 방법으로, 스트레스를 주는 상황을 직접 해결하기보다 스트레스 상황에 대한 인식의 전환을 통해 스트레스를 해소하는 방법이다. 방어기제를 통한 스트레스 대처가 효과적일수는 있으나, 이는 근본적 상황 자체의 해결을 의미하지는 않으며 스트레스로부터의 유예를 의미한다.

문 9 유형: 특수질문형 정답: ⑤

⑤ ○ 행동경제학은 인간이 제한된 합리성을 지니고 있음과 이타적 행동을 할 수 있음을 전제로, 현실에 실재하는 인간으로서 본성에 따르는 인간을 연구 대상으로 삼아 그들의 선택행위를 분석한다. 따라서 밑줄친 부분에는 본성에 의한 의사결정과 경제행위를 하는 인간을 전제로 하는 내용이 오는 것이 타당하다.

문 10 유형: 강화약화논증 정답: ①

ㄱ. ○ 본문은 단일 민족이라는 의식은 구한말 이후 민족 단결 고취를 위해 등장한 것으로 다른 민족에 대한 차별을 내포하는 것으로 보아 옳지 못하다고 주장한다. 유대인에 대한 차별을 실시하는 나치의 정책은 독일 단일 민족 의식의 확립과 그에 따른 다른 민족(유대인)에 대한 차별 예시로 본문의 견해를 강화한다.

ㄴ. × 본문은 단일 민족 의식이 구한말 이후 등장해 일부 긍정적인 역할을 수행할 수 있다는 사실을 부정하지는 않으며, 단일 민족 의식에 내재하는 타민족 차별을 경계하여 단일 민족 의식을 옳지 못하다고 주장하고 있다. 따라서 선지의 내용이 사실이더라도 본문의 견해는 약화되지 않는다.

ㄷ. × 한민족 의식과 건국 시조로서 단군을 인정하는 것은 별개의 문제로, 선지와 같이 건국 시조로서 단군이 부정된다고 하더라도 본문의 견해는 약화되지 않는다.

문 11 유형: 일치부합추론 정답: ④

ㄱ. ○ 계몽주의 학자들은 선입견을 세계에 대한 이해를 가로막는 잘못된 생각으로 보아 부정적인 것으로 간주하였다. 그와 달리 가다머는 선입견을 전통에 의해 형성된 사고로서, 세계의 이해에 반드시 필요한 것이자 기본 요건으로 그 지위를 격상 시켰다.

ㄴ. × 가다머는 선이해와 지평 융합의 개념을 도입하여 세계에 대한 이해를 설명하고 있으나, 이는 전적으로 모르는 상태에서 새로운 이해에 도달하는 것이 아닌 배경이 되는 지식으로부터 이해로의 과정을 의미한다.

ㄷ. ○ 가다머의 지평 융합은 선이해를 바탕으로 형성된 현재 지평과 과거로부터 축적되어 온 역사적 지평이 융합을 통해 상호작용하면서 끊임없이 수정되고 확장되어 반복하는 것이다. 이러한 관점에서 이해란 결과가 아니라 도상이자 과정으로서 끊임없이 확장되어 가는 것이다.

문 12 유형: 논리퀴즈 정답: ③

① × 타당한 논증이 아니므로 결론이 반드시 참이 된다고 말할 수 없다.

② × 활발하지 않은 사람 중에 돈이 많이 없는 사람도 존재한다고 한다는 것으로는 전제1, 전제2 중 하나가 거짓임을 밝힐 수 없다.

③ ○ 병이 배제하지 못하는 전제는 결론이 거짓인 경우이다. 만약 운동 → ~돈이 참이라면 전제2를 통해 ~운동 & 활발이 도출된다. 이는 전제1과 동시에 성립 가능하므로 결론을 거짓으로 가정하는 것이 가능하다. 따라서 전제가 참이라도 결론이 거짓일 수 있다.

④ × B는 전제1, 2와 결론에 모두 해당한다. 다만 이는 세 명제 모두에 해당하는 하나의 사례일 뿐, 논증 자체가 타당하게 언제나 성립한다고 말할 수 없다.

⑤ × 타당한 논증이 아니다.

문 13 유형: 논리퀴즈 정답: ②

만약 절도 사건의 범인이 1명이고 A라면, B가 범인이 아니기 때문에 마지막 조건에 의해서 모순이 발생한다. 따라서 범인이 A 혼자일 수는 없다.
만약 절도 사건의 범인이 2명이고 A가 그 중 한 명이여도, 마찬가지로 마지막 조건에 의해서 모순이 발생한다.
만약 절도 사건의 범인이 1명이고 B라면, 모순이 발생하지 않는다.
만약 절도 사건의 범인이 2명이고 B가 그 중 한 명이라면, C 또는 D 중에서 한 명이 범인이다. 모순이 발생하지 않는다.
따라서, 절도 사건의 범인으로 가능한 것은 ②번뿐이다.

문 14 유형: 논리퀴즈 정답: ③

1) ~정 → 무
2) (정 V 무) → ~기
3) ~(~병 → ~갑) ≡ ~병 ∧ 갑
4) ~을 → (정 V ~무)
5) 을 → (갑 → 병)

명제3으로부터 갑, ~병이 확정된다. 이 때 명제5의 후건이 부정되는 가운데 명제5가 참이어야하므로 '~을'이 확정된다. 명제1이 참이므로 명제2의 전건은 항상 참이므로 '~기'가 확정된다. '~을'이 참이므로 명제2를 통해 '정 V ~무'가 되는데 명제 5에서 ~정 → 무 라고 하였으므로 '정'이 확정된다.
정리하면 '갑, ~을, ~병, 정, ~기'이며 무의 진위는 주어진 정보만으로는 확인할 수 없다.

문 15 유형: 강화약화논증 정답: ⑤

ㄱ. × (나)는 국제 사회의 균형적인 발전을 이끌었다고 주장하기 때문에 국가 간 격차가 심화된다면 이 주장은 약화된다. 그러나 (가)는 정보 과부하와 과도한 정보를 논거로 하여 정보통신기술 발전의 부작용을 주장하고 있으므로 특정 계층만 정보를 독점한다는 사실은 논거와 무관하다. (가)를 강화하지는 못한다.

ㄴ. × (나)는 사회 내 모든 산업의 '생산성'을 향상시켰음을 주장하였다. 하지만, 어떤 산업이 시장에서 퇴출되었다고 해서 반드시 그 산업의 생산성이 감소한 것으로 해석할 수는 없다. 시장에서 퇴출된 산업이라도 생산성은 향상되었을 가능성이 있으며, 단지 다른 산업이 상대적으로 더 큰 부가가치를 창출하여 부각되었기 때문에 퇴출된 것일 수 있기 때문이다. 즉, 모든 산업의 '생산성' 향상과 일부 산업의 시장 퇴출은 양립 가능하기 때문에, 이는 (나)를 약화하지 못한다.

ㄷ. × 다양한 문화와 지식의 교류 증대로 인한 정보 과부하가 개인의 정신 건강에 부정적 영향을 끼치고 있는 사례가 급증하고 있다고 해도 (나)는 강화되지 않는다. (나)가 주장하는 내용과 관련 없다.

문 16 유형: 빈칸·밑줄형 정답: ④

㉠ 알레고리는 추상적 사물, 개념을 구체적 사물로 나타내는 상징을 활용해 이야기하는 기법이다. 즉 알레고리는 감상자에게 나타나는 이야기와 실제 작가가 나타내고자 하는 이야기가 상이한 기법이다. 다만 문학과 달리 미술은 줄글로 이야기를 직접 전달하는 것이 불가능하여, 도덕적 가치와 같은 추상적 개념을 구체적 형상을 통해 표현하였다.

㉡ 구체적 형상으로 표현되는 알레고리와 달리, 추상 회화는 추상적인 조형 요소로만 표현된다. 이는 기존의 알레고리가 도덕적 가치와 같은 추상적 개념 등을 표현하는 수단(구체적 형상)이 부재함을 의미한다.

문 17 유형: 강화약화논증 정답: ⑤

① × ㄴ은 주장을 약화하는 근거로 사용될 수 있다.

② × ㄹ은 정부 R&D가 아닌 민간 부분의 자율적인 연구개발을 장려한 사례이기 때문에 정부 R&D의 한계를 보여주는 사례로 보기 어렵다.

③ × 반례에 대해서 생각해봐야 한다. 정부의 R&D 투자가 산업 발전에 기여하면서도 일부 한계가 있음을 보여주는 사례의 반례라면 ㄷ과 ㄹ이 일부 한계가 없음 혹은 R&D가 산업 발전에 기여하지 않는 사례에 해당해야 할 것이다. 하지만, ㄹ단 보더라도 정부의 R&D와 무관한 민간 자율 연구개발의 사례이기 때문에 R&D의 효과에 있어서 어떤 반례나 사례로 쓰기에 부적절하다. 또한, ㄷ의 경우에도 그 반례로 보기에는 어렵다.

④ × ㄹ은 정부투자의 실패 주장을 강화하기에 부적절한 사례이다.

⑤ ○ ㄴ을 바탕으로 한계와 위험성을 부각할 수 있을 뿐만 아니라, ㄹ을 바탕으로 민간 R&D투자의 단점을 알 수 있기 때문에 반대로 정부 R&D투자의 필요성을 나타내기에 적합하다.

문 18 유형: 강화약화논증 정답: ⑤

ㄱ. ○ ㉠은 문학은 필연적으로 사회 변화를 촉진하는 역할을 한다고 주장한다는 점에서 문학 작품이 법 개정 운동까지 촉발했다면, ㉠의 주장을 강화하는 근거가 된다.

ㄴ. ○ ㉡은 문학이 항상 사회 변화를 일으키는 것은 아니다라고 주장한다. 작품이 사회적 주목을 받지 못했다는 것은 문학이 사회 변화를 촉진하지 못했다는 예시이므로, ㉡을 강화한다.

ㄷ. × ㉠은 문학이 필연적으로 사회 변화를 촉진한다고 주장하지만, 영향력이 독자의 교육 수준에 따라 달라진다면 '필연성'이 약화된다. 한편, ㉡의 주장을 약화하기 위해서는 문학의 영향력이 달라질 수 없다거나 문학이 항상 사회 변화를 일으킨다와 같은 내용이 되어야 하는데, ㄷ의 내용은 ㉡이 제시한 전제나 결론을 모두 비판하지 못하고 있다. 따라서 ㉡을 약화할 수 없다. (㉡은 문학의 영향력이 다양하다고 하면서 독자의 해석이라는 요인을 언급하긴 했지만, 교육 수준에 대해서는 어떤 입장을 취하는지 알 수 없다. 즉, 양립 가능하다.)

ㄹ. ○ 문학이 사회 문제를 다루지 않는다면, ㉠의 '필연적 사회 변화 촉진' 주장은 약화된다. 반대로 ㉡의 주장은 강화된다.

문 19 유형: 세트형 정답: ①

① ○ 역전기투석 발전기의 기본구조는 두 개의 전극 사이에 음이온 교환막과 양이온 교환막이 여러 장 번갈아 설치된 것으로, 최소 두 장의 교환막으로 구성된다.

② × 기공에 음전하를 지닌 작용기가 설치되면 양전하를 지닌 나트륨 이온이, 양전하를 지닌 작용기가 설치되면 음전하를 지닌 염화 이온이 통과한다. 양자의 전하는 서로 상이하다.

③ × 셀은 내부 전해질의 존재로 전지와 비슷한 역할을 수행하며, 셀을 여러 장 배열한 것은 전지 여러 개를 직렬로 연결시킨 효과와 동일하다.

④ × 역전기투석 발전기의 양 끝에 위치한 전극에 전위차가 발생하더라도, 산화-환원 반응이 일어나지 않는 이상 두 극 사이를 이동할 수 있는 전자가 없어 전자가 이동하지 않는다.

⑤ × 산화 반응이 잘 일어나는 전극에 철 2가 이온을 흘려주면 철 이온은 전극에 전자를 넘겨주고 철 3가 이온이 된다. 이동하는 것은 전자이지 양전하가 아니다.

문 20 유형: 세트형 정답: ④

① ○ ㉠은 셀로, 셀에서 발생한 전압은 전지 여러개를 직렬로 연결시킨 효과와 동일하게 모두 합쳐지게 된다. 따라서 셀이 많아질수록 전극 사이에는 높은 전위차가 발생하게 된다.

② ○ ㉡은 나트륨 이온을 끌어들이는 양이온 교환막으로, 음전하를 지닌 작용기가 설치되어 있을 것이다.

③ ○ ㉡의 기공에 양전하를 지닌 작용기를 설치하는 경우 나트륨 이온 뿐 아니라 염화 이온 또한 끌어들이게 되어, 교환만을 통과하는 이온의 종류와 수가 달라질 것이다.

④ × ㉢은 음이온 교환막으로, 음이온 교환막을 사이에 둔 해수와 담수의 농도차가 클수록 이동하려는 총 이온의 양은 늘어난다. 다만 염화 이온의 농도차는 양전하를 지닌 작용기의 설치에 따라 유도 되는 것으로, 담수와 해수간 농도차이와 직접적인 연관이 적다.

⑤ ○ 교환막에 작용기가 없는 경우 나트륨 이온과 염화 이온의 선택적 투과가 발생하지 않게 되며, 이는 교환막을 사이에 둔 전위차가 발생할 수 없음을 의미한다.

문 21 유형: 일치부합추론 정답: ④

① × 정형적 질서를 추구했던 서양 고전 건축의 경우 대칭 구도에 대한 선호가 심하게 나타났으나, 한국 전통 건축은 구도의 비대칭성을 중시하여 철저하게 비대칭으로 구성되는 특징을 지닌다. 다만 궁궐의 정전 앞, 서원 및 향교의 대성전 앞마당 등 부분적으로 대칭 구도가 나타나기도 한다.

② × 한국 전통 건축은 자연 지세에 순응해 그에 따른 건축을 함으로 자연스럽게 비대칭을 특징으로 지니게 되었다. 이는 인간이 의도적으로 질서를 세우기 위한 것과는 거리가 멀다.

③ × 한국 전통 건축이 비대칭적 경향을 지니고 있음은 사실이나, 이는 물리적 안정성 때문이 아닌 친자연적 건축관과 비대칭적 대칭이라는 역설적 개념에서 기인하는 것이다.

④ ○ 한국 전통 건축의 비대칭적 대칭은 무질서적 비대칭과는 달리, 겉으로는 좌우가 상동하지 않으나 전체적으로 보았을 때 느껴지는 균형감을 추구한 것으로 볼 수 있다.

⑤ × 향교 대성전 앞마당에 부분적으로 대칭 구도가 나타나는 것은 사실이나, 이러한 대칭 구도가 서양 고전 건축 자연관과 같은 인간의 기준에 따른 재단과 새로운 질서 정립에 따른 것인지는 본문에 드러난 바 없다.

문 22 유형: 일치부합추론 정답: ④

ㄱ. × 알고자 하는 대상과 그 특성, 또는 알고 있는 대상과 그 특성과 무관하게, 유추를 통해 알아낸 것은 항상 옳을 가능성이 있다고는 할 수 있어도 틀림없다고는 할 수 없다.

ㄴ. ○ 알고자 하는 대상과 공통점이 많은 대상을 비교 대상으로 선정하는 '범위 좁히기'의 과정을 통해, 유추를 통한 옳은 결론의 가능성을 높일 수 있다.

ㄷ. ○ 유추는 공통점이 적은 대상과의 비교로 인해 옳지 않은 결론을 내릴 가능성을 지니고 있음에도 불구하고, 알고자 하는 대상의 알고자 하는 특성을 밝힘으로 인간이 많은 지식을 갖게 한다는 이점을 지닌다.

문 23 유형: 일치부합추론 정답: ⑤

① × 윌리엄 톰슨은 마찰열이 아닌 압력으로 인해 얼음의 표면이 미끄럽다고 주장하였으므로 틀린 선지.

② × 패러데이가 실험으로 증명하였는지 알 수 없다. 제시문에서는 패러데이의 가설이 제안된 이후에 실험으로 증명되었다는 사실만 알 수 있다.

③ × 얼음 표면의 물 분자들은 최대 2개의 물 분자와만 결합할 수 있으므로 틀린 선지.

④ × 얼음 속의 액체층과 얼음 표면의 액체층 모두 분자 구조가 액체 상태의 물과 동일하지 않다. 틀린 선지.

⑤ ○ 19세기 중반, 윌리엄 톰슨은 압력으로 인해 얼음이 녹아 미끄러운 층이 생긴다고 주장했다. '액체층 가설'은 1850년대에 영국의 물리학자인 패러데이가 처음 제안하였다. 두 가설 모두 19세기 중반에 제안되었다는 사실을 알 수 있다. 맞는 선지.

문 24 유형: 병렬형 정답: ③

ㄱ. ○ 을은 음악이 인간의 영혼에 큰 영향을 미친다는 점에서 그 자체로서의 미를 추구하는 것이 아닌 이상 국가 건설과 도덕성 확립이라는 목적 달성의 수단으로 기능한다 주장한다. 따라서 선지의 내용과 같이 음악이 그 자체로서 목적에 해당한다면, 을의 견해는 약화된다.

ㄴ. × 을은 음악이 도덕성 확립의 수단이자 영혼을 위한 교육 수단으로 기능하여야 한다 주장한다. 병은 이러한 을의 음악에 대한 관점을 부정하지 않는 동시에, 덕을 추구하지 않는 음악의 중요성을 조명하고 있다. 따라서 선지의 내용이 사실인 경우 을의 견해는 강화되나, 병의 견해는 약화되지 않는다.

ㄷ. ○ 갑, 을, 병은 음악이 영혼에 영향을 미치며, 이를 통해 인간의 성품이 바뀔 수 있음을 전제로 도덕적으로 훌륭하고 덕을 추구하는 음악의 중요성을 강조한다. 선지와 같이 인간 성품이 불변하는 것이라면 이러한 음악 교육은 무용한 것으로 갑, 을, 병의 견해는 모두 약화된다.

문 25 유형: 일치부합추론 정답: ⑤

ㄱ. × 웅화반 식물의 꽃은 아래로 향하는 원뿔 모형으로, 씨앗은 원뿔형의 꽃 속에 존재한다. 씨앗의 생김새에 대해서는 언급된 바 없다.

ㄴ. × 모형의 각도를 30°에서 65°로 5°씩 변화시키면서 실험한 8개의 모형중, 각도가 40°인 원뿔 모형이 가장 멀리 날아갔을 뿐, 그 이외의 각도의 경우에는 실험 결과를 알 수 없다.

ㄷ. ○ 물방울이 타원형에 가까울수록 원뿔의 중앙에서 먼 경사면에 떨어졌음을 의미한다. 이는 원형의 물방울일 때 보다 씨앗을 더 멀리 날려보내게 되며, 이는 운동에너지로 전환되며 손실에너지의 양이 더 적음을 의미한다.

문 26 유형: 일치부합추론 정답: ②

① × 르네상스 시기 예술가들은 그들이 그림을 그릴 때가 아닌, 감상자가 그림을 감상할 때 정면에서 마주할 것을 상정하고 사물을 표현하였다. 따라서 감상자가 정면이 아닌 비스듬한 각도에서 작품을 감상할 경우 사물이 왜곡되어 보이기도 했으며, 이를 막기 위해 감상자의 위치를 적절히 고정할 것을 중시하였다.

② ○ 사각왜상은 정면에서 보게 되면 무엇을 그린 것인지 알기 어려우나 특정 지점에서 화면을 보았을 때 바른 형상으로 보이는 것으로, 그 지점은 항상 사각에 위치한다.

③ × 감상자는 왜상을 마주하고 당황하게 되나 자신의 위치를 바꾸거나 거울을 놓아 봄으로 의미를 가진 형상을 찾아가게 된다. 그러나 이는 화가가 의도했던 본래 이미지가 나타나는 것으로, 감상자가 새롭게 이미지를 창조하는 것은 아니다.

④ × 감상자는 화가가 왜상에 감추어놓은 본래 이미지를 찾아가는 과정 속에서, 자신도 모르는 사이에 감상에 능동적으로 참여하게 된다. 즉 작품의 감상에 감상자가 참여하는 것은 감상자의 의식적 결과가 아닌 무의식적 결과로, 화가에 의해 의도된 것으로 볼 수 있다.

⑤ × 아나모르포시스는 감상과정에 감상자가 적극적으로 참여하여 화가의 의도와 주체를 찾아내는 존재가 된다는 점에서, 감상자가 수동적인 존재에서 능동적인 주체로 격상된다는 의의를 지닌다. 다만 본문에서 감상자와 화가가 감상에 관한 의견을 상호 교환한다거나 양자 사이의 구분이 사라진다고 언급된 바 없다.

문 27 유형: 일치부합추론 정답: ①

① ○ EPS는 외벽이 과도하게 태양에너지를 흡수하지 않도록 마감재료의 선택에도 주의를 기울여야 한다. / XPS는 또한 단열재의 표면이 너무 미끄러워 마감작업을 하는데 특별히 주의를 기울여야 한다. → 두 재료 모두 마감단계에 있어 재료선택 및 표면의 상태와 같은 고려사항이 있다.

② × XPS는 물을 흡수하는 성질이 거의 없어 건물의 기초나 지하층의 시공에 매우 적합하다. XPS는 가격을 제외한 거의 모든 부분에서 EPS보다 뛰어나다고 평가된다. → 가격요인이 아닌 XPS의 성질로 인한 특징이다.

③ × 선지는 '저밀도 글라스울'의 설명이므로 이를 '모든' 글라스울의 특징으로 보기 어렵다.

④ × 유리를 녹여 연속으로 압축·발포시켜 만든 제품인지 알 수 없다. 원료를 연속으로 압축·발포시켜 만든 제품은 XPS의 설명이다.

⑤ × EPS가 가진 물을 흡수하는 성질로 인해 숙성과정이 필요한 것인지는 알 수 없다.

문 28 유형: 병렬형 정답: ②

ㄱ. × 역사적 사실을 해석하는 역사가가 학계에서 높은 평가를 받는다고 하여 과거의 역사적 사실을 있는 그대로 기술하는 것이 역사가의 몫이라고 주장하는 갑의 견해는 약화되지 않는다.

ㄴ. × 갑은 사료에 대한 철저한 고증과 확인을 통해 역사가가 역사를 인식해야 한다고 주장하므로, 선지의 내용이 사실일 경우 갑의 견해는 강화된다. 을은 사료에 대한 고증을 통해 객관적 사실을 파악하고, 이를 역사가가 주관적으로 해석해 지식 형태를 구성할 것을 주장한다. 따라서 을의 관점에서도 사료 고증의 필요성이 긍정되며, 선지의 내용이 사실이더라도 을의 견해는 약화되지 않는다.

ㄷ. ○ 역사적 사실이 그 자체로 완결된 고유의 가치를 지녀 기술되는 것으로 충분하다면, 역사가의 객관성을 강조한 갑의 견해는 강화되고 세계와의 관계속에서 역사가의 주관적 해석을 강조한 을의 견해는 약화된다.

문 29 유형: 일치부합추론 정답: ②

① × 노란색이나 황색을 띠는 이 보조색소는 나무가 왕성하게 자랄 때는 녹색의 엽록소에 가려 눈에 잘 띄지 않는다. 한편 엽록소와 함께 봄부터 잎 속에 합성되는 카로티노이드와는 달리 붉은 색소인 안토시아닌은 그 성분이 세포액에 녹아 있다가 늦여름부터 새롭게 생성되어 잎에 축적된다. → 잎이 녹색을 띠는 시기에 엽록소 외에도 노란빛을 띠는 카로티노이드가 존재함을 알 수 있다.

② ○ 붉은 색소인 안토시아닌은 그 성분이 세포액에 녹아 있다가 늦여름부터 새롭게 생성되어 잎에 축적된다. / 가을이 되면 많은 식물의 잎이 안토시아닌을 대량으로 합성해 낸다.

③ × 노란색을 나타내는 카로티노이드와 붉은색의 안토시아닌이 분해되는 순서를 알 수 없다. 노란색과 붉은색의 잎이 나타나는 순서가 불분명하다.

④ × 안토시아닌은 식물 세포에서 가장 넓은 부분을 차지하고 있는 액포 속에 들어 있다. 타닌은 잎이 갈색을 띠도록 하는데, 그 색은 대개 변하지 않고 안정된 성질을 띤다. → 타닌이 액포 속에 들어있는지 알 수 없다.

⑤ × 카로티노이드는 엽록소가 잘 흡수하지 못하는 다른 파장의 빛을 흡수하여 그 에너지를 엽록소에 전해준다. → 안토시아닌이 이러한 역할을 하는지는 알 수 없다.

문 30 유형: 일치부합추론 정답: ③

① × 공공건물에 설치된 작품들은 건물의 장식으로 인식되어 대중과 소통에 한계를 지녔기 때문에, 공공미술의 작품이 설치되는 공간은 공공장소로 확장되었다. 청계광장에 설치된 '스프링'은 건물의 장식으로 인식되는 작품이 아닌 공공미술에 해당한다.

② × 공공미술에서 작품이 설치되는 공간은 공공장소로 확장되었으나, 공공장소에 놓이게 된 작품 중에는 주변 공간과 어울리지 않아 조화를 해치는 경우가 발생하기도 하였다.

③ ○ 공공미술은 건물의 장식으로 인식되어 대중과의 소통에 한계를 지니던 기존 작품에서 벗어나 공공장소로 그 장소가 확장, 대중과의 소통을 강화하려고 하였다. 그러나 작품이 놓인 장소와 작품이 부조화를 이루는 경우가 존재하게 됨에 따라 공공미술은 참된 소통에 관한 성찰을 기반으로 대중의 참여를 장려하게 되었다. 즉 공공미술은 지속적으로 작품과 대중의 소통을 중요시하는 방향으로 발전해왔으며, 이러한 소통은 예술의 자율성과 대립하지 않는 예술가의 미학적 입장을 충분히 장려하는 가운데 이루어질 수 있는 것이다.

④ × 1990년대 이후의 공공미술은 대중을 작품 창작 과정에 보조적으로 참여시키는 쪽으로 전개되었다. 이 때 대중은 작품 제작에 미술가를 보조해 참여하거나 작품을 체험하는 과정 속에서 그 의미를 완성할 수 있도록 하여 소통을 강화하는 주체로서 능동성이 강화된 것이지, 대중 스스로가 미술가가 된 것은 아니다.

⑤ × 공공미술의 관점에서 대중은 미적 감상 능력을 지닌 존재로, 작품의 추상성과 무관하게 항상 작품과 대중의 소통 가능성은 열려있다. 다만 본문은 소통의 가능성이 존재함을 언급하고 있을 뿐, 항상 가능하다고 설명하지는 않는다.

문 31 유형: 강화약화논증 정답: ⑤

ㄱ. ○ 갑은 심리적 상담을 상담자가 무의식의 의미를 해석해주면 내담자가 이를 타율적, 수동적으로 받아들여 심리적 문제를 해결하는 것으로 본다. 즉 갑은 심리적 상담에 있어 내담자가 수동적 존재임을 전제하는 것으로, 선지의 내용이 사실일 경우 갑의 견해는 약화된다. 이와 달리 을은 인간이 수동적 존재가 아닌 자신의 가능성과 잠재력을 발견하고 실현하는 능동적 전재임을 전제하고 있으므로, 선지의 내용의 사실인 경우 을의 견해는 강화된다.

ㄴ. ○ 갑은 심리적 상담의 상담자와 내담자가 오랜 시간 관계를 맺는 과정이 필요하다 주장하고 있으며, 병은 심리적 문제의 단기적 해결이 필요하다 주장하고 있다. 따라서 선지의 내용이 사실일 경우 갑의 견해는 강화되며 병의 견해는 약화된다.

ㄷ. ○ 을은 상담자가 공감적 태도를 일관되게 취할 때 내담자는 외적으로 부여되는 가치들을 스스로 해체하여 심리적 문제를 해결할 수 있다고 보아, 내담자의 능동적 태도와 적극성을 중요시한다. 따라서 선지의 내용이 사실인 경우 을의 견해는 강화된다. 반면 병은 상담자가 내담자의 비합리적 신념을 발견하고 그 부당함을 적극적으로 논박할 것을 요구하여 상담자의 적극성을 요구하고 있으나, 내담자의 태도에 대해서는 언급한 바 없다. 따라서 선지의 내용이 사실이더라도 병의 견해는 강화되지 않는다.

문 32 유형: 강화약화논증 정답: ④

① ○ 프로이드는 생명을 위협 받으면 본능적으로 공격행동을 드러낸다고 설명한다. 선지와 같이 강도에게 생명을 위협당하는 상황에서 나오는 공격성은 공격행동에 관한 프로이드의 견해를 강화한다.

② ○ 달라드는 목표를 획득하는 데에 방해받을 때 느끼는 욕구좌절이 공격행동을 유발한다고 주장한다. 선지와 같이 포교라는 목적 달성이 집회 저지로 방해받은 종교인이 평온한 상태를 유지하여 공격행동을 나타내지 않는 모습은, 달라드의 견해를 약화한다.

③ ○ 반두라는 공격행동이 관찰을 통해 학습되어 나타나는 것으로 보고, 그 과정 중 '주의집중 과정'에서 공격행동을 관찰하는 빈도가 높을수록, 관찰 대상과 연령이 비슷할수록 학습되기 쉽다고 주장하였다. 소년원에 수감된 학생은 일반 학생에 비해 공격행동의 관찰 빈도가 높을 것이다. 따라서 소년원에 수감된 학생의 공격행동 빈도가 높다면 반두라의 견해는 강화된다.

④ × 반두라는 '파지과정'에서 인지적 시연이 공격행동에 대한 기억에 영향을 미친다고 하면서, 관찰한 공격행동을 직접적으로 실행하지 않고 머릿속으로 상상하는 것만으로 기억이 오래 남을 수 있다고 주장한다. 다만 반두라는 관찰한 공격행동을 실제 모방하는 것이 더욱 강하게 기억될 수 있다고 언급한 바 없으며, 따라서 선지의 내용이 사실이더라도 반두라의 견해는 강화되지 않는다.

⑤ ○ 반두라는 자신의 공격행동에 대한 보상과 타인이 공격행동을 행한 후 보상을 받는 것을 목격하는 경우 공격행동이 유발된다고 한다. 따라서 선지와 같이 공격행동에 대한 보상을 실시하는 사회에서 공격행동이 계속해서 발생한다면, 이는 공격행동에 대한 보상 및 타인의 공격행동에 대한 보상과, 이를 목격함으로 발생하는 공격행동의 연쇄로서 반두라의 견해를 강화한다.

문 33 유형: 논리퀴즈 정답: ②

ㄱ. × 폭력 선호 성향을 지닌 사람은 극단주의이다. 하지만 모든 극단주의자가 자신의 극단 신념을 실현하기 위해 폭력 선호 성향을 필요로 한다는 것을 알 수 있을 뿐(필요조건), 폭력을 선호한다고 하여 이를 통해 모든 극단주의자가 자신의 극단 신념을 실현하려고 한다고는 볼 수 없다.

ㄴ. × 극단주의자의 관점에서 극단 신념의 실현은 궁극적으로 평화를 가져다 준다. 그리고 이는 마지막 문장에 의해 평화를 지향하는 행동이라고 볼 수 있다. 하지만, 대화를 거부할 뿐, 폭력 선호 성향을 지니지 않은 극단주의자도 상정 가능하다. 이러한 극단주의자는 자신의 극단 신념을 실현하지 못한다. 따라서 평화를 지향한다고 일률적으로 말할 수 없다.

ㄷ. ○ 대화 선호 성향을 지닌 사람은 상호 이해와 공감을 바탕으로 갈등 해결을 시도하는 사람이다. 반면, 극단주의자들은 갈등 해결을 시도할 때, 상호 이해와 공감을 중요시 하지 않는다. 따라서 상호 이해와 공감을 중요시하는 사람은 극단주의자가 아니다.

문 34 유형: 논리퀴즈 정답: ③

확정 정보만 추리면 아래와 같다.

	갑	을	병	정
전문지식	×	×	×	○
경험				
구독자		×		
후기	○	×	○	○

ㄱ. ○ 을은 이미 3가지 자질을 지니지 못했고, 정은 이미 2가지 자질을 지녔다. 따라서 참이다.

ㄴ. × 갑과 을이 지닌 자질 중 세 개가 일치하더라도, 을이 다양한 카페 경험 자질을 갖추고 있다면, 갑은 홍보대사로 선정될 수 있다.

ㄷ. ○ 만약 다양한 카페 경험 자질을 모두가 갖추고 있다면, 을을 제외한 나머지는 모두 2가지 이상의 자질을 갖추게 된다. 따라서 참이다.

문 35 유형: 일치부합추론 정답: ②

① × 건물의 고유 진동 주기가 지진파의 진동 주기가 유사할 때 진폭이 갑자기 커지는 공진 현상이 발생하게 되며, 지진파의 진동 주기와 건물의 고유 진동 주기는 단주기인 경우가 많다. 면진 장치를 통해 건물의 고유 진동 주기를 장주기로 변화시켜 지진파에 의한 공진 현상을 피할 수 있다.

② ○ 면진 장치 중 적층고무 받침은 상대적으로 건물의 손상이 가장 크며, 납삽입 적층고무 받침은 마찰진자 지진격리 받침에 비해 감쇠력이 낮은 편이다. 따라서 지진파의 진동을 효과적으로 감쇠시키며 건물의 손상을 최소화하기 위해서는 진자를 이용한 마찰진자 지진격리 받침이 효과적이다.

③ × 적층고무 받침은 고무와 철판을 교대로 쌓아놓은 것에 위아래로 연결판이 붙어 있는 형태로, 연결판은 건물과 면진 장치를 연결하는 기능만을 수행한다. 건물을 원위치로 복원시키고 지진파의 진동을 감쇠시키는 역할은 고무가 수행한다.

④ × 납삽입 적층고무 받침에서 지진파의 진동을 감쇠시키는 삽입된 납과 고무 받침의 고무가 함께 담당한다.

⑤ × 마찰진자 지진격리 받침은 진자가 마찰판에 미끄러지면서 지진파의 운동에너지를 마찰 에너지로 변환시킴으로 건물을 보호한다. 운동에너지 자체가 사라지는 것은 아니다.

문 36 유형: 병렬형 정답: ②

ㄱ. × 고대 그리스인들은 세계를 구성하는 대립자들 사이의 갈등과 투쟁은 항상 존재해 왔으며, 대립자들이 어떻게 조화를 이루느냐를 통해 정의 개념을 도출하였다. 갑, 을, 병은 모두 이러한 대립자들의 갈등이 있음을 전제로, 이로부터 비롯되는 조화와 정의 개념을 다양한 분야에 적용하였다. 따라서 선지와 같이 대립자들 사이의 갈등이 심화되더라도 이로부터 도출되는 조화가 존재하는 이상 갑, 을, 병의 견해는 약화되지 않는다.

ㄴ. ○ 갑은 우주의 질서에서, 우주를 구성하는 원소들이 힘의 균형을 형성할 때 정의가 이루어지며, 이러한 힘의 균형이 깨질 때 불의가 형성된다고 한다. 또한 불의는 변화하여 우주의 질서가 돌아올 수 있다는 점에서 정의와 불의는 순환할 수 있다.

ㄷ. × 을은 의학의 요점을, 몸의 조화를 상실하게 되는 병을 얻는 것을 식이요법을 통해 예방하는 것으로 파악한다. 다만 을이 병이 났을 때 사후적인 치유에 대해서 전적으로 부정하였는가는 본문에 나타난 바 없다.

ㄹ. × 갑의 관점에서 우주가 불의로부터 정의를 되찾는 것은, 무너진 우주의 질서를 사후적으로 조화롭게 회복하는 것을 의미한다. 을의 관점에서 식이요법은 몸의 조화(건강)를 잃어버리지(병을 얻음) 않도록 사전적으로 예방하는 것으로, 양자를 상이한 개념으로 보는 것이 타당하다.

문 37 유형: 빈칸·밑줄형 정답: ⑤

틀짜기 효과로 인해 동일한 기대 값 하에서도 위험기피, 위험추구 상황에 따라 각 전략은 다른 선택을 하게 된다. 전략 1의 경우 위험회피 성향을 보였으므로 대다수 응답자는 위험이 없는 A안을 선택한다. 전략 2의 경우에는 위험추구 성향을 보여 대다수 응답자는 B안을 선택한다. 대다수 응답자가 합리적이라면 처음 선택한 A안을 동일한 기대 값하에 동일한 성향을 보여 A안을 선택해야 한다. 그러나 틀짜기 효과에 따라 선택이 바뀌었으므로 결과는 그렇지 못하였다.

문 38 유형: 강화약화논증 정답: ③

ㄱ. ○ 뇌파 활동이 '의식적' 준비활동 이라고 밝혀진다면 무의식적으로 뇌가 우리의 의식을 조정한다는 리벳의 견해와 반대된다. 따라서 약화하므로 옳은 선지이다.

ㄴ. × 인간 행동의 결정이 모두 뇌에 의해 이루어 진다면, ㉠의 견해를 약화하지 않는다. 리벳은 우리의 결정이 뇌파에 의해 무의식적으로 이루어지며 우리가 자유롭다는 생각이 착각이라고 본다. 옳지 않은 선지이다.

ㄷ. ○ 뇌파 활동을 제외한 다른 원인이 생각과 행동을 결정할 수 있다면 ㉠의 견해를 강화하지 않는다. 리벳은 뇌파 활동 이외의 인간의 생각과 행동의 원인에 대한 언급을 한 바 없다. 따라서 옳은 선지이다.

문 39 유형: 세트형 정답: ②

① × 동일한 색깔, 형태, 각도를 반복하는 반복은 통일성의 원리의 한 종류로 작품에 안정감을 부여한다. 작품의 단조로움을 피하고 주제를 부각시키는 강조의 원리는 이와 구별되는 별개의 원리이다.

② ○ 드가의 '모자 가게'에서 원형의 소재를 반복적으로 표현함으로 통일성을 부여하였으나, 감상자의 입장에서 이는 답답함과 단조로움을 초래할 수 있다. 만약 어떤 작가가 '모자 가게'에 사용된 원형의 소재에 명암의 대비를 통한 강조의 원리를 활용한다면 변화를 통해 작품의 주제를 부각시키고 예술적 감흥을 효과적으로 이끌어낼 가능성이 존재한다.

③ × 동일한 사물을 가까이 놓는 인접과 반복해서 배치하는 반복은 작품의 통일성을 부여하는 한편, 작품을 답답하고 밋밋하게 느껴지도록 할 수 있다. 작품의 개방감과 복잡성을 증진시키지는 않는다.

④ × 분리에 의한 강조에서 독립된 대상이 화면의 가장자리에 배치되는 경우 감상자가 부각되는 대상만을 바라브게 되는 경우가 존재한다. 다만 독립된 대상을 가장자리가 아닌 화면의 중심에 배치한다고 해서 감상자의 시선이 군집으로 이어질 수 있는지에 대해서는 본문에 드러난 바 없다.

⑤ × 분리에 의한 강조는 대상과 대상을 떨어져 있음으로부터 부각되는 것으로, 이때 분리되는 대상은 설령 상호 유사성을 지니더라도 군집과 독립의 대비를 통해 부각될 수 있다. 상이한 속성을 지닌 대상만이 분리에 활용되는 것은 아니다.

문 40 유형: 세트형 정답: ③

본문에 따를 때 강조의 원리는 작품의 주제를 부각시켜 감상자의 예술적 감흥을 효과적으로 끌어낼 수 있지만, 지나치게 사용되는 경우 그 효과가 반감되는 동시에 작품의 조화를 해친다는 느낌을 줄 수 있다. 따라서 빈칸에는 강조의 원리를 통해 대상을 부각하더라도 통일성의 원리, 즉 하나의 작품에서 다양한 요소들이 연관성을 지닐 수 있어야 한다는 내용이 오는 것이 바람직하다.